개정판

청각장애아 교육

김병하 · 석동일 · 원영조 · 이규식 공저

대구대학교출판부

청각장애아 교육(개정판)

국립중앙도서관 출판시도서목록(CIP)

청각장애아 교육 / 김병하, 석동일, 원영조, 이규식 공저. -- 3판.
-- 경산 : 대구대학교출판부, 2007
p. ; cm. -- (특수교육총서 ; 17)

색인수록

379.12-KDC4
371.912-DDC21 CIP2007002367

책머리에

현대는 다양화의 시대다. 최근 특수교육 분야도 발전의 양상과 방향이 다양하게 나타나고 있다. 청각장애 영역은 특수교육의 다른 장애영역에 비해 일찍부터 교육이 행해져 왔으나 상대적으로 출현율이 낮으므로 그 교육대상은 그리 많지 않은 편이다. 즉 청각장애아 교육은 특수교육 분야에서 오랜 전통을 가지고 있으나, 이들 교육프로그램의 양적 비중은 전체 특수교육 가운데서 많이 차지하고 있지는 않다.

듣지 못함은 기본적으로 음성언어에 의한 의사소통을 어렵게 하므로 정상적인(자연스러운) 언어능력의 획득이 어렵게 되고, 언어능력의 결함은 교육의 과정에서 아주 복잡하고도 특이한 문제들을 야기하게 한다. 이처럼 청각장애는 밖으로 금방 드러나지 않는 감각장애이지만, 이 장애는 인간의 언어능력 혹은 의사소통능력에 깊숙이 관여하게 되므로 교육적으로 매우 복잡한 문제들을 구성하게 된다. 따라서 청각장애아 교육은 특수교육의 다른 분야에 비해 높은 전문성, 과감한 교육투자, 끈질긴 인내심이 더욱 절실히 요청되고 있다.

청각장애아 교육에 오랜 경험을 가지고 있는 나라들이 대학원 수준에서 특별히 훈련된 전문교사들을 투입하고, 학급당 학생 수를 10명이 넘지 않게 소인수학급으로 구성하고, 일반교육에 비해 첨단의 교육공학을 집중적으로 활용함에도 청각장애 학생을 위한 "교육력의 실패"를 되풀이하고 있음은 어인 일인가. 한 마디로 이것은 그처럼 청각장애아 교육이 힘들다는 것을 의미한다. 교육에 있어 만병통치약은 없다. 청각장애 교육은 더욱 그렇다. 앞에서 제기한 "다양화"의 시대정신은 이 분야에도 그대로 반영될 수밖에 없다.

조기교육이 중요한 만큼 직업재활이 중요하고, 잔존청력의 활용을 통한 구화지도의 철저함이 요청되듯 조기에 시각적 언어매체의 적극적 활용이 또한 강조되어야 한다. 구화능력의 개발을 통해 통합교육의 극대화가 중요하지만, 농인사회의 하위문화 특수성을 긍정적으로 인정해주고, 그 속에서 자아정체감을 확립하게 하여 정서적으로 행복한 삶을 느끼게 하는 것 또한 강조되어야 한다.

이 책은 청각장애아 교육문제에 관심 있는 사람들에게 좀 더 체계적으로 이 분야의 문제들을 생각해 보게 하는 입문서이다. 입문(入門)은 기초적인 것이고, 기초적임은 중요함을 의미한다. 따라서 이 책의 구성은 이 분야에서 다루어야 할 중요한 주제들로 짜여지도록 유의했다. 필자들은 이 분야에서 오랫동안 강의를 해오는 가운데, 진작부터 협동작업에 의한 지적 공동체의 산물로 이런 기본적 전문서를 펴내고자 하였으나, 그간 여러 가지 개인적 사정들로 인해 계속 미루어오다가 늦게나마 이 작업을 마무리짓게 되었다.

전체 11개의 장 가운데 1, 2, 3, 5, 6, 11장은 김병하, 4, 9, 10장은 이규식, 7, 8장은 원영조가 각각 집필하였다. 특히 7장과 8장의 원고를 위해 석동일 교수가 바쁜 중에 도와주어 이 책의 집필이 마무리될 수 있었다. 모쪼록 이 책이 청각장애아 교육문제에 관심 있는 교사, 대학 및 대학원생, 학부모, 행정가 여타 관심 있는 분들에게 다소간에 도움을 줄 수 있다면 필자들의 보람이 되겠다.

1990년 8월

著 者 識

개정판 서문

이 책의 초판을 낼 당시에 학술서적으로 '청각장애아 교육'은 우리나라에서 처음 출판되었다. 그래서 1990년 초판 출판 후 약 10년 이상은 이 책이 전국적으로 두루 읽혀졌으나, 그 후에는 개론서의 성격으로 '청각장애아 교육'이 여러 사람이 참여하는 공저(共著) 형식으로 계속 출판되어 왔다. 이 책이 출판 된지 17년이나 지나 개정판을 내게 된 것은 일차적으로 저자들의 소홀함에 있었지만, 그간 출판 관리에도 문제가 있었다.

이 책의 초판 집필에 참여한 원영조(元英祖), 이규식(李圭植) 두 분 교수는 이미 정년퇴임을 하였기에, 이번 개정판 원고는 필자와 석동일(石東一) 교수가 분담하여 전체적으로 내용을 보완하였으며, 제11장 '농학교 교육과정과 교과교육'은 새로 추가하였다. 전체 12개 장 가운데 1, 2, 3, 5, 6, 11, 12장은 필자가, 나머지 4, 7, 8, 9, 10장은 석동일 교수가 각각 수정 집필하였다. 정년퇴임 하신 원영조 교수는 초창기 대구영화학교 교장으로 봉직하던 중 우리 대학 특수교육과 교수로 후진양성에 진력하였고, 이규식 교수는 우리 대학에서 '청각학'을 개발하고 치료 특수교육 발전에 주력하였다.

개정판에서는 이 책이 갖는 역사적 의의를 살리기 위해 원줄기는 가능하면 유지하면서 최근 변화된 양상을 가미하고 그에 따른 용어 수정을 부분적으로 가하였으며, '농학교 교육과정' 문제가 다뤄져야 할 것 같아 추가하였다. 모쪼록 이 책이 청각장애아 교육에 관심 있는 학부와 대학원 학생, 그리고 현장 교사들과 부모들에게 계속 활용되기를 바란다.

2007년 5월 30일

김병하(金炳廈) 씀

차례

제 3 장 한국의 청각장애아 교육

제 4 장 청각장애의 원인

제 5 장 청각장애와 인지발달

제 1 장 청각장애의 개념

특수교육의 대상 가운데 그 장애가 밖으로 뚜렷이 드러나 보이지 않는 대신에 아주 복잡한 교육상의 문제를 지니는 영역이 청각장애아동이라 할 수 있다.

청각장애라고 할 때, 그 '장애'를 구성하는 변인은 참으로 복잡하고 다양하다. 일반적으로 청력손실의 정도, 유형, 시기, 원인, 병리적 부위 등은 청각장애를 이해하는 데 주요한 기준이 된다. 이 외에도 교육적으로 볼 때, 부모의 양육태도, 처음 교육받은 시기, 심리적 발달 특성, 주로 사용하는 커뮤니케이션의 양식 등이 청각장애를 이해함에 있어 주요한 변인들이 될 수 있다.

이 장에서는 청각장애의 개념을 포괄적으로 밝히기 위해, 특수교육 대상으로서 청각장애아의 특성을 알아보고 청각장애의 교육적 이해를 위한 주요 분류기준과 그 기준들이 갖는 의미를 밝히고, 마지막으로 청각장애아의 교육적 진단·평가·배치에 따른 서비스 전달체계 상의 기본 문제들을 검토해 보고자 한다.

제1절 특수교육과 청각장애아동

심신에 장애를 가진 아동에게 특수교육이 행해지는 이념적 기반은 사회적인 측면에서 볼 때는 복지사회의 구현에 있고, 개인적인 측면에서는 인간 존엄성의 실현에 있다고 하겠다. 장애아동을 위한 특수교육이 공교육의 일환으로 확립되기 시작한 것은 선진국에 있어 조차도 그리 오래된 일은 아니다. 좁은 의미에서 특수교육은 장애로 말미암아 일반아동과는 다른 특수한 교육적인 요구를 가진 아동에게 특별한 방법과 자료로 그들의 독특한 요구를 충족시켜 주는 교육이라 할 수 있다. 청각장애아 교육은 특수교육 분야 가운데 가장 다루기 힘든 분야의 하나이다. 청각장애를 의학적인 측면에서 볼 때는 청각기관의 어느 부위가 장애를 수반하는 단순한 물리적 손상에 의한 감각장애의 하나가 되겠지만, 이는 인간생활에 있어 가장 필수적인 요소라 할 수 있는 의사소통상의 장애를 수반하기 때문에 교육면에서는 아주 복잡한 문제를 야기하게 된다.

이런 관점에서 일찍이 Kirk(1971)는 농교육은 특수교육의 어느 장애영역보다 가장 전문적이고 기술적인 교수방법을 요하는 영역이라고 했으며, Brill(1974)은 농교육에 대한 오랫동안의 경험에 기초하여 농교육은 특수교육 가운데 가장 어려운 분야이기는 하지만, 대단히 도전적인 면이 있기 때문에 오히려 해 볼 만한 가치가 있는 교육이라고 했다. 동시에 농교육은 특수교육의 모든 분야 가운데 잘못 이해되거나 무관심 속에 방치되기 쉬운 분야이기도 하다는 것이다.

흔히 주변 사람들로부터 "같은 장애아동이지만 보지 못하는 것보다 듣지 못하는 것이 그래도 훨씬 다행스럽지 않느냐"라는 질문을 받을 때가 있다. 우선 외관상 보이는 '장애의 드러남'이라는 면에서 볼 때, 확실히 맹인은 쉽게 다른 사람으로부터 관심을 끌 수 있지만, 듣지 못한다는 것은 우선 활동하는 면에서 별로 장애가 없을 뿐만 아니라, 외견상으로 볼 때 금방 드러나지 않기 때문에 그 장애의 정도와 특성이 간과되기 쉽다. 이와 같이 '밖으로 드러남'이라는 측면에서 볼 때, 청각장애는 시각장애에 비하면 아주 다행스런 장애인지도 모른다. 그러나 우리가 '밖으로 드러나지 않은' 장애의 특성에 좀 더 관심을 가지고 맹아동과 농아동을 비교해 보면, 특히 교육적인 측면에서 볼 때 맹아동에 비해 농아동은 아주 복잡하고 어려운 문제를 수반하게 된다. 물론 시각장애에 따른 문제도 결코 가벼이 평가할 수 있는 것은 아니지만, 우선 학업성취 수준, 사회·정서적 발달과 그 적응 등에 있어 하나의 집단으로써 농아동은 맹아동에 비해 훨씬 불리하고 복잡한 문제를 수반하고 있다.

1. 청각장애의 교육적 의미

일반적으로 농의 문제는 말하기의 문제와 직결된다. 그러나 좀 더 엄격히 따져보면, 농아동이 가지는 기본적 문제는 말하기의 장애가 아니라, '언어능력의 결핍'에 기인하고 있다. 대부분의 사람들은 거의 정상적인 청력을 가지고 태어나며,

그가 듣는 언어를 음성언어로 말하는 것을 아주 자연스럽게 습득하게 된다. 그래서 미국 아이는 영어를 말하게 되고, 중국 아이는 중국말을 하게 되고, 한국 아이는 한국말을 하게 된다. 여기서 중요한 것은 그 아이가 단순히 그의 모국어를 말할 줄 알뿐만 아니라 자기가 하는 말의 의미를 이해하고 있다는 점이다. 아동은 그가 지껄이는 단어들을 여러 가지 다양한 형식으로 조합함으로써 생각과 아이디어를 전달하게 된다. 언어는 사고와 아이디어를 전달하기 위한 하나의 상징체제일 뿐만 아니라 또한 추상적 수준에서의 사고 자체를 위한 상징체제이기도 하다. 일정한 형식의 상징체제가 없이는 그 자신이 직접 보고, 체험한 것 외에는 어떤 것에 대해서도 우리는 '사고한다'는 것이 불가능하게 된다. 하나의 상징체제는 우리들로 하여금 다른 사람들의 경험을 나누어 가지게 할 수 있다.

태어날 때부터 농이거나 출생 후에 곧 농이 된 대부분의 농아동은 의도적으로 특별히 언어 환경을 구성해주지 않는 한, 어떤 상징체제도 습득하지 못한다(Brill, 1974). 특수교육의 혜택 없이 한국에서 태어나서 자란 농아동은 마치 정상 청력을 가진 보통의 한국 아동이 그가 영어를 들어본 바도 없고, 그것을 습득할 기회를 갖지 못했기 때문에 영어를 할 수 없는 것과 마찬가지로 예의 농아동이 한국말을 습득하지 못하는 것은 극히 당연한 일이다.

대부분의 농아동은 처음에 그들이 학교에 취학하여서도 그들을 둘러싸고 있는 여러 가지 사물들에게 어떤 이름이 붙여지고 있다는 것조차 모를 수 있다. 그들은 과자를 즐겨 먹지만, 그들이 먹는 여러 가지 과자마다 이름이 있다는 것을 모르고 있으며, 심지어 그들의 어머니를 늘 마주 대하고 있지만, '엄마'라는 말을 모르고 있다. 물론 이들 농아동은 출생 이래 혹은 출생 후 언어를 미처 습득하기 이전에 심한 청력 손실을 수반했을 뿐만 아니라, 활용 가능한 잔존청력을 가지지 않는 청각장애아로서 특수교육의 대상이 되는 모든 청각장애아가 다 이런 류의 농아동인 것은 아니다. 그러나 실제로 농학교에 취학하고 있는 농아동의 대부분은 위와 같은 부류에 속하는 아이들이라고 할 수 있다. 미국의 경우 기숙제 주립 농학교에 취학하고 있는 농학생의 약 90%는 언어습득 이전에 농이 된 학생들로서 위와 같은 제약성을 가지고 취학한 학생들이라 할 수 있다(Brill, 1974).

인간의 커뮤니케이션은 표현적 측면과 수용적 측면의 양면성이 있다. 우리가 다른 사람을 이해하기 위해서는 다른 사람에게 내 자신을 표현하는 형식으로서 언어에 대한 기본 지식을 가지고 있어야 한다. 청각장애아동에게는 이 언어표현을 가능케 하는 언어수용능력을 길러 주는 것이 가장 힘든 난제가 되고 있으며, 이것이 청각장애교육의 가장 중심문제이기도 하다. 이들 청각장애아동의 언어능력을 개발하기 위해 청각장애인들이 사용할 수 있는 표현적 내지 수용적 커뮤니케이션 기술의 모든 종류(즉 말하기, 독화, 지화, 수화, 쓰기, 읽기, 판토마임 등...)를 다 중시해야 한다.

한 아동이 그 사회의 성원으로 역할을 제대로 수행하기 위해, 그 사회를 지배하는 공통적 언어형식을 익히는 것은 필수적인 일이다. 그가 사회의 한 성원으로서 가치관을 확립하고 습관을 익히고, 전대의 지적 문화유산을 적절히 소화하기 위해서는 이 공통적 언어형식을 습득하지 않으면 안 된다. 그러나 대부분의 청각장애아동은 '한 사회를 지배하는 공통적 언어양식'을 습득하는 것이 매우 어렵기 때문에 교육적으로 어려운 문제를 야기하게 된다.

그래서 대부분의 농학생은 실제로 초등 4학년 수준 정도의 읽기가 거의 불가능하고, 간단한 문장조차도 정확히 쓰기가 어렵고, 상대방의 입술 모양이나 움직임을 보고 말을 이해한다는 것도 극히 제한되어 있으며, 또 몇 마디 말하기를 하지만 다른 사람들이 듣고 이해하기가 매우 어려운 실정이다. 그러나 농부모 밑에서 자라난 극소수의 농아동은 일차언어로서 하나의 모국어처럼 수화를 획득하기 때문에 다른 대부분의 농아동(즉, 청인 부모를 둔 대부분의 농아동)에 비해 훨씬 안정되게 문자언어를 획득할 뿐만 아니라 사회 정서적으로도 안정되어 있다. 이런 현상은 우리 농교육에 많은 시사를 준다

농아동의 교육에 있어 가장 큰 문제점은 그들이 실제로 할 수 있는 능력에 비해 학습능력이 크게 떨어지고 있다는 점이다(Moores, 1978). 그러나 이런 교육적 실패의 결과에 대해 대부분의 책임을 져야 할 사람은 농교육에 직접·간접으로 관계하는 전문가들과 그 부모 및 가족 성원에게 있다고 할 것이다. 그러나 거꾸로 우리가 이 문제의 모든 책임을 농아동 자신에게 뒤집어씌운다면, 그것은 또 하나의 더 큰 실패를 낳게 할뿐이다.

2. 청각장애의 심리적 의미

농(deafness)이 되었다는 그 자체는 곧 다른 사람과의 구어에 의한 언어적 상호 작용을 제한함으로써, 자연히 청각장애아동에게 복잡한 심리적 문제를 야기하게 한다. 청각장애아동이 처음 학교에 입학하였을 때, 우선 대부분의 교사들은 학부모의 절실한 요구와 학교의 구화교육 방침에 따라 가르쳐야 할 교과내용 자체까지도 무시하면서 우선 '말을 가르치는 일'에 온갖 열의를 쏟는다. 그러나 이미 언어형성의 결정적인 시기를 놓치고 언어의 진공상태로 취학한 농아동을 대상으로 아무리 열심히 말하기 지도를 해보았자 그 성과는 한심한 정도로 지지부진할 수밖에 없다. 이같이 거의 성과를 보기 어려운 '말하기'훈련에만 열을 쏟다 보니, 보다 중요한 '건전한 인성'의 발달을 위한 심리적 장애는 날이 갈수록 눈덩이처럼 커져가게 된다.[1] 그리하여 듣는 능력의 물리적 결손(impaired)은 학습능력에 있어 곤란(disability)을 초래할 뿐 아니라, 인성적 적응이나 사회적 참여에 있어 명백한 제한을 가지는 장애(handicapped)로 나타나게 되어, 우리는 마침내 모든 농아동을 특수교육의 대상으로 묶어두는 결과를 초래하게 된다.

현재 갈러뎃대학의 연구소에서 교육개발 부문 책임 연구교수로 활약하고 있는 도날드 무어(D. Moores)가 자신의 경험에 의거하여 농아동의 교육에 있어 정말 어려운 문제는 언어지도에 있는 것이 아니라, '바른 인성발달'을 지도하는 일이라고 지적한 것은 모든 농아동교사들에게 매우 중요한 시사를 주는 말이라고 본다.

일반적으로 농아동은 또래의 일반아동에 비해 여러 가지 인성적 문제를 지니고 있음이 밝혀지고 있다. 흔히 농아동은 정서적으로 불안정하고, 자기 중심적이고 충동적이고, 혼돈된 자아개념을 가지는 것으로 지적되고 있다(Bishop, 1979). 그러나 농아동이 가지는 이 같은 인성적 문제들(물론 이런 문제들을 확인한 검사도구 상의 문제도 있겠지만)은 그것이 청각장애 자체에 기인한 직접적인 영향으로 보기는 어렵다. 이를테면, 농부모를 가진 농아동 집단과 정상부모를 가진 농

---

1) Myklebust는 농아동의 사회성숙도가 연령이 많아짐에 따라 일반아동에 비해 더욱 더 지체되고 있음을 확인하였다. 이를테면, 취학 전 단계에서 15세 이전까지는 사회성숙도 지수(social quotient)가 90을 상회하고 있으나, 15세에는 82.2, 17세에는 80.4, 19세에는 76.2로 줄어진 것으로 보고하고 있다(Myklebust, 1964).

아동 집단의 인성적 특성을 비교해 본 결과(Meadow, 1980) 사회적 성숙·독립심·책임성 등에 있어 농부모를 가진 농아동 쪽이 상당히 높게 나타난 것으로 보고되고 있어, 부모의 양육태도라든가 언어적 상호작용이 농아동의 사회성 발달에 크게 영향을 미치고 있음을 알 수 있다.

제2절 청각장애의 정의와 분류

1. 청각장애의 개념과 정의

청각기관의 어느 부위에 손상(impaired)을 입어 듣는 능력에 불능(disability)을 가져오게 한 다양한 정도를 포괄해서 청각장애라 한다. 이와 같은 청각장애를 지칭하는 용어들은 여러 가지로 사용되고 있다.[2] 여기서 우리는 청각장애의 개념을 보다 명백히 하기 위해 흔히 특수교육의 대상아동을 지칭할 때 혼용되고 있는 손상(impaired), 불능(disability), 장애(handicap)라는 용어 간의 차이를 밝혀 둘 필요가 있다.

청각기관(auditory mechanism)의 물리적 내지 현실적으로 불가피한 손상(impaired)은 농의 직접적 원인이 된다. 농(deaf, deafness)은 이같은 손상에 의해 야기된 듣는 능력의 불능상태를 지칭하는 것이다. 이 불능(disability)은 지니고 있는 상태를 지칭한다. 청각장애는 이같은 불능상태에 의해 어떤 사람의 일상적 의사소통 기능이 제한되는 정도를 지칭하는 것이다(Moores, 1978).

미국 언어-청각협회(American Speech-Language-Hearing Association)의 실행위원회에서는 청각장애의 정의를 위해 청각손상, 청각장애, 청각불능의 개념을 다음과 같이 규정하고 있다.

---

2) 청각장애를 지칭하는 용어들에는 hearing impaired, hearing handicapped, acoustically handicapped, deaf, deafness, deafened, deaf mute, hard of hearing, partially hearing 등 여러 가지가 있는데, 이들 용어들은 특정의 청각장애아를 다른 아동과 구분하기 위해 사용되고 있으며, 흔히 같은 뜻으로 혼용되기도 하나, 각 용어의 개념과 강조의 방향에 명백한 차이를 내포하고 있다.

청각손상은 청각구조나 청각기능이 정상적 범위 밖으로 일탈한 것을 지칭하는 것으로 사용되며, 청각장애는 청각 손상으로 인해 일상생활에서 의사소통 수행상에 개인이 겪는 불리한 처지를 의미하며, 청각불능은 심한 청각손상으로 인해 야기된 기능상실을 보상받기 위해 재정지원을 받는 정도를 결정한다는 것이다(ASHA, 1981).

한편 Katg, Mathis, Merill(1978) 등은 농아동에게 '장애(handicapped)'라는 말을 붙이는 것은 다음 두 가지 이유에서라고 했다.

> 첫째로, 농은 장애를 가지는 하나의 조건이다. 농은 쉽게 밖으로 드러나지 않기 때문에 '보이지 않는 장애(the invisible handicap)'로 지칭되어 오기도 했지만, 그것은 아주 명백한 사회 · 교육적 장애가 되고 있다.
>
> 둘째로, 농아동의 장애는 특수교육적 서비스를 요하기 때문에 농아동은 장애자를 위해 마련된 각종 법규의 수혜 대상이 된다. 그래서 정부로부터 공적지원을 받기 위해서나 특수교육 프로그램에 참여하기 위해 '장애'로 지칭되고 있다(p.11).

이상에서 볼 때, 청각손상 그 자체는 의학적 개념이고 개인적인 것이지만, 청각결손에 의한 청각장애는 교육적 개념이고 사회적인 것이다.

일반적으로 '청각장애'를 정의함에 있어 공적으로 가장 널리 채택되고 있는 정의는 일찍이 미국 농학교 집행위원회(the Conference of Executive of American Schools for the Deaf: 1937)의 용어제정위원회에서 내린 다음의 정의이다.

> 농 : 일상생활의 목적을 위해 청각이 기능을 하지 못하는(nonfunctional) 자로서 이는 청력 손실의 시기에 따라 다음의 두 집단으로 구분된다.
>
> ① 선천농 : 태어날 때부터 농인 자
>
> ② 후천농 : 출생 시에는 정상 청력을 가지고 태어났으나, 출생 후의 질병이나 사고에 의해 청각이 기능을 하지 못하는 자
>
> 난청 : 청력의 결손은 가지고 있으나, 보청기를 착용하든 않든 간에 들을 수 있는 정도의 청각기능을 가진 자.

이어 동 위원회에서는 1975년에 이상의 정의를 일부 수정하여, 다음과 같이 제

안하고 있다.

청각장애 : 가벼운 것에서부터 심한 정도에 이르기까지의 청각불능을 지칭하는 일반적 개념으로 이는 농과 난청으로 나누어지고 있다. 농은 보청기를 착용하든 않든 간에 청각을 통한 언어적 정보(linguistic infor- mation)의 성공적 절차가 불가능한 자이고, 난청은 일반적으로 청각을 통한 언어적 정보의 활용이 가능한 자이다.

이상의 정의를 놓고 볼 때, 1975의 정의에서는 종래(1937)의 정의에서 사용한 '기능적(functional)'이란 말 대신에 '언어적 정보'라는 말에 강조를 두고 있음에 유의할 필요가 있다. 이 정의들의 공통된 특징은 청각장애를 '농'과 '난청'으로 구분하고 있다는 점이다. 즉 종래의 정의에서는 일상생활의 목적을 위해 청각의 '기능적' 활용이 가능한 자를 난청, 불가능한 자를 농이라 하였으며, 1975의 정의에서는 청각을 통한 '언어적 정보'처리가 가능한 자를 난청, 불가능한 자를 농이라 하고 있다. 흔히 이 농과 난청의 분류는 교육적 분류를 위해서(즉 농학교의 대상, 난청학급의 대상을 가려내기 위해) 중요한 의미를 지니기도 하지만,[3] 그 분류의 기준이 다소 애매하기 때문에 여러 가지 요인을 복합적으로 고려해야만 의미가 있는 것이다. 이를테면, 흔히 청력손실의 정도가 90dB에서 70dB이하인 경우를 난청, 그 이상을 농이라고 하지만, 이것만 가지고는 별로 의미가 없다. 이외에도 청력손실을 수반한 시기, 원인, 청력도(audiogram), 교육을 받은 시기, 보청기 착용 훈련의 유무 등 여러 요인을 고려한 다음에 비로소 농이냐 난청이냐 하는 분류가 교육적으로 의미를 지니게 된다.

한편 영국에서는 「학교 보건법」에서 농과 난청[4]으로 청각장애를 나누어, 농은 학교에 입학할 때에 '자연히' 습득된 말을 전혀 가지지 않은 자이고, 난청은 학교

---

3) 이를테면, H. Davis와 S. R. Silverman 등이 편저한 「Hearing and Deafness」의 최근판(1947년에 초판이 나온 이래 1970년에 두 번째로 개정판이 나왔음)에서는 성질, 교육목적과 절차 등에 걸쳐 논의하고 있다.

4) 영국의 학교 보건법(School Health Regulation)에서 '난청'을 처음에는 'partially deaf'라고 하였으나, 70년대 이후 개정된 법에서는 'partially hearing'이라는 말로 바꾸어 표현하고 있음에 유의할 필요가 있다.

에 입학하기 전에 (불완전하기는 하지만) 자연적으로 말하기 시작한 자로서 다음 세 단계로 분류되고 있다.

1급 : 청각의 결함을 가지고 있기는 하지만 (대부분 의료적 처치가 가능함), 보청기나 특수교육적 조처를 필요로 하지 않는 자이다.

2급 : 말할 수 있는 능력이 자연적으로 어느 정도 습득되어 있으나, 시간제이든 전일제이든 특수교육적 조처를 필요로 하는 자이다. 이들 아동의 대부분은 보청기를 필요로 한다.

3급 : 학교에 입학하였을 때에 자연적으로 습득된 언어가 없는 아동이지만, 이들 아동의 대부분은 완전 농이 아니고, 발어의 명료화를 위해 보청기가 도움이 될 수 있는 자이다.

이 정의에서는 자연히 획득된 언어능력에 그 초점을 두고, 그에 따른 아동의 교육 가능성을 중요시하고 있다.

농과 난청을 구분하여 이해하기 위해 또 하나의 주요한 측면은 아동이 각종 환경음, 말소리, 순음 등에 어떻게 반응하는 능력을 가지고 있느냐는 점이다. 이런 측면에서 E. A. Stevenson(1960)은 농아동은 단순한 소리지각은 어느 정도 가능하지만 "음성언어를 이해하여 반응하지 않는 자"라 했고, 난청아동은 "음성언어를 이해할 수 있는 자"라고 했다. 이처럼 농아동이라 할지라도 대부분은 어떤 특정의 소리 자극에 반응할 수 있으나, 문제는 그것이 정상인이 듣고 이해하는 소리와 같은 의미로 번역되어 지각되는 것이 아니라, 농아동 특유의 이해하는 소리지각에 불과할 뿐이라는 점이다. 따라서 농아동이 어떤 소리에 반응을 보이는 것은 그것이 단순한 소리지각일 망정, 실제 언어생활의 목적을 위해 활용 가능한 청력이 아니라는 점에 유의할 필요가 있다(김병하, 1973).

2. 청각장애의 분류 : 교육적 이해

전체 학령기 아동 가운데 청각장애아동이 차지하는 비율은 0.6%미만(약 1,000명 가운데 5~6명 정도)의 소수에 불과하지만, 이들은 다양한 하위집단으로 구성되어 있다. 일반적으로 청각장애아 집단은 청력 손실의 정도와 유형, 청력 손실의 시기, 청각장애의 병리적 부위와 원인, 잔존청력의 활용 가능성 등에 따라 각각 다른 교육적 의미를 지니게 된다. 이들 요인들은 청각장애의 교육적 이해를 위해서는 물론, 연구 설계를 위해 비교집단을 구성할 때 고려해야 할 기본적 변인들이기도 하다.

1) 청력손실의 정도

정신지체아를 지능지수에 의해 분류하는 것과 마찬가지로 청각장애아를 청력손실의 정도에 따라 분류하기도 한다. 청력은 음의 강도(dB)와 고저(Hertz나 Cycles로 측정됨)에 대한 청능학적 평가에 의해 결정된다. 청력의 손실치는 음의 압력(dyne/cm2로서 단위 면적에 받는 음의 압력)을 나타내는 로가리즘 시스템인 dB(deciBel)[5]치에 의해 청력계(audiometer)로 측정된다. 이 dB치는 하나의 단위를 나타내는 절대치가 아니라, 다른 것보다 더 크거나 적은 것을 나타내는 상대적 비율측도로서 이를테면, 74dB+77dB=151dB가 아니라, 비율측도에 의한 dB치의 환산에 의하면 78.8dB가 된다. 이 dB치의 증가에 따른 음압의 기하급수적 비율은 다음과 같다.

dB	1	6	7.5	12	14	15.5	18	20	40	60	80	100	120	140
배수	0	2	3	4	5	6	8	10	100	1,000	1만	10만	100만	1,000만

[그림 1.1] dB와 음압의 비율

이를테면, 청력 손실치 60dB는 정상 청력에 비해 감도가 1/1,000떨어지는 것을 의미하지만, 1,000은 10의 3제곱이므로 실제로는 3배만큼 음의 강도가 약한 것으로 느끼게 된다.

일반적으로 인간이 청각으로 들을 수 있는 음의 주파수 영역은 [그림 1.2]에서

5) 원래 이 음압의 단위로 전화를 발명한 A. G. Bell의 이름을 따서 Bel이란 단위를 쓰기도 하였으나 bel의 단위가 너무 커서 미세한 음의 강도차를 나타내는 데 불편이 있어, 1/10의 뜻인 deci의 첫 글자와 bel의 첫글자를 따서 dB란 단위를 쓰게 되었다.

보는 바와 같이 20Hz에서 20,000Hz까지이며, 일상 회화에 주로 사용되는 어음의 주파수 영역은 250(400)Hz에서 4000(3000)Hz까지 해당된다(Davis와 Silverman, 1970). 우리 인간이 들을 수 있는 음의 강도의 폭은 그림 1·2에서 보는 바와 같이 주파수에 따라 그 폭의 차이가 크게 나고 있는데, 가장 넓게 들을 수 있는 회화음역에서 약 80dB부터 140dB까지 해당되는 음을 들을 수 있다. 국제적으로 가장 널리 적용되고 있는 ISO의 기준에 의해 청력손실의 정도를 구분하고, 이에 따른 언어 이해능력(Davis와 Silverman, 1970), 그리고 언어 발달의 지체수준(Quigley, 1968 : Berg, 1976)을 비교해 나타내보면, 다음 <표 1.1>과 같다.

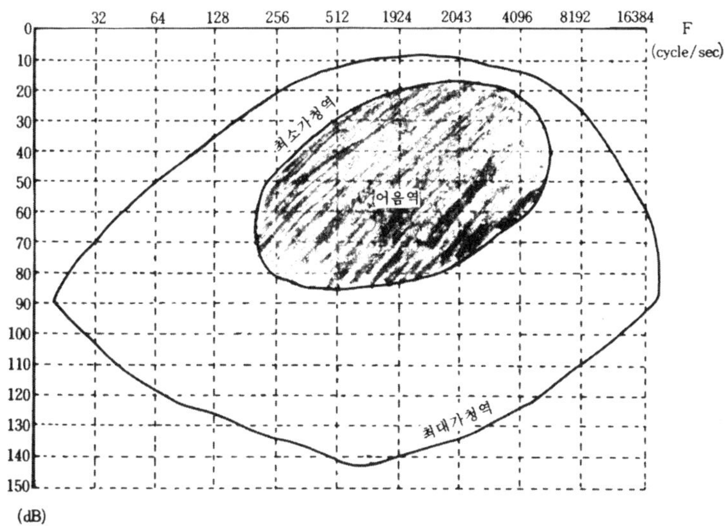

[그림 1.2] 가청범위와 어음역

<표 1.1> 청력 손실치와 장애정도, 언어이해능력, 언어발달지체수준의 비교

청력 손실치	장애 정도	언어이해능력	언어가 지체되는 학년	구어에 의한 어휘 표현능력
15～26dB	의미 없음	지장 없음	-1.16	
27～40dB	경도	흐리거나 적은 말소리에 곤란 느낌	-1.95	2,500어휘 중 1,800～2,100 어휘 표현가능
41～55dB	중등도	90～150cm의 얼굴을 마주 대하는 대화는 이해가능하나, 학급토의 50% 정도는 이해 못함	-2.93	2,500어휘 중 1,200～1,800 어휘 표현가능
56～70dB	준고도	큰소리의 회화만 이해 가능하고, 집단토의는 곤란함	-3.53	
71～90dB	고도	30cm내의 큰소리만 이해할 수 있음	읽기 점수 : 16세에서 4.9학년 이하가 88%	2,500어휘 중 200～1,200어휘 표현가능
90dB이상	최고도	큰소리도 이해 못함. 소리의 진동에 거의 의존함		

<표 1.1>에서 언어발달이 지체되는 학년(Quigley, 1968)이라든지, 구어에 어휘 표현의 수준(Berg, 1976)을 나타낸 것은 특정의 연구결과에 불과한 것이고, 청력 손실 정도 이외에 다른 중요한 변인들이 충분히 통제된 것이 아니기 때문에 반드시 절대적인 의미를 지니는 것은 아니다. 다만 청력 손실 정도와 언어발달 특성과의 상호관계를 예시해 주는 대체적 지수에 불과하다고 볼 수 있다.

청력 손실 정도에 따라 청각장애아를 농과 난청으로 구분할 때에 대개 90dB[6]를 기준으로 그 이상을 농, 그 이하를 난청이라고 하지만, 경우에 따라서는 80dB 이상을 혹은 70dB 이상을 교육적 농(Moores, 1978)으로 분류하기도 한다. 미국의 경우 청각장애아를 위한 학교와 학급에서 특수교육 혜택을 받고 있는 학생들(약 34,000명)의 청력손실 분포를 보면, 99dB 이상이 전체의 41.0%, 85~95dB가 19.1%, 65~84dB가 19.6%, 45~64dB가 10.7%, 44dB이하가 9.5%로 나타나고 있다 (Berg, 1976). 그런데 청력 손실치 만으로 농과 난청을 구분하는 것은 교육적으로

6) 일본의 문부성은 특수교육대상아동의 판별기준에서 90dB 이상을 농으로 규정하고 있으며, Davis(1970)는 91dB는 농과 난청을 구분하는 가설적 기준이 된다고 했다.

거의 의미가 없을 수도 있다. 이를테면, 한 학생이 90dB의 청력 손실치를 가지고 있지만, 그 시기가 가령 언어를 완전히 습득한 뒤인 6세 경에 청력손실을 입었다면, 그는 청능학적 평가로는 농이 될 수 있을지 몰라도 일상생활에서 언어 사용 능력을 중시하는 교육적 입장에서 보면, 그는 결코 농 집단에 해당되지 않는다.

법제정 당시 우리나라의 특수교육진흥법 시행규칙에서는 특수학교(농학교)대상자의 판별기준을,

「두 귀의 청력손실이 90dB 이상인 자나 두 귀의 청력손실이 90dB 미만 50dB 이상인 경우 보청기를 사용해서 보통 말소리의 이해가 불가능하거나 아주 곤란한 정도인 자」로 하고 특수학급(난청 학급)대상자의 판별 기준을 「두 귀의 청력 손실이 50dB 미만이라 할지라도 특수교육을 필요로 하는 자」로 규정하고 있다.

여기서 특수학교 대상의 판별기준을 "보청기를 사용해서 보통 말소리의 이해가 불가능하거나 아주 곤란한 정도인 자"로 한 것은 이해가 가나, 청력 손실치 50dB를 농(농학교)과 난청(난청학급)의 교육적 분류 기준으로 설정한 것은 상당히 문제가 있다고 본다. 그러나 개정법에서는 청각장애를 지닌 특수교육 대상자를,

「가. 두 귀의 청력손실이 각각 90dB 이상인 자
나. 청력손실이 심하여 보청기를 착용하여도 음성언어에 의한 의사소통이 불가능하거나 곤란한 자
다. 일상적인 언어생활과정에서 청각의 기능적 활용이 불가능하여 일반인과 함께 교육받기가 곤란한 자」로 규정하고 있다.

한편 청력손실 정도와 관련해서, 청력검사의 결과 그래프에 나타나는 청력도(audiogram)의 유형이 보청기 착용의 가능성을 시사해주기 때문에 교육적인 이해를 돕는 하나의 준거가 될 수 있다. 오디오그램의 가로에는 음의 고저를 나타내는 것으로 트럭의 모터 소리와 같은 저음에 해당되는 125Hz로부터 호각소리와 같은 고음을 나타내는 8,000Hz까지 표시가 되고 있으며, 오디오그램의 세로 선은 음의 강도를 나타내는 dB치로서 속삭이는 말소리는 약 20~30dB 정도, 보통의 회화 말소리는 약 60~70dB 정도이고, 120dB 이상이 되면 소리가 너무 커서 불쾌감

을 느낄 정도이다.

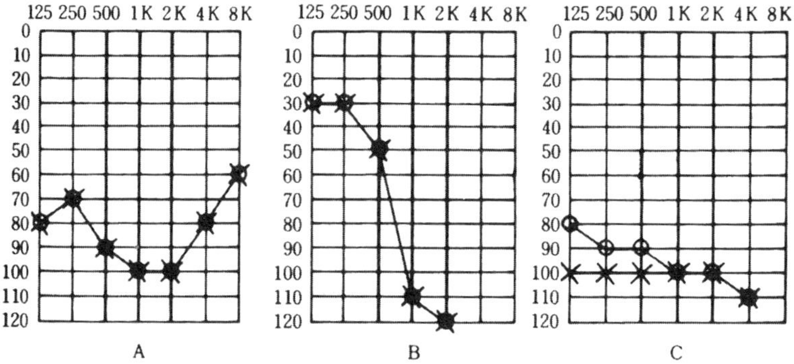

[그림 1.3] 오디오그램의 가설적 세 유형

오디오그램의 다양한 모양은 아동의 어음 명료도와 언어 이해 능력을 시사하는 중요한 단서가 된다. [그림 1.3]은 평균 청력 손실치는 같으나(대개 어음역에서 95dB 수준임). 오디오그램의 유형이 다르게 나타남에 따라 개인의 기능적 청력이 어떻게 다른가를 가설적으로 예시한 것이다.

오디오그램 A는 고음에서 다소 활용 가능한 청력을 가지고 있는데, 이 경우 보청기의 도움을 받기가 보다 용이하다. 그러나 오디오그램 B는 저음에서 상당한 정도의 사용 가능한 청력을 가지고 있는데, 이 경우 말소리의 정확한 식별은 어렵거나 불가능할지라도 소리 지각은 상당히 가능하다. A와 B 양쪽 모두 일상생활에서 활용 가능한 청력의 가변성은 극히 제한되어 있으나, 이 가변성에 깊은 관심을 가지고 대처해 나간다면 많은 진전이 있을 것이다. 오디오그램 C는 보청기를 착용하더라도 아주 큰 소리만 겨우 들을 수 있는 경우로서, 심한 농으로 고려될 수 있다(Silverman, 1966). 이상의 오디오그램들은 보청기 착용에 의한 청각장애아의 잔청 활용 가능성을 우리에게 예시해준다. [그림 1.4]는 한 가설적 아동의 오디오그램이 보청기 착용을 통해 이익을 얻을 수 있는 역치를 예시해 주고 있다(Ling, 1987).

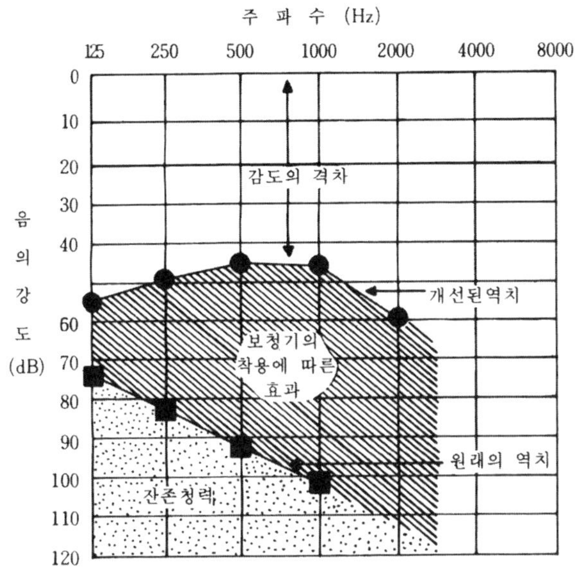

[그림 1.4] 한 가설적 오디오그램의 보청 효과

[그림 1.4]의 상단에 표시된 "감도 격차"는 어떤 보청기도 청력 손실 정도가 심한 청각장애아의 청력을 완전히 보상해 줄 수 없다는 것을 예증해 준다.

2) 청력 손실의 시기

교육 실천적 입장에서 볼 때, 전술한 청력 손실의 정도 못지 않게 청력 손실의 시기(onset of hearing loss)가 중대한 의미를 지닌다. 이를테면, 한 학생의 청력 손실이 95dB일지라도 그가 6세에 청력 손실을 수반한 경우, 그는 청각학적으로는 농으로 분류될 수 있을지 모르지만, 실제적인 커뮤니케이션 기능면에서 볼 때 그는 결코 농이라 할 수 없다. 같은 정도의 청력 손실을 가지고 있을 지라도, 그 시기에 있어 출생 이래 혹은 언어 습득기 이전에 청력 손실을 수반한 농(pre-lingual deafness)과 언어가 완전히 습득된 이후에 청력 손실을 수반한 농(post-lingual deafness)간에는 언어의 수용 및 표현 능력과 그 형식, 읽기 능력, 추상적 개념의 이해 등 모든 측면에 걸쳐 많은 차이를 나타내게 된다. 언어 습득기 이전의 농은 일상생활의 과정에서 대부분의 청인들이 사용하고 있는 언어를 습득할 수 없게 되어, 다른 사람들과 의미 있는 의사소통을 하기가 어렵다. 그러나 언어가 습득된 이후에 농이 된 자는 이미 언어와 커뮤니케이션 기능이 확립되어 있으므로 실제 생활 장면에서 청인과 함께 의사소통이 가능하다. 이들은 청각송환의 결손에 따라 언어 수용능력은 점차 열악해지겠지만, 언어수행(표현)능력은 대체로 유지된다(Liben, 1987).

신생아는 음의 고저와 크기에 기초하여 자기 나름대로 말소리와 유사한 신호를 식별할 수 있게 된다. 생후 2주 경에 이미 자신을 달래는 어떤 목소리에 관심을 표명하기 시작하며, 생후 5주쯤 되면 어머니의 목소리에 호감을 나타내기 시작한다(Meadow, 1980). 이처럼 유유아기의 처음 몇 달 동안 청각을 통해 수용하는 언어는 이후의 언어 발달을 위해 주요한 영향을 미친다는 것이 점차 강조되고 있다(Fry, 1966 : Lenneberg, 1967).

그러면 우리가 언어 형성 이전의 농과 언어 형성 이후의 농을 구분하는 시기의 분기점(cut-off)을 언제로 잡느냐는 것이 청각장애의 교육적 이해를 위해 주요한 기준이 된다. Meadow(1980)는 초기의 언어발달을 중시하여 2세로 잡는가 하면, 대부분의 입장은 정상아가 언어의 기본 구조를 거의 습득하는 3세를 기준으로 하고 있다. 한편, Van Uden박사는 개정판 「농아동의 언어 세계」(A World of Language of Deaf Children, 1977)에서 언어 습득 이전의 전언어성(prelinguality)의 시기를 1년 6개월로 잡고, 언어발달 과정의 단계를 전 언어성→사이 언어성(inter-linguality)→후기 언어성(post-linguality) 단계로 나누어 설명하고 있다. 전 언어성 시기는 아동이 아직 언어적 상징체제를 가지지 않는 시기로서, 하나의 상징체제가 아직 구축되어 있지 않은 채, 언어적 상징의 일부만을 이해하고 사용하는 시기이다. 사이 언어성의 시기 동안에 아동은 모국어의 상징체제와 어느 정도 일치하여 언어적 상징체제를 구축해 나가며, 후기 언어성 시기에는 모국어의 언어 체제가 이미 습득되어 있다. Uden박사는 ① 정상아동, ② 정상청력을 가진 정신지체아, ③ 잘 교육된 보통의 언어 습득 이전의 농아동, 이들 세집단의 언어발달 시기별 구분을 그의 전 언어성, 사이 언어성, 후 언어성 기준에 따라 다음과 같이 제시하고 있다(Uden, 1977, p20).

정상아동 : 전언어성 → 사이언어성 → 후언어성
연령 : 0;0 1;6 4;0
정신지체아동 : 전언어성 → 사이언어성 → 후언어성
연령 : 1;0 3;0 8;0
언어습득이전의 농아동 : 전언어성 → 사이언어성 → 후언어성
연령 : 0;0 3;0 12;0

그러면 실제로 농아동 가운데 언어 습득기 이전의 전 언어성 농과 언어습득기 이후에 농이 된 후 언어성 농 간의 인구 구성비는 어떻게 되는가? 1900년대 초기에는 농학교 재학생의 약 3분의 2정도가 주로 각종 바이러스의 감염에 의해 「후 언어성」농이었지만(Vernon, 1968), 최근 의학의 발달에 따라 전염병 등에 의한 획득성 농의 출현이 현저히 감소되고, 반대로 「전 언어성」농아동의 비율이 95%[7] 정도까지 증가하였다(Bonvillian 등 1973). 그리고 이들 「전 언어성」농이 농학교 재학생 가운데 71%(김영순, 1975)에서 76%(김희남, 1973)정도인 것으로 보고되고 있다.

3) 청각장애의 병리적 부위(部位)

청각생리의 측면에서 볼 때, 음의 진동을 기계적으로 전달하는 계통인 전음계(傳音系)와 전음계로부터 음의 진동을 받아 이를 신경자극에 의해 음을 인지하는 생물적 기능을 가지는 계통인 감음계(感音系)와는 전혀 성질이 다른 부분이다([그림 1.5]참조). 따라서 전음계 부위의 결손에 의해 야기된 전음성 난청(conductive hearing loss)과 감음계 부위의 결손에 의해 야기된 감음성(sensorinural)난청과는 장애의 증후에 있어 현저한 차이를 보이게 되는데, 그 주요한 차이점을 요약하면 다음과 같다.

첫째, 전음성 난청은 청력 손실이 많아도 전 주파수에서 60~70dB를 넘지 않으나, 감음 신경성 난청은 최고도(91dB 이상)에 이르기까지 그 정도가 다양하다.

---

7) 1973학년도에 Gallaudet대학의 인구 연구소의 조사에 의하면, 미국의 전체 농학생 가운데 64%는 날 때부터 청각장애였으며, 3세 이전까지 전체의 80%가 청각장애를 입었다고 보고하고 있다(Jensen, c., and J. Mullins, 1974).

둘째, 전음성 난청은 음을 강화하면 정상인과 같이 들리나, 감음성 난청의 경우 종종 음의 보충(補充, recruitment)현상[8])을 수반하므로 음의 크기가 충분히 강해도 음을 잘못 인지한다.

셋째, 전음성 난청은 보청기의 효과적 활용이 기대되나, 감음성 난청은 보청기의 도움을 받기 어려운 경우가 많다.

넷째, 전음성 난청은 약물이나 수술적 요법으로 거의 치료가 가능하나 감음성 난청의 경우 예방이 최선책이 되고 있다.

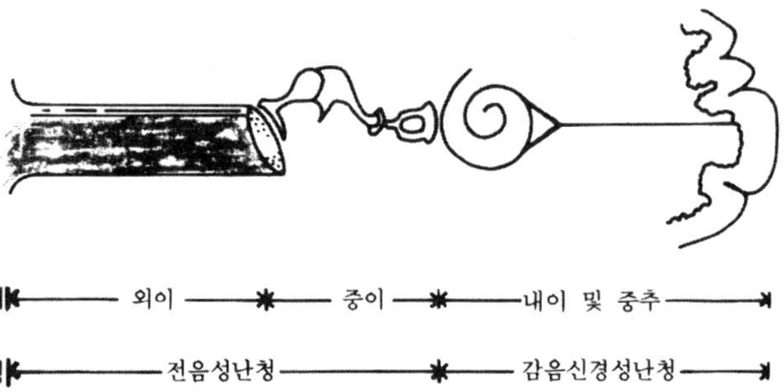

[그림 1.5] 병리적 부위에 따른 청각장애의 유형

다섯째, 청력 검사의 결과 전음성 난청은 골전도(骨傳導)는 정상이고 기전도(氣傳導)의 장애만이 있으나, 감음신경성 난청은 골도와 기도[9]) 청력 모두가 떨어지며, 골도와 기도 청력의 차이가 발견되지 않는다.

이외에도 전음계와 감음계가 혼합되어 있는 경우, 이를 혼합성 난청이라고 하는데, 이와 같은 유형의 난청은 골도의 청력 손실이 기도 청력 손실보다 가벼운 경우이다. 혼합성 난청은 만성 중이염에서와 같이 염증에 의하여 중이의 증폭 기능이 장애를 받고, 또한 내이에까지 염증이 파급되어 내이의 감음신경성 장애를

8) 감음성 난청 가운데 나선기에 이상이 있는 경우, 특히 음의 보충현상이 뚜렷이 나타나며, Fowler가 발견한 까닭에 Fowler氏 현상이라고도 한다.

9) 음의 진동이 머리 피부를 통해 두개골에서 내이에 전해져 내이액의 전동에 의해 「고르티」器에 있는 모세포가 흥분되어 들리는 현상을 골도(bone conduction)청력이라 하고, 이에 비해 보통의 경로를 통해 들리는 현상을 기도(air conduction)청력이라 함.

받게 되는 경우 등에서 볼 수 있다.

청각장애의 병리적 부위에 따른 분류와 그 이해는 주로 耳科的 치료방향을 결정하는 데 많은 도움을 준다.

4) 청각장애의 원인 : 교육적 이해

청각장애의 원인은 그 시기에 따라 출생 전 · 출생 시 · 출생 후 등으로 나누어 볼 수 있으나(구체적 내용은 제 4장을 참조하기 바람), 여기서는 청각장애의 주요 원인을 묶어서 교육적 측면에서 논의하고자 한다. 청각장애의 원인은 청력 손실의 시기, 부가적 장애의 가능성, 장애에 대한 부모의 태도 등과 관련되어 있다.

전염병의 예방과 의료적 진전은 청각장애 인구 구성에 있어 큰 변화를 가져오게 했다. 전염병에 기인하는 출생 후의 청각장애 원인은 급격히 감소되어, 획득성 중도 농아동의 구성비가 1929년에서 1959년까지 50%에서 30%로 감소되었다(Kent, 1962). 70년 초에 미국 전역의 농학교 재학생을 대상으로 조사한 바에 의하면, 약 3분의 2 정도가 출생 이전에 청각장애를 수반한 것으로 보고되고 있다(Jensema와 Mullins, 1974; Jentile와 Rambin, 1973). 반면에 출생시나 출생 이후 원인에 의한 청각장애는 과거에 비해 그 증상이 더욱 중증인 경우가 많다. 이를테면, 출생시에 청각장애를 입은 아동 가운데는 중추신경 계통의 손상을 수반하는 경우가 증가해 가고 있다(Meadow, 1979).

일반적으로 전체 청각장애아동 중 약 3분의 1은 농 이외에 하나 이상의 부가적 장애를 수반하고 있다. 유전성 농은 다른 농의 원인에 비해 부가적 장애를 수반하는 경우가 적으나, 청각장애 원인 가운데 특정의 원인들은 청각장애 이외에 부가적 장애를 수반하는 경우가 많다. Rh성 농 가운데 약 70%는 중복장애를 가지며, 이들 중 약 반 이상은 뇌성마비를 수반한다(Vernon, 1967). 출생 시 산소결핍과 겸자 분만에 의한 농도 중복장애와 밀접히 관련되어 있다(Schlesinger, 1971). 모체에 감염된 풍진은 농의 주요 원인(전체 중 약 18% 차지함)이 되는데, 이들은 수평형의 오디오그램을 나타내는 경우가 많고(Anderson, Barr, and Wedlnberg, 1970), 고음 주파에서 잔청이 살아 있기 때문에 보청기로부터 많은 이익을 얻을 수 있으나 음이 확대될 때 고통을 느끼는 경우가 많다고 한다

(Meadow, 1979). 그러나 풍진에 의한 농의 증상은 원체 복잡하기 때문에 이런 경향성을 반드시 인정하기 어렵다고 보는 입장도 있다(Hicks, 1970).

일반적으로 농의 주요 원인이 되고 있는 조산, 뇌막염, 모체에 감염된 풍진, Rh 불일치 등에 의한 농은 부가적으로 뇌손상을 수반하는 경우가 많기 때문에, 이들 원인은 농아동의 인지발달에 영향을 미칠 수 있다(Vernon, 1968). 농아동이 수반한 부가적 장애 가운데 빈도가 높은 것은 정서 · 행동장애, 정신지체, 시각장애, 지각운동장애 등이 되고 있다(Jensema와 Mullins, 1974).

농아동을 가진 부모들은 농의 원인과 관련하여 농아동들에게 다른 반응을 나타낸다고 한다. 일반적으로 유전성에 의한 농은 획득성 농보다 부모들이 죄책감을 더 크게 가지는 것 같고, 농의 원인이 무엇인지 알고 있을 때 부모들은 그 원인을 전혀 모르는 부모에 비해 심리적 부담을 적게 가진다는 것이다(Meadow, 1968; Davis, 1961). 지금까지의 원인 조사에 의하면 대부분 농의 원인 가운데 약 3분의 1은 원인불명이다.

이상에서 논의한 청력 손실의 정도, 시기, 병리적 부위, 원인 등은 청각장애를 이해함에 있어 주요한 기준이 된다. 우리는 이들 변인들이 가지는 교육적 의미에 특히 유의할 필요가 있다.

제3절 청각장애아의 교육적 진단 · 평가 · 배치 : 체제 접근

청각장애를 조기에 발견 · 진단하고 그 아동이 가지는 제반 문제를 정확히 측정 · 평가하여 그의 독특한 요구를 충족시켜주기 위해 적절한 교육배치를 하고, 그 아동에게 최적한 교육 프로그램을 개발하여, 일정기간 동안 지도 · 적용한 후에 그 결과를 평가하는 이런 일련의 과정을 청각장애아 교육에 있어 서비스 전달체제(service delivery system)라고 한다. 원래 '전달체제'라는 말은 병원에서 환자를 접수하여 검진하고 치료하는 일련의 과정을 일컫는 것으로 사용되어 왔으나, 이것이 교육적 의미로는 경영이론에서 사용해 온 체제접근(systematic approach)과 깊은 관련성을 지니고 있다. '체제접근'의 입장에 의하면 서비스의 전달과정에 있어 각 단계별의 부분과 전체 과정 간의 연결을 강조하여, 자기 수정적 과정으로서 문제 해결 과정을 중시하고 있다. 끊임없는 자기수정 과정으로서의 체제접근은 "문제구명-해결대안-탐색-해결-전략 선택-전략의 수행-수행효과 결정-체제수정"이라는 과정을 순환하게 된다(Kaufman, 1972).

일반적으로 청각장애아의 교육적 진단 · 평가 · 배치를 위해 우리가 고려해야 할 가장 중요한 사항은 우선 그 아동의 교육권 보장을 위한 제도적 장치를 마련하는 일이고, 둘째는 그 아동에게 가장 적합한 교육적 배치를 보장하기 위해 공평한 평가의 절차를 보장하는 일이다. 이런 의미에서 미국의 「모든 장애아를 위한 교육법」(1975, PL 94~142)은 우리들에게 적절한 원칙을 제시해 주고 있다. 본법의 기본 정신은 ① 아무리 장애가 무겁고 특이하더라도 한 사람도 공교육에서 제외하지 않는다는 것(zero reject), ② 불공평한 평가로부터 장애아동을 보호하는 것(nondiscriminatory evaluation), ③ 개개 아동의 독특한 요구를 충족시켜주기 위해 개별교육 프로그램(individualized education programs; IEP)을 개발하는 것, ④ 교육적 배치에 있어 가능한 한 제한적 환경을 줄여 주는 것(least restrictive environment), ⑤ 이상의 과정에 있어 합당한 절차(due process)를 보장해 주고, 특히 이 합당한 절차를 위해 부모의 참여권을 신장 · 보장해 준다는 다섯 가지의 원칙으로 요약될 수 있다.[10)]

이상의 원칙에 입각하여 Tucker(1980)는 특수학교에 있어 장애아의 공정한 배치(nonbiased placement)를 보증하기 위한 과정을 다음과 같은 단계로 제안하고 있다.

1단계 : 아동이 특수교육을 필요로 할만큼 심각한 문제를 가지고 있는가? ; <문제의 소재 인식>

---

10) 이들 원칙의 구체적 내용은 다음의 자료에 잘 소개되어 있다.

① Turnbull, A. P., B. B. Strikland, and J. C. Brantley, Developing and Implementing Individualized Education Programs. Columbus : Charles E. Merril Publishing Co., 1982.

② Nix, G .W(ed), The Rights of Hearing-Impaired Children. The Volta Review, 79(5), 1977.

③ PL 94~142 and Deaf Childran, Callaudet alumn Newsletter.

2단계 : 그 문제를 추적하기 위해 일정기간 동안 관찰이 필요한가? <일화 관찰기록의 수집>

3단계 : 일상생활 장면에서 수집된 관찰 자료들이 문제의 소재를 적절히 제시하고 있는가? <부모와의 상담>

4단계 : 부모로부터 얻어진 정보가 특별히 필요한 교육 조치를 시사해 주는가? <필요한 전략의 적용>

5단계 : 그 아동에게 필요한 전략을 적용해 본 결과 여전히 문제 행동이 존속하는가? <기본적 선별 절차의 적용>

6단계 : 선별자료는 다른 특수교육적 서비스의 필요성을 시사해 주고 있는가? <다른 교육대책의 탐색>

7단계 : 다른 교육대책이 주어진 경우에도 아동이 지닌 문제는 여전히 존속하는가? <특수교육적 요구의 재확인>

8단계 : 지금까지 얻어진 모든 자료를 가지고 종합적 판정을 내릴 수 있는가? < 학제적 평가팀 구성>

9단계 : 제기된 모든 문제들은 학생의 교육 프로그램을 계획하기 위해 적절한 기초를 마련해 주고 있는가? <장애에 대한 학제적 평가>

10단계 : 앞 단계에서 평가를 수행한 이후에도 그 학생에게 장애가 있다는 충분한 증거가 있는가? <교육실천을 위한 학제적 평가>

11단계 : 앞 단계에서 얻어진 평가 자료는 그 학생이 지닌 문제가 교육적으로 장애조건에 기인한다는 충분한 증거를 제시하고 있는가? <교육프로그램 개발을 위한 학제적 평가>

12단계 : 이상의 평가를 수행하기 위해 제기된 모든 질문들에 대한 해답이 학제적 평가 팀에 의해 충분히 제시되었는가? <통합된 보고서의 마련>

13단계 : 작성된 평가 보고서는 IEP회의에 참여하는 모든 사람들에게 쉽게 이해될 수 있는 것인가? <IEP회의를 계획하고 평가보고서의 1부를 부모들에게 보내 줌>

14단계 : 그 학생이 특수교육을 필요로 하는 것이 확실한가? <특수교육의 적격대상으로 결정>

15단계 : 그 학생이 소수 인종 집단이거나 다른 독특한 집단에 속하는 아이는 아닌가? <인종적 혹은 문화적 특성을 고려>

16단계 : 내려진 결정은 문화적 편차로부터 자유로운가? <IEP가 개발되고 사정됨>

17단계 : 특수교육 대책을 마련함으로서 학생의 교육적 요구가 가장 잘 충족되고 있다는 것을 보장할 만한 필요한 모든 조처를 취하였는가? <최소한의 제한된 환경에서 교수와 관련 서비스를 받도록 하기 위해 배치함>

18단계 : 부모들은 IEP에서 구체화된 내용대로 학생의 배치와 교수프로그램이 마련되고 있는가를 확인하였는가? <교수 및 관련 서비스를 제공함>

19단계 : 학생의 진전이 만족할 만한 것이라고 말할 수 있는가? <학생 진전의 평가>

이상의 19단계에 걸친 일련의 체제에서 아동이 가지는 장애의 교육적 평가와 개별지도 프로그램(IEP)개발 과정의 합당성에 각별히 신경을 쓰고 있는 흔적을 볼 수 있다. 이들 단계에 따른 원칙을 청각장애아의 교육배치에 적용하기 위해서는 특히 다음의 세 가지 측면이 구체적으로 검토되어야 할 것이다.

첫째, 아동이 청력 결손을 수반하고 있다면, 그 결손이 특수교육을 받아야 할 만큼 장애가 되고 있는지의 여부를 확인하는 일이다. 이를 위해 비형식적 관찰의 자료 외에 검사를 통한 청력 손실 정도, 보청기 착용을 통한 이득의 정도, 청력 손실의 시기, 청각장애의 원인, 아동의 커뮤니케이션 기능과 언어발달 정도, 각종 심리 검사들을 통해 학업 성취 수준과 대인관계의 능력 등을 정확히 확인해 내야하며, 이들 측정결과가 정당한 것인지의 여부가 엄격히 검토되어야 한다.

둘째는 그 아동이 명백한 특수교육의 대상이 된다면, 그에게 가장 적합한 지도 프로그램(IEP)을 개발하는 일이다. 이를 위해 가장 중요한 것은 학제적 팀 접근에 의해 개별화된 지도 프로그램을 일종의 실천적 교육과정 자료로 개발하는 일이다.

셋째는 아동의 교육배치가 가능하면 일반아동과 어울리는 기회를 극대화하는 쪽으로 결정되어야 한다. 이 원칙을 미국 공법(PL) 94-142에서는 '제한적 환경의 극소화'(least restrictive environment)라 지칭하고 있다.

참고문헌

김병하(1973). 난청아의 교육. 특수교육연구소(편). **특수교육원리**. 대구 : 대구대학교 출판부.

김영명(1981). 청각장애의 종류. **장애자복지편람.** 서울 : 아산사회복지사업재단.

김영순(1985). 농학교 재학생의 청각장애 원인에 관한 사회의학적 일 연구. 대구대학교 대학원 석사학위논문(미간행).

김희남(1973). 농아학생에 대한 청각학적 고찰, 연세대학교 대학원 의학과 석사학위논문(미간행)

Aerg, F. S(1976). Educational Audiology : Hearing and Speech Management. New York : Grune & Statton,

Bishop, Milo E(1979).(Ed) Mainstreaming : Practical Ideas for Educating Hearing Impaired Students. Washington, D.C. : The A. G. Bell Association for the Deaf.

Bonvillian, T., V. Charrow, K. Nelson(1973). Psycholinguistic and Educational Implications of Deafness. Human Development, 16. pp. 321~345.

Brill, Richard G(1974). Education of the Deaf : Adminstrative and Professional Developments, Washington, D. C. : Gallaudet College.

Davis, H., S. R. Silverman(1970). Hearing and Deafness. New York : Holt, Rinhart and Winston.

Executive Board of the American Speech-Language-Hearing Association(1981). On the Definition of Hearing Handicap. J. of ASHA, 23(4), pp. 293~297.

Fry, D. B(1966). "The Development of the Phonological System in the Normal and the Deaf. Cited in, Kathryn P. Meadow, op. cit., p. 6

Gentile A., and J. Bentley Rambin.(1973). Reported Causes of Hearing Loss for Hearing Impaired Students United Stated 1970~71. Washington, D. C. : Office of Demographic Studies, Gallaudet College.

Hicks, D. E.(1970) Comparison Profiles of Rubella and Nonrubella Deaf Children, American Annals of the Deaf, 115 pp. 86~92

Jensema C., J. Mullins(1974). Onset, Cause, and Additional Handicaps in Hearing Impaired Children. American Annals of the Deaf. pp. 86~92.

Katz, L., S. L. Mathis, E. C. Merrill(1978). The Deaf Child in the Public Schools. Danville, Ⅲ. : The Interstate Printers & Publishers, Inc.,

Lenneberg, E. H., F. G. Rebelsky, I. A. Nichols.(1965). The Vocalizations of Infants Born to Deaf and to Hearing Parents. Human Development, 8. pp. 23~37.

Liben, Lynn S.(1978) The Development of Deaf Children. Deaf Children : Developmental Perspectives. New York ; Academic Press, pp. 3~20

Ling, D., A. H. Ling.(1978). Aural Hablitation : The Foundation of Verbal Learning in Hearing Impaired Children. The A. G. Bell Association for the Deaf, Inc.

Meadow, K. P.(1968). Parental responses to the medical ambiguities of deafness. J. of Health and Social Behavior, 9. pp. 299~309.

Meadow, Kathryn P.(1980) Deafness and Child Development. Berkeley, CA : University of California Press.

Moores, Donald F.(1981). Educating the Deaf : Psychology, Principles, and Practices. Boston : Houghton Mifflin Company.

Myklebust, Helmer R.(1964). The Psychology of Deafness, New York : Grune Stratton.

Quigley, S.(1975). The Relationship of Hearing to Learning(1968), Cited in Bothwell, H., 2.5 Millon children : The Invisible Handicap of Hearing Impairment. Restion. VA : The Council for Exceptional Children.

Rosen, R.(1980) Appropriate Educational Placements for Hearing Impaired Children. ERIC Exceptional Child Educational Report.

Schlesinger, H. S.(1971). Prevention, Diagnosis, and Habilitation of Deafness : A Critical Look. In D. Hicks(ed.) Medical Aspects of Deafness. Council of Organizations Serving the Deaf.

Tuker, J. A.(1980). 19 Steps for Assuring Nonbiased Placement of Students in Special Education. ERIC Exceptional Child Educational Report.

Turbull, A. P., B. B. Strikland, J. C. Brantley.(1982). Developing and Implementing, Individualized Education Programs. Columbus : Charles E. Merrill Publishing Co.

Uden Van A.(1977). A World of Language for Deaf Children : Part I. Basic Principles, Aamsterdam : Swets & Zeitlinger.

Vernon, M.(1967). RH Factor and Deafness : The Problem, its Psychological, Physical, and Educational Manifestations. Exceptional Children, 34. pp. 5~12.

제2장 청각장애아 교육의 역사

오늘날 우리가 추진하고 있는 농교육은 과거 역사를 통해 인류가 남긴 위대한 업적 가운데 하나이다. 또한 현재 우리가 당면하고 있는 농교육에 대한 갈등은 지난날의 농교육 업적을 재평가해 보게 하고, 나아가 앞으로 우리가 지향해야 할 농교육의 방향을 생각해보게 한다.

본 장에서는 농교육의 발전과정을 ① 고대와 중세를 묶어 농교육의 전사(前史), ② 16세기 이후 농아동의 교육 가능성을 입증하고 이를 실천한 성립기, ③ 18세기 이후 농학교 교육의 성립과 그 확충기, ④ 선진국을 중심으로 한 농교육의 최근 동향과 발전전망 등으로 나누어 살펴보고자 한다. 특히 본 장에서는 농교육에서 가장 관심사가 되고 있는 언어지도 방법논쟁의 전개 과정과 그 쟁점을 밝히는 데 역점을 두게 될 것이다.

제1절 청각장애교육의 전사(前史)

고대와 중세 사회에 있어 장애자 관은 크게 두 가지 측면에서 그 특징을 찾아볼 수 있다. 그 하나는 강자만이 생존의 가치가 있다는 약육강식의 원칙에 따라 장애자를 철저히 유기·학대·학살해 온 전통을(주로 고대사회에서) 볼 수 있고, 다른 하나는 기독교의 보급에 따라 종교적 자선보호 내지 약자에 대한 박애정신에 입각하여 장애자를 보호하려고 한 전통을 중세사회를 통해서 볼 수 있다.

1. 편견과 미신, 유기와 학대의 시대

고대 사회의 생활원칙은 현대를 살아가는 우리들에게 좋은 교훈이 되기도 한다. 고대 사회에 있어 인간생활의 최대 관심사는 어떻게 하면 자기 생명을 보존하고, 파괴적인 자연력과 자기 이외의 동물 및 인간으로부터 자신과 종족을 보존할 수 있는가 하는 것이었다. 따라서 한 부족의 "안정과 단결(Wilds, 1956)" 에 공헌하지 못하거나, 이를 위해 방해가 되는 자는 가차 없이 추방당하거나, 생존권마저도 박탈당해야만 했다.

따라서 맹자나 농자나 정신박약자와 같이 심신에 장애를 가진 자는 부족의 번영과 생존 투쟁에 도움이 되지 못하므로 유기하거나 학살을 자행하기까지 했다. 그리스인들은 장애인은 식충(食蟲)이라 하여 산야에 버리고 자살을 방임했으며, 특히 스파르타에서는 미와 건강을 가치의 기준으로 존중하여 곱사, 난쟁이, 절름발이, 맹자, 농아자 등의 장애자를 추한 인간의 표본으로 생각하였다(川本, 1954). 고대 스파르타 사회에서는 의식적으로 심신장애자를 절멸시키는 정책을 취해 왔는데, 신체적으로 건강하고 강장한 민족을 발전시키기 위함이었다.

로마인들은 농인을 리벨강에 던져 익사시키고, 투기장과 흥행장의 주인공으로 삼았으며, 귀족계급의 노리개 감으로 연회석상의 쇼맨으로 등장시키기도 했다(Heck, 1953). 로마 사회는 전통적으로 날 때부터 뚜렷한 장애를 보이는 아동은 아예 광장에 효수시켰다고 하며, 출생 직후에는 건강하였으나 3세 이전에 장애를 수반한 아동의 경우도 마찬가지로 살해하는 것을 허용하였다고 한다(Hodgson, 1954). 장애자에 대한 로마인들의 이 같은 잔학성은 그들의 제국주의 정책과 관련하여 국민우생 사상, 육아교육 방침, 심미사상, 자국어 존중사상 등에 기인하고 있다(荒川, 1970).

고대 사회는 사회 질서 유지를 위해 각종의 범죄자에게 철저히 보복적인 형벌을 가하였다. 함무라비법전(Hammurabi; 2067~2025 B. C.)에 의하면, 「거짓 증언한 자는 혀를 자르게 했고, 숨겨진 비밀을 훔쳐 본 사람은 눈을 뽑았으며, 아버지를 친자는 손을 잘라 버렸다(Bender, 1981)」고 한다.

2. 자선 보호적 관심의 대두

고대 사회에서 중세로 이행하면서 장애자에 대한 자선 보호적 관심이 부분적으로 표현되기 시작했다. 장애자에 대한 자선 보호는 고대 동방제국의 시대에 이집트 제국에서 국왕 및 승려계급에 의해 행해지기 시작했다. 특히 국왕의 경우는 귀족 세력을 영입하고, 민중의 지지를 얻기 위한 그 방책으로 장애자에 대한 자선 보호를 강구하기도 했다. 이를테면, 중국의 춘추시대에 菅子의 언행을 적은 기록에 의하면, 「凡國都皆養疾, 聾, 盲, 偏枯, 啞 收養」(管子)라는 구절이 있어, 이로써 벌써 장애자에 대한 보호사업이 실시되고 있었음을 볼 수 있으나, 이것은 어디까지나 통치자가 자신의 권력옹호를 위한 수단으로 베푸는 자선사업에 불과한 것이었다.

당시 기독교의 보급과 더불어 승려들은 종교적 자선정신에 입각하여 좀 더 조직적으로 자선사업을 행해 왔다. 기독교는 약자와 불행한 자를 보호하고, 그들에게 사랑을 베풀 것을 가르치고 있다. 모세는 농아자는 악마가 붙은 자라고 하면서도, 「귀머거리가 듣지 못한다고 하여 그에게 악담하거나 소경이 보지 못한다고 하여 그 앞에 걸릴 것을 두지 말라, 하나님 두려운 줄 알아라.」(레위기 19;14)[11]고 교지하고 있다.

탈무드(Talmud)에서는 농아자를 어리석은 사람이나 지각없는 아이들과 같이 분류하고, 그들의 행동에 책임을 묻지 않았고, 권리와 의무로부터 제외시켰다(Hodgson, 1954). 또 이 탈무드에서는 모든 증명은 말로서 증명(즉 口証)하게 하였으므로 농인은 증인으로 결코 채택될 수 없었다.

로마인들도 유스티니아누스(Justinianus) 법전에서 청각장애를 농과 농아(deaf-mute)로 나누고, 다시 청력 손실의 시기(the time of onset)에 따라 선청농과 후천농으로 구분하여 다음과 같이 장애의 범주에 따라 법적 권리와 의무의 한계를 밝히고 있다.

① 선천적으로 농아인 자 : 자신에 관한 모든 일을 관리할 능력이 없으므로 법률적 권리・의무가 인정되지 않는다. 후견인이 모든 일을 관리하도록 하며, 이들에게는 유언하는 것, 노예를 해방하는 것, 계약하는 것, 기부행위를 하는 것, 증인으로 서는 것 등이 금지되었다.

② 출생 후에 농아가 된 자 : 문자의 습득이 가능한 정도에 따라 그들이 문자를 써서 일을 처리하는 범위 내의 법적 권리를 인정한다. ①의 범주에서 제외된 결혼

11) Thou shalt not curse deaf nor put a stumbling block before the blind, but shalt fear the God.

계약 등이 포함된다.

③ 선천적으로 단지 농인 자와

④ 출생 후에 단지 농이 된 자 : 언어를 사용할 수 있는 정도에 따라 자신의 생활에 책임을 지도록 한다. 법률적 권리에 있어 거의 제한이 없었다<이들은 아마 요즘 같으면, 난청이나 중도 농(deafened)으로 분류될 수 있는 자들이었다>.

⑤ 선천적이든 후천적이든 단지 啞인 자 : 구어를 이해할 수 있고, 필담으로 응답이 가능하므로 어떤 법적 제한도 받지 않았다(Hodgson, 1954; 荒川, 1970).

이 법의 실시에 있어 남자와 여자 간에 어떤 차별도 두지 않는다는 것을 천명하고 있다. 유스티니아누스 법전에서 농자의 법적 권리를 구별하여 처우한 것은 반드시 정당한 인권의 대우라고는 할 수 없으나, 청각장애의 증상이나 시기에 따라 사례를 구별하여 사회적·법적 조처를 취한 것은 로마인들의 법적용에 있어 실천적인 조직력을 과시한 것으로, 이후 우리가 청각장애를 이해하는 데 하나의 기준을 제시한 점에서 높이 평가될 만하다(김병하, 1983). 이와 같이 장애자에 대한 미신과 편견이 지배적이었고, 한편에 있어 장애자에 대한 유기와 학살이 자행된 당시 사회에 비록 소극적인 법적·종교적 자선 구제정신에 불과한 것이었지만, 장애자에 대한 보호사상의 일단이 사회생활 규범 속에 부분적으로 발견되고 있음은 매우 다행한 일이었다.

3. 교육 불가능론

전술한 바와 같이 농인에 대한 자선 보호가 법률이나 기독교정신과 결부하여 이루어지기 시작하였으나, 장애자의 능력을 교육을 통해서 개발하고자 하는 생각에까지는 미치지 못하였다. 농아자는 기본적으로 교육이 불가능하다는 생각은 근세 초에 이르기까지 아주 확고한 전통으로 이어져 내려왔다. 고대와 중세에 걸쳐 농아자에 대한 교육 불가능론은 크게 다음 몇 가지 측면에 기인하는 것으로 본다.

첫째는 청각장애 자체에 대한 과학적 이해의 부족을 들 수 있다. 가령 로마의 뛰어난 의학자인 Claudius Galen(1929~199 A. D.)은 당시 의학적 지식을 백과 전서로 편찬하여(170 A. D.), 말하는 것과 듣는 것에 대해 뇌의 공통적 기능을 가정하여, 이 영역에 있어 결손은 자동적으로 농(deafness)과 啞(dumbness)를 동시에 수반하게 된다고 생각하였다(Bender, 1981). 따라서 듣지 못하는 자는 도저히 말을 가르칠 수가 없다고 믿었다. 당시 사람들은 聾과 啞 간의 기능적 관계를 정확히 인식하고 있지 못했다. 이 聾과 啞의 관계에 대해, P. Maior는 그의 저서「자연지(Naturalis Historia)」제 10권에서, "나면서부터 농인 자는 벙어리가 되지 않을 수 없다"고 하여 聾과 啞의 기능적 관계를 좀더 발전적으로 시사하고 있다(Werner, 1932).

둘째로 인간의 언어에 대한 지나친 중시와 편견에 의해 농인은 도저히 교육이 불가능하다고 생각하게 되었다. 즉 인간은 언어를 가지는 유일한 동물이며, 언어는 인간이 자연히 구유하게 되는 것이지 다른 사람으로부터 주어지는 것이 아니라는 소위 언어 선천설을 굳게 믿어왔다. 이와 같은 언어 선천설을 배경으로 한 농인에 대한 관점은 아리스토텔레스(384~322 B. C.)에 의해 잘 표현되고 있다. 그는「듣고 말하는 것은 교육 작용에 있어 가장 유력한 도구이다. 농인은 사상을 운반하는 언어를 가지지 못하므로 이성을 개발할 수 없다. 언어는 인간에게 선천적으로 주어진 것이므로 농인에게 후천적 교육으로 결코 언어를 부여할 수 없는 일이다」(荒川, 1970)고 주장함으로서, 이 같은 생각은 후세에 강한 영향을 미쳐 근세 초기에 이르기까지 이 언어 선천설은 좀처럼 사라지지 않았다.

그러나 이같은 아리스토텔레스의 주장이 후세의 저자들에게 종종 왜곡되어 해석되는 경우가 있음을 Bender는 경계하고 있다. Bender(1970)는 아리스토텔레스의 동물기(History of Animals)에 나타난 일절을 다음과 같이 인용하고 있다.

> 태생동물들은 서로 다른 종류의 음성을 발하지만, 그들은 서로 대화할 능력을 가지지 못한다. 실로 언어의 구사력은 인간에게만이 특별히 주어져 있다. 어쩌면 말하는 능력에는 음을 발하는 능력이 포함되지만, 그 반대는 성립할 수 없다(역자주 : 즉 음을 발하는 능력을 가진다고 해서 말하는 능력을 가졌다고 할 수는 없음). 농자는 어떤 경우에나 벙어리가 되지 않을 수 없다. 그들은 때로 음성을 만들어 표현할 수 있지만, 그들이 말을 할 수 있는 것은 아니다. 그들은 다른 부위의 통제도 어렵지만, 무엇보다 혀의 조정이 불가능하여 대개 말소리가 아주 알아듣기 곤란한 정도이다.

농에 대한 아리스토텔레스의 이같은 문맥은 후에 아주 권위 있는 출전으로 여러 사람에게 인용되고 해석되어 왔다.

이를테면, 19세기 중엽의 한 인용(1954)에 의하면, "날 때부터 농이 된 자는 동시에 말소리를 결하게 된다. 음성이 결해 있을 뿐만 아니라 말소리가 존재하지 않는다"고 했다. 원래 농을 의미하는 "hophoi"라는 말과 말하는 것의 결함(speechless)을 의미하는 "eneos"라는 말이 경우에 따라서는 "벙어리"와 "바보"를 지칭하는 의미로 쓰여지고 있었다. 이상의 아리스토텔레스의 농에 대한 정의에 기초하여 Hodgson(1954)은 "날 때부터 농인 자는 전혀 말소리를 결하고 있어, 이성 개발이 불가능하다"고 까지 해석을 가하고 있다. 어쨌든 아리스토텔레스의 농에 대한 견해가 후세에 우리가 생각하는 이상으로 확대 해석되어 막대한 영향을 미치고 있었음에 주목할 필요가 있다.

이같은 언어 선천설은 후에 종교적인 관점에서 언어는 하나님이 인간에게만 준 유일한 선물이라는 관점에서 언어신수설(言語神受說)로까지 발전하게 되었다. Augustinus(354~430 A. D.)는 「사람이 신의 구원을 받을 수 있는 신앙은 듣고 말로써 시인하는 데 있다」고 하여 농인을 하나님을 향한 신앙의 세계에서 제외시켰다. 따라서 농인에게는 전도뿐만 아니라, 당연히 교육도 불가능한 것으로 당시의 교회 성직자들은 단정지웠다.

제2절 농교육의 성립

장애자에 대한 사회적 인식태도는 당시 사회의 지배적인 가치관의 동향, 그리고 사회 · 경제적 조건 등에 크게 영향을 받게 된다.

14세기 르네상스 이후 인문주의 사상의 대두와 종교개혁을 통한 일련의 사성적 진전의 결과, 현실적 자연적 인간이해를 중시하는 휴머니즘의 관점에서 장애자에 대한 전통적 인식에도 새로운 변화를 초래하게 되었다.

여기서는 근세 사회에 있어 농교육의 성립을 ① 14 · 15세기 동안 이룩된 장애자관의 시정과 농아자교육 가능성의 탐색, ② 16 · 17세기 스페인을 중심으로 이룩된 농교육의 실천적 시도, ③ 18세기 후기부터 시작된 농학교 교육의 성립 등 크게 세 부분으로 나누어 살펴보고자 한다.

1. 장애인관의 시정과 교육 가능성의 탐색

고대와 중세 사회에 걸쳐 전승되어온 장애자에 대한 편견이 시정되기 위해서는 강력한 새 사상이 형성 대두되어야만 했다. 르네상스는 신 중심에서 인간 중심에로, 내세주의에서 현세주의에로, 금욕주의에서 자연주의에로, 교회중심주의에서 개인중심주의에로, 권위주의에서 이성주의에로 전환을 가져오게 한 근대사회의 여명이었다. 르네상스의 영향 하에 대두된 인문주의 사상은 지금까지의 편견과 미신으로부터 탈피하여 장애의 특성을 현실적 근거에서 합리적으로 이해하도록 아리스토텔레스, 장애자의 교육 가능성에 대한 새로운 기초를 마련하게 된다. Bender가 그의 농교육사 저술인 「The Conquest of Deafness(1981)」에서, 이 시기의 농교육사를 과학 · 교육 · 문화 등에 걸친 "재각성(reawaken- ing)"의 시대로 표현한 것은 매우 함축적인 의미가 있다.

당시에 인문주의의 한 대표자인 레오나르도 다빈치(1452~1519)는 그의 저서 「Codice Atlantico(1499년경)」에서 화가의 통찰력을 가지고, 그는 화가가 인물화를 그리는 것에 비유하여 농자의 입술 읽기에 관심을 표명한 바 있다.

> 인물화 혹은 그 형상의 표현은 그것을 보는 사람이 그 인물의 마음속을 꿰뚫는 태도로 제작되지 않으면 안 된다. 마찬가지로 두 사람이 이야기하고 있는 것을 보는 농아자는 그 자신의 청력은 결손되어 있지만, 말하는 사람의 손의 움직임이나 입술모양을 보고 대화의 주제를 깨달을 수 있다(Bender, 1981, p.29).

여기서 그는 말 읽기의 기능을 분명히 기술하고 있다. 한편 독일의 인문주의 교육에 공헌을 한 Agricola(1443~1485)는 라틴어로 저술된 그의 유명한 저서인 「De Inventone Dialectica」[12]에서 다음과 같이 지적한 바 있다.

> 나는 어린 시절에 한 농자를 본 적이 있는데, 그는 말을 하지 못하였지만 다른

12) 그가 죽은 뒤에 출판되었는데, 1521년에서 1567년 사이에 8차례나 출판된 책이다.

사람이 글자로 써 놓은 것은 모두 이해할 줄 알았다. 그리고 그는 그의 모든 생각을 글로써 표현하였다(Agriclae, 1557).

따라서 우리는 농자가 읽는 것에 의해 들을 수 있게 하고, 쓰는 것에 의해 말하도록 할 수 있다고 Agricola는 주장했다(Hodgson, 1954).

그의 이 같은 생각은 당시 Padua대학교의 한 의사인 Gardano(1501~1567)에게 비상한 관심을 불러일으키게 했다. 그는 Paralipomenon이라는 그의 저서에서 Agricola의 말을 인용하면서, 「우리는 농자에게 읽음으로서 듣는 것과 같이 할 수 있고, 씀으로서 말하는 것과 같이 할 수 있다. 예를 들면, '빵'은 먹는 것을 의미한다는 것을 그의 기억을 통해 이해하게 할 수 있다.」고 했다. 여기서 우리는 Gardano가 후천성 농자의 교육 가능성을 시사하고 있음을 알 수 있다. 이것은 당시로서는 하나의 "혁신적 선언(Bender, 1981)"이었다.

2. 농아동을 위한 개인교수의 시작

르네상스 이후 인문주의자들 가운데는 농의 문제에 대한 합리적 이해를 바탕으로 농아자의 교육가능성을 시사한 바 있으나, 이들은 농아자의 교육 가능성을 주장한 이론가에 불과했으며, 그들의 뜻을 실천적으로 교육을 통해 추진하지는 못했다.

인류 역사상 최초의 농교육자는 16세기 후반에서 17세기 초에 걸쳐 스페인을 중심으로 출현하게 되었다. 직접 실천적으로 농인에 대한 개인교수를 실시한 최초의 교사는 스페인의 베네딕트 수도사인 Pedro Ponce de Leon(1520 ~1584)이었다. 그는 스페인의 특권 귀족의 자녀 가운데 주로 선천성 농으로 알려진 수명의 아동을 대상으로 철저히 개별지도를 실시하였는데[13], 그는 자신의 교수 목적을 다음과 같이 밝히고 있다.

하나님이 내게 특별히 축복을 내려주사, 나는 귀족의 자제 가운데 날 때부터 농아인 아이들을 가르치지 않으면 안되었다. 나는 이들에게 말하고, 읽고, 쓰고, 셈하

13) 당시에 Ponce de Leon이 스페인 중부의 Castile 영주의 두 자매인 Francisco와 Pedro de Belasao를 가르친 것은 아주 널리 알려져 있다.

고, 기도하고, 기독교 교리를 깨닫게 하고, 그리고 그들의 생생한 음성으로 그들 자신이 신앙을 고백하게 하도록 하기 위해 교육을 시작했다(Degerando, 1987).

당시 그가 가르친 제자 가운데 날 때부터 청각장애를 가진 농아자인 Francisco는 상속이 금지된 법규정을 기각해 줄 정도로 충분히 언어를 습득하게 되어, 상속권과 병역의무까지도 감당하게 되었으며, 후에 그는 후작으로 봉함을 받았다(Bender, 1981).

Ponce의 지도법과 교수효과에 대한 직접적 기록은 그가 소속해 있던 수도원의 도서관이 불타버렸기 때문에 모두 유실되었으나, 다른 사람들의 간접적 기록에 부분적으로 소개되고 있다.

그는 Gardano의 "농아는 말하는 것 대신에 쓸 수 있다"는 가정에 기초하여, 먼저 명사를 중심으로 사물의 이름을 쓰게 하고, 그 단어에 대한 반복적인 발성 연습을 시켰다. 그는 농교육을 통해 들음으로써 말을 이해하게 되고, 말하는 것을 배운 후에 쓰는 것으로 나아가는 언어지도의 일반적 원칙을 깨뜨리고, 반대의 순서로 먼저 문자언어의 학습에서 출발하여 말하는 것으로 나아가는 것이 농아자의 교육에는 효과적임을 실천적으로 증명해 보였다. 그의 농교육을 통한 성공 사례는 그가 지금까지의 언어 선천설을 뒤엎고, 날 때부터 농아인 자도 훈련에 의해 언어습득이 가능하다는 것을 실증한 것이 되기 때문에 농교육사에 있어 획기적 전환을 가져오게 한 위대한 업적으로 평가된다. 그러나 그의 명성이나 농교육의 성과가 당시로서는 매우 성공적이었음에도 그가 세상을 떠나자 그와 더불어 농교육에 대한 업적도 금방 사멸되고 말았다.

17세기초에 역시 스페인은 Juan Martin Pablo Bonet(1579~1633)에 의해 농교육에 대한 위대한 업적을 우리들에게 남겨 주고 있다. Bonet은 그의 농교육에 대한 개인적 체험을 바탕으로 1620년에 <소리의 단순화와 농아의 언어교수 방법(Reduction de las Letras Yarte para Ensenar a Hablar Los Mudos[14])>을 저술하였다. 이 책에서 Bonet은 결코 Ponce의 자료를 참고한 바 없고, 거의가 독창적인 자신의 방법으로 진술하고 있다. 이 책은 크게 두 편으로 나누어져 있는데, 제 1

14) Simplification of Sounds and the Arf of Teaching the Dump to Speak

편에서는 알파벳 글자의 음성학적 특징을 기술하여 알파벳 철자를 음성학적 요소와 관련지워 농아동에게 읽기를 단순화하고자 하였다.

제 2편에서는 농아동에게 말하기를 가르치는 방법에 대한 Bonet의 철학을 기술하고 있다. 먼저 그는 알파벳 철자의 모양과 관련하여 각 철자에 대한 손의 위치를 나타내는 한 손으로 된 지문자(指文字, one-handed manual alphabet)를 소개하고 있다. 그는 농아동과 함께 생활하는 모든 가족들은 이 지문자를 익혀야 한다고 주장하고 있다(Bender, 1981).

알파벳 철자를 우선 지문자로 그 모양을 익힌 다음에, 모음부터 시작해서 각 철자를 구어로 발성하는 방법을 지도하였다. 이 책에서 그는 말소리의 적절한 발음을 위해 필요한 발성기관의 위치를 소개하고, 이어 학생들에게 일련의 법칙에 따르는 음절들을 가르치고, 이들 음절을 결합하여 단어를 발성하는 것으로 나아갔다. 이를 요약하면, 먼저 한 손 지문자로 단어를 익히게 한 다음, 이 단어는 각 음절로 분석되어 발어 · 발화 훈련으로 나아가는 방법이다.

이상에서 보는 바와 같이, 스페인의 16세기말에서 17세기초반에 결쳐 농아동에게 체계적인 언어지도를 실시한 농교육의 선구자가 되었다. 그러나 당시에 스페인의 농교육 선구자들이 실시한 농교육 방법은 그 방법을 개발한 사람에게만 최선의 유일한 방법으로 적용되어 왔을 뿐, 상호간에 미친 영향은 거의 찾아 볼 수 없다. 그리고 이들은 가장 문명화되고 유능한 귀족가문의 소수아이들에게만 개인교수를 철저히 실시하였다.

17세기는 교육의 철학과 목적에 중대한 변화를 가져왔다. 당시 교육사상은 실학주의(realism)로 특징지워지는데, 실학주의의 대표자인 J. A. Comenius(1592~1671)는 언어 이전에 실물교수를 중시하고 있다. 이 실학주의는 영국으로 건너와 경험주의 철학으로 발전하게 되고, 소위 이 때부터 과학적 발견과 과학적(귀납적)방법이 문제해결 방법으로 중시되어 왔다. 당시의 이같은 사상적 경향에 영향을 받아 농에 대한 과학적 이해와 그 접근에도 큰 진전을 가져 왔다.

이를테면, 당시 독일의 Salomaon Alberti는 아(啞, muteness)는 반드시 농의 결과는 아니라는 것을 밝혔고, Felix Platter(1530~1614)는 청각생리에 깊은 관심을 가지고 골전도(骨傳導) 현상을 설명한 바 있다. 또 영국의 의사이자 언어이론가인 J. Bulwer(1614~1684)는 언어발달에 깊은 관심을 가지고 1644년에 「손짓에 의한 의사 표시법, 혹은 손의 자연적 언어(Chironomia, or The Natural Language of the Hand)」를 저술하였다. 그는 이 논설에서 웅변술이나 행위를 묘사하는 보조 수단으로 손짓이 사용되는 것과 같이 수화는 자연어의 하나라는 것을 주장하고 있다. 이어 1648년에 Bulwer는 「Philosophus or The Deafe and Dumbe Man's Friend」라는 유명한 저술을 내 놓았는데, 여기서 그는 입술 읽기와 말하기의 학습원리를 기술하고 있으며, 이 원리를 실제로 적용하기 위해 농인을 위한 아카데미의 설립을 시도하기도 했다.

한편 스코트랜드의 Gorge Dalgarno는 1661년에 「Art of Communication : A Universal Letter Common to All Philosophical Speech」[15]를 저술하여 문자의 특징에 의해 재현된 아이디어의 방법론적 분류에 따라 보편적 커뮤니케이션(University Communication)의 문제에 깊은 관심을 표명했다. 이어 그는 1680년에 「Didascalocopyhus, of The Deaf and Dumb Man's Tutor」에서 손바닥에 알파벳의 글자위치를 정한 지문자(manual alphabet)를 고안했다([그림 2.1] 참조)

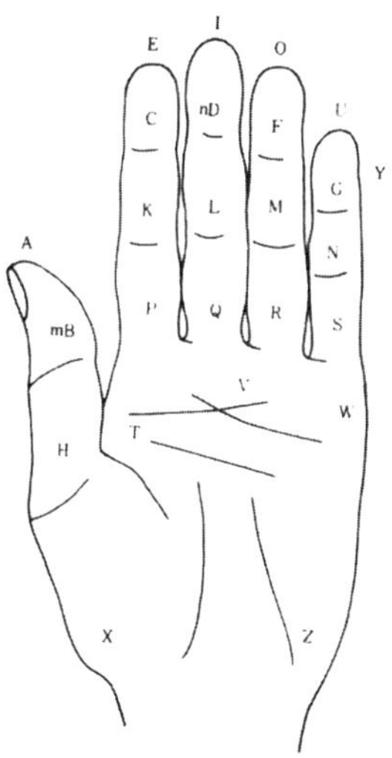

[해설] 달가르노 왼손 지문자를 활용하는 두 가지 원칙은 ① 오른손의 어떤 손가락을 옆으로 가로질러 엄지 모음의 위치에 맞닿게 하고, ② 오른손의 엄지손가락으로 자음을 가리키도록 한다.

[그림 2.1] Dalgarno의 왼손 지문자

이 외에도 John Wallis(1616~1703)와 William Holder(1616~1698) 등은 농아동의 언어지도에 깊은 관심을 가지고 몇 가지 저술

15) Ars Signrum, Vulgo character Universalis Et Lingua Philosophica

을 남긴 바 있다.[16] 이어 17세기 말에는 18세기 초·중엽에 걸쳐 농교육에 대한 보다 전문적인 교사가 출현하게 되는 바, 그 대표적인 사람으로 Amman과 Pereire를 들 수 있다.

Johann Konrad Amman(1669~1724)은 스위스 태생의 의학박사로서 1692년에 「The Speaking Deaf(Surdus Loquens)」를 라틴어로 출판하였다. 그는 농아자에게 맑은 목소리로 발성하게 하고, 다음에 그 발성을 잘 조절하도록 하는 데 가장 강조를 두었다. 그는 농아동에게 말하기를 지도할 때, 농아동들이 그들의 손을 목의 성대에 댐으로써 말소리의 진동을 느끼게 했다. 또한 Amman은 그의 제자들에게 독화를 지도함으로써 언어 이해 능력을 향상시켰다(Bender, 1981).

한편, 포르투갈 태생의 Jacobo Rodriguez Pereire(1715~1780)는 남부 프랑스에서 최초의 전문 농아자 교사로서 널리 알려져 있으며, 특히 그는 Itard에게 깊은 영향을 미침으로서 정신지체아 교육의 태동에도 중요한 역할을 하게 된다. Prerire의 농아자교육의 목적은 농학생에게 프랑스어는 물론 외국어의 발음과 그 의미의 이해 및 표현능력을 함양함으로써 일상생활에 성공적으로 적응토록 하는 것이었다. 그의 농교육 방법론은 다분히 사적으로 전수되어 왔지만, 당시 프랑스 사회에 비상한 관심을 모으게 하여 파리의 「Academy of Science」에서 그 방법을 공개할 것을 요청 받기도 했다.

그는 종래의 한 손으로 표시되는 지문자를 사용했지만 이것을 자신의 목적에 따라 재조정하였다. 즉 소리를 내는 발성기관의 위치에 따라 손가락의 위치를 정한 일종의 '표음 지문자'를 고안했다. 때문에 그가 나타내는 알파벳은 철자들이 아니라 음성학적 특징을 반영하는 것이다. 즉 지문자를 방법적 한 수단으로 사용하되, 그것은 어디까지나 발성훈련을 위한 지도의 기초로 활용되었다. 그가 개발한 이 '음성학적 지문자 체제'는 오늘날 R. O. Cornett가 개발한 "Cued Speech"의 선구가 되고 있다. Pereire는 대단히 실제적인 사람이어서 청력 손실의 정도에

---

16) 다음은 그 대표적 저서이다.

Holder, W., Elements of Speech. London : Printed by T. N. for J. Martyn, Printer of the Royal Society, 1669.

Wallis, d., De Loquells sive Sonorum Foratione Tractatus Grammatico-physiws. Editio Sexta. Lugduni, Batavorum : Apud Jo. Arn Langerak, 1727.

따라 촉각과 잔존 청력의 활용을 통한 청능훈련을 철저히 지도하였고, 결코 한꺼번에 12명 이상을 지도하지 않았다. 그리고 그는 농아동의 지도과정을 두 개 과정으로 나누어, 정도가 심한 농아자는 15개월의 단기코스로, 좀더 장애가 가벼운 농아는 4~5년 장기코스에 넣어 지도하였으며, 상당한 정도의 수업료를 받고 지도하였다(Bender, 1981).

3. 농아자를 위한 학교교육의 성립과 수화법\구화법의 대두

18세기에 계몽사상을 배경으로 사상 면에서는 이성과 자유에 입각한 개인의 자유를 존중하고, 정치면에서는 시민혁명 등에 의해 전제적 독재정치를 배격하고, 문화면에서는 과학의 발달에 따른 제조공업의 발달에 의해 인간생활에 편의를 제공하게 되었다. 이같은 계몽사상의 영향 하에 교육면에 있어서는 현대교육의 기초가 되는 J. J. Rousseau의 자연주의 교육사상을 비롯해서, 인간평등의 이상실현을 목적으로 하는 박애(범애)주의 교육사상이 대두됨으로써 장애아동을 위한 학교교육을 실현케 하는 주요한 계기가 되었다.

16, 17세기에 있어 농교육의 성립은 주로 귀족계층이나 부유층의 자제를 대상으로 개인교수의 형태로 실시되었으나, 농아동을 위한 학교교육이 성립하게 됨에 따라 다음 몇 가지 측면의 특징을 반영하게 된다(김병하, 1973),

첫째, 종래에는 일부 소수의 특권층 자제에게만 교육이 행해졌으나, 학교교육이 성립하게 됨에 따라 일반 서민의 자제를 위한 집단교육이 실시되었고,

둘째, 자신의 교육철학 및 방법론을 확고히 주장하는 전문적 농교육자가 출현함으로써 농교육의 전문성을 확보하게 되었고,

셋째, 18세기 후반기에 성립하기 시작한 농학교 교육은 주로 기숙제 시설(Institute)의 형태로 실시되었으나, 이것은 이후에 19세기 후반부터 농교육을 공적 관심에서 국민교육제도의 하나로 통학제 공립농학교를 출현케 하는 하나의 필연적 발전과정으로 평가할 수 있다.

이하에서는 프랑스, 독일, 영국에서의 농학교 교육의 성립과정을 de l'Epee, S. Heinike, T. Braidwood 등의 농교육 업적을 중심으로 살펴보고자 한다.

1) 세계 최초의 농학교와 레뻬의 수화법

Charles Michel de l'Epee(1712~1789)는 건축 기사의 아들로 태어나 청년 시절에는 기독교 얀센파(Jansenism)의 교인이었으나, 신앙을 강요하는 교회중심의 종파에 불만을 품고, 대학에서 법학을 연구하였다. 그는 한 때 법조계에서 그의 정의감을 실현하려고 작정하였으나, 역시 법조인으로서도 그의 이상을 실현키 어렵다는 것을 느껴, 1736년 신앙심이 강한 그는 다시 얀센파의 선교에 25년 동안 전력을 다하여 오던 중 같은 종파의 한 미망인 R. F. Victor의 딸인 두 농아 소녀가 Pere Vanin에 의해 종교교육을 받아 왔으나, 그가 죽은 후에 레뻬는 두 농아 소녀를 맡아 가르치게 되었다.

이것이 세계적 농교사로서 인연이 되어 그로부터 레뻬는 농아자의 교육과 구빈에 헌신하던 중에 그가 49세 되던 해인 1760년에 빈민 농아자의 교육과 보호를 위해 파리의 rue des Moulis에 세계에서 최초로 농아학교를 설립하였다.

레뻬는 종교적 자선정신에서 농아동의 교육에 관심을 가진 이래, 그는 의도적으로 가난한 집의 농아동을 대상으로 보호 구빈하는 가운데 교육을 실시하여 왔다. 이것은 지금까지 레뻬 이전의 농교육자들이 모두 부유층의 자제를 대상으로 많은 보수의 대가로 교육을 실시한 것과는 그 근본 취지가 달랐다. 당시의 농교육자들은 대부분 자신의 농교육 방법을 일종의 비법으로 하여 외부에 공개하기를 꺼려하였으며, 자기 가족중심으로 특정인에게만 그 방법을 전수시켰던 것이다. 이에 비해 레뻬는 처음부터 그의 교육방법을 공개하였을 뿐만 아니라 어려운 사정에 있는 농아자 대중을 의식한 무한한 애정과 사명감에 입각한 그의 농교육 정신은 '박애무사(博愛無私)' 바로 그것이었던 것이다. 그리하여 레뻬의 농교육 업적과 그 정신은 프랑스 국내에서뿐만 아니라 유럽의 각 나라에까지 농교육의 보급에 많은 영향을 끼치게 되었다. 특히 그의 후계자인 Sicard를 비롯해서 그의 많은 제자들이 구미의 각지에서 농학교를 신설하는 데 직접 간접으로 기여하였던 것이다.

이와 같이 레뻬는 빈민 농아의 수용 보호를 위해 사재를 바치는 한편, 이들 농아자를 위한 교수 방법의 개발을 위해 Bonet, Amman 등의 방법을 연구하기도 했으나, 자신이 생각하는 교육목적의 실현을 위해서는 부적합한 것으로 생각하고 농아자의 교수방법으로는 자연수화의 기초 위에 모국어(불어의 어법에 따른 手話法이 최선의 방법이라는 결론에 도달하게 되었다. '자연적 수화'란 의사전달의 일종으로 사용되는 자연적인(의태적인) 'gesture sign'으로서 이는 일상의 언어와는 다른 몇 가지 제약성을 지닌다. 즉 ① 사용어휘가 극히 한정되어 있고, ② 추상적 개념의 정확한 표현이 불가능하고, ③ 그 표현이 자기 중심적이고, ④ 일정한 구문이 없다는 등의 제약성을 들 수 있다.

레뻬는 이같은 자연수화의 제약을 극복하고, 일상의 음성언어에 대응할 수 있고, 정상인과 같은 정신발달을 농아자에게도 실현하기 위해 자연적 수화를 기초로 하되, 거기에 프랑스어 문법에 대응하는 조직적인 표현 양식을 가함으로써 종래의 자연적 수화를 문법체계에 따라 조직화 · 세련화하고자 하였다.

처음에 레뻬가 두 농아 소녀를 가르칠 때에는 듣지 못하는 자에게는 눈으로 직접 보는 것이 가장 확실한 방법이라는 데 착안하여 그림을 통한 교수 방법을 시도하였으나, 이 방법은 그림 그 자체가 언어를 결하고 있는 것이므로, 농아자에게는 부적합하다고 판단하여, 소위 수화의 가능성을 모색하는 가운데 스스로 다음과 같은 결론에 이르게 되었다.

> 모든 언어는 자의적인 사인에 의해 지배되며, 이 사인이 입술이나 손짓에 의한 일시적인 것이든 혹은 문자와 같은 영구적인 것이든 문제될 것이 없다. 나의 목적은 농아자들에게 개념을 획득하게 하기 위해 교육을 실시하는 것이다. 나는 일종의 문법체계에 따른 수화의 사용을 통해서 이 목적을 실현할 수 있을 것이라고 확신한다(Hodgson, 1954, p.125).

나아가 레뻬는 농아자들이 다른 사람들과 의사소통하기 위해 그들의 손으로 표현되는 사인을 사용하는 것은 마치 정상인들이 그들의 모국어를 사용하는 것과 같이 그것은 농인의 모어(mother tongue)라고 확신하게 되었다(Bender, 1981). 이와 같이 수화는 농아자의 모어와 같은 것이므로, 이를 통해 농아자는 사고하고, 그 도덕성이 개발될 수 있다고 믿었으며, 이러한 기초 위에서 농아자들에게도 구화가 성립될 수 있다고 레뻬는 주장하였다.

엄격한 의미에서 볼 때, 레뻬는 농교육에 있어 구화법 그 자체에 대해서 전혀 무관심하지 않았으며, 다만 그는 구화 때문에 농아자의 모국어인 수화를 배척해서는 안 된다는 입장을 취하고 있다. 또한 레뻬가 수화법을 농교수법으로 채택한 이유 가운데 하나는 그의 '농 언어관'에 기인한 것 외에도, 한꺼번에 60명 가량이나 되는 집단교육을 실시하지 않으면 안되었던 당시의 현실적 이유도 강하게 작용했을 것으로 본다. 어쨌든 이로써 레뻬에 의해 프랑스를 중심으로 '수화법'이 하나의 언어지도 방법으로 확고히 자리를 잡아오게 되었다.

2) 세계 최초의 공립 농학교와 하이니케의 구화법(口話法)

레뻬가 파리 농학교에서 수화법으로 교육을 하고 있는 동안 Samuel Heinicke (1727~1790)는 독일 라이프찌그(Leipzig)에서 구화법에 의한 농교육을 실시하고 있었다. 하이니케는 1754년 한 농아자의 개인교수로서 소양을 쌓아온 이래, 1778년 August 군주의 소환에 의해 세계 최초로 공립 농학교를 설립하게 되었다. 당시 프러시아는 이미 의무교육 제도를 법제화하고, 이를 추진하여 왔으므로 세계에서 가장 먼저 공립 농학교를 설립하여, ① 교육 대상자의 연령을 6~40세로 하고, ② 교육내용은 일반아동과 동일하게 하며, ③ 교육목적은 장래의 자립인, 사회의 유능한 성원이 되게 하는데 있었다.

이처럼 독일의 농학교는 처음부터 전술한 레뻬의 농교육 시설에 비해 훨씬 근대적인 성격을 띠고 출발하였다. 하이니케는 철저히 구화주의에 입각하여 농교육을 실시했다. 그는 수화법을 지팡이에 비유하여 보행이 불가능한 자에게는 지팡이 자체도 하나의 장애가 될 뿐이라고 하여, "농아자가 말하도록 하는 유일한 방법은 말하도록 가르치는 길 뿐"이라고 확신하였다(Hodgson, 1954).

그는 관념은 음성언어를 수단으로 해서 획득되며, 문자언어는 그 관념의 한 번역에 불과한 것이라고 믿었다. 그는 농아자는 소리를 기억하는 데 곤란을 느끼므로 이를 보상하기 위해 청각 이외에 다른 감각을 활용하는 것을 착안하여, 시각 및 촉각과 함께 미각까지도 활용하는 방안을 제안했다. 가령 모음은 기억하기에 가장 힘든 음이므로, 이들 모음 소리에 미각을 결합하는 방안을 그의 제자들에게 적용하였다. 즉 A모음을 위해 냉수를 활용하고, E모음에 뜨거운 물을, I모음에 식초를, O모음에 달콤한 물을, U모음에 올리브유를 각각 활용했다(Bender, 1981).

하이니케는 자신의 방법에 대해 지나치게 독단적인 자신감을 가지고 있었다. 한번은 Joseph황제가 Stork신부를 파리의 레뻬 농학교에 보내 수화법을 익혀 오도록 했는데, 하이니케는 그 신부에게 프랑스법이 교수법으로 얼마나 유해하며, 반대로 자신의 구화법이 얼마나 유력한가를 말해 줄 것을 요청했다. 그러나 Stork는 하이니케의 농학교를 방문해 보고, 하이니케가 너무 자신의 방법을 과신하고 있으며, 오히려 파리에서 그가 배운 방법이 더 우수하다고 확신하게 되었다(Heinicke, 1778).

이 때부터 수화법으로써 프랑스법과 구화법으로써 독일법을 레뻬와 하이니케의 출현을 기점으로 그 팽팽한 논쟁이 시작된다. 1784년경에 레뻬는 그 자신의 방법을 옹호하면서 하이니케에게 구화법의 문제점을 묻는 편지를 보냈다. 하이니케로부터 잔잔한 독일문자로 쓴 편지를 받았으나, 레뻬는 자신이 쓴 편지의 요지와 전혀 맞지 않는 회신을 받게 되었다. 레뻬는 자기가 독일어를 모르는 것과 마찬가지로 하이니케도 불어를 모를 것이라고 생각하여, 두 사람 간에 공통어인 라틴어로 편지를 보냈다. 하이니케의 회답은 아주 짤막한 것이었다. 두 사람은 자신의 철학과 방법을 설명하고 옹호하는 편지를 몇 차례 주고받았으나, 서로 상대방을 수긍케 하는데 조금도 진전을 보이지 못했다.

결국 레뻬는 쥐리히 아카데미[17]에 하이니케와의 서신 왕래 자료를 제시하여 그들로 하여금 판정을 내리게 하여, 그 논쟁을 매듭지어 줄 것을 요청하였다. 쥐리히아카데미는 레뻬의 요청을 받아들여 두 사람 간의 방법을 소개한 왕래자료를 분석·평가하였다. 그들은 하이니케의 방법에 관해 더 많은 정보를 얻어내려고 노력하였으나, 하이니케는 "자신의 비법을 공개하기를 거절"하였기 때문에 그 이상 새로운 것을 얻어 낼 수가 없었다. 특히 쥐리히 아카데미에서는 하이니케가 미각을 활용하여 구화지도를 성공적으로 할 수 있다고 한 주장에 대해 매우 당황하였다. 이에 반해 레뻬의 방법에 관해서는 풍부한 자료를 입수할 수 있어 마침내 쥐리히 아카데미는 레뻬에게 1783년 2월 6일자로 「레뻬의 방법이 타당하다」는 회신을 보냈다. 그러나 그들은 어느 방법만이 절대적으로 옳고 최선의 것이

17) 쥐리히아카데미는 영국의 Royal Society, 프랑스의 Academy of Science와 같이 과학과 문화발전을 도모하기 위해 조직된 학자들의 집단이다.

될 수 없다고 보았으며, 하이니케의 방법은 상대적으로 레뻬의 방법에 비해 많은 의혹이 있다고 판단하였다.

3) 영국의 농교육과 Braidwood의 구화법

전술한 바와 같이 대륙에서 농학교 교육이 실시되는 동안, 영국에서는 자원단체(自願團體: voluntary organigation)가 장애아를 위한 특수교육의 선구적 역할을 하여 온 가운데, 최초의 농학교가 1783년 런던에서 Thmoas Braidwood(1715~1806)에 의해 설립되었다. 그는 A. Shirreff家의 한 농아 소년을 지도한 것이 인연이 되어 Edingberg Academy(혹은 Braidwood's Academy라고 함)를 창설하여 세 차례에 걸쳐 Scots Magagine에 농교육에 관한 투고를 하여, 가난한 농아동을 위한 국가 사회적 원조를 호소하는 한편, 농아자의 교육권 보장을 위해 교원양성 계획을 수립할 것을 주장하였다.

그러나 당시 영국사회는 그의 구상을 받아 들여 주지 않았으므로, 그는 자신의 사업을 자기 가정의 사업(私業)으로 한정시켜 그의 교육 방법을 비밀에 붙여 전수하였다. 브레이드우드는 농아동의 교육을 위한 공공의 후원을 강력히 촉구하면서도 그 자신은 주로 귀족층의 자녀들을 대상으로 비밀리에 농교육을 실시해 왔으므로 이것이 후에 그에 대한 비난의 소지가 되기도 했다. 이런 점에 있어 그는 전술한 레뻬에 비해 교육정신에 있어 공평무사(公評無私)했다는 평을 받기가 어려웠다.

브레이드우드는 레뻬의 수화법에 매우 회의적이었으며, 그는 구화주의의 입장에서 특히 단음법 내지 음소법에 의한 발어지도의 분석적 과정을 중시했다(Bender, 1981).

영국은 브레이드우드의 농교육 업적이 선구가 된 이래, 자원단체의 활동이 중심이 되어 18세기말에서 19세기초에 이르기까지 농아동을 위한 Asylum시스템이 크게 보급되었다. 당시 영국의 Asylum시스템의 특성은 교육적인 면과 구빈 시설의 성격을 강하게 가지고 있었으며, 언어지도는 주로 구화법을 취하고 있었다.

이상에서 보는 바와 같이 18세기 후반에 시민혁명 직전의 서구사회가 보이는 혼란한 사회적 여건 하에서도 프랑스의 레뻬, 독일의 하이니케, 영국의 브레이드우드 등 선구적 농교육 전문가들의 헌신적 노력에 의해 마침내 학교교육의 형태로 농교육이 성립·발전하게 된다. 그러나 당시의 농학교의 형태 및 성격은 전적으로 교육을 위한 근대적 학교교육 이전의 것으로서 농아자의 교육과 수용 보호를 겸행하는 시설적 성격을 강하게 띠고 있었다. 말하자면 전형적인 기숙제 학교로서 'School'이라는 명칭 대신에 오히려 'Institute', 'Asylum', 'Academy'라는 이름으로 많이 불려져 왔다.

제3절 농교육의 확충과정과 방법 논쟁의 전개

1. 유럽 농교육의 미국 전래와 미국 농교육의 발달

18세기 후기 서구에서 농학교 교육이 성립 보급되면서, 미국은 서구의 농교육 방법을 적극적으로 수용하는 한편, 곧 미국의 독창적인 농교육의 성과를 보이기 시작했다.

주로 농자녀를 가진 부모들이 중심이 되어 미국인들은 능동적으로 유럽에 건너가거나 혹은 전문교사를 유럽에 파견하여 유럽의 농교육 방법을 익혀 왔다.

그 가운데 영국의 브레이드우드와 프랑스의 레뻬의 교육방법을 미국에 소개한 Francis Green의 활동은 주목할 만하다. 그린은 8세된 농아들의 교육을 위해 유럽에 건너가 영국에 머물면서 브레이드우드의 교육방법에 깊은 관심을 가지고 Vox Oculis Subjecta(the Voice Made Visible : 1783년)를 저술하여 영국 내에서는 물론 본국에까지 브레이드우드의 방법을 소개하는 한편, 1801년에는 레뻬의 저서인 La Veritable Maniere d'Instruire les Sourds et Muets(The True Manner of Instructing the Deaf and Dumb)「농아자 교수의 진정한 방법」을 번역하여 본국에 공개하기도 했으며, 1803년 미국에서는 처음으로 농아동의 실태조사를 실시하는 등 신대륙에 농교육을 보급하기 위한 그의 활동은 매우 괄목할 만한 것이었다. 이 외에도 세 사람의 농자매를 가진 William Bolling은 1812년에 브레이드우드의 손자인 John Braidwood를 교사로 초빙하여 발티모어에 농학교를 설립코자 했다.

그러나 미국에서 농학교 교육의 성립은 독실한 기독교 신자이자 목회자인

Thomas Hopkins Gallaudet(1787~1851)의 농교육 업적에 의해 비로소 그 뿌리를 내리게 된다. 그는 1805년에 예일대학을 졸업하고 계속 법학을 공부하려 했으나, 건강이 여의치 않아 중단하고 예일대학에서 조교생활을 하다가 1812년에 다시 신학을 연구하여 그가 27세 되던 1814년에 목회자 자격을 취득했다. 1814~1815년 겨울에 그의 이웃에 살고 있는 Mason Fitch Cogswell박사의 딸인 9세 된 농소녀 Alice Cogswell을 보고 많은 관심을 가지고 그녀가 읽고 쓰는 것을 눈여겨보았다. 이것이 인연이 되어 갤러뎃은 Cogswell을 열심히 지도하는 동안 그녀의 집 서재에 있는 Sicard의 저서를 탐독한 후, 쓰기 지도에 병행해서 사인과 지문자를 결합해서 농소녀를 지도했다. 한편 이 무렵(1815년 봄) Cogswell박사는 그의 딸과 같은 농아동의 교육을 위해 그의 친구와 이웃을 중심으로 해서 기금을 모았다. 농학교를 설립하기 위해서는 전문교사의 확보가 선행되어야 한다는 생각에서 갤러뎃(T. H. Gallaudet)을 영국에 보내, 브레이드우드의 구화법을 익혀오도록 농학교 설립준비 후원회에서 합의를 보았다. 1815년 6월 25일 갤러뎃은 영국에 도착하여 브레이드우드의 구화법을 연수하고자 했으나, 의외의 어려움에 봉착하게 되었다. 당시 브레이드우드家는 그들의 방법을 쉽게 공개하지 않는 한편, 여러 가지 까다로운 조건을 제시하여 왔기 때문에 갤러뎃은 매우 실망하고 있었다. 원래 갤러뎃이 영국에 구화법을 익히러 간 데에는 중대한 이유가 있다. 그는 이미 Sicard의 방법을 Cogswell양에게 적용해 보았기 때문에[18], 영국에서 새로이 브레이드우드 교수방법을 익힘으로써 두 방법 간의 장단점을 비교해보자는 것이 갤러뎃의 주요한 연수목적이었다(Bender, 1981).

그러던 차에 마침 Sicard가 런던에 그의 제자 2명(Massieu와 Clerc)을 데리고 강연을 하러 온다는 것을 알고, 그는 런던에 가서 즉시 Sicard를 만나 자신의 계획을 이야기하였다. 시카르는 갤러뎃의 연수계획을 쾌히 승낙하여 1816년 3월에 갤라뎃은 파리로 건너가 파리 농학교에서 학급을 참관하기도 하고, 마씨유(Massieu)로부터 직접 사사 받기도 했다. 그 해 6월에 갤러뎃은 당시 파리 농학교의 농자 교사인 Laurent Clerc을 동반하여 미국으로 귀국하였다.

18) 당시 Alice Cogswell이 쓴 편지를 보면, 그녀의 문장이 수화언어로부터 번역되어 표현되어 있기 때문에 문장구성과 시제 등에 많은 결함이 있음을 볼 수 있다.

갤러뎃은 귀국하자마자 곧 농학교의 설립을 서둘러 코넥티캇주 농학교 설립후원회의 재정지원을 받아 1817년 4월 15일 마침내 Hartford에 농학교(the American Asylum for the Deaf[19])를 설립하였다. Hortford농학교는 처음부터 무상교육을 실시하였으며, 기숙제학교로 운영되었다. 초기에 이 학교에서 적용된 교수방법을 학교연감(3rd Annual Report)에서는 다음과 같이 소개하고 있다.

> 교수는 네 단계로 전개되는데 첫 단계에서는 간단한 팬터마임이나 자연수화를 지도하고, 둘째 단계에서는 보다 세련된 수화를 가르치고, 셋째 단계에서 지문자가 지도되어 낱말의 철자를 익히게 하고, 마지막 단계에서는 쓰기가 지도되고, 언어표현이 활용된다.

당시에 이 학교에서는 발어 · 발화지도는 아예 무시하였으며, 브레이드우드의 방법은 마치 아무런 의미 없는 "촬영실의 속임수"와 같은 것으로 간주되었으며, "앵무새나 찌르레기를 훈련하는 것과 다를 바 없는 것"으로 비판되기도 했다(Third Annul Report, 1819). 하트포오드농학교는 미국의 다른 주에도 이와 같은 농학교를 설립케 하는 데 많은 영향을 미쳤다. 1819년에 Clerc은 의회의 도움을 얻기 위해 워싱턴 D. C에 가서 당시 의회 대변자인 Henry Clay의 특별한 배려로 2만 3천 에이커의 공유지와 30만불의 보조금을 지원 받았다. 그리하여 하트포오드농학교 설립 이래, 미국의 농교육은 급속도로 발전하여 그로부터 50년간(1817~1867) 미국내 24개 주에 공적 무상교육으로 기숙제 농학교가 설립되었다[20].

이상에서 미국의 농교육 성립과정을 살펴보았는데 19세기에 미국 농교육의 발전과정을 개관해 볼 때, 다음의 몇 가지 특징을 지적할 수 있다.

첫째로는 서구 농교육의 수용 과정에 처음에는 주로 영국 브레이드우드家의 방법에 의존하였으나, 갤러뎃에 의한 농학교의 설립 이후 19세기 후반까지 농교

---

19) 처음에는 이름을 "Connecticut Asylumfor the Education and Instruction of Deaf and Dumb Persons"로 하다가 뒤에 "American Asylum of the Deaf"로 바뀌었다가 요즘은 "American School for the Deaf"로 불려지고 있다.

20) 초기에 설립된 주요 농학교를 보면 다음과 같다.
New York농학교(1818), Pennsylvania농학교(1820), Kentucky농학교(1823 : 미국 최초의 주립 농학교임), Ohio농학교(1829), Virginia농학교(1839) 등의 순서로 설립되었다.

육 방법에 있어 수화주의가 절대적인 우위를 차지해 왔다. 1860년대에 이르기까지 설립된 22개의 기숙제 농학교는 특히 하트포오드농학교에 영향을 받아 모두 수화주의에 입각한 교육을 실시해왔으며, 1867년에 뉴욕에 Lexington농학교와 메사츄세츠주의 Northampton에 Clarke농학교가 설립되므로서 최초의 미국에서 구화교육이 시도되었다. 초기에 미국에서 구화교육을 시도한 선구자로는 Bernard Englesman과 Gardiner G. Hubbard의 공헌이 컸다(Gannon, 1981).

당시에 수화교육이 어느 정도 성행했는가는 그 무렵에 농학교에 채용된 농자교사의 비율을 보면 단적으로 알 수 있을 것이다. 1850년에 미국의 전체 농학교교사(사립과 종교계 제외) 가운데 36.6%가 농자 교사였으며, 1858년에는 무려 40.8% 수준에까지 이르렀다. 그러나 한창 구화교육이 강조될 무렵인 1920년대에는 14.0%로 떨어졌으며, 현재는 전체 농교육 프로그램에 종사하는 교사 중 13.6%를 차지하고 있다(Gannon, 1981).

다른 하나의 특징은 유럽의 농교육을 수용하면서 미국의 독자성을 살리는 가운데 유럽을 능가하는 농교육의 발전상을 보이기 시작한 점이다. 그 구체적인 예로서, 다음 몇 가지 업적을 들 수 있다.

첫째, 초기의 농학교들은 유럽과 같이 기숙제 시설로 출발하였으나, 처음부터 무상교육을 실시하였으며, 켄터키농학교의 설립(1823년)이래, 주정부의 재정지원에 의해 설립된 주립농학교가 급격히 성장하기 시작했다.

둘째 농자를 위한 고등교육 기관으로 시민전쟁의 와중에도 링컨 대통령으로부터 특별지원을 얻어내어 국립 농자대학인 Gallaudet College[21](1864년)가 설립된 점이다. 갈러뎃대학은 갈러뎃의 명성을 기념하기 위해 교명을 "Gallaudet College"로 하고, 초대학장에 T. H. Gallaudet의 막내 아들인 Edwin Miner Gallaudet이 취임하였으며, 이 대학에서 최초로 명예학위를 받은 사람은 L. Clerc이었다. 현재 갈러뎃대학에는 약 2,000명 이상의 농학생들이 재학하고 있는데, 전체 재학생 가운데 80%가 농학생이며, 석사과정과 박사과정까지 개설되어 있다.

---

21) 설립당시에는 "Columbia Institution for the Instruction of the Deaf"로 불려졌음. Gallaudet 대학에 대한 구체적 교육프로그램과 그 소개는 다음 글을 참조하기 바람(김병하, 미국 Gallaudet대학의 聾教育과 福祉. 「峨山」誌 제12호, 1982 pp.69~72).

셋째, Hartford의 농학교가 모체가 되어 1847년에도 세계 최초의 농교육 전문잡지인 “American Annals of the Deaf”가 발간되었으며, 오늘날까지 계속 발간되어 농교육의 발전에 크게 기여하고 있다. 이 외에도 1853년에는 Hartford농학교 졸업생이 중심이 되어 오늘날의 미국농자협회(National Association of the Deaf)의 전신인 “New England Gallaudet Association of the Deaf”를 결성하여 농자의 권익옹호와 농자에 대한 사회의 바른 이해를 얻고자 노력하였다(Gannon, 1981).

마지막으로, 무엇보다 미국 농교육의 독자성을 돋보이게 하는 것은 언어지도방법에 있어 “구화가 아니면 수화”라는 양자택일을 취하지 않고 양자의 장점을 결합한 소위 ‘결합법’을 발전시켜 온 점이다. 「American Annals of the Deaf」의 보고(1891)에 의하면, 1890년 현재 방법별 학교 수를 보면, 수화법이 13개교(402명), 구화법이 19개교(1,104명), 결합법이 52개교(8,146명)로 전체 재학생 중 거의 대부분의 학생이 결합법에 의해 교육을 받고 있음을 알 수 있다. 이 같은 추세는 최근에 이르기까지 기본적으로 큰 변동이 없는 듯하다. 1975~1976년도에 미국 전역의 청각장애아 교육프로그램에서 적용된 커뮤니케이션 방법을 조사한 한 보고(Jordan, Gustason, or Rosen, 1976[22])에 의하면, 전체 응답한 학급 가운데 약 65%는 결합법(즉 토털커뮤니케이션 접근)을 사용하고 있었고, 나머지 35%가 구화법을 적용하고 있었다. 현재 미국에는 농교육 기관이 모두 485개로서 그 가운데 공립 기숙제 농학교가 60개, 사립기숙제 농학교가 6개, 공립 통학제 농학교가 36개, 사립 통학제 농학교가 14개, 공립 통학제 특수학급이 330개, 사립 통학제 학급이 13개, 중복장애 프로그램이 12개, 그 외 특수한 장애 시설이 14개 등으로 구성되어 있으며, 여기에 수용된 전체 학생 수는 약 52,000명에 이르고 있다.

2. 유럽의 농교육 확충과정

18세기 후반에 프랑스에서는 de I'Epee, 영국에서는 T, Braidwood, 독일에서는

---

22) 본 조사의 목적을 위해 4개의 주요방법은 다음과 같이 정의되었다.
- · 구화/청각법 : 수화를 사용하지 않고 증폭과 독화를 활용하는 것.
- · 로체스터법 : 독화 및 증폭과 함께 지화를 사용하는 것.
- · Cued 스피치 : 독화를 위해 구화와 함께 손의 단서가 활용됨.

S. Heinicke에 의해 농학교 교육이 시작된 이래, 농교육이 이들 나라에서 어떻게 확충되어 왔는가를 살펴보고자 한다.

1) 프랑스의 농교육 발달

1760년에 파리 농학교를 설립한 이래, 정치·사회적 대변동 속에서도 농교육 기관은 계속 증가해 왔다. 1820년까지 12개 농학교가 설치되었고, 1830년에는 20개교로 증가하였다(Seiss, 1887). 당시 농학교들은 대개 소규모의 사립학교로 출발하였으나, 대부분 오늘날까지 존속해 오고 있다.

프랑스는 레뻬가 수화법을 채택한 이래, 그의 제자이자 후계자인 시카르에 의해 프랑스어의 문법체계와 형식에 기초하여 수화법은 보다 체계적으로 다듬어졌다. 당시 프랑스의 수화법은 스페인, 덴마크, 스웨덴, 러시아, 미국 등에 이르기까지 구미의 다른 나라에까지 많은 영향을 미쳤다.

2) 독일의 농교육 발달

1778년 하이니케에 의해 농학교 교육이 시작된 이래, 독일의 농학교 증가 상황을 보면, 1820년에 농학교가 모두 16개교였으며, 1830년에는 30개교, 1840년에는 독일 전역에 모두 50개교로 증가하였다. 당시 독일의 농교육을 진흥케 한 사상적 배경으로 페스탈로치주의와 신인문주의 교육사상이 미친 영향이 컸었다.

독일은 처음부터 농교육을 공교육의 일환으로 추진해 왔으며, 이에 따라 농학교 교사양성제도도 다른 나라에 비해 가장 앞서 발전해 왔다. 또 독일은 일반 공립학교 내에 난청학급 설치에도 관심을 보여, 1821년에 초등학교 내에 농아동을 위한 실험학급을 설치하였던 바, 이것은 세계에서 최초로 시도된 특수학급 교육이라 할 수 있다[23].

독일의 구화주의는 하이니케 이래, 19세기에 와서 Friedrich Moritg Hill (1805~1874)에 의해 크게 발전되어 왔다. Hill은 페스탈로치의 교육 방법관에 깊

---

23) 1871년 PreuBen 당국의 통계에 의하면, 농학교 재학생수가 2,250명, 일반학교에 통합된 특수학급의 재학생수는 1,400명에 이르는 것으로 보고되고 있어, 일찍부터 농아동을 위한 통합교육체제가 발달해 있었음을 알 수 있다.

은 영향을 받아, 페스탈로치의 소위 '모친법'(mother method)을 농아동의 교수법에도 그대로 적용하고자 했던 바, 그의 교수원리는 다음 세 가지로 요약될 수 있다.

첫째, 농아동의 언어지도는 일상생활 속에서 일반아동들이 언어를 학습하는 것과 똑 같은 방법으로 지도되어야 한다.
둘째, 구화는 모든 언어의 기초가 되므로 구화는 읽기와 쓰기에 앞서 지도되어야 한다.
셋째, 말하기는 교수와 커뮤니케이션의 기초로써 출발단계부터 활용되지 않으면 안 된다(Bender, 1981, p.127).

당시 힐의 구화지도법은 독일 전역에 걸쳐 많은 영향을 미쳤다.

3) 영국의 농교육 발달

영국의 농교육은 교육과 구빈 보호의 목적이 미분화된 Asylum의 형태로 발전해 온 것이 큰 특징이다. 이것은 산업혁명의 진행에 따라 파생된 빈곤문제, 노동문제, 청소년문제 등이 사회적으로 부각됨에 따라 당시에 자원봉사 활동이 활발히 전개된 시대적 상황과도 밀접한 관계가 있다.

영국은 농교육의 성격이 독일에 비해 전근대적인 데다가 전문교사의 확보조차 어려워 한 때 이들 Asylum체제 하의 농교육은 많은 어려움을 겪게 되었다.

그 가운데도 맨체스터농학교는 독자적인 교육시설 및 교사를 확보하고 있었으며, 1860년에는 유치부를 설치하여 농아자를 위한 취학 전 교육의 선구자가 되었다(Pritchard, 1969).

영국은 「1879년 초등교육법」의 제정에 따라 5세에서 14세까지의 아동에 대한 의무교육 제도가 실시된 이래, 몇 차례의 진통을 겪은 끝에 1893년에는 마침내「초등교육법(Elementary Education<Blind and Deaf Children>Act)」이 제정됨에 따라 5세에서 16세까지의 맹아동과 7세부터 16세까지의 농아동에 대한 의무교육이 실시되기에 이르렀다(立法參考資料, 1978).

3. 수화주의와 구화주의의 방법 논쟁

18세기 후반 프랑스에서 de I'Epee를 원조로 한 수화주의(manualism)와 독일의 S. Heinicke에 의한 구화주의(oralism)가 농교육의 방법론으로 확립되면서부터 농교육 현장에서는 양 방법론에 대한 격렬한 논쟁을 거듭해 왔다. 특히 당시에 있어 수화주의와 구화주의의 방법논쟁은 방법론 자체에 대한 계속적인 깊은 연구도 없이 논쟁을 위한 논쟁의 양상을 짙게 띄게 까지 되었다.

구미에 있어 방법 논쟁의 추이를 보면, 19세기 중엽까지만 해도 전반적으로 수화주의가 우위를 점하여 오다가, 1880년 밀라노 국제회의 이후 구화주의가 크게 강조되어왔다. 밀라노 국제회의 이전의 100년 동안 대체로 수화가 우위성을 확보해 온 주요 이유는 다음 몇 가지 측면에서 생각해 볼 수 있다(김병하, 1973).

첫째로는 당시 농교육계에 다른 농교육자에 비해 프랑스의 레뻬의 개인적인 인격적 감화력 및 교육적 업적이 다른 나라의 농교육자에게까지 깊은 영향을 미치게 됨으로써 자연히 수화가 널리 보급될 수 있었다.

둘째로는 구화법은 수화법에 비해 실제 적용상의 효과가 대단히 의심스러울 뿐만 아니라, 아직 그 지도체계가 과학적으로 충분히 세련되어 있지 못했다.

셋째로는 수화법은 처음부터 널리 공개되어 왔으나, 구화법은 특히 영국의 Briadwood 등에서 볼 수 있는 바와 같이 일가(一家)의 비법으로 비밀리에 전수되어 온 것도 그 중요한 한 원인이 될 수 있었다. 이런 몇 가지 이유로 해서 수화법이 농교육 현장에 널리 파급되어 있었으나, 구화법에 대한 강조와 그 발전도 꾸준히 이루어져 왔다.

이를테면, 구화주의의 본산지인 독일에서 전술한 Hill은 하이니케에 영향을 받아 구화주의에 깊은 관심을 표명하는 가운데, 페스탈로치의 '모친법' 원리를 농교육에 적용하여 지금까지 행해져 온 형식적인 문법에 대한 언어지도에 비판을 가하고, 일상생활에서의 실제적 활용성에 기초한 언어지도를 강조하는 가운데, 일반아동의 언어발달에 일치하는 자연스러운 방법원리를 농아동에게도 적용하여야 한다고 주장했다.

한편 미국에서도 갈러뎃(E. M Gallaudet)은 수화주의에 깊은 신념을 두고 구화와 수화를 병용하는 결합법을 제안하면서도, 독화가 가능한 농아동에게는 구화법을 적용할 수 있다는 것을 주장했다(Carlo, 1964). 또한 미국에서 19세기 후반부터 보급되기 시작한 통학제 농학교의 증설은 구화주의를 보급하는 데 주요한 배경이 되었다.

그러나 19세기 후반까지 농교육현장에서 수화주의와 구화주의 간의 갈등과 논쟁은 더욱 격렬해져가는 가운데, 양방법론에 대한 논쟁은 마침내 국제 농교육자회의에까지 회부되기에 이르렀다. 1880년 이탈리아의 밀라노회의는 농교육사상 주요한 의미를 지니므로 당시 밀라노 국제회의의 주요 내용을 살펴보고자 한다.

밀라노회의에는 16개국으로부터 116명의 농교육자가 참석한 가운데, 농교육의 방법에 관해 다음 문제들을 토의했다.

1. 수화법을 능가하는 구화법의 장점은 무엇인가?
2. "구화법(pure oral)"은 어떤 것이며, "결합법"과 어떤 차이가 있는가?
3. "방법적" 사인과 "자연적" 수화 간의 정확한 경계를 어떻게 설정할 것인가?
4. 농아자들이 쉽게 습득하는 가장 효과적이고 자연적인 언어 수단은 무엇인가?
5. 구화든 수화든 언어지도에 있어 문법은 언제, 어떻게 활용되어야 하는가?
6. 책은 아동의 손에 언제 쥐어져야 하는가?

이들 각 주제에 대한 토의를 거쳐 구화법과 수화법에 대한 찬반을 표결한 결과, 다음과 같이 결의하기에 이르렀다.

> 농아동의 사회 복귀를 위해서, 그리고 그에게 보다 완벽한 언어지식을 주기 위해, 구화법은 농아자의 교수를 위해 수화법보다 우선되어야 한다.
>
> 구화와 수화의 동시 사용은 말하기, 독화, 그리고 사고의 정확성을 기하는 데 방해가 되므로, 순수한 구화법이 채택되어야 한다(Report of International Con- gress on the Education of the Deaf, 1880, pp. 4~5).

이어 밀라노 국제회의에서는 각 국은 모든 농아동에게 공교육의 혜택을 보장할 것과 구화교육을 위해서는 한 학급당 아동 수를 10명 이상 초과하지 말 것 등 아주 주요한 문제들을 결의하였다. 이렇게 해서 밀라노회의는 그간 약 1세기 동안 이어져 온 방법논쟁에 결말을 짓고, 16개국으로부터 모인 116명의 대표자가 회의 폐막구호로서 “Evviva La Parola”(Long live speech)라고 외친 마지막 함성은 즉각 전 세계의 농교육계에 울려 퍼져 나갔다. 농교육자들 가운데는 당시 밀라노회의의 선언을 “농아동의 대헌장(Magna Carta)” 혹은 “구화주의의 르네상스”라고까지 표현했다(Hodgson, 1954).

1880년 밀라노회의 선언 이후 구화법의 보급상황에 대해 A. J. Winnie(1912)는 「프랑스를 제외한 유럽 농학교의 80%는 구화법을 채택하고 있었고, 폴란드, 노르웨이, 독일, 스위스 등에 있어서는 거의 100%에 달하고 있는데, 다만 스페인과 스웨덴에서는 50% 정도에 달하고, 미국의 경우는 1910년까지 겨우 22% 정도 구화법에 의해 지도되고 있다.」고 보고하고 있다. 이처럼 1880년 선언 이후 구화주의는 놀랍게 보급되어 왔으나, 교육의 실제 장면에서 그것의 구체적 효과는 20세기 농교육의 주요 과제로 넘겨지게 되었다.

제4절 농교육의 최근 동향과 전망

여기서는 1960년대 이후 선진국의 농교육 발전동향을 ① 커뮤니케이션의 최근 동향, ② 조기교육의 동향, ③ 메인스트림 동향 등을 중심으로 살펴보고자 한다.

1. 커뮤니케이션의 새로운 동향 : 구화일변도주의에서 토털 커뮤니케이션에로, 토털 커뮤니케이션에서 2Bi접근에로

19세기 후반 이래, 농아동을 위한 커뮤니케이션 방법은 전적으로 구화만을 지지하는 구화일변도주의와 구화와 수화매체를 결합하여 사용하는 것을 지지하는 결합법 등 두 입장으로 대별된다. 20세기 중반에 A. G. Bell에 의한 전화의 발명과 음의 전자 공학적 원리를 활용한 보청기(hearing aid)의 개발은 농교육에 있어 구화법의 발전을 위해 중요한 계기가 된다. 특히 이에 영향을 받아 청각과 농의 과학인 청능학(audiology)이 새로운 연구분야로 등장하게 되었다(Evans, 1982). 이 청능학적 지식과 기술의 계속적인 진전에 따라 고성능 보청기가 다양하게 개발됨으로써 구화주의는 더욱 세련되어 왔다.

그러나 60년대에 접어들며, 교육현장에서는 구화일변도에 의한 교육성과에 깊은 회의를 표하게 되었고, 이에 따라 지문자와 수화에 대한 관심이 새로이 제고되기 시작했다. 이같은 일련의 반성에서 새로이 우리의 주목을 끌게 하는 것이 소위 60년대 초에 소련에서 제기된 신구화주의(neo-oralism)와 70년대에 미국을 중심으로 제기된 토털 커뮤니케이션의 개념이다. 신구화주의는 엄격히 통제된 실험의 결과, 조기에 지문자를 농유아에게 익히게 하는 것이 후에 아동의 말하기와 독화기능을 강화한다는 것을 입증해 주고 있다(Moores, 1978). 당시 소련의 농교육자들은 2세된 농유아에게 가정과 탁아소에서 지문자 지도를 시작하면, 6세 경에는 수천 단어의 어휘가 개발될 수 있다고 장담하였다(Morkvin, 1960). 소련의 이 신구화주의는 미국에서 종래에 자신들이 개발한 로체스터법을 재평가하고, 그 인식을 새롭게 하는 계기가 되기도 했다.

미국은 밀라노 국제회의(1880년)이후 계속해서 구화일변도주의에 강한 회의를 표해 온 가장 대표적인 나라이다(Bender, 1981). 그래서 일찍부터 수지어(手指語)에 깊은 관심을 표해 오는 한편, Bell의 공적에 의한 청능학의 발달, Goldstein박사에 의한 청화법(聽話法: acoustic method)의 개발 등에 의해 구화법에 대한 새로운 접근도 많은 성과를 보여 왔다. 그러나 대부분의 농교육자들은 하나의 방법으로서 구화일변도 접근이 가지는 명백한 한계성을 잘 알게 되었으며, 동시에 수화에 대한 긍정적 관심이 증대되는 가운데 60년대 후반 미국을 중심으로 소위 "토털 커뮤니케이션"이라는 개념이 농교육계에 두루 보급되기 시작했다.

이 토털 커뮤니케이션 접근이 가지는 가장 중대한 의미는 특정의 커뮤니케이션양식에 대한 정당성이 중요한 것이 아니라, 그 사람에게 가장 적합하고 용이한 커뮤니케이션의 모든 양식이 수평적으로 동등하게 존중되어야 한다는 데 있다. 따라서 토털 커뮤니케이션은 농자를 위한 자유롭고도 융통성 있는 접근이며, 농자를 위한 도덕권의 문제이기도 하다. 이런 관점에서 Garretson(1976)은 토털 커뮤니케이션의 개념을 아주 적절히 말해주고 있다.

> 토털 커뮤니케이션은 하나의 방법도, 예정된 교수체제도 아니다. 그것은 애매성, 막연한 추측, 긴장 등으로부터 농자를 해방시키기 위해 융통성 있는 커뮤니케이션의 분위기를 존중하는 하나의 철학적 접근이다. 다양한 대화양식 간의 수직적 차별

을 없애고, 인간간의 상호작용을 위한 수용 가능한 도구로서의 모든 양식(modality)에 대해 적합한 지위를 인정해 주자는 것이다(p. 90).

이같은 토털 커뮤니케이션 접근은 70년대 중반 이후 미국을 중심으로 유럽의 농교육계에 재빨리 파급되어 왔다. Jordan(1979) 등의 조사에 의하면, 1968년에서 1978년에 이르기까지 10년 동안 미국의 전체 농교육 프로그램 가운데 약 77%가 커뮤니케이션에 있어 새로운 변화를 나타냈는데, 그 변화의 대부분은 토털 커뮤니케이션의 접근에 기인한 것이라고 했다. 한편 Jordan(1982)은 1980~81년도에 영국과 북아일랜드 농교육프로그램에서 사용되고 있는 커뮤니케이션 동향을 조사해 본 결과, 영국에서는 46%의 농학교가, 북아일랜드에는 82%의 농학교들이 토털 커뮤니케이션을 적용하고 있었는데, 특히 1978년도 이후 이같은 동향은 급격히 증가해 온 것으로 분석하고 있다.

그러나 1990년대에 접어들면서 실천적인 면에서 토털 커뮤니케이션 접근은 흔히 구화와 수화를 동시에 사용하는 '동시법'(simultaneous method)과 같은 것으로 잘못 인식되고, 더욱이나 이 과정에서 음성언어의 어법에 따라 방법적으로 구안된 수화를 사용함으로써 청각장애아동의 언어능력(language competency) 개선에 거의 도움을 주지 못했다. 이런 일련의 반성에 따라 농인 사회에서 두루 사용되고 있는 일종의 자연수화(natural sign language)를 조기에 1차언어로 강력하게 투입하는 소위 2Bi(bilingual/bicultural)접근이 강력한 대안으로 제기되기에 이르렀다.

이 접근의 기본가정은 농유아는 어릴 때부터 일차적으로 농문화에 친숙하게 접하는 기회를 다양하게 가지는 가운데 성인 농사회에서 두루 통용되는 '자연수화'(미국의 경우 American Sign Language)를 모국어처럼 획득하게 하고, 그런 다음에 2차 언어로써 문자언어(읽고 쓰기)를 획득하게 하면 훨씬 효과적이라는 것이다. 이 접근이 정당화되는 것은 언어양식에 관계없이 모든 농아동은 먼저 하나의 모국어로써 1차 언어가 안정되게 획득되어야, 그것을 기반으로 2차 언어로써 문자언어를 효과적으로 획득 할 수 있다고 보기 때문이다.

그러나 이 2Bi접근에서도 그 실천적 파급 효과를 가져오기 위해서는 농자녀를 둔 청인 부모들이 일차적으로 농문화를 긍정적으로 수용하는 가운데 자연수화를 처음부터 1차 언어로 적극 활용하여야 한다. 이념의 정당성에도 불구하고 오늘날 실천적으로 이 2Bi 접근이 별로 빛을 보지 못하는 것은 이런 현실적 제약 때문이다. 소위 구화우선주의가 농중심주의로 대체되지 못하는 한 2Bi 접근은 토털 커뮤니케이션의 연장선상에서 하나의 '주의'로 남겨지게 될 공산이 크다.

2. 조기교육의 동향

청각장애아의 조기발견과 그에 따른 조기개입의 중요성은 널리 인식되고 있으나, 이를 위한 구체적 프로그램을 개발하게 된 것은 최근의 일이다. 특히 발달심리학의 연구업적에 의해 조기교육의 가치와 필요성이 입증되어, 장애아를 위한 '보상교육'으로 취학 전 조기교육은 특수교육에서도 중요한 의미를 지니게 되었다. 미국에 있어 농유아를 위한 조기교육 프로그램은 1963년에서 1973년에 이르기까지 가장 현저히 증가하게 되었고, 60년대초 구소련에서 발표된 신구화주의는 농유아를 위한 조기교육의 효과를 일찍이 입증해 주었다. 농유아를 위한 취학 전 조기교육은 오늘날 한 나라의 청각장애아교육 수준을 단적으로 나타내 주는 하나의 기준이 될 수 있다.

선진 외국에서는 최근에 와서 3세 이하의 청각장애유아를 위한 조기교육 프로그램을 적극 개발 · 실천해가고 있으며, 우리나라도 이번에 새로이 고시되는 새 교육과정에는 농학교 유치부 교육과정을 신설하고 있어 조기교육의 방향을 잡아주는 데 많은 도움을 주리라고 본다. 나아가 최근에 국회를 통과한 '장애인 등을 위한 특수교육법'(2007. 4. 30)에서는 모든 특수교육 대상아동의 무상의무교육 연한을 만 3세로 하향조정 했을 뿐만 아니라, 3세 이하의 장애영유아에게도 무상교육을 제공하는 기회를 열어 놓고 있다.

3. 통합교육의 동향

청각장애아의 통합교육은 전술한 조기교육과 기술적으로 밀접한 관계가 있다. 오늘날 장애아동을 위한 공교육권의 보장이 강조되면서, 이들 장애아동을 위한 특수교육도 일반교육과 분리된 별개의 체제로 볼 것이 아니라, 전체 공교육 체제 속에서 일반교육의 일부로서 특수교육을 인식 실천하고자 하는 그런 철학적 입장이 강조되고 있다.

일부 선진국의 경우, 전통적 기숙제농학교의 재적생 수는 다소 감소하는 반면, 특별 지도실(learning center, resource room)이나 전문가의 순회지도 등에 의한 주당 7~8시간 혹은 3~4시간 정도의 특별 언어훈련을 받는 것 외에는 모든 정규 교과활동까지도 일반학급에 통합하는 교육체제가 크게 증가하고 있다.

그러나 이 통합교육의 실천에 있어 이념적으로는 그 정당성이 충분히 인정되지만, 실제적인 실천과정상에는 많은 문제가 있음이 지적되고 있다. 통합교육에 대한 실천적 반성에 의하면, 물리적 공간이나 사회 환경적 및 교과활동의 통합이 반드시 심리적·사회 역동적, 인격적 통합을 보장하지 못한다는 것이 명백히 지적되고 있다. 통합교육은 법규정이나, 행정 조치에 의해 강제적으로 실현될 수 있는 것이 아니다. 통합된 교육장면에서 일반아동과 특수아동이 함께 어울려 생활하는 가운데 인격적 교류 및 만남이 가능하고, 상호 간에 불편을 느끼지 않고 과거에 체험하지 못했던 만족과 안정감을 맛볼 수 있을 때 비로소 성공적인 메인스트림의 성과라고 할 수 있다(김병하, 1983).

때문에 청각장애아를 위한 성공적 통합교육을 위해서는 청각장애아 자신의 통합요건은 물론[24], 일반학교의 교사, 학생, 학부모들의 장애아에 대한 깊은 이해가 수반되지 않으면 안 된다. 특히, '80년대에 강조되던 메인스트림(mainstream)으로서의 통합 개념을 탈피하여 학교교육의 전반적인 질적 개혁을 통한 완전통합으로서 'inclusion'을 강조하는 이즈음의 통합교육의 이상 실현을 위해서는 더욱 복잡한 문제들을 수반하게 된다.

이상에서 농교육의 최근 동향을 커뮤니케이션의 동향, 조기교육, 통합교육의 동향 등을 중심으로 간략히 살펴보았다. 선진국을 중심으로 농교육의 최근 동향을 종합해 볼 때, 장차 농교육의 발전전망은 다음 몇 가지 측면에 특히 강조점을 두게 될 것이다.

---

24) G. W. Nix(1977)는 청각장애아의 메인스트림 배치를 위한 기본변수들로서 ① 아동변수, ② 배치상황의 변수, ③ 부모변수 등으로 구체화하여 체크리스트를 제안한 바 있다. 여기서 Nix는 아동변수에 관한 체크리스트를 전체 54개 목록 가운데 29개 목록으로 제시하고 있다.

첫째, 전자공학을 비롯, 과학 기술의 보급에 의해 청각장애아의 커뮤니케이션상의 제약성을 보완하기 위한 기기와 그 장치가 크게 개발·보급될 것이다. 고성능 보청기의 개발, 텔레커뮤니케이션 시스템의 보급, 농자를 위한 전자타자 전화시스템, TV자막장치 등은 그 대표적 개발성과이다.

둘째, 농학생의 학습능력의 개선과 사회·정서적 적응력의 향상에 많은 노력을 기울이게 될 것이다.

셋째, 중증·중복농자를 위한 교육과 재활 서비스가 많이 강화됨으로서 과거에는 엄두도 못 냈던 농중복장애자를 위한 교육 및 재활프로그램이 적극 개발될 것이다.

넷째, 농학생에게 고등교육의 기회를 확충하기 위한 노력이 강조될 것이고, 농자도 일반인과 같이 고급 전문직에 진출하는 기회가 늘어나게 될 것이다.

다섯째, 구화주의와 수화주의 간의 갈등은 쉽게 해소되지 않겠지만, 수지어(手指語)에 대한 언어학적 관심이 증대될 것이다.

여섯째, 정상화의 원리에 기반 한 청인중심주의에서 탈피하여 하나의 독립된 문화로서 '농문화'를 존중하고, '농'(deafness)을 개인적 병리문제로 환원지우기보다 사회적 병리문제로 인식하는 관점의 전환이 강조될 것이다.

참고문헌

김병하(1983). **특수교육의 역사적 이해**(개정판). 서울 : 형설출판사.

김병하(1973). 18·9세기 구미(歐美) 청각장애아 학교교육의 성립과정과 방법논쟁에 관한 사적(史的) 연구. **대구대학교 논문집**, 제4집, pp.127~149.

김병하(1982). 미국 Gallaudet대학의 농교육과 복지. **아산(峨山)**, 제12호, pp.69~72.

국회도서관입법조사국(1978). **각국의 특수교육제도**. 입법참고자료 206.

川本宇之介(1954). 總說特殊教育. 東京 : 青鳥會.

荒川勇(1970). 歐米聾教育通史. 東京 : 峯閒閣.

American Annals of the Deaf(1982). Program and Services for the Deaf in the United States.

Bender, R. E(1981). The Conguest of Deafness(3rd ed). Danville, Ⅲ : The Interstate Printers

& publisher, Inc.

Bonet, Juan Pablo(1620). Reduction de las Letray Arte para Ensenar a Hablar Los Mudos En Madrid : Par Francisco Abrca de Angelo.

Bulwer, John B(1648). Philocophus, or the Deafe and Dumbe Man's Friend. London : Humphrey.

Degerando, Joseph Marie(1981). De L'Education des Sourds-Muets de Naissance. Paris : Cheg Megignon L'Aine Pere, Editeur, 1877. In R. E. Bender, The Conguest of Deafness(3rd ed.). Danville, Ⅲ : The Interstate Printers & Publishers Inc.

Gannon, Jack R(1976). Deaf Heritage : A National History of Deaf America. Silver Spring, MA : National Association of the Deaf, 1981.

Garretson, M. D. Total communication, In R. Frisina(ed.). A Bicentennial Monograph on Hearing Impairment : Trends in the U. S. A. Volta Review.

Heck, A. O(1953). Education of Exceptional Children. New York : McGraw-Hill Book.

Hodgson, K, W(1954). The Deaf and Their Problems. New York : Philosophical Library.

Jordan, I. K. G. Gustason, R. Rosen(1976). Current Communication Trends at Programs for the Deaf. American Annals of the Deaf, 121(6), pp. 527~532.

Jordan, I. K(1982). Communication methods used at schools for deaf and partially hearing children and at units for partially hearing children in the United Kingdom. American Annals of the Deaf, 127(7), pp.811~815.

Morkovin, B(1960). Experiment in Teaching Deaf Preschool Children in the Soviet Union. Volta Review, 62, pp.260~268.

Moores, D(1972). Neo-oralism and Education of the Deaf in the Soviet Union. Exceptional Children, 38, pp. 377~384.

Pritchard, D. G(1969). Education and the Handicapped from 1760 to 1960, 岩本譯, 障碍兒教育の發達. 東京 : 黎明書房.

Report of the Proceedings of the International Congress on the Education of the Deaf. held at Milan, Sep. 6th~11th, 1880, London : W. H. Allen and CO., 1880.

The Bitish Deaf Association(1980). Deaf People in the Eighties, Papers Presented at the Triennial Congress Scarborough, June.

Wilds, E. H(1956). The Foundation of Modern Education. New York : Rinbart & Co.

Winnie, A. J(1953). History and Handbook of Day schools for the Deaf and Blind, Cited in A. O. Heck. The Education of Exceptional Children. New York : McGraw-Hill Book Company.

제3장 한국의 청각장애아 교육

한국의 농교육은 역사적으로 볼 때, 다른 장애영역에 비해 비교적 오랜 전통을 가지고 있으나, 그 양적인 보급면에서는 물론 질적 개선 면에서도 많은 과제를 안고 있다. 여기서는 우리나라의 농교육을 역사적 측면에서 그 발달과정을 살펴보고, 이어 우리나라 농교육의 현황과 문제, 그리고 그 발전 과제를 논의하고자 한다.

제1절 농교육의 발달과정

앞장에서 본 바와 같이 서구에 있어 농교육은 스페인을 중심으로 16 · 17세기에 개인교수의 형태로 그 초석을 마련한 이래, 18세기 후반에 와서 프랑스와 독일 등이 선구가 되어 학교교육이 성립하게 되고, 이때부터 구화주의와 수화주의 간의 방법논쟁이 제기되었다. 한편, 18세기 후반 서구 농교육의 성과는 19세기 초에 미국에 도입되어 초기에 미국은 주로 프랑스의 수화법에 깊은 영향을 받아 농교육을 실시해 왔으나, 그들은 처음부터 농교육을 공교육의 일환으로 추진 · 발전시켜 왔다.

우리나라에 있어 농교육의 성립은 구한말 미국으로부터 건너온 개신교 선교사의 활동과 밀접한 관계를 가진다. 전통적 양반 관료체제 하의 한국교육은 서민의 자제를 위한 보편교육은 물론, 심신장애아를 위한 교육대책은 엄두조차 내지 못했다. 그러나 19세기 말에 동양의 숨은 나라로 일컬어지던 한국도 역사의 새로운 물결인 서세동점(西勢東漸)을 피할 수 없게 되자, 뒤늦게 문호를 개방하여 일본을 비롯해서 서양의 열강들과 수호통상 조약관계를 수립하게 되었다.

1. 특수교육의 성립과 농교육의 시작

1882년 미국과 정식으로 수호통상 조약을 맺자, 지금까지 중국과 일본을 통해 간접적으로 소개되어 온 서양의 문물제도가 직접 우리에게 유입되어 왔고, 특히 미국은 이 땅에 프로테스탄트의 선교사들을 파행함으로써 다른 나라에 비해 좀 더 민중 깊숙이 그들의 문화적 전통을 우리나라에 유포할 수 있었다. 원래 선교사업이란 반드시 그 사회에 새로이 적응할 만한 선교방안이 수반되어야만 소기의 성과를 기대할 수 있다. 이런 점에서 당시 미국의 개신교 선교사들은 매우 현명하게 대처하였다. 그들은 당시 한국의 실정이 기독교의 복음을 직접 전파하는 것을 용납지 않았던 것을 잘 간파하여, 후진국 전교의 한 방침으로 의료사업, 교육사업, 자선사업 등을 통한 간접적 방법으로 기독교 복음을 전하고자 했다.

그래서 결과적으로 이들 신교 선교사들의 활동을 통해 우리나라는 근대적 의료사업과 교육사업이 크게 보급되기에 이르렀다. 우리나라에 있어 장애아동을 위한 교육사업도 결국 이 같은 역사적 상황에서 우리 자체의 내적 여건 성숙과는 관계없이, 외국 선교사들에 의한 선교사업의 일환으로 시작되게 되었다.

그러나 이들 선교사들에 의해 특수아동을 위한 교육사업이 직접 실시되기에 앞서, 외국 시찰보고서나 문헌을 통해 간접적으로 우리나라에 외국의 특수교육이 소개된 예가 있다. 1881년 박정양(朴定陽) 등 「신사유람단」은 우리나라에 일본의 근대적 교육기관을 소개하는 가운데, "맹아원(盲啞院)"에 대해 소개를 하고 있어, 이는 우리나라에 문서상으로 특수교육이 소개된 최초의 예라 할 것이다(김병하, 1977).

한편, 유길준은 일본과 구미 등지를 돌아보고 「서유견문(西遊見聞)」(1895)이라는 책을 저술한 바 있는데 이 책은 구한말의 개화서적으로 대단히 주목을 끄는 역저이다. 이 「서유견문」에는 치아원(痴兒院), 맹인원(盲人院), 아인원(啞人院) 등이 소개되고 있는데, 아인원(啞人院)에 대한 내용 전문을 인용·소개하면 다음과 같다(유길준, 1895).

> 啞人院은 啞人의 教訓하는 處所니 其條目이 語學, 算術, 天文, 地理, 學考에 至하여 尋常한 學校와 無異하나 其教誨의 始初하는 法은 手指로 泰西文의 二十六字

를 形象하여 言語를 不資하고 文字만 見하면 悟解하게 되며 又 他人의 發言하는 時에 其唇舌齒喉의 運動을 學하고 址運動하는 妙機를 學하여 音聲을 發하는 境에 至한 則 他人의 言語를 耳聽하기는 不能하되 其唇舌及 齒候의 動機를 見하고 其語意를 自解하여 他人과 能히 酬酌하느니 夫啞人이 言語를 不能하는 緣由는 發音하는 器의 不具함이 아니오 但 其耳鼓의 基함으로 聽戶가 不開하여 他人의 音聲을 不聞하는 故로 自己의 音聲도 不調함이니 其證據를 欲明한 則 歡樂한 時의 笑音과 悲哀한 節의 泣聲이 天然한 性을 從出하는 者는 能言하는 人과 同함이라 然한 故로 啞人은 其耳가 必聾하나니 教誨하기를 長久히 하여 發音하는 形容에 慣熟하면 不解하는 者가 無하여 如何한 學問이든지 能히 學習하며 又 書籍을 考覽하기에 至하여는 玉篇과 音聲의 等書로 教師를 代하여 不通하는 者가 無하고 遊戲하는 器具도 畵圖로 形象하며 文字로 記號하여 教誨를 不喉하여 能解하는지라 吾人이 外國에 出遊하든 時에 一處 啞人院에 至하여 其教師에게 啞人의 能言하는 擧動을 請見하되 啞者 一人을 招來하거늘 起揖하고 寒을 敍하니 其人이 亦 丁寧히 對答하는지라 更起하여 曰하되 俄는 朝鮮人이로라한되 啞人이 壁板에 書하여 曰하되 朝鮮人은 誠啞邦의 貴客이라 하더라.

이상의 「아인원(啞人院)」에 소개된 주요 내용을 요약하면,

① 농교육의 대상과 그들의 학교에서 배우는 교과과정을 소개하고,
② 교육방법 면에 있어 수지어(手指語)와 말 읽기에 의한 커뮤니케이션의 가능성을 시사하고,
③ 농(deaf)과 벙어리(mute)의 개념을 구분하여 밝히고 있으며, 청각장애의 원인에 대한 의학적 견해를 밝히고 있다.
④ 입술 읽기와 시각적 교구(教具)의 활용에 의한 농교육의 효과를 소개하고 있다.

당시에 우리나라 지식인들로서는 농아자의 교육 가능성을 생각지도 않던 시대에 이미 유길준은 구미의 농교육 성과를 비교적 정확하고 상세하게 우리들에게 알려 주고 있어, 한국 특수교육의 태동을 위해 중요한 의미를 가지는 것으로 평가된다.

전술한 바와 같이 우리나라에서 실제로 특수아동을 위한 교육 사업을 시작한 사람은 미국으로부터 건너 온 기독교 선교사였다. 이들 선교사 가운데, 북감리교

선교사이며, 의사인 로제타 셔우드 홀(Rosetta Sherwood Hall : 1865~1951)여사는 1894년 평양에서 오봉래(O Pong Nai)[25]라는 맹소녀를 데려다가 가르친 것이 인연이 되어 1898년에는 뉴욕 맹학교에서 사용해 온 점자시스템을 활용하여 뉴욕식 한글점자를 창안하여, 신약의 4복음서 일부를 점역하는 등 점자교육을 체계적으로 실시하는 한편, 1900년에는 맹소녀를 위한 "특수학급"을 평양의 정진여학교에 개설하고, 이어 1909년에는 농교육 사업을 착수함으로써 이것이 한국 최초의 농교육 시작이 되었다.

로제타 셔우드 홀여사가 우리나라에서 처음 특수교육 사업을 하게 된 경위는 홀여사의 외동아들인 셔우드 홀박사(Sherwood Hall, 1893~1991)가 펴낸 그의 자서전 격인 「아시아에서 청진기와 함께(With Stethoscope in Asisa : Korea, 1978)[26]」에서 지금까지 밝혀진 자료 중 가장 구체적으로 잘 알려 주고 있다.

> 평양에서 닥터 홀(필자註 : 즉 홀여사의 남편인 William James Hall박사를 일컫는 것임)의 첫 신자가 된 사람은 오석형이다. 그는 이번 사건 중(즉 기독교인을 박해하는 사건) 감옥에 갇혔다가 석방된 사람들 중의 하나로 맹인인 어린 딸이 있었다. 홀부인 환자로는 장님, 벙어리들이 많았다. 당시 조선의 장님, 벙어리, 귀머거리들은 매우 처참한 상태에 있었다. 장님들은 점쟁이나 무당이 되지만 그것도 부모들이 돈이 있어서 그들을 훈련시킬 수 있는 처지가 되어야 가능했다. 그렇지 못하면 그들은 소외되어 잘 먹지도 못하고 입지도 못해 결국은 보행능력까지도 잃게 된다. 홀부인은 눈먼 어린이들을 어떤 방법으로든지 도와주고 싶었지만 조선인들이 혹시 그녀의 의도를 곡해할지도 몰랐으므로, 극히 조심하지 않을 수 없었다. 그 당시의 긴장된 상황으로는 자칫 잘못하면 1888년에 파급되었던 유언비어처럼, "의사들이 약을 만들기 위해 애들의 눈알을 뽑았다"는 모함을 들을 수도 있었다.

---

25) 학적부에 등재된 본명은 吳聖子이고, 복녀라는 이름으로 그냥 집에서 불러 왔던 것을 영어로 이와 같이 표기했다는 설도 있으나, 후에 봉래(鳳來)로 알려졌다.

26) 이 책은 후에 캐나다에 거주하는 교포 김동열(金東悅)선생에 의해 「닥터 홀의 조선회상(1894)」이란 책으로 번역되어 동아일보사에서 출판하였으며, 이것이 인연이 되어 로제타 셔우드 홀여사의 아들 내외분(Sherwood & Marian Hall)과 그 손자(Willian, J. Hall)가 지난 1984년 11월 5일 대한결핵협회의 초청으로 내한하며 대통령으로부터 국가포상을 받기도 했으며, 당시에 대구대학교에서는 홀박사 가족을 모시고, 사범대학 1호관을 로제타 셔우드 홀기념관으로 명명하고, 그 기념자료실을 이 기념관 내에 설치하기도 했다.

> 홀부인은 오씨의 딸이 장님이란 사실을 알았을 때, "이곳에서 일을 시작할 기회가 비로소 왔구나. 그 애의 아버지는 기독교인이니 내 의도를 곡해하지도 않겠지"라고 생각했다. 홀부인은 일기에 "나는 봉래를 가르치기 위하여 조선 기름종이에 바늘로 점을 찍어 일종의 시스템을 고안했다"라고 기록하고 있다. 봉래는 총명했다. 거기다 높은 열성을 가지고 좋은 반응을 보였다. 홀부인은 맹인을 교육시킬 수 있는 지식이 있으면 봉래에게 점자를 읽게 할 수 있다고 믿었다. 홀부인은 이 분야에 대해 공부하기로 결심했다. 맹인들은 이 세상에서 쓸모없다는 세간의 그릇된 관념을 깨트리기 위해서는 맹인교육이 시급했다(金東悅, 1984 p. 117).

이상에서 보는 바와 같이 홀여사는 이미 평소에 맹아동과 농아동의 문제에 깊은 관심을 가지고 있던 터에, 마침 평양의 기독교 신자 오석형의 딸인 맹소녀를 발견하고는 이들을 위한 특수교육을 좀 더 구체적으로 구상하기에 이른 것이다.

홀여사는 1897년 가을에 뉴욕 맹학교에서 '뉴욕 포인트'를 좀더 체계적으로 익혀, 이 뉴욕 포인트를 활용하여 조선어 점자를 고안해 내어 1898년에는 맹소녀들을 위한 조선어 점자교재를 개발하기도 했다. 셔우드 홀박사는 당시 그의 어머니 홀여사가 그녀의 외동딸인 에디슨 마거리트가 죽은 것을 애석히 여긴 나머지 설립한「에디슨 마거리트 어린이병동」에서 시작한 맹교육 사업(1900)을 다음과 같이 소개해 주고 있다.

> 새로 지은 어린이병동은 맹소녀들을 위한 교육장으로도 이용되었다. 교재는 어머니가 '뉴욕점자'를 조선말에 맞게 고친 것이었다. 조선에 돌아온 그 해 겨울 어머니는 여가를 이용하여 조선어 점자교재를 제작하였다. 교재는 조선말의 알파벳인 가, 나, 다, 라와 조지 히버 존스(Mrs George Heber Jones)여사가 지은 '조선어 초학언문', 그리고 4복음서의 일부 등 이었다. 어머니는 두꺼운 마분지와 비슷하게 빳빳한 조선 기름종이에 바늘로 찍어 점자를 만들었다.
>
> 평양으로 이주한 뒤에 나의 어머니는 다시 오씨의 딸 맹소녀 봉래를 데리고 교육을 시작했는데, 처음에는 진도가 느리고 지루했으나, 봉래가 점자로 조선어를 익힌 뒤에는 순풍에 돛단배 같이 진도가 빨랐다. 일 년 안에 봉래는 어머니가 준비한 모든 교재를 읽을 수 있었고, 그녀 스스로 점자로 쓸 수도 있게 되었고, 말하는 것을 받아쓰기도 했다. 어머니는 봉래에게 뜨개질도 가르쳤다.
>
> 맹여아 봉래가 글도 배우고 아주 행복해진 것을 본 병원 환자들은 어머니에게

자기들이 알고 있는 다른 맹소녀들도 받아달라고 청했다. 이렇게 해서 조선에서는 처음으로 맹학교가 시작되었다. 평양여학교가 설립된 후에는 그곳에 맹인을 위한 특수학급이 추가되었다. 어머니는 맹소녀들도 일반 소녀들과 함께 배워야 하며, 여러 가지 놀이에도 함께 참여해야 한다고 생각했다. 무엇보다도 필요한 일은 초보학생들을 위해 특수교사를 양성하여 일반 교사진과 함께 일하도록 하는 일이었다. 마침내 봉래는 특수교사가 되어 맹소녀들을 가르치게 되었고, 맹학교는 계속 번창하여 농학생까지도 포함하게 되었다(Sherwood Hall, 1978, p. 187).

이상에서 보는 바와 같이 홀여사는 뉴욕 포인트를 활용하여 조선어 점자를 고안해서 점자교재를 개발하는 한편, 맹교육을 적극 추진해 왔으며, 후에는 농교육에까지도 관심을 보였다.

당시 홀여사의 특수교육 사업을 같은 선교사인 언더우드는 그의 저서 「근대한국교육사(Modern Education in Korea, 1926)」에서 다음과 같이 비교적 상세히 보고하고 있다.

한국의 여성들을 위한 의료사업을 종사하면서 조선정부로부터 신임을 받아온 R. S. Hall은 맹인을 위한 사업을 시작했으며, 그 사업은 여러 해 동안 거의 혼자의 힘으로 운영되어 왔다. 1897년 첫 휴가를 얻어 그녀는 New York 맹학교(Institute for the Blind in New York)를 방문하여 거기에서 사용되는 시스템(즉 New York Point)을 연수하였다. 그 해 가을에 한국에 돌아와, 이듬해 봄에는 한국에 뉴욕 시스템을 적용하여 알파벳과 한국말 성경의 일부와 십계명을 점자(點字)로 마련했다. Clocke여사는 평양에 있는 맹소녀를 위한 소규모의 교실을 마련하기 위해 기금을 마련하여 Hall여사가 여기에 배치됨으로써 맹소녀를 위한 교육사업이 시작되었다. 결코 경이적인 것은 아니었으나, 일반아동과 함께 경쟁하는 일반학교에 출석할 수 있었으며, 경우에 따라서는 일반아동을 능가하기도 했다. 평양에서 장로교의 Moffet여사는 남자아이들을 위한 맹학급(盲學級)을 개설하였으며, Pash와 Perry라는 영국부인들에 의해 서울에서도 또 다른 학급이 개설되었다. 그들의 사업은 이 무렵에 개설된 국립맹학교(Government Blind School : 濟生院 盲啞部를 일컫는 것임)에 맹소녀들을 보냄으로써 문을 닫게 되었으며, 평양의 특수교육사업은 단일기관으로 통합되었다(즉 남녀공학에 의한 하나의 학교로 결합되었다). 맹교육을 시작한 지 10년 후에 Hall여사와 Rockwell씨는 그의 부인과 한국인 한 사람을 중국 「체후」에 있는 Mill여사의 농학교에 농교육 체제를 배우게 하기 위해 보냈다. 그들은 다시 평양에 돌아와 농아자(聾啞者)를 위한 교육도 시작하였다. 학생 수와 재정적 면에서 소규모의 사업에 불과했으나, 이들 특수교육 시설과 사업은 기독교의 정신을 실현하기 위한 목적으로 운영되어 왔다.

홀여사는 1892년 남편인 William James Hall의사와 결혼하여 신혼여행차 1개월 가량 중국 체후(Chefoo : 芝果)에 머물면서 동료선교사들이 경영하고 있는 농아학교를 시찰한 적이 있었다. 그로부터 홀여사는 농교육에도 깊은 관심을 가져오던 중에, 그가 맹교육 사업을 시작한 지 10년 후인 1908년에 중국 체후에 있는 동료 선교사인 밀(Mill)여사의 농학교에 농교육 방법을 배우게 하기 위해 Rochwell씨 부인과 이익민을 보냈다. 李씨는 귀국할 때에 그 학교에 근무하고 있던 그의 생질까지 데리고 왔으며, 이들의 도움을 받아 홀여사는 1909년에 우리나라에서 최초로 농교육 사업을 시작하였다(Paik, 1929 : Lenderwood, 1926). 이때부터 그녀가 운영해 온 평양 여맹학원(女盲學院)을 평양맹아학교(盲啞學校)로 통합·승격되었다. 이 평양맹아학교에서 1915년에는 제1회 동양맹아교육회의(東洋盲啞教育會議)가 개최되었고, 학생 수도 1915년에는 50명으로 증가하였으나, 1928년에는 16명으로 되려 크게 감소되었다.

이 국제회의에서 농교육에 대해서는 "농아(聾啞)에 대한 담화교수상(談話教授上)의 신사상(新思想)과 그 실제"에 대한 발표가 있었고, 특히 농아동을 일반아동과 같은 학급에서 통합교육을 실시할 경우 그 장·단점이 검토되었다. 이로써 그 당시에 이미 농교육에 있어 구화교수법의 효과와 통합교육의 가능성이 논의되었음을 알 수 있다.

이 평양맹아학교는 1935년에 홀여사가 미국에서 귀국할 때까지는 주로 감리회와 선교사부인회의 후원으로 운영되어 왔으나, 홀여사의 귀국 후 광복 직전까지는 겨우 그 명맥만을 유지해 왔다.

1910년 일본이 우리나라를 강점하게 되자 교육면에서도 여러모로 불리한 전환이 이루어지게 되었다. 일본은 조선총독부 산하에 구빈(救貧)을 위한 일종의 사회복지기관으로 제생원(濟生院)을 설치하였다. 즉 1912년에 조선총독부는 제생원 관제(濟生院管制)를 발표하고, 이듬해에 그 규칙(規則)을 정했는데, 이 관제(管制)에 의하면, 「제생원(濟生院)은 고아의 양육과 맹아자(盲啞者)의 교육에 관한 사무를 맡는다」고 하여 당시 제생원 맹아부(盲啞部)는 근대적 특수교육기관이라기 보다 맹·농아자를 고아와 함께 구빈보호(救貧保護)하는데 일차적 목적이 있었음을 알 수 있다.

당시 이 맹아부는 맹자 및 농아자에게 보통 교육을 베풀고, 그 생활에 적당한 기능을 베푸는 것을 목적으로 하여 생도는 급비생과 자비생으로 나눠, 급비생은 모두 기숙시켰다. 수업연한은 맹생과(盲生科) 3년, 아생과(啞生科) 5년, 맹생(盲生)의 속성과는 1년, 그 교과목은 수신, 일본어, 조선어, 산술, 수예 및 체조 등으로 했다. 당시 일본은 특수교육에까지 차별교육을 실시하여, 본국에서는 맹·농교육 모두 초등은 6년 중등은 4년으로 실시하였으나, 한국에는 초등 3년(聾部는 5년), 속성과 1년의 단기교육을 실시했다.

그러나 이 제생원 맹아부 교육이 기초가 되어, 1920년에는 「조선농아협회(朝鮮聾啞協會)」가 발족되었고, 당시 졸업생 가운데 우수한 자는 동경 유학을 거쳐, 후에 이곳 맹아부에서 교사로 봉직하였다. 1931년 이 맹아부는 서울 종로구 신교동 1번지인 현 서울농아학교자리로 이전하였다.

한편 일제치하의 어려운 조건 하에서도 한국인에 의해 주체적으로 농교육이 전개되어 오기도 했다. 이창호(李昌浩)목사는 마펫트 선교사 등의 도움으로 1935년 평양에 평양광명맹아학교(平壤光明盲啞學校)를 설립하여 맹교육과 함께 농교육을 실시하였다. 당시 이 학교는 통학제와 기숙제를 병행하였으며, 처음에는 수화법 위주로 지도하였으나 후에는 구화지도법을 도입하기도 했다. 당시 교사들은 모두 한국인으로서 특히 사명감이 투철하였다고 한다(안병즙, 1974).

이처럼 초기의 우리나라 농교육은 주로 기독교인들을 중심으로 당시 기독교 전파가 가장 활발하였던 평양에서 그 진원지를 이루었다. 그 교육의 동기도 주로 기독교적 자선정신, 그리고 구빈보호에서 비롯하고 있으며, 기숙제와 통학제를 병행하여 운영해 왔음을 볼 수 있다.

2. 광복 후 농교육의 발달

1945년 불현듯 찾아 온 민족 광복은 우리 자체로 통일된 조국을 건설·정비할 겨를도 없이, 우리는 민주사회의 건설을 지향해 왔다. 그리하여 교육면에 있어서도 새로운 민주사회의 질서를 확립하기 위해 교육의 민주화가 여러 측면에서 시도되었다. 1948년에 제정된 헌법에는 “모든 국민은 균등하게 교육을 받을 권리가 있으며, 초등교육은 의무적이며 무상으로 한다”고 규정하여 모든 국민에게 교육받을 수 있는 기회를 균등하게 개방하는 국민교육 체제를 확립하였다. 이어 1949년 말에는 교육법을 제정하여 홍익인간(弘益人間)의 이념아래, 6-3-3-4제의 단선 학제에 의한 골격을 오늘날까지 그대로 유지해오고 있다.

광복 직후 일제 치하의 제생원 맹아부는 미군정청에 의하여 관리되어 오던 중 국립맹아학교(國立盲啞學校)로 개칭되어, 미국인 맹아교육(盲啞教育) 고문관인 월톤은 학급의 재편성, 학제변동 등을 강행하여 교육내용과 수준을 일반아동과 같이 하는 6년제, 초등 특수학교로 개편하였다(서울맹학교, 1963). 이 같은 제도적 정비는 근대적 학교교육을 향한 농교육의 일대 변혁이라 할 수 있다.

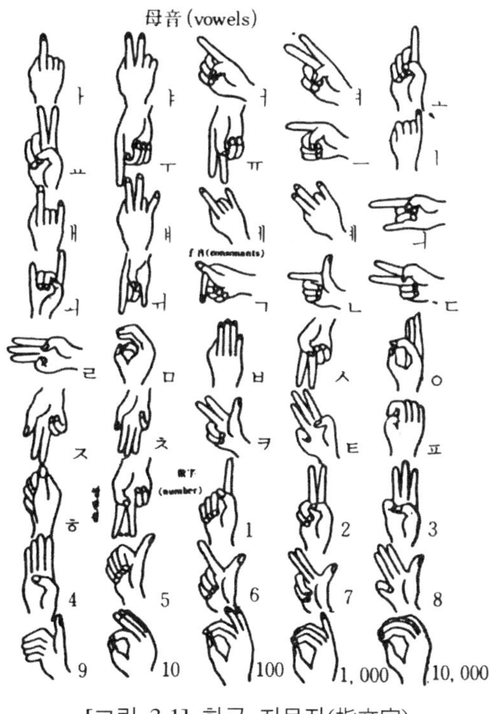

[그림 3.1] 한글 지문자(指文字)

이어 1947년 2월에는 지금까지 미군정청 보건후생부 관할로 있던 특수학교를 문교부 관할로 이관하였으며, 같은 해 9월에는 중등과를 신설함으로써 우리나라 최초의 증등 특수교육기관이 되었다. 이 무렵 초대 국립맹아학교 교장으로 취임한 윤백원(尹伯元)은 한글 지문자(指文字)를 제정하여 사용하도록 함으로서 우리나라 농교육의 발전에 크게 기여하였다.

1950년 12월 국립맹아학교는 6·25전란으로 인하여 제주도로 피난하였다가, 1951년 9월에 다시 부산으로 이전하여 전란 중에도 피난지에서 수업을 계속 하였다. 1952년 6월 교명을 서울맹아학교로 개칭하고, 1953년 8월에 서울 본교사로 환교하여 그간 추진 중이던 사범과(師範科) 설치문제가 해결되어 1954년 4월에 중등교육을 마친 농학생에게 사범학교와 동등한 교육과 기술을 베푸는 3년제의 사범과와 일반인으로서 고등학교 또는 사범학교를 졸업한 자를 대상으로 하는 1년제의 보통사범과(普通師範科)가 설치되었다. 이로써 우리나라에서 최초의 특수학교 교사양성을 위한 사범교육이 특수학교 내의 단기훈련 형태로 운영되어 왔다.

국립 서울맹아학교가 제주도와 부산에 각각 피난학교를 운영하게 된 것이 계기가 되어 1953년 8월에 공립맹아분교(후에 濟州盲啞學校로 발전)를 탄생시켰고, 이어 1955년 8월에는 부산에 부산맹아학교(釜山盲啞學校)가 우리나라에서 두 번째의 공립 특수학교로 개교를 하게 되었다. 이처럼 6·25동란에 의해 피난교육의 산물로 부산과 제주에서 다른 지역에 앞서 공립특수교육 기관이 설치되게 되었던 것이다.

한편 1948년 8월 남한만이 단독으로 정부가 수립되고, 1949년 말에는 교육법이 제정·공포되어, 동 법에서는 특수교육의 목적, 대상, 설치의무 등을 규정하고 있다.

> 제 143조(목적) 특수학교는 맹자, 농아자, 정신박약자 기타 심신에 장애가 있는 자에게 국민학교, 중학교에 준한 교육과 그 실생활에 필요한 지식과 기능을 가르침을 목적으로 한다(1963년 11월 1일에 법 143조에 의해 고등학교 과정 병설).
>
> 제 144조(설치의무) 특별시 또는 도는 특수학교를 각 1개교 이상 설립하여야 한다.

제 145조(특수학급) 특별한 경우에는 공회당, 기타 사용이 가능한 건물을 이용하여 국민학교, 중학교는 다음 각 호에 해당하는 학생을 위하여 특수학급을 둘 수 있다.

1. 신체허약자
2. 성격이상자
3. 정신박약자
4. 농자 및 난청자
5. 맹자 및 약시자
6. 언어부자유자
7. 기타 불구자

위에서 보는 바와 같이 144조의 특수학교 설치의무에도 불구하고, 서울, 부산, 제주를 제외하고는 공립 특수학교의 설립이 1970년대에 이르기까지 완전히 중단되었고, 특수학급 설치는 교육가능 정신지체아를 대상으로 1972년에 비로소 시작되었다. 이상의 법 규정에 비춰 볼 때, 그간 우리 정부가 특수교육 분야에 얼마나 등한히 해 왔느냐를 잘 알 수 있다.

3. 민간 사학에 의한 농교육의 발달

광복 이후 경향 각지의 민간 선각자나 독지가들에 의해 우리나라의 농교육은 더욱 활발히 이루어져 왔다. 광복 후 민간인으로 최초로 사립 농교육사업을 시작한 사람은 1946년 4월 19일에 대구맹아학교(大邱盲啞學校)를 설립한 이영식(李永植; 1894-1981)목사이다. 그는 1950년 5월에 맹학생 2명과 농학생 2명을 데리고 국회의사당에서 당시 신익희(申翼熙) 국회의장의 배려로 의장단상에서 국회의원들에게 특수교육의 필요성과 그 가능성에 대한 즉석 강연과 학생들의 특기를 시연해 보여줌으로써, 국회의원들은 즉석에서 기금을 모아 제공하는 한편, 이들 장애자들에게도 국가가 보조해줄 것을 결의하였다고 한다. 이 학교는 1951년에 중등과를, 1956년에 고등과를 신설하는 한편, 1956년에 대구맹아학교가 모체가 되어 한국이공학원을 설립하여, 1961년에 우리나라에서 최초로 특수교육 교사양성 과정으로 한국사회사업대학에 4년제 과정의 특수교육과를 설치하였다.

같은 무렵에 사립 농학교가 주로 민간 기독교인들에 의해 설립되기 시작했다. 즉 1955년에 충주에는 천주교회유지 재단에 의해 충주성심농아학원(忠州聖心聾啞學院)이 설립되었고, 같은 해에 인천에서 정규순(鄭奎淳)은 농아수용원인 성동원(聖童園)을 시작하여 인천농아학교(仁川聾啞學校)를 설립하였다.

이어 1960년에는 군산에서 신항일(申恒日)이 군산농아학교(群山聾啞學校)를, 김택룡(金澤龍)은 광주에서 전남농아학교(全南聾啞學校)를, 김현수(金炫洙)는 이리에 전북농아학교(全北聾啞學校)를 설립하였다. 그리고 1962년에는 서울에서 최병문(崔秉文)이 한국구화학교(韓國口話學校)를 설립하였고, 같은 해에 노재욱(盧在旭)은 대전에서 충남농아학교(忠南聾啞學校, 오늘날의 大田元明學校)를, 이승영(李升永)은 수원에서 수원농아학교(水源聾啞學校)를 각각 설립하였다. 이어 1965년에 유옥주(兪玉洙)는 부산(당시 김해)에서 혜성구화학교(惠星口話學校)를 설립하였고, 이듬해인 1966년에 역시 부산에서 이종수(李鍾洙)는 부산구화학교(釜山口話學校)를 설립하였으며, 같은 해에 안동에서 배연창(裵淵昌)은 손규철과 함께 안동농아학교(安東聾啞學校)를 각각 설립하였다.

이같이 60년대에 전국에 무려 9개의 사립 농학교가 설립된 반면, 공립으로는 농·정신지체학교로 1969년에 경남혜림학교(慶南惠林學校)가 겨우 1개교 설립되었다. 이로써 60년대 말까지만 해도 전국의 국립 농학교 1개교, 공립 농학교(제주맹아학교포함)가 3개교인 반면, 사립 농학교는 12개교에 이르고 있다.

이외에 60년대에 농교육과 관련한 특수교육의 주요 성과로서 다음 몇 가지를 지적할 수 있다.

첫째, 1962년에 특수교육연구협회(特殊教育研究協會)가 발족되어 농학교 교사들의 권익옹호와 현장연구 발표기회를 제공하였다.

둘째, 보건사회부 아동복리위원회에서는 최초로 우리나라에서 공적인 장애자수조사를 실시하였던 바, 1961년 보고에 의하면 농아자의 수가 모두(聾과 啞로 나눠짐) 약 15,000명으로, 1966년 「장애자 조사 보고서」에서는 약 16,000명으로 각각 밝히고 있다. 그 판별기준이 교육적으로 부적합한 것이긴 하지만, 우리나라에서 전국적인 청각장애인 수의 실태를 밝힌 최초의 유일한 자료로 주목을 끌게 한다.

셋째, 국가에서 농교육에 깊은 관심을 가지고, 「맹농아(盲聾兒)를 위한 특수학교(特殊學校)설치에 관한 지시(1962)」를 시달하는 한편, 「특수교육 5개년 계획」을 장기종합교육 계획의 일환으로 성안·발표하였으나, 모두가 권장사항 혹은 계획에 불과했고, 실제적 추진 성과는 없었다.

넷째, 1967년 우리나라 최초로 농학교 교육과정을 제정함으로서 지금까지 각 학교별로 관례나 교사의 개인적 경험에 의해 운영되어 온 교과과정에 국가적인 기준을 마련해 주었으나, 실제로는 교사들에게 지도 지침적인 역할을 제대로 하지 못하였다.

이상에서 보는 바와 같이 광복 후 50년대와 60년대에 한국의 농교육은 주로 민간 주도형으로 발전해 왔고, 그것도 주로 종교적(특히 기독교)인 자선정신에서 농교육이 성립하게 되었다. 국가에서는 임시방편으로 특수교육에 관심을 보이기도 했지만, 뚜렷한 실적을 보이지 못하고 아직은 우선순위에서 뒤로 미루어오기만 했다.

4. 70년대 이후의 농교육 발달

50년대와 60년대의 한국 농교육은 주로 민간인들이 자선사업 정신에서 보호와 교육을 병행하는 가운데 사립농학교가 크게 보급된 시기였다. 그러다가 70년대에 와서는 사립농학교의 설립이 주춤하는 가운데, 국가에서 좀 더 적극적으로 특수교육에 관심을 표명하면서 몇몇 공립특수학교가 신설되었다.

70년대 이후 우리나라 농교육 기관의 증설과정을 보면, 공립농학교로서 그간 공립특수학교를 설립하지 못한 강원도에 춘천계성학교(春川啓聲學校, 1975)가, 전라북도에 전주선화학교(全州善花學校, 1975)가 각각 설립되었다. 한편, 사립농학교로는 천주교재단에서 운영하는 서울애화학교(愛話學校)가 1975년에 설립되었고, 1955년이래 목포농아원(木浦聾啞院)으로 운영되어 오던 것이 1979년에 목포소림학교(木浦少林學校)로 설립인가를 받았다. 이어 1980년에는 울산에 있는 메아리농학교(朴武德씨가 설립)가 설립인가를 받았고, 이진주(李眞洙)씨가 1957년이래 농아동 수용보호기관으로 운영해 온 삼성농아원(三聖聾啞院)이 1983년에 삼성농아학교(三聖聾啞學校)로 문교부의 설립인가를 받았다.

이어 1985년에 경기도 평택에 에바다농학교, 전남 함평에 함평영화학교, 경북지역에 금오학교가 설립되었으며, 이 외에도 경북영광학교(1983), 포항 명도학교(1988)가 각각 정신지체아동과 함께 청각장애아동의 교육을 위해 사립특수학교로 설립되었다.

이로써 우리나라는 70년대 이후 지금까지 2개교의 공립농학교가 신설되었고, 9개교의 사립농학교가 더 설립되어, 70년대말에는 국립 농학교 1개교, 공립 농학교 5개교, 사립농학교 20개교로 모두 26개교에 달하였다.

70년대 이후 지금까지 우리나라의 농교육 발전에 큰 영향을 미친 업적 가운데 가장 주목할 만한 것은 1977년 말에 정부는 낙후된 특수교육을 진흥시키기 위해 특수교육진흥법(特殊教育振興法)을 제정하고, 이듬해에 그 시행령과 시행규칙을 제정 · 공포하여 1979년부터 시행하게 된 것이다. 이 법의 시행에 따라 특수학교 재학생에게 무상교육이 실시되게 되었다. 즉 국 · 공립은 물론 사립특수학교 재학생에게도 고등학교과정까지, 전액 무상교육을 실시하도록 하고 있다. 그리고 공 · 사립을 막론하고 초 · 중 · 고등과정의 모든 특수학교 교사의 인건비를 전액 국고에서 보조 · 지급하고 있다. 또한 동법의 시행령에 따라 특수학교에 교과담당 교사 외에 교육과 치료를 연결하는 요육교사를 배치하게 된 것도 주요 성과의 하나라 할 수 있다.

또 70년대에 와서 일반초등학교 내에 특수학급이 설치된 것은 농교육에 직접 관계되는 것은 아니지만, 경도 장애아동을 위한 공교육의 기회를 확대한 점에서 중요한 의미를 지닌다. 또한 70년대 이후에 청각학에 대한 관심이 제고되고, 농유아의 조기교육 필요성에 대한 자각으로 대구대학교 내에 청각 · 언어장애 클리닉이 전국에서 최초로 개설되고, 서울의 한국구화학교와 서울애화학교 등에서는 매우 의욕적으로 농학교 내에 유치부 과정을 일찍부터 운영해 왔다.

4년제 대학에서 특수교육 교사양성 프로그램도 70년대에 와서 크게 확충되었다. 즉 1971년에 서울의 이화여자대학교와 단국대학교에 각각 특수교육학과가 설치되고, 이어 1981학년도에는 전주우석대학에, 1983년에는 공주대학교에 특수교육과가 설치되었고, 강남대학교에서도 4년제 특수교육학과를 설치하여 1984년 현재 전국의 4년제 대학 가운데 6개 대학에서 특수교육 교사양성과정이 운영되고 있다.

한편 성인 농자의 재활과 복지를 위해 1980년에 사단법인 한국청각장애복지회(韓國聽覺障碍福祉會)가 보건사회부로부터 설립인가를 받아 원로 동양화가인 김기창(金基昶) 화백이 회장으로 취임하여 그 조직과 기능을 활성화해 오고 있다.

한국 청각장애자복지회는 1981년 말부터 계간으로 「청음(淸音)」잡지를 발간하고 있으며, 농아인 종합복지센터를 설치하여 성인농자의 취업알선, 법률상담, 결혼상담 등을 실시하고 있다.

제2절 농교육의 현황

우리나라의 농교육 현황을 농아동의 인구실태, 교육기관의 실태, 교육과정의 운영실태 등을 중심으로 살펴보고자 한다.

1. 농아동의 인구 실태

농의 인구실태는 청력검사 결과 나타난 청력 손실치에 따른 출현율에 의해 추정하는 것이 가장 합당한 방법이다. 국내·외에서 행해진 청력 손실치에 따른 난청의 출현율을 종합해보면, 20dB 이상의 학령기 난청 출현율이 대개 3.5~4.0%, L. S. O분류기준에 의한 27dB 이상의 경우 0.5~0.6%, 30dB 이상은 대개 0.3~0.4%, 41dB 이상은 0.15%, 50dB 이상은 0.08%, 56dB이상은 0.06%, 90dB 이상은 0.01% 등으로 추정되고 있다.

이를 교육적 판별기준과 관련하여 적용해 보면 다음과 같다.

① 난청학급의 교육대상 : 보청기를 착용하지 않고는 다소 수업에 지장을 초래할 수 있는 중등도(中等度) 이상의 난청자인 41dB이상의 청력 손실을 가진 자로서 1,000명 가운데 1.5명(0.15%)으로 추산된다.

② 농학교의 교육대상 : 보청기를 착용해도 보통 말소리의 이해가 어려운 56dB[27] 이상의 고도(高度) 난청자로서 10,000명 가운데 6명(0.06%)으로 추산된다

27) 학령기의 모집단 수는 경제기획원 조사 통계국 자료(1980, 10 현재)에 의거. 6~14세가 5,450,014명, 12~14세가 2,622,063명, 15~17세가 2,691,806명임.

이상의 기준에 근거하여 6세에서 17세까지 학령기 청각장애자 수를 추정해 보면 <표 3.1>과 같다.

<표 3.1> 학령기 청각장애자의 추정수 (단위 : 명)

학교급별 종합	초등학교과정 (6~11세)	중학교과정 (12~41세)	고등학교과정 (15~17세)	전 체
난청학급	8,175	3,933	4,038	16,146
농 학 교	3,270	1,573	1,615	6,458
전 체	11,445	5,506	5,653	22,604

<표 3.1>에서 보는 바와 같이, 학령기(6~17세)집단 가운데 난청학급 교육대상은 약 16,000명, 농학교 교육대상은 모두 약 6,500명 정도로 추정되고 있다. 이들 추정 수를 당시 농학교에 재학하고 있는 학생 수와 비교하여 농학교 취학대상의 취학율을 추정해 보면 다음 <표 3.2>와 같다.

<표 3.2> 학령기 청각장애자의 추정수 (단위 : 명)

학교 급별 취학율	초등학교과정 (6~11세)	중학교과정 (12~41세)	고등학교과정 (15~17세)	전체
추 정 수	3,270	1,573	1,615	6,458
취학자수	2,567	1,105	689	4,361
취학율(%)	78.50	70.24	42.66	67.53

이상의 <표 3.2>에서 보면, 농학교 초등과정의 취학률은 약 80% 정도로 상당히 향상되었으나, 중학부과정이 약 70%, 고등부과정이 43% 정도로 상급학교로 올라갈수록 취학률이 현저히 떨어지고 있음을 볼 수 있다. 일반학생들 경우 초등과정은 거의 완전취학 수준에 와 있고 초등학교 졸업생 이상이 중학교에, 중학교 졸업생의 거의 80%가 고등학교에 진학하고 있는 것(한국교육개발원, 1988)과 비교해 볼 때, 농학생들의 취학률이 일반아동에 비해 크게 뒤지고 있음을 알 수 있다. 그러나 농교육은 맹교육과 함께 특수교육의 다른 장애영역에 비해 비교적 일찍부터 교육이 행해졌을 뿐만 아니라, 그 출현율이 낮기 때문에 정신지체나 지체

부자유 등의 영역에 비해 그 취학률이 상대적으로 높게 유지되고 있다.

2. 교육기관의 실태

1987년 우리나라 농학교 수는 모두 26개교로서, 그 가운데 국립 1개교, 공립 5개교, 사립 20개교로서 전체 농학교 가운데 약 70% 이상이 사립농학교이다. 이들 농학교의 설립별 및 지역별 실태를 보면 <표 3.3>과 같다.

우리나라의 농학교는 '80년대까지만 해도 모두 26개교이며, 이를 학교 급별로 구분해 보면, 초등부과정이 26개교, 중학부과정이 21개교, 고등부과정이 12개교 등이었다.

<표 3.3> 농학교의 설립별 및 지역별 실태(1986년)

설립별＼지역별	서울	부산	대구	인천	광주	대전	경기	강원	충북	충남	전북	전남	경북	경남	제주	합계
국·공립	1	1	·	·	·	·		1	·	·	1	·		1	1	6
사립	3	2	1	1	1	1	1	·	1	·	2	2	4	1	·	20
합계	4	3	1	1	1	1	1	1	1	·	3	2	4	2	1	26

그러나 1986년 당시에 비해 20년이 경과한 2006년 현재 농교육 실태와 비교해 보면, 농학교수는 26개교에서 18개교로, 학생수는 4,361명에서 1,814명으로 크게 감소하였으나, 교원수는 629명에서 646명으로 오히려 조금 증가 되었다. '70년대까지만 해도 우리나라 특수교육은 맹교육과 농교육 중심이었으나, '90년대 이후에는 정신지체교육이 그 주류를 이루고 있다. 2006년 현재 전국의 143개 특수학교 가운데 정신지체학교는 89개교로 이는 전체의 약 62%를 차지하고 있으나, 농학교는 18개교로 전체의 약 13% 수준에 머물고 있다.

3. 교육과정의 개정과 운영 실태

우리나라의 농학교 교육과정은 1967년에 제정된 이래, 지금까지 세 차례 개정이 되었다. 특히 1983년에 개정된 교육과정의 경우 유치부 교육과정을 새로 개발하는 한편, 교과영역에서 기초학력신장을 강조하고 있으며, 요육활동은 언어수용과 언어표현 활동으로 나누어 유치부에서 고등부에 이르기까지 계속 연계해서 지도할 수 있도록 편성하는 한편, 고등부의 교과교육은 그 수준과 양을 대폭 조정하고 있으며, 고등부에서 직업교육활동을 강화하고 있는 것이 기본적 특징이다. 이외에도 1983년에 개정된 교육과정에서는 언어지도 방법 면에서 토털 커뮤니케이션 접근의 적용을 강조하고 있으며, 운영상의 지침에서 학교별 자율성을 강조하는 한편, 고등부에서 최저학력 평가제를 학교실정에 따라 도입하도록 하고 있다.

그 후 1989년에 개정 고시된 제 4차 청각장애학교 교육과정에 의거하여 학교수준 교육과정을 개발하게 하고, 농학교용 교과서를 우선 국어, 외국어, 수학 등에 걸쳐 개발할 수 있도록 조처하였다. 이로써 우리나라에 최초로 농학교용 교과서를 별도로 개발하기에 이르렀다. 당시에 우리나라 농학교에서 운영하고 있는 교육과정 실태를 보면, 기본적 편제와 시간배당은 문교부에서 고시하는 기준에 따르고 있으나, 실제로 운영되는 교육과정 실태는 학교에 따라 상당히 다르다. 중요한 것은 국가수준의 교육과정을 기본적 준거로 하여 학교 별로 구체적인 교육과정 운영 프로그램을 적절히 개발해 내는 일이다.

그 후 소위 일반학교의 제 7차 교육과정 개정주기에 따라 농학교 교육과정도 크게 개편되어 오늘에 이르고 있다. 즉, 초등 1학년부터 고등 1학년까지 10년간 '국민공통기본교육과정'을 도입하고, 그 이후는 선택중심 교육과정을 편성 운영하도록 하였다. 특히, 이 교육과정에서는 학습자중심의 열린 교육과정을 강조하고, 단위 학교별 교육과정 운영상의 자율성을 강조하고 있다.

제3절 한국 농교육의 문제와 과제

우리나라 농교육은 해결해야 할 많은 문제들을 안고 있다. 그 문제들 가운데는 쉽게 해결될 수 있는 것도 있지만, 좀처럼 해결되기 어려우면서도 아주 심각한 것에 해당하는 문제도 있다. 여기서는 문제의 해결이 결코 용이하지도 않으면서 그 해결책이 절실한 문제들을 중심으로 논의해 보고자 한다.

1. 조기교육 체제의 확립

언어능력의 신장을 위한 농교육의 성패는 적절한 조기교육체제의 확립 여부에 의해 좌우된다. 발달적인 측면에서 볼 때, 언어발달에 '결정적 시기'가 바로 취학 전 조기교육 단계에 해당되기 때문에 특수교육의 다른 분야에 비해 농교육에 있어서는 이 조기교육이 더욱 중대한 의미를 지니게 된다.

주지하는 바와 같이 우리나라에 농유아들 조기교육 체제는 아직 대단히 미비한 상태에 있다. 대학의 부설 청각·언어장애 클리닉과 몇몇 대도시의 종합병원 언어치료실에서 부분적으로 난청유아를 위한 조기교육을 실시해 오고 있으나, 조기진단과 그에 따른 적절한 교육 프로그램의 개발과 운영 등에 있어 많은 미비점을 안고 있다. 또 서울을 비롯해서 부산, 대구 등 대도시의 전통 있는 몇몇 농학교에서도 유치부과정을 통해 조기교육프로그램을 운영하고 있으나, 전반적으로 교육대상의 연령이 조기교육의 효과를 기대할 수 있는 적기(適期)를 놓친 아동을 대상으로 하는 경우가 많다. 그러는 가운데도 특히 서울의 한국구화학교와 서울애화학교의 조기교육프로그램은 의욕적으로 성공적인 효과를 보여 일반 초등학교에 통합하여 교육을 받게 하는 성과를 나타내기도 하나, 통합된 청각장애아동 가운데는 일반학급에 통합된 경우를 모두 성공적인 조기교육의 성과로 단정하기는 어려운 실정이다.

일반적으로 성공적인 농유아 조기교육 체제를 확립하기 위해서는 ① 조기 발견과 진단체제를 확립하는 일, ② 효과적인 조기교육프로그램을 구체적으로 개발하는 일, ③ 공교육 프로그램의 일환으로 조기교육 체제를 확립하는 일, ④ 조기교육을 담당할 전문요원을 양성하고 확보하는 일, ⑤ 강력한 부모교육체제를 개발·확립하는 것 등이 중요한 과제가 되고 있다.

2. 농학생의 학력신장을 위한 전략

농교육에 있어 가장 큰 문제의 하나는 농학생들이 가진 학습에 대한 가능성에 비해 현실적으로 나타내 보이는 그들의 학업성취도는 엄청나게 뒤떨어지고 있다는 점이다. 이것은 어쩌면 우리나라뿐만 아니라 정도의 차이가 있을 뿐 전 세계적인 공통의 농교육 실패현상인지도 모른다. 이를테면, 미국 Gallaudet대학 인구통계연구소(Office of Demographic Studies)에서 실시한 농학생의 전국 표준학력검사 실시 결과(1974)에 의하면 고등학교 과정을 마친 보통 수준의 농학생들의 읽기 능력 수준이 5학년 수준에도 도달하지 못하고 있었으며, 단지 10%만이 8학년 수준 이상의 읽기 능력을 나타낸 것으로 보고되고 있다.

우리나라의 경우 전국적인 정확한 통계자료는 없으나 이에 관련된 연구가운데 농학생과 일반학생 간에 문어능력(文語能力)을 비교한 연구(1984)를 보면, 문장의 생산성에서 농학생은 고등학교 1학년이 되어도 초등학교 3학년 수준에도 못 미치고 있으며, 문장의 정확성에서는 더욱 비교도 안 될 정도의 차이를 나타내고 있는가 하면, 문장의 질을 나타내는 추상성에 있어서도 문장의 생산성에 못지않은 큰 차이를 나타내고 있음이 확인되고 있다. 특히, 읽기능력에 있어 학교에 따라 편차를 나타내기는 하지만, 일반아동의 2-3학년 수준에 머무는 경우도 허다한 실정이다.

이처럼 농학생의 학업성취도가 일반학생 수준에 비해 크게 뒤지고 있으나 소수의 우수한 농학생들 가운데는 농학교의 교육수준이 너무 낮다고 불평하고 있는 것을 들을 수 있다. 농학생들 가운데도 우수한 소수 학생들은 일반학생과 함께 어렵지만 대학교육을 받는 경우도 있다. 이들 뛰어난 농학생들은 한결 같이 현재 농학교 교육수준에 많은 불만을 표하고 있다. 때문에 이들 우수한 농학생들에 대한 효과적인 개별지도 체제의 강화도 대단히 중요한 과제가 된다고 본다.

3. 구화일변도의 탈피

영국의 탁월한 농교육자인 Lionel Evans는 「토털 커뮤니케이션 : 구조와 전략(1982)」에서 1950년대와 60년대 초에 미국농교육계의 실상을 다음과 같이 소개하고 있다.

> 미국에 있어 대부분의 주립 농학교들은 초등단계에서는 구화교수에 주로 의존해

> 왔으나, 상급학년에서는 수화 커뮤니케이션을 지향하는 태도를 취했다. 1950년대 중반까지 미국의 농학교에서 나이 어린 농학생에게 구화법으로 교육을 시작하는 것은 하나의 전통이었다. 60년대 초에 미국의 농학교에서 고등학교 과정의 단계까지 수화를 공식적으로 학생들에게 가르치지 않았다(김병하 역, 1984, p.25).

이상에서 보는 바와 같이 1950년대와 60년대 초중반까지 미국 농학교에서 일어났던 일은 어쩌면 바로 오늘날 우리나라의 농학교 교육현실과 그렇게 닮을 수가 없다. 70년대에 미국을 중심으로 제기된 소위 농교육에 있어 토털 커뮤니케이션 접근은 오늘날 영국, 캐나다, 스웨덴, 덴마크 등에 이르기까지 전 세계적으로 크게 확산되어가고 있다. 미국의 농교육자 Garretson(1976)은 이 토털 커뮤니케이션의 기본적 합의점을 다음 세 측면에서 아주 적절히 지적해주고 있다.

(1) 토털 커뮤니케이션은 하나의 방법이라기보다 철학이다.

(2) 토털 커뮤니케이션은 개인의 커뮤니케이션 요구에 따라 의사소통의 수용 및 표현에 있어 구화와 수화매체를 자유로이 결합하는 것이다.

(3) 그것은 커뮤니케이션 장면에서 가장 적합할 뿐만 아니라, 전반적 이해를 위해 최대의 투입을 하는 청각장애자에 대한 도덕권(道德權)이다.

이같은 관점에서 Garretson은 토털 커뮤니케이션의 특성과 기본성격을 다음과 같이 기술하고 있다.

> 토털 커뮤니케이션은 하나의 방법도 정해진 교수체제도 아니다. 그것은 애매성, 막연성, 추측, 그리고 긴장 등으로부터 농자를 해방시키기 위한 융통성 있는 커뮤니케이션의 상황을 존중하는 하나의 철학적 접근이다. 다양한 대화양식들 간의 "수식적 차별"을 없애고, 인간간의 상호작용을 위한 수용 가능한 도구로서 모든 언어양식에 대한 적합한 지위를 인정해 주자는 것이다(김병하, 1984, pp.31~32에서 재인용).

이 같은 토털커뮤니케이션 접근과 함께 오늘날 새삼스러이 지금부터 약 2백년 전에 프랑스의 농교육자 de l'Epee가 주장한 "수화는 농아자의 모국어이다"라는 명제가 오늘날 미국에서 미국수화의 대성자인 Stokoe박사에 의해 다시 강력히 주장되고 있어 우리의 주목을 끌게 한다. 그에 의하면 오늘날의 미국의 농학생들에게 있어 그들의 모어(first language 혹은 native language)는 바로 미국수화(ASL)

이며, 오히려 일반 미국시민들의 모국어인 영어가 그들 농자에게는 외국어(second language 혹은 bilingual system)와 같은 것으로 받아들여질 수밖에 없다고 그는 강조하고 있다.[28] 물론 Stokoe교수가 미국수화를 "농자의 모국어"라고 표현했을 때, 이때의 미국수화(ASL)는 바로 영어와 같은 하나의 독립된 언어체계의 하나로 자격을 가진 언어체제로서 논의되고 있다.

이같은 토털 커뮤니케이션 접근이나 최근 제기되는 2B(bilingual/bicultural)접근을 굳이 하나의 외국동향으로 접어 두더라도, 과연 그처럼 우리가 열을 쏟아 강조해온 구화지도가 실제로 농교육 현장에서 어느 정도로 효과를 가져 온 것으로 그 구체적 실증자료를 제시할 수 있으며, "수화는 구화의 적이다"라는 명제를 뒷받침할 만큼 구화일변도주의가 농교육의 성과를 보증해 줄 수 있는가 하는 것을 우리의 농교육계는 이제 심각히 반성해 볼 때가 되었다. "말을 하게 한다. 말을 가르친다."는 것이 농학생에게 언어능력을 길러주는 전부가 아니다. 우리는 말하도록 가르치는 일에 끊임없이 열을 쏟으면서도 그 일에 거의 실패를 하고, 그 일에 실패함으로써 농교육 전체를 무기력하게 하는 결과를 초래하고 있다.

이런 관점에서 볼 때, 최근 Johnson(1989) 등이 농교육의 실패는 결국 교육과정 수용을 위한 농학생들의 기본능력의 결핍과 교사의 낮은 기대 수준 때문이라고 지적한 것은 매우 적절하다고 본다. 특히 농학생들이 학년수준에 상응하는 교육내용의 수용이 어렵게 되는 것은 그들의 언어이해력과 직접 관계가 있기 때문에, 그는 농학생들을 위한 일차언어 획득의 모델은 바로 "자연적 수화"이어야 한다고 주장하면서, 오늘의 농교육현장에 적용되어야 할 대안적 모델 프로그램을 구체적으로 제안하고 있다. 이러한 농교육계의 대안 모델은 우리나라의 농교육 현실을 개혁하는데도 마찬가지로 중요한 의미를 갖는다고 본다.

---

28) Stokoe박사의 이 같은 견해는 최근 Gallaudet대학에서 정년퇴임을 하면서 그가 가진 기자와의 인터뷰에서 다시 한 번 명백히 강조되고 있다.

참고문헌

김병하(1983). **특수교육의 역사적 이해**. 서울 : 형설출판사.

김병하(1986). 로제타 셔우드 홀여사에 의한 한국 특수교육 성립사고(成立史考). **특수교육학회지**. 제 7집, pp5-27.

유길준(1968). 西遊見聞(영인본). 서울 : 경인문화사.

안병즙(1974). 한국 특수교육 발달과정에 관한 일연구"(미간행). 대구대학교 대학원 석사학위논문.

서울맹학교(1963). **창립 50년사**, 서울 : 서울맹학교.

신상식(1972). 한국 농교육에 대한 고찰(미간행). 계명대학교 교육대학원.

박병양. 임재윤, 안선보(1980). **특수교육 현황분석연구.** 한국교육개발원, 연구보고, 제 119집, 12.

특수학교 교육과정 관리위원회(1982). 농학교 교육과정 운영실태 분석. 농학교 교육과정 개정을 위한 기초연구.

우장석(1984). 그림이야기 언어검사(PSLT)에 의한 농학생의 문어능력. 대구대학교 대학원 석사학위논문(미간행).

Evans, L. Total Communication : Structure and Strategy, 김병하(역)(1984). **토털 커뮤니케이션 : 구조와 전략.** 서울 : 재동문화사.

Hall, Sherwood. With Stethoscope in Asia Korea, 김동열(역)(1984). **닥터홀의 조선회상,** 서울 : 동아일보사.

Johnson, R. E., S. C. Liddell, C. J. Erting(1989). Unlocking the Curriculum : Principles for Achieving Access is Deaf Education. Gallaudet Research Institute Working Paper. Washington. D. C. : Gallaudet University.

Paik, L. G(1929). The History of Protestant Missions in Korea. 1832~1910. Seoul : Younsei University Press.

Underwood, H. H(1926). Modern Education in Korea. New York : International Press.

제4장 청각장애의 원인

청각장애는 외이, 중이, 내이 및 청신경의 질환에 의해서 발생한다. 이 장에서는 청각장애의 원인을 이해하기 위해 제1절에서 청각의 구조와 청각생리를 제2절에서 청각장애의 원인을 논의하였다.

제1절 청각과 청각장애

1. 청각의 구조와 생리

1) 청각의 구조

청각기관은 크게 전음계와 감각신경계로 나눌 수 있다. 전음계는 이개, 외이도, 고막, 고실까지의 부분이고, 내이에서 청각중추까지가 감각신경계이다. 정확히 말해서 내이의 일부가 전음계인 부분도 있지만, 일반적으로 내이는 감각신경계로 분류한다.

전음계와 감각신경계는 그 역할이 크게 다를 뿐 아니라, 질병으로 인해 장애가 발생했을 경우, 손상의 성격이나 특징 그리고 의학적인 접근방법도 크게 차이가 있다. 전음계의 역할은 외부의 음을 기계적으로 내이에 전달하는 것으로 구조가 간단하고 잘 알려져 있다. 그래서 질병으로 인해 이 부분에 손상이 생겼을 때에도 의학적으로 처치가 가능하다. 감각신경계는 전음계를 통하여 내이에 음이 전달되었을 때, 그 음의 물리적 에너지를 청각신경 활동으로 바꾸고, 그 신경활동은 신경통로를 통하여 대뇌의 청각피질에 전달되어 최종적으로 음을 지각하게 된다. 어떤 이유든지 이곳에 손상을 입게 되면 수술 등으로 치료한다는 것은 불가능하다. 만약 수술을 한다 하더라도 손상된 부분은 완전히 회복될 수 없다.

질병 등으로 귀가 손상된 경우, 나타나는 청각의 특징도 전음계와 감각신경계는 차이가 있다. 전음계에 손상을 입은 경우, 손상의 정도가 매우 크다 하더라도

50~60dB 이상은 나빠지지 않는다. 그 이유는 전음계는 들어온 음을 그대로 내이에 전달하는 과정에 지나지 않으므로, 전음계가 손상되어도 외부에서 들어온 음의 일부는 내이에 직접 전해지기 때문이다. 이에 비해 감각신경계는 손상이 되었을 때에는 전혀 음이 들리지 않을 정도로 악화될 수도 있다.

<표 4.1> 전음성과 감각신경성 난청의 특징

구분	전음성 난청	감각신경성 난청
장애부위	외이, 중이	내이, 청신경, 대뇌청각피질
순음청력 : 기도	나쁘다(저음역)	나쁘다(고음역)
골도	좋다	나쁘다
어음청력	비교적 좋다	나쁘다
수술에 의한 청력회복	○	×(일부만 가능)
보청기에 의한 청력회복	○	△
약물에 의한 청력회복	×	△

○ : 적응효과가 크다.
△ : 적응효과가 중정도이다.
× : 적응효과가 거의 없다.

전음성 난청과 감각신경성 난청의 질적 차이를 살펴보면, 전음계 손상에서는 내이에 전해지는 음의 양이 감소될 뿐이지, 낮은 음이 높은 음으로 느껴지는 질적 변화는 생기지 않는다. 그러므로 보청기를 사용하여 귀에 들어온 음을 크기가 떨어진 만큼 크게 해주면 원래 상태와 같이 음이 들리게 된다. 한편, 감각신경계는 음 에너지를 신경활동으로 바꾸는 복잡한 구조를 가진 부분이므로, 단순히 음이 들리지 않게 될 뿐만 아니라 음이 왜곡되어 들리게 된다. 라디오에 비유하면, 전음계의 고장은 볼륨이 제대로 작동하지 않게 되거나 라디오에 무엇인가를 씌워서 음이 작게 들리도록 한 상태에 지나지 않는데 비해, 감각신경계의 고장은 라디오의 본체가 고장이 나서 음이 "삐- 삐-"하고 상태가 좋지 않은 음이 되거나 전혀 음이 나오지 않는 상태라 할 수 있다.

2) 전음계의 구조

(1) 이개

외이에는 이개(auricle)라고 부르는 두부외측으로 돌출 되어 있는 부분이 있는데, 이는 두께가 약 0.5~1.0mm인 연골로 되어 있고 많은 혈관이 뻗쳐 있다. 이개의 피부는 전체적으로 피하조직이 적으며 전면은 후면보다 더욱 적고 연골에 밀착되어 있다. 이러한 구조는 표면 혈류가 비교적 많음에도 동상에 잘 걸리고 경도의 염증에도 지각신경을 압박하여 동통을 느끼게 한다. 동물에게는 이개의 움직임으로 광범위한 음파의 집음역할을 하나, 사람은 동물과 달라서 이개의 크기가 상대적으로 작으며 음을 모으는 효과는 거의 없다. 이개의 형에 따라서 높은 주파수의 음을 듣기에 다소의 영향이 있거나, 음색(timbre) 등 미미하게 청취와 관련이 있다. 또한 소형 보청기의 경우는 마이크로폰의 위치와 관계가 있지만, 크게 보면 이개의 유무에 관계없이 듣기에는 별다른 영향이 없다.

(2) 외이도

이개의 내측 가운데 있는 외이도(external auditory canal)는 이개강(cavum concha)에서 고막에 이르기까지의 S자 모양으로 구부러진 관으로서 그 안쪽은 고막(tympanic membrane)으로 막혀 있다. 성인의 경우 그 길이는 약 2.5~ 3.0cm이고 내경은 7~9mm이며 바깥의 음파를 고막으로 유도하는 역할을 하며, 정상인의 자연 공명효과는 2,000~3,000Hz 정도에서 가장 크다(약 20dB)고 한다. 외이도의 크기와 길이는 사람에 따라 개인차가 있다. 외이도의 바깥 1/3은 연골부라 불리는 부분이며, 고막에 이르는 내부의 2/3는 골부라고 불리며 뼈 위에 얇은 피부가 직접 붙어 있으므로 손상을 입기 쉽고, 접촉하면 통증을 느끼기 쉬운 부분이다. 연골부 외이도 앞에는 턱의 관절이 있다. 그래서 입을 움직이면 외이도의 모양이 변형된다. 유아에게 보청기 착용 시 이어몰드를 제작해서 장착시키는 이유가 여기에 연유하고 있다.

(3) 고막

고막(tympanic membrane 또는 ear drum)은 외이도와 고실사이에 놓여 있는 내측으로 약간 함몰된 상의 얇은 막으로서 가로 9~10mm, 세로 8~9mm의 크기에 두께는 0.1mm에 지나지 않으나 대단히 강인하여 100mHg의 압력에도 견딜 수 있다. 내부에는 청각과는 관계없는 혈관과 신경이 있으며 정상은 진주색의 반투명한 막이다. 약 0.1mm밖에 되지 않는 얇은 막이지만 세밀하게 관찰하면 3개의 층으로 나눌 수 있는데 외이도 가까이에 위치한 층은 피부와 같은 구조로서 물이 통과하지 않는다. 그러므로 외이도에 물이 들어가도 고막에 구멍이 나 있지 않으면 고실에 물이 들어가거나 중이염을 일으키지는 않는다. 외이도와 반대측 고실에 위치한 층은 구강 점막과 유사한 조직을 가진다.

피부나 점막은 재생력이 뛰어나기 때문에 고막의 일부가 외상이나 중이염으로 인해 파괴되어 천공이 치유되지 않아도 건조한 상태가 되어 있으면 비교적 간단히 천공을 치유할 수 있다.

또한 고막의 역할은 외이를 통해 들어 온 음파를 진동하여 그 에너지를 내이와 고막 사이를 연결하는 이소골에 전달하는 것으로 천공이 생긴 경우라도 인공고막을 하면 정상고막과 다를 바 없이 그 역할을 할 수 있게 된다. 고막의 전체가 결손 되면 약 20~30dB 정도의 청력손실을 가져올 수 있다.

(4) 고실(중이강)

고막의 내부에는 고실(tympanic cavity)이라고 불리는 공기가 들어 있는 공간이 있으며, 이 공간은 점막으로 덮여있고 이내근 및 이소골이 있다. 고실은 상하전후 및 내외의 6벽이 있는 오목렌즈와 같은 모양이며 상, 중, 하의 3개 고실로 구분된다. 전방은 유스타키오관을 통해 비강 및 인두와 연결되어 있고 후 상방은 유양동과 교통하며 내벽의 후 상방에 난원창(oval window), 후 하방에 정원창(round window)으로 내이와 연락되며 외측은 고막으로 경계된다. 유스타키오관은 보통 가볍게 닫혀 있지만 연하운동을 하거나 하품을 하면 열린다. 고실은 두개속 상당히 깊은 곳에 위치하고 있지만 외부의 공기와 연결되어 있다.

(5) 이소골

고실 내에는 추골, 침골, 등골 등 3개의 작은 뼈가 있는데, 이것을 이소골(auditory ossicle)이라 한다. 이소골은 전음기능을 가지며 서로 연골접합으로 연쇄를 이룬다.

추골(malleus)은 이소골 중 가장 커서 길이 약 7.5mm~8.0mm이며 고막 섬유층과 고실상와, 침골체부와 접합되어 있다.

침골(incus)은 추골의 내 후방에 위치하며 긴 부분이 6~7mm, 짧은 부분이 5~6mm정도이며 추골과 등골이 연결되어 있다.

등골(stapes)은 신체의 가장 작은 골로서 전체 높이는 3.3mm 정도이며 족판(footplate)은 3.0×1.4mm정도의 크기이며 난원창에 부착되어 있다.

(6) 고막과 중이의 기능

일반적으로 고막에 들어온 음은 이소골을 통하여 내이의 림프액에 전해진다. 고막이나 이소골의 역할은 다음과 같은 기계적인 간단한 원리에 의한 것이다. 사람은 공기의 진동에 의해 음을 들을 수 있으므로, 내이 속에 있는 림프액에 음에너지가 전달될 필요가 있다. 이 경우, 공기와 액체는 밀도가 서로 다르기 때문에 어떤 장치가 없으면 공기의 진동이 액체에 들어온다 해도 대부분은 소멸되고 일부만이 들어오게 된다. 그런데 고막은 내이에 연결되어 있는 등골의 바닥면적의 약 17배의 유효면적을 가지고 있으며, 고막과 이소골 연쇄의 지렛대원리(lever action), 즉 추골과 침골길이의 비(1.3:1)로 인한 음압증가는 1.3배가 되므로, 단위면적 주변의 에너지는 약 17×1.3배로 강해지게 된다. 이것은 청력의 약 60~40dB의 증강효과를 나타내게 되는 것이다. 또 이소골 연쇄는 지렛대의 역할도 하고 있으므로, 음에너지는 소멸되지 않고 충분히 림프액속으로 전달되게 된다. 이와 같은 간단한 원리에 의해서 음이 전도되고 있으므로 수술에 의해서 인공적으로 만들어진 고막도 용이하게 사용되어질 수 있고, 고막이나 중이가 완전히 손상되었다 해도 내이가 건전하면 어느 정도 이상으로는 청력이 나빠지지 않는다.

그리고 고막이나 중이의 또 다른 역할은 내이의 2개의 창을 동시에 압박하거나 끌어당겨서 시간격차를 일으키고, 양쪽 창에서 들어오는 힘에 차이를 형성시켜 주는 역할도 하고 있다. 이상 2가지의 역할이 모두 제대로 이루어지지 않으면 50~60dB의 청력 손실을 가져오게 된다.

(7) 기타

귀지는 외이도 입구에 가까이 있는 연골부 외이도에서 분비된 것이 응고된 것으로 비교적 건조한 것과 습기가 있는 것이 있다. 귀지가 상당히 누적되어 있어도 외이도가 막혀 있지 않으면 청취에 별다른 영향은 없다.

그러나 귀지를 계속해서 남겨두면 보청기의 이어폰을 폐쇄시키거나, 귀에 소량의 물이 들어와도 쉽게 농축되어 외이도를 손상시킨다. 또한 귀에 통증이 있거나 중이염 등이 의심스럽게 되는 경우, 이비인후과 의사로부터 귀지를 제거할 수 있다. 자주 귀지를 청소할 필요는 없지만, 가끔 청소하는 것이 좋다. 이 때, 무리하게 귀지를 청소하면 통증을 느끼거나 상처를 입게 되어 외이도염이 발생할 우려도 있으므로, 면봉에 소독용 알코올을 묻혀 가볍게 닦아내도록 한다. 귀지가 이상하게 많이 생기거나 외이도의 깊은 곳에 누적되어 있는 경우에는 이비인후과 의사에게 치료를 받는 것이 좋다.

3) 감각신경계의 구조

이미 서술한 바와 같이 감각신경계의 구조에는 알려져 있지 않은 면이 많고, 알려져 있다 하더라도 전음계와 비교하면 복잡하고 이해하기에 곤란한 점이 많기 때문에 전음계와 같이 상세하게 서술하지 않고 개괄적인 것만 설명하기로 한다.

내이에는 와우부와 전정부가 있고, 그 속에는 복잡한 막성미로가 있는데 그 사이에 내 림프액이 들어 있다. 특히 와우는 달팽이 껍질과 유사한 형태를 한 부분으로서 2.5회전을 하며 저면의 직경이 9mm이고 높이는 5mm이다. 와우는 전정계(scala bestibuli), 중간계(scala media) 및 고실계(scala tympani)의 3개관으로 나누어진다.

중이를 통하여 와우의 림프액에 음에너지가 전달되면, 중간계의 내 림프액에 진동이 일어나고 그 결과 유모세포가 자극된다. 유모세포의 주위에는 청신경절세포가 있어 유모세포의 흥분에 따라 신경절 세포가 자극되어 흥분된다. 그래서 그 신경의 흥분이 청각 신경전도로의 신경세포마다 전해져 청각중추까지 도달하면 음을 이해하게 된다. 이러한 과정을 전화에 비유하면, 수화기의 마이크로폰에 도달된 음이 마이크로폰의 진동판을 진동시켜 신호로 바뀌고 그 신호가 전화선을 따라 몇몇 전화국에 중계되어 먼 곳의 전화기까지 도달되는 것과 유사하다. 이 와우에는 약1만5천 개의 유모세포와 약 4~5만개의 청신경섬유가 있어 복잡하게 얽혀 있다. 청신경섬유와 유모세포의 결합방식에는 1 대 1의 방식 외에도 1개의 신경절세포가 복수의 유모세포와 연결되어 있거나 1개의 유모세포가 복수의 신경절세포와 연결되어 있다. 그러나 구체적으로 하나하나의 연결방식은 정확히 알려져 있지 않다. 유모세포에서 와우핵까지를 말초청각신경이라하고, 와우핵에서 대뇌의 청각영역까지를 중추청각신경이라 한다.

2. 청각장애

1) 정의

이미 언급한 바와 같이 공기의 진동으로 발생된 음파는 외이도를 지나 고막을 진동시키고 이 진동은 고실에 있는 이소골 연쇄를 거쳐 난원창을 통해 내이에 들어와 와우 내의 림프액에 파동을 일으키게 된다. 이 파동은 중간계의 코르티기에서 전기적 에너지로 바뀌어 청신경을 통해 대뇌의 청각중추에 도달되어 음을 지각하게 된다. 그러나 이러한 음의 전달과정에서 어떤 부분에 이상이 발생하게 되면, 청력에 장애가 생기게 되는데, 이러한 현상을 청각장애(hearing impairment)라 한다.

그러므로 청각에 장애를 가진 사람은 회화음을 청취하기 어렵기 때문에 언어나 성격, 대인관계, 학력 등에 문제가 발생하게 되므로 특별한 교육을 받지 않으면 안 된다.

<표 4.2> 청력장애의 정도 (단위 : dB)

ASA 기준 (1951)	ISO 기준 (1964)	손실 정도
10~15	10~26	정상역(normal limits)
16~29	27~40	경도(mild hearing loss)
30~44	41~55	중등도(moderate hearing loos)
45~59	56~70	심도(moderate severe hearing loss)
60~79	71~90	고심도(severe hearing loss)
80이상	90이상	농(profound hearing loss)

2) 분류

(1) 청력손실 정도에 따른 분류

회화음역의 평균 청력손실에 의한 분류로서 보통 4분법 혹은 6분법에 의해 청력 손실치를 계산하며, 산출된 수치에 근거하여 난청의 정도를 분류한다.

청력 손실치가 40dB(ISO 기준) 이하는 가벼운 장애가 있으나 큰 불편을 느끼지 않으며 말읽기(speech reading)의 도움을 필요로 하는 정도의 경도난청 41~55dB의 청력 손실은 사회활동에 다소의 문제는 있으나 1~1.5m 내에서의 회화음을 알아들을 수 있으며 보청기를 사용하면 일상생활에 그다지 문제가 되지 않는 중등도난청, 56~70dB의 청력 손실은 보청기를 사용하면 어느 정도 회화청취가 가능하나 1~1.5m 내에서도 큰 소리로 말해야만 알아들을 수 있으며 군중속이나 강의실에서의 청취가 곤란해 일상생활에 상당한 불편이 있는 심도난청이다. 그리고 71~90dB의 청력 손실은 30cm 내에서 큰 소리로 말해야만 들리나 말의 분별이 곤란한 경우가 많아 특수교육을 반드시 받아야 하는 고심도 난청이다. 청력 손실이 90dB 이상 손실은 청력이 거의 완전히 손실되어 청각적 재활이 어려운 농 등으로 분류할 수 있다.

(2) 청력형에 따른 분류

청력검사에서 얻어진 청력도(audiogram)의 형태에 따라 난청을 분류할 수도 있는데, 이러한 방법은 개개의 청력 손실치를 기입하지 않아도 대체적인 청력도와 청력 손실의 정도 및 원인 등을 추측해 낼 수 있어서 여러 가지로 편리한 점이 있다.

이에는 청력손실치가 각 주파수마다 거의 동일하며 이경화증이나 일부의 유전성 난청, 풍진 장애에서 볼 수 있는 수평형, 저주파수대의 청력손실은 수평형이나 2,000Hz 이상에서 급격히 청력 손실치가 증가되며 스트렙토마이신 등의 약물중독이나 원인불명의 감각신경성 난청과 노인성 난청의 초기에 나타나는 고음급추형(감각신경성 난청이 대부분), 저주파수대에서 고주파수대로 올라갈수록 청력손실이 증가되며 원인불명의 감음성 난청, 가족성 내이난청, 노인성 난청에 많이 나타나는 고음점경형 등이 있다. 이외에도 국한된 주파수대(4000Hz 중심)에만 청력 손실이 나타나고 소음성 난청에서 자주 보이며 심인성 난청과 관계되는 곡형, 저음장애형에 고음장애가 중복된 경우나 메니엘병의 발작을 되풀이한 경우와 관계하는 산형 등이 있다.

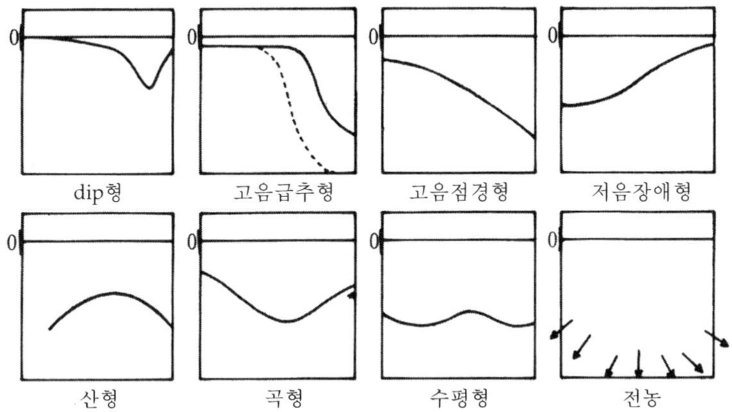

[그림 4.1] 청력형의 분류

(3) 청각기관 손상 부위에 따른 분류

음파가 외이를 통해 고실과 와우를 거쳐 대뇌에서 음을 느낄 때까지의 경로에서 어느 부위에 원인이 발생했느냐에 따라서 분류한다. 외이와 중이에 장애가 있는 경우를 전음성 난청이라 하고, 내이와 청각중추에 장애가 있는 경우를 감각신경성 난청이라 하였다. 이와 같이 난청이 발생한 부위에 따라 난청을 분류하면, 난청의 발생 원인이나 성질을 이해하기 쉬울 뿐 아니라 그에 적절한 대책을 강구할 수도 있어 청각장애아 교육에 많은 시사점을 준다.

유소아의 경우, 고막은 정상인데 고도의 난청이 있으면 감각신경성 난청으로 판단해도 큰 잘못은 없지만, 난청의 원인이 전음성인가 감각신경성인가 하는 것은 골도청력검사의 결과를 가지고 결정하는 것이 바람직하다. 골도청력검사에서는 검사음이 전음계를 통하지 않고 직접 내이로 들어오기 때문에 전음계에 이상이 있어도 감각신경계가 건전하면 골도검사음은 거의 정상으로 들리게 된다. 그러나 감각신경계 이상이 있으면 그 장애의 정도에 따라 전음계의 정상 유무와는 무관하게 골도검사음은 들리지 않게 된다. 이와 같은 원리로 골도검사를 행하면, 회복이 가능한 전음성이 어느 정도인가를 밝힐 수 있게 된다.

이외에도 전음계와 감각신경계의 양쪽에 걸쳐 일어나는 혼합성 난청이 있는데 그 원인은 명확하지 않으나 사례는 자주 찾아볼 수 있다.

(4) 청력손실 시기에 따른 분류

언어학습(3~5세) 이전과 이후로 구분하는 언어전 / 언어후 청력손실과, 출생전 / 출생후로 구분하는 선천적 / 후천적인 청력손실로 구분한다.

제2절 청각장애의 원인

청각장애의 원인은 이미 서술한 청각장애의 유형과 관련 지어 고찰해 보는 것이 장애에 도움이 되리라 생각되어 여기서는 장애의 발생부위에 따른 분류, 즉 전음성 난청, 감각신경성 난청, 혼합성 난청과 발생시기에 따른 분류, 즉 선천성 난청(유전성 난청, 태생기성 난청, 출생 주변기성 난청), 후천성 난청과 관련 지어 원인을 살펴보면, <표 4.3>과 같다.

1. 선천성 난청

원인이 선천성이라고 해서 그 대부분이 유전성이라고 말할 수는 없다. 또한 원인이 선천성일지라도, 난청은 생후 어느 정도의 기간을 지나서 나타나는 경우도 있으며, 특히 성인이 되어서 청력저하가 유발되는 경우도 있다.

<표 4.3> 소아난청의 원인과 빈도

보 고 자	연도	조사 아동 연령	명수	유전성 %	태생기 %	출생주 변기성 %	후천성 %	원인 불명 %
Bordley, Hardy	1951	0-04	296	4.7	12.8	18.9	28.5	35.1
Arnvig	1953	3-16	484	24.6	10.6	10.5	31.6	22.7
Fowler, Basek	1954	0-10	270	3.0	15.2	13.3	36.7	31.8
Sorensen	1958	7-16	96	24.0	2.0	37.5	16.7	19.8
Zonderman	1959	0-10	328	4.6	13.1	22.3	15.0	45.0
Bordley	1960	-6	889	2.3	10.1	19.0	29.7	38.0
Robinson 등	1963	-6	200	11.5	19.5	5.0	12.0	52.0
石澤	1963	0-10	459	10.9	0.7	9.3	27.7	51.4
角田・伊原	1964	0-10	500	33.2	16.4	32.4	53.4	11.8
Farser	1964	?	2329	32.5	6.1	5.4	19.7	36.3
Maran	1966	0-16	464	14.9	6.7	23.2	27.1	28.1

유아의 난청이 유전성인가 어떤가는 신체의 다른 부위의 이상과 난청이 합병되어 일어나는, 소위 증후군이라 불리는 것 이외에는 가계도에 의해서 유전성의 가능성을 판정하는 수밖에 없다. 그러므로 가능한 한 일찍 가계도를 조사하여 유전성에 대한 전문적 지식을 가지고 있는 사람에게 상담을 의뢰해야 한다. 의사라고 해서 모두가 유전에 대한 충분한 지식을 가지고 있다고는 할 수 없다. 가계도를 조사・작성할 때는 단순히 청력장애의 유무를 기입하는 것보다는 대개 몇 세부터 어느 정도로 청력 손실이 있었는지 상세하게 기입할 필요가 있다. 성인이 되기 전부터 청력장애가 있는 경우와 노인이 되어서 청력장애가 있는 경우를 확실히 구별할 필요가 있다. 일반적으로, 유전성 난청은 20세 이전에 난청이 되며, 확실한 외인이 없으며 한 가계에 2명 이상의 감각신경성 난청 및 공통적인 기형을 수반하는 경우를 말한다.

귀 이외의 다른 이상을 수반하지 않은 유전성 난청은 선천성 난청 가운데 가장 사례수가 많은 경우로서 그 가운데서도 열성유전의 형식을 가진 경우가 60~80%를 차지하고 있다. 이에 비해 우성유전은 20~30%, 반성유전은 2~3%로 비교적 사례수가 적다. 열성유전의 경우는 태어날 때 고도의 감각신경성 난청이 유발되지만 우성유전의 경우는 생후 청력저하가 초래되는 경향이 있다.

한편 귀 이외의 이상을 수반하는 유전성 난청은 특유한 증상이 조합되어 유전성으로 판단되는 경우가 대부분으로 사람의 이름을 붙여 ××증후군으로 명명하고 있다.

Usher 증후군 : 진행성 색소망막염을 수반하는 난청으로서 비교적 청력장애를 호소하는 경우가 많으며 유전성 난청의 10% 정도를 차지한다.

Waardenburg 증후군 : 외견적으로 알 수 있는 눈의 이상 특히 홍채이상을 수반한다. 선천성의 감각신경성 난청은 이 증후군의 약 20%를 차지하고 있고 난청의 정도는 다양하며, 일측성 혹은 양측성 장애를 유발한다. 유전성 난청의 1~7%를 차지한다.

Alport 증후군 : 두개 기형, 손가락과 발가락이 서로 붙어있는 모습이 특징이며, 수평형 전음성 난청을 수반한다.

Pendred 증후군 : 갑상선종을 수반하는 유전성 난청으로 유전성 난청의 10% 정도를 차지한다.

Treacher-Collins 증후군 : 안면에 선천성 기형을 수반하는 유전성의 전음성 난청을 갖는다.

Van der Hoeve 증후군 : 이경화증이 합병되어 일어나는 난청으로서 난청이 진행하면 감각신경성의 청력저하를 일으킨다.

이상에서 제시한 것 외에도 다수의 증후군이 보고되어 있으나 여기서는 생략하기로 한다. 단지 유전성 난청을 진단할 때 주의해야 될 점은 동일 가계 내에 2명 이상의 선천성 난청자가 발생했다 하더라도 임신 중 모체의 생활, 영양, 환경 등 제 조건이 개입되어 외인에 의한 병변과 혼동하기 쉬우므로, 유전성인지 아닌지는 20세 이전에 발병하고 확실한 외인이 없고, 가계 내에 2명 이상 발병한 감각신경성 및 공통의 특정 기형을 동반한 경우 등을 감안하여 신중하게 판별해야 한다.

2. 태생기성 난청

청각기관은 수태 후 제 6주에는 내이와 청신경이 그 형태를 이루게 된다. 코르티기는 제 9주경부터 생기기 시작하여 3~6개월에 걸쳐 기초 회전에서부터 점차 선단 부분으로 완성되어 간다. 그리하여 8개월경에 청각기관은 완성되어 청각반응을 나타내게 된다.

임신 중 산모에 감염, 투약, 내분비이상, 대사이상 등이 있으면, 난청의 원인이 되는 경우가 많다. 원인으로 확실한 것은 풍진, 매독, 독소프라스마증, 청각기관독, 사리드마이드, 수은 등이다. 청각기관은 대개 임신 6개월에 형성되어지는데, 이 발육과정에 있어서 어떤 감염이나 영양장애를 일으키게 되면 내이의 발육이 중단되고 변성을 일으키므로 임산부의 감염, 영양대사장애, 약물복용, 방사선 등에 주의해야 한다.

풍진은 선천성 풍진증후군으로 일컬어지며, 청각 이외에 백내장(임신 2개월까지), 심질환(3개월까지)도 유발시키는데 난청은 임신 4개월 혹은 5개월 이후에 풍진에 걸려도 발생한다. 난청의 출현빈도는 풍진에 걸린 산모의 약 16%로 알려져 있다. 풍진에 의한 난청은 양측성에 고도의 난청을 유발하고 내이 특히 코르티기에 장애가 있는 것으로 알려져 있다. 이외에도 임신초기의 산모의 외상, 감염, 산소결핍증, 임신중독증 등이 난청의 원인이 될 수 있으며, 산모의 당뇨병 및 신장염이 태아의 내이병변을 초래하기도 하며, 임신 초기에 산모에 투여된 약물이나 S. M. 키니네 등의 이독성 약물 등이 태아에 심한 난청을 초래하기도 한다. 임산부의 영양대사장애도 난청을 유발하는 것으로 보고되고 있다.

3. 출생주변기성 난청

태아의 청력에 가장 큰 영향을 주는 시기가 바로 출생주변기로서 그 원인은 미숙아, 혈액성 질환, 외상, 신생아가사 등을 들 수 있다.

유아난청은 임신 중의 스트레스, 난산, 출산시의 호흡이상, RH 부적합, 미숙아에 원인이 있으며, 이러한 것들의 인자는 단독으로 청력장애를 일으킬 가능성도 있지만 여러 가지 원인의 상호영향으로 발생하는 경우도 있다.

미숙아의 경우는 정상아에 비해 심도 난청의 발생비율이 높은 것은 확실하지만, 미숙아 그 자체가 난청의 원인이 되는지 혹은 출산, 육아 중에 악영향을 받기 쉬우므로 그로 인해 난청이 되는 지에 관해서는 논란의 대상이 되고 있다. 최근 이에 관한 여러 가지 가능성이 모색되고 있다. 일반적으로 난청아 가운데 12~15%를 미숙아가 차지하고 있으며, 미숙아로 인해 출산시 기계를 사용하여 질식성 손상의 가능성도 인정한다면 그 출현율은 더 커진다고 생각된다.

가사에 의한 난청은 다른 신경증상을 수반하는 경우가 많으며 또 해부학적으로도 내이뿐만 아니라 뇌간, 하구, 내측슬상체 등 후 미로성 장애를 유발하는 것으로 알려져 있다. 혈액성 질환은 ABO 부적응, Rh형 부적합, 비타민 K 등이 원인이 되어 난청을 발생케 한다. 이에 의한 난청은 전체 난청아의 4~6%를 차지하고 있으며, 장애부위는 내이성이라고 하는 예도 있으나 일반적으로 후미로성으로 간주되고 있다.

신생아의 난청의 원인이 태생기성인가 출생주변기성인가 하는 것은 임신기간 중, 출산전후의 산모와 아기의 건강상태, 분만의 상태 등을 종합·진단함으로써 보다 확실해진다고 본다.

4. 후천성 난청

출산시와 신생아기는 난청이 없고, 유전학 상 진행성으로 일어나는 난청인자도 없이 생후에 일어나는 난청을 보통 후천성 난청이라고 부른다. 이에는 감염에 의한 난청, 약물중독에 의한 난청, 소음에 의한 난청, 부적합한 보청기 사용에 의한 난청, 두부외상에 의한 난청, 정신질환에 의한 난청, 원인불명 등이 있다.

참고문헌

고도홍(2007). **언어기관의 해부와 생리**. 서울 : 도서출판 소화.

백만기(1989). **최신이비인후과**학. 서울 : 일조각.

석동일외(2000). **청각과 언어재활**. 대구 : 한국언어치료학회.

석동일외(2002). **청각재활**. 대구 : 대구대학교출판부.

석동일외(2007) **청각학개론**. 대구 : 대구대학교출판부.

이규식외(1990). **최신구화교육(1)**. 서울 : 배영출판사.

Bendet R. A.(1980). Public School Hearing Aid Maintenance Program. Volta Review, 82.

Birch, J. W.(1975). Hearing Impaired Puils in the Mainstreaming. The Council for Exceptional Children.

Brookes, A. C.(1994). Middle ear infections in children. Science News, 146, 332-333.

Hersch B., & Amon, C.(1973). An Approach to Reporting the Diagnosis of Hearing Loss in Parents of a Hearing Impaired Child. Unpublished Manuscript, University of Denver.

Hirsh, B. E.(1996). Disease of the external ear. In C. D. Blue stone, S. E. Stool, & M. A. Kenna (Eds.), Pediatric otolaryngology(pp. 378-387). Philadelphia: W. B. Saunders.

Hoversten, G.(1981). A public school audiology program : Amplification, maintenance,, auditory management, and in-service education. In Bess F., Freeman B., Sinclair J. Amplification in Education, Washing D. C. : A. G. Bell.

Ryals, B. M.(2000). Regeneration of the auditory pathway. In M. Valente, H. Hosford-Dunn, & R. J. Roeser (Eds.), Audiology treatment (pp. 755-771). New York: Thieme.

Kleffner, F. R.(1973). Hearing Losses, Hearing Aids, and Children with Language Disorders. J. Speech Hearing Disorders, 38. 232~239.

Luterman D. M.(1976). A Comparison of Language Skills of Hearing Impaired Children Trained in a Visually Oral Method and an Auditory Oral Method. American Annals of the Deaf, 121, 389~393.

Martin, F. N., & Clark, J. G.(2003). Introduction to audiology (8th ed.). Boston: Allyn & Bacon.

Pollck K. C(1971). The influence of heaving impairment, In Bzoch K : Communicative Disorders Related to Cleft Lip and Palate, Boston : Little, Brown.

Relly, K., E. Owdns, D. Uken(1981). Progressive Hearing Loss in Children : Hearing Aids an Other Factors. J. Speech Hearing Disorders, 46, 328~334.

Rupp R. R(1971). An Approach to the Communication Needs of the Very Young Hearing Impaired Child. J .Academic Rehabilitation Audiology, 4, 11~22.

Schlesinger, H. S., K. P Meadow(1972). Sound and Sign : Childhood Deafness and Mental Health. Berkeley : University of California Press.

Silverman, S. R., H. S. Lane(1970). Deaf Children, In Davis H, Silverman S. R., Hearing and Deafness, ed3. New York : Holt, Rhinehart & Winston.

제5장 청각장애와 인지발달

청각장애아의 인지발달이 정상적이냐 아니냐를 밝히기 위해 우선 사고와 언어와의 관계부터 명백히 밝혀 볼 필요가 있다. 이와 관련하여 문제가 되는 것은 과연 농아동도 일반아동과 같은 언어능력을 가질 수 있느냐는 것이다. 아동에게 주어지는 언어 환경과 청력 손실 정도 등이 실제로 아동의 언어능력에 어느 정도, 어떤 영향을 미치게 되는가? 다음으로 실제로 측정된 지능검사(동작성)에 나타난 바에 의하면 농집단의 지능분포는 정상의 범위 내에서 들고 있음에도 그가 실제로 나타내 보이는 학습능력은 왜 그처럼 일반학생에 비해 뒤지고 있는가? 마지막으로 농아동에게 적용 가능한 지능검사 도구는 어떤 것들이 있으며, 그들 도구의 임상적 활용을 위해 어떤 점에 유의해야 할 것인가 하는 점 등이 이 장에서 논의될 것이다.

제1절 언어와 사고와 농의 상호관계

1. 청각장애의 心理的 영향

농(deafness)과 인지적 기능 간의 관계를 보다 분명히 이해하기 위해서 우선 농과 심리적 과정 간의 상호관계, 즉 농이 인간의 심리적 과정에 미칠 수 있는 영향을 평가해 볼 필요가 있다.

인간의 다섯 가지 감각기관은 그 기능적 특성에서 볼 때, 근감각(close sense)과 원감각(distance sense)으로 대별해 볼 수 있는데, 이는 감각이 인간으로 하여금 어느 정도로 자신을 환경에 투사할 수 있게 하느냐에 그 근거를 두고 있다.

이런 관점에서 볼 때 시각과 청각은 원감각에, 미각 · 촉각 · 후각은 근감각에 해당된다. 근감각은 원감각에 비해 보다 일차적 · 원시적 감각이어서 빨리 그 기능이 발달하게 되나, 같은 감각기관이지만 원감각은 그의 세련된 발달 면에서 볼 때 더 장기간의 세심한 발달을 요하게 된다.

청각장애아는 남아 있는 다른 하나의 원감각(즉 시각)과 세 가지의 근감각으로부터 환경과의 상호작용에 의해 정보를 입수하게 된다. 여기서는 주로 같은 원감각에 해당되는 시각과 청각의 기능과 그 심리적 과정의 일부를 비교해 봄으로써 청각장애에 기인한 심리적 영향을 해명해 보고자 한다.

정보입수 면에서 볼 때, 시각은 시계(視界) 안에 들어오는 범위 내에서만 정보입수가 가능하다면, 청각은 전·후면의 방향에 관계없이 사방에서 오는 모든 소리환경의 정보를 입수할 수 있다[29]. 또 청각은 눈으로 볼 수 없는 어둠 속에서도 정보입수가 가능할 뿐만 아니라, 심지어 인간이 눈을 감고 수면을 취하고 있는 동안에도 청각은 그 기능을 완전히 멈추지 않고 있다.

이런 청각의 정보입수 기능과 관련하여 볼 때, 비록 50~60dB의 중등정도 난청이라 할지라도 배후에서 오는 청각 정보입수 기능에 심각한 결함을 가지게 되어, 청각장애에 따른 독특한 심리적 영향을 받게 된다. 같은 청각장애라 할지라도 잔존청력이 거의 없는 농의 경우는 청각을 통한 정보입수가 불가능하여 대신 시각적 경험에 크게 의존하게 되며, 부가적으로 촉각적 경험을 사용하게 될 것이나, 가령 농맹의 중복장애자인 경우 그는 주로 촉각적 경험에 의존하게 될 것이며, 부가적으로 후각과 미각을 활용하게 될 것이다.

감각장애에 따른 이 같은 심리적 관계를 확실히 밝혀냄으로써 우리는 청각장애아의 심리적 특성뿐만 아니라, 그들에게 적합한 학습원리를 구명해 낼 수 있을 것이다.

2. 인지와 언어의 발달

농과 인지기능 간의 관계를 좀더 확실히 밝히기 위해 이제 우리는 인지와 언어 발달의 관계를 명백히 해 둘 필요가 있다. Chomsky는 인간은 날 때부터 언어

29) 물론 봄으로써 얻어지는 시각적 정보와, 들음으로써 얻어지는 청각적 정보 간에는 그 정보의 질(質)에 있어 아주 다른 것일 수 있지만, 여기서는 그런 차이를 문제시하고자 하는 것이 아니다.

를 습득할 수 있는 장치를 본유적으로 가지고 태어난다고 주장한다. 따라서 나라마다 부모의 말은 달라도 어린이 말의 내적 구조는 세계 공통적이다. 또 아이들이 태어나서 아주 빠른 속도로 '자연스러운' 과정에 따라 모국어를 획득하는 것을 보면 아동은 본유적으로 언어능력을 가지고 태어난다는 명제는 충분히 납득이 갈 만하다.

그러나 일련의 심리학자들은 이같은 언어습득의 보편성을 선험성(先驗性)의 가설로 설명하기보다는 인지적 가설로 설명하고 있다. 즉 아동 언어가 보편적인 것은 아동의 인지가 보편적이기 때문이라는 것이다. 때문에 어린이는 "자기가 아는 것만을 말한다"는 것이 심리언어학 연구의 결론적 명제이다. 즉 아동은 자기가 아는 것만을 말한다는 것은 아이들은 결코 거짓말을 하지 않는다는 뜻이기도 하다. 왜냐하면 어린이는 자신이 인지하는 것만을 언어로 표현하기 때문이다. 그런데 따지고 보면, 이 명제는 결국 인지발달이 언어발달에 선행한다는 것을 의미한다. 그렇다면 일방적으로 인지가 언어를 결정하기만 하는 것일까?

인지와 언어의 관계에 대한 간접적 시사를 얻어내기 위해 우선 피아제의 인지이론의 요지를 논의해 볼 필요가 있다. 행동주의 심리학자 Watson(1924)은 언어와 사고를 바로 동일한 것으로 생각하는 경향이 있었으나, 이것은 적어도 피아제에게는 좀 다르다.

피아제에 의하면, 인지발달은 생물학적 유기체에 대해 적극적으로 행위하고 상호작용 함으로써 이루어진다. 즉 인간의 지적 행동은 환경에 대한 적응으로 이루어지는데, 이 적응은 동화(assimilation)와 조절(accommodation)의 두 보충적 과정을 통해 이루어진다. 이 새로운 환경에 대한 적응을 가능케 하는 것은 잘 엮어진 연속적 조직체계로서 스키마(scheme; 도식, 조직체계)가 있어 이루어지게 되고, 이 도식에 따라 피아제는 인간의 지적발달 도구를 감각운동, 언어, 직관 구체적 조작, 형식적 조작 등 발달단계에 따라 다섯 가지로 위계화(位階化)하였다.

이상의 다섯 가지 도식(schema)은 적응을 위한 도구로 쓰이는데, 이 결과로 가능한 지적발달을 피아제는 균형(equilibrium)이라고 했다. 따라서 완전 균형은 형식적 조작기에 가서만 얻어질 수 있고, 각 발달단계에서 성취해야 할 균형은 하나의 잠정적 균형으로써, 이는 소위 발달심리에서 흔히 말하는 '발달과업

(developmental task)'과 같은 의미를 지닌다. 결국 피아제에 의하며, '적응'은 지적발달의 과정이고, '균형'은 지적발달의 결과인 셈이다.

피아제의 이같은 인지발달이론은 청각장애아의 인지발달에 있어서도 중대한 의미를 지닌다. 왜냐하면 피아제의 인지발달은 언어발달과 상당히 밀접한 관계를 가지고 있다. 피아제가 인간의 지적발달 도구 가운데 제 2단계에서 '언어'를 사고의 도구로 내세운 것만 봐도 알 수 있다.

사실 피아제 자신은 그의 첫 저서가 「아동의 언어와 사고(The Language and Thought of the Child, 1926)[30]」 이었다. 그러나 그는 언어와 인지의 직접적 상호관계에는 비교적 무관심하였고, 다만 그는 언어를 하나의 지표로 삼아 인지발달을 관찰하는 정도이다. 이것은 위의 책에 나타난 여러 가지 실험연구의 설계와 그 결과가 잘 예증해 주고 있다. 전조작적 사고의 도구가 지배하는 단계에서 아동의 언어는 자기 자신이 상대방의 입장을 고려하지 않는 자아중심적(自我中心的)인 것이지만, 형식적 조작단계에서의 언어는 사회적 기능을 지닌다고 보고 있다.

사고와 언어의 관계에 대한 피아제의 입장을 알아보기 위해, 그의 말을 직접 인용해 보도록 하자.

> …언어는 사고를 설명하는 데에 충분치가 못하다. 왜냐하면 사고를 특징짓는 구조는 언어학보다 더욱 깊은 곳인, 행위와 감각운동 기제에 뿌리가 있기 때문이다. 사고의 구조가 더욱 정교할수록 이 정교화를 실현하는데 언어가 더욱 필요하게 된다는 것은 역시 분명하다. 그러므로 언어는 논리적 조작의 구성에 필수조건이지 충분조건은 아니다(Piaget 1968).

위에서 볼 수 있듯, 결국 피아제의 입장에 의하면 인지발달이 언어발달에 선행한다는 가설이 수긍되고 있으며, 따라서 그에 의하면 아동에게 언어발달이 보편적인 것은 인지발달이 보편적인 것이기 때문이라고 설명될 수밖에 없다.

따라서 피아제에 의하면, 언어와 사고의 관계에 있어 말은 생각을 운반하는 도구이고 인지적 표현단서이어서, 결국 인지가 언어발달을 결정한다는 인지결정설

30) 이 책은 Marjorie와 R. Gabain에 의해 1959년에 영어로 번역되었다.

(認知決定說)에 이르게 된다.

그러나 이와는 반대로 언어를 중심으로 인지발달을 연구한 소련의 심리학자들이 있는데, 그 대표자로 Vygotsky(1896~1934)와 그의 후계자 Luria 등을 들 수 있다. 미국을 중심으로 한 행동주의와는 달리 사고는 언어의 형식으로만 존재한다는 것이 소련 심리학의 주류였다. 비고츠키는 이런 소련 심리학의 추세를 이어받았으나, 유물론의 독단을 초월한 사람으로서 외부 지향적인 유기체의 특성은 바로 이 언어로 말미암아 내면화된다고 주장하고 있다. 그의 유명한 저서 「사고와 언어」(Thought and Language, 1934)는 그가 죽은 후에 그의 제자들에 의해 출판되었다가 출간된 지 2년 후에 금서가 되고, 1956년에야 다시 빛을 보게 되어, 영어로는 1962년에 번역되어 출판된 이래 1979년까지 14판이 나왔다.

사고와 언어의 관계를 밝힘에 있어 비고츠키의 결론은 "개체발생학적으로 볼 때 언어와 사고는 각기 다른 뿌리와 단위로부터 나오지만[31], 인간의 성숙한 발달과정에서는 말이 생각으로 생각이 말로 끊임없이 교호(交互)한다"는 것으로 요약될 수 있다. 이를 좀 더 풀어서 설명하기 위해서 우선 '단위'로서의 개념을 밝힐 필요가 있다. 여기서 단위는 요소와는 달라서 전체의 특성을 잃지 않은 채 그대로 그 특성을 유지하고 있는 분석의 산물이다. 이를테면, 물을 분석해서 수소와 산소로 분해한다면 그것은 이미 단위가 아니다. 그것은 이미 물의 속성을 잃고 있기 때문이다. 이처럼 말과 생각은 그 단위가 다른 것이다. 그럼에도 비고츠키는 이 양자간의 변증법적 상호의존성을 인정하고 있음에 주목해야 한다.

언어발달이론에 있어 비고츠키는 피아제와 아주 다른 입장을 보이고 있다. 그에 의하면 말은 본래 그 기원에 있어 사회적인 것이며, 자아 중심적인 것이 아니라고 한다. 해서 언어발달은 사회적인 것에서 자기중심적인 것으로, 그리고 최종적 발달단계로서 내적언어(內的言語)[32]로 진행된다고 하여, 이 내적 언어에 대한

---

31) 따라서 그는 언어발달에 있어 思考以前(pre-intellectual) 단계를 설정할 수 있는 것과 마찬가지로, 사고발달에 있어서도 言語以前(pre-linguistic) 단계를 설정할 수 있다고 확신하고 있다.

32) 이때 내적 언어(inner speech 혹은 inner language)는 자기에게 소리 없이 하는 말로서, 어린이에게는 밖으로 소리내어 말하는 외적 언어와 소리 없이 말하는 내적 언어가 분화되지 않는데, 이때 비고츠키의 소리내어 말하는 내적 언어를 피아제는 자아 중심적 언어로 파악했다.

심층분석을 통해 그는 심리학과 언어학의 관계를 확정하고 있다. 비고츠키에 의하면, 피아제와는 반대로 언어는 자아중심성에서 사회성으로 발달해 가는 것이 아니라, 반대로 자아 중심적인 언어가 내면화하여 내적 언어가 되며, 비고츠키는 이를 '언어적 사고'라고 표현한다. 그리하여「사고와 언어의 관계는 살아있는 과정이 되고, 사고는 언어로써 창출된다. 사고 없는 언어는 죽은 것이고, 언어로 형체화 되지 않은(unembodied) 사고는 그림자에 불과하다. (Vygotsky, 1962, p.153)」는 것이다.

여기서 우리는 언어와 사고의 발달에 대한 접근가설에 있어 피아제와 비고츠키 두 사람간에 서로 다르지만, 양자의 상호관계에 대한 마지막 귀착점은 오히려 상당히 공통되게 접근되고 있음을 확인할 수 있다. 즉 결국 성숙한 지적발달의 마지막 고급단계에 가서는 사고와 언어는 밀접히 상호 교호작용 할 수밖에 없다고 하는 점에서 두 사람은 일치하고 있는 것이다. 피아제에 의하면 논리적 사고, 즉 형식적 조작의 사고는 언어의 사회성 덕분인 반면에, 비고츠키에 있어서는 내적 언어의 덕분이다. 이 경우 비고츠키가 말하는 '언어적 사고'는 바로 피아제의 '형식적 조작사고'와 같은 의미로 받아들여질 수 있다. 이 '언어적 사고'를 비고츠키의 수제자인 루리아는 "언어가 형식에 있어 내면화되고, 기능에 있어 의미를 지니게 되는 상태"라고 설명하고 있다. 그에 의하면 이 단계에서 말이 생각을 규정하고, 생각이 말을 규정하는 시기가 된다고 했다.

이상에서 사고와 언어의 관계에 대한 주요한 결론은 결국 발생 뿌리나 그 단위에 있어 사고와 언어는 서로 다른 것일지 모르나, 발달적 측면에서 볼 때, 언어는 사고에 붙잡혀 있다고 본다. 그러나 또한 언어가 인지발달을 촉진하는 역할을 하기도 한다. 왜냐하면 언어 없이는 논리적 내지 형식적 조작 사고가 불가능하기 때문이다.

3. 사고와 언어와 농의 상호관계

흔히 대부분의 연구자들은 사고와 언어발달의 상호관계를 밝히기 위한 한 수단으로 농아동 집단을 대상으로 연구를 수행해 오기도 했다. 농심리 문제에 많은 연구 성과를 남기고 있는 Furth(1964, 1966, 1971, 1973, 1974)의 업적은 농교육자들에게 피아제의 업적을 잘 소개해 주고 있을 뿐만 아니라, 언어와 사고와 농의 상호관계에 대한 관점을 새롭게 하는데도 많은 영향을 미쳐왔다. 그는 적어도 구체적 조작사고기에 이르기까지는 언어로부터 사고는 독립해있다고 확신하고 있기 때문에, 농교육에 있어 사고를 위한 교육이 언어지도보다 우선해서 강조되어야 한다고 믿는다. 따라서 그는 인간의 정신을 개발하는데 도움이 되는 중요한 매체는 구어(verbal language)라기보다, 오히려 구체적 장면에서의 경험이라고 했다(Furth, 1971; Moores, 1982에서 재인용).

농자는 결코 언어를 사용하지 않는 집단으로 연구대상이 될 수 없다. 대부분의 농자 경우 일반인들이 사용하고 있는 표준구화에 의한 언어사용은 불가능할지 모르지만, 언어양식만 다를 뿐 일반인들이 사용하는 구화와 똑같은 언어기능을 가지는 수화를 사용하고 있다. 문제는 이때 그들이 사용하는 수화가 일반인들이 사용하는 표준언어에 비해 어느 정도 정밀한 언어적 체계를 가지고 있느냐는 것이 문제가 될 수 있다.

그러나 현실적으로 대부분의 농자들은 일반인에 비해 형식적 조작사고 내지 논리적 가설 등에 있어 상당히 지체되는 결과를 나타내고 있는데, 이는 바로 농자들이 논리적 내지 형식적 조작사고의 도구가 되는 언어체계를 현실적으로 잘 습득하고 있지 못하기 때문이다. 이것은 농자 자신의 본래적인 사고의 열악성 때문이 아니라, 적기(適期)에 그들에게 최적한 언어양식을 일관되게 획득시키지 못한 농 언어지도의 실패에 기인한 것이라고 할 수밖에 없다.

제2절 농아동의 측정된 지능

듣지 못하는데서 오는 언어적 제약성으로 말미암은 농아동의 지적능력은 일반아동에 비해 어떤 차이를 나타내고 있는가? 만약 그 차이가 확실한 것이라면 어떤 부면에서 어느 정도의 차이를 나타내며, 그 차이는 과연 농아동의 지적 능력의 열악에 기인하는 것인가, 아니면 적용된 검사도구나 측정방법에 기인하는 것인가? 혹은 농아동과 정상아동 간에는 인지과정에 있어 기본적으로 하등의 차이가 없는 것인가? 이상 일련의 문제에 관련한 의문은 농교육 전문가와 농의 문제에 관심을 갖는 심리학자들의 주요한 관심사가 되어왔다.

지금까지 청각장애아의 지능측정 결과에 대한 연구들을 종합해 보면, 농아동의 지적능력에 대한 측정결과는 결국 다음 세 가지의 입장으로 요약될 수 있다.

1. 농아동은 일반아동에 비해 지적으로 열악하다.

청각장애가 농아동의 지능발달에 미치는 영향에 대해 최초의 관심은 "농은 정신지체를 유발하는 원인이 되는가?"하는 기본가정에 대한 검토로부터 시작되고 있다. 농아동의 지능발달에 최초로 조직적인 연구를 시작한 사람은 Pintner였다. Pintner(1915) 등은 농아동에게 최초로 지능검사를 실시해 본 결과, 농아동의 지능지수는 정신지체의 범위를 벗어나고 있지 못함을 발견하게 되었다. 그러나 당시 핀트너 등이 적용한 지능검사 도구는 언어성 지능검사로서 후에 핀트너(1921) 자신은 당시 그가 측정하고자 했던 것은 농아동의 지능뿐만 아니라, 청각장애에 따른 언어능력의 결함을 측정하는 데에 관심이 있었다고 한다.

후에 핀트너는 언어와 독립된 지능을 측정하기 위해 핀트너 비언어성 검사(Pintner Non-Language Test)를 제작하여 농아동에게 실시해 본 결과, 처음에 실시한 언어성 지능검사보다는 훨씬 일반아동의 수준에 가까운 근사치를 나타내고 있었으나, 여전히 정상청력을 가진 집단에 비해 지능지수 10 정도는 낮게 나타난 것으로 보고하고 있다. 특히 핀트너와 그 동료들(Pintner와 Patterson, 1917)은 농아동은 일반아동에 비해 비언어성 검사일지라도 숫자기억범위(digit span)[33] 에서 크게 뒤지고 있음을 일찍부터 지적했다.

핀트너는 1930년대까지 이루어진 농아동에 대한 지능검사에 대한 여러 연구들을 종합해 본 결과, 검사결과에 종종 혼란과 불일치된 점이 상당히 있었지만, 전반적으로 볼 때 농집단이 일반집단에 비해 지적으로 뒤지고 있다는 것은 하나의

---

33) 일반적으로 비네가 지능검사에서 일련의 숫자를 듣고 이를 기억해서 재생하는 능력을 측정한 이래, 대부분의 지능검사에서는 청각적 숫자기억력을 포함해 왔다. 임상적 관찰에 의하면 이 숫자기억 능력은 학교에서 학업성취도와 아주 밀접한 관계를 지니고 있는 것으로 지적되고 있다.

공통된 결과였다고 지적하고 있다. 당시 연구 가운데 가장 방대한 연구의 하나로 주목을 끌고 있는 것의 하나로, Reamer(1921)는 약 2,500명의 농아동을 대상으로 6개 종류의 비언어성 지능검사를 적용해 본 결과, 역시 농아동 집단의 정신연령은 일반아동에 비해 약 2년 정도 지체되는 것으로 보고하고 있다. 2년 정도의 지체는 초기에 피아제의 연구결과에서도 지적된 바 있다.

그러나 농아동의 지능이 일반아동의 평균지능에 비해 지체되고 있다는데 최초로 비판을 가한 사람은 Drever와 Collins(1928)였다. 그들은 농아동과 일반아동 200명을 각각 대상으로 동작성(performance) 지능검사를 실시해 본 결과 언어가 지능검사의 한 요인으로 고려되지 않는 경우에 농아동과 일반아동집단 간에는 정신연령에 있어 기본적으로 동일수준을 나타내는 것으로 보고하고 있다. 이같은 주장은 오늘날 농아동의 인지능력을 이해함에 있어 우리들에게 시사해 주는 바가 크다.

2. 양적으로는 동일하나 질적으로는 차이를 나타낸다.

핀트너에 의해 이루어진 연구업적을 종합적으로 평가하면서 Myklebust(1953)는 일반적으로 농아동은 그의 지능에 있어 일반아동에 비해 뒤진다는 명백한 증거가 없다는 결론에 도달하고 있다. 그러나 마이크러브스트는 설사 농아동이 일반아동에 비해 측정된 지능지수로 나타난 양적인 면에서는 동일하다 할지라도, 그것이 반드시 질적인 균등성을 의미하는 것은 아니라고 주장하고 있다. 그는 농아동의 지각적 · 개념적 및 추리적 기능의 질적 측면은 일반아동과 다르게 나타나는 것으로 보아, 농아동은 일반아동에 비해 지적기능의 폭, 정교성, 추상성 등에 있어 곤란을 겪는다는 것이다.

이같은 마이크러브스트의 견해는 다음의 연구결과에 대한 해설에서 잘 표현되고 있다.

> 농(deafness)은 그 당사자에게 다른 사람과 다르게 처신하게 하는 원인이 되고 있다. 행동과 적응에 있어 이 같은 변화는 농자로 하여금 특이하게 사물을 보고, 냄새맡고, 촉각과 미각을 활용하도록 한다. 그러나 이 모든 것보다 더욱 중요한 것은

> 이런 것들로 말미암아 농자들은 특이하게 지각을 한다는 점이다. 이런 모든 기능의 변화에 따른 결과로 농자의 인성적 적응과 행동 또한 다를 수밖에 없다. 흔히 농자는 그가 들을 수 없다는 것 외에는 일반인과 같다고 말하는 것은 너무 문제를 단순화해서 보는 것이고, 농자에 대한 불공평한 평가인지도 모른다. 못 듣는다는 것은 단지 귀에 문제가 있다는 것이 아니라, 그것은 그들의 전체 생존방식에 스며있는 것이다(Myklebust, 1953, p.347; Moores, 1982, p.155에서 재인용).

마이크러브스트는 확실히 전술한 핀트너의 연구업적에서 진일보한 개선된 관점을 나타내고 있지만, 결국 그도 농자는 일반인에 비해 지능이 양적으로는 균등하다 할지라도 질적으로는 열악하다는 것을 인정하고 있음에 유의할 필요가 있다. 그는 농자의 지능에 있어 질적 열악성은 결국 그 본질에 있어 지능이 "더욱 구체적인 반면 덜 추상적"이라는 것으로 해석되고 있다. 마이크러브스트와 그의 동료(Myklebust와 Brutton, 1953)는 "농에 기인된 전반적 구체성"을 지적하면서, 농은 "구체적 대상과 사물의 세계로 아동을 기능적으로 제한하고 있다"고 기술했다. 마이크러브스트의 이같은 일련의 견해가 농교육계에 커다란 영향을 미쳐 농아동은 그 지적기능이 아주 단선적이고 구체적이라는 생각이 널리 퍼져 있었다.

가령 학령기의 농아동과 일반아동 간의 지적 과업에 대한 몇몇 구체적 검사결과들은 실제로 이같은 견해를 충분히 뒷받침해주고 있는 듯하다. 즉 농아동은 동작성 지능검사 가운데 나무토막 쌓기(block design)검사에서는 일반아동과 같은 수준이거나 오히려 더 우수한 성적을 나타내는 반면, 행열검사(Progressive Matrices Test) 등과 같이 유추에 의한 추상적 문제유형에서는 아무래도 일반아동에 비해 상당히 뒤지고 있다. 주어진 지능검사가 주로 지각화(perceptualization)에 의존할수록 구체적 사고를 요하고, 개념화(conceptualization)에 의존할수록 추상적 사고를 요하게 될 것이다.

마이크러브스트 자신은 후에 초기의 그의 주장을 발전적으로 보완하여, 농아동이 주로 추상적 과업을 수행하는데 보다 뒤지고 있다는 것은 자칫 문제를 너무 단순화하려는 결과를 초래할 수 있다는 점을 경계하고 있다. 그에 의하면, 가령 인물화검사(DMT) 경우 토막쌓기검사에서와 같이 관찰 가능한 자극물을 제시하는 것이 아니기 때문에 구체적 사고를 요하는 검사도구로 보기 어려운 면이 있다. 그럼에도 인물화검사의 결과는 농집단과 일반집단 간에 기본적으로 차이를 나타내지 않고 있다.[34] 그렇다면 "나타난 결과가 양적으로 동등하다고 할지라도 그것이 문제해결을 위한 지적과정 내지는 심리적 함의까지도 동일한 것을 의미하는가?" 하는 것이 그의 새로운 문제제기이다. 이에 대해 마이크러브스트는 동일한 문제해결에 있어서도 농자는 그 지적과정이 일반아동과 다소 다르다는 것이 그의 결론이다. 따라서 농학생이 얻은 지능검사의 득점으로는 일반학생과 같은 학업성취를 예측하기가 어렵다고 주장한다.

마이크러브스트의 이같은 결론은 우리들에게 대단한 주목을 끌게 한다. 즉 농자는 과연 그 지적과정에 있어 문제해결 방식이 일반아동의 그것과 다른 것일까 하는 것은 우리들에게 의문으로 남는다. 오히려 필자의 견해로는 농자가 특정의 지적과제에 대해서는 설사 일반인에 비해 불리할 가능성이 있을지 몰라도(그것이 검사 도구 내지 방법의 불공평성에 기인하는 것이라 할지라도) 적어도 주어진 지적과제를 해결해 내는 문제해결 방식 내지 과정은 기본적으로 동일할 것이라는 것이 기본 가정이다.

다음에 또 하나의 의문은 농학생의 지능검사 결과가 일반학생과 같이 학교에서 학습능력을 충분히 잘 예측해주지 못하는 것은 마이크러브스트가 생각하는 것과 같이 일반학생에 비해 농학생의 지적과정이 다르기 때문이라기보다, 학교에서 일상 주어지는 학습과제들이 일반적으로 농인의 지적 도구(즉 문제해결을 위한 언어양식)로는 불충분한 경우가 많기 때문이라고 보아야 하지 않을까 하는 것이 필자의 견해이다. 농학생에게 주어진 언어능력 범위 내에서 적합한 방법으로 가르쳐지기만 한다면 농자의 학습능력은 같은 수준의 지적 능력을 가진 일반학생에 비해 기본적 학습지체를 보이지 않을 것이다. 그러나 실제로 농학생이 그의 지적 가능성에 비해 현실적 학습능력이 크게 뒤지고 있다는 것은 훨씬 복합적인 요인들의 얽힘에 의한 것인지도 모른다.

어쨌든 마이크러버스트는 농아동이 보이는 인지기능 과정상의 이상은 바로 '청각장애'에 의한 유기체론적 결함에 기인하는 것이라고 생각하고 있다.

---

34) 농학생을 대상으로 한 인물화검사의 연구결과는 그의 대표적 저서로 알려진 「Psychohogy of Deafness(1964)」에 아주 상세하게 보고되고 있다.

3. 농자는 지적으로 정상이다.

하나의 집단으로서 측정된 농자의 지능은 일반집단과 같이 "정상분포곡선"을 나타낸다는 것이 이 견해의 기본 가정이다.

Rosenstein(1961)은 지금까지 행해진 농아동의 지각, 인지, 언어 등에 관한 연구와 문헌을 종합적으로 검토해 본 결과 용어 사용에 상당한 혼란을 초래하고 있음을 지적하고 있다. 이를테면, '추상적 능력'이라는 용어가 경우에 따라서는 시각적 기억과업, 추리에 의한 비언어적 과업, 수학적 추리과업 등으로 지칭되어 사용되어 오기도 했으나, 경우에 따라서는 이들 과업의 일부가 다른 이름으로 지칭되는 경우도 종종 있었다는 것이다. 가령 제시된 도형에 의한 상호관계를 측정하려고 하는 검사(a figure-ground relations test)가 어떤 사람에게는 지각적(知覺的) 능력을 측정하려는 것으로 해석되는가 하면, 또 다른 사람들에게는 개념적(槪念的) 능력을 재려는 것으로 받아들여지곤 한다는 것이다.

로젠스타인은 농자를 대상으로 하여 수행된 여러 연구들을 검토한 끝에, "제시된 언어적 요소들이 표집된 농아동의 언어능력 범위 내에 있는 경우 개념적 과업수행에 있어 농집단과 일반집단 간에는 하등의 차이가 발견될 수 없다."고 지적하고 있다. 해서 그는 추상적 사고의 영역이라고 해서 결코 농자에게 특별히 불리하게 제한되어 있지 않다는 결론에 도달하고 있다. 언어와 인지에 대한 문헌들의 개관을 통해서 Furth(1964)도 어떤 과업에 있어 농자의 빈약한 수행능력은 일반적 경험의 결핍이나 특수한 과업의 제한조건에 기인하는 경우가 많다고 하여, 결국 전술한 로젠스타인과 비슷한 견해를 보이고 있다.

한편 Vernon(1967)은 다소 상이한 접근을 통해, 1930년에서 1966년까지 3세에서 19세까지 약 8,000명의 농자를 대상으로 모두 13개의 동작성 지능검사도구로 실시해 온 31개의 선행연구들을 종합적으로 분석해 보았다. 그 결과 13개의 연구들은 통제집단(즉 일반아동)보다 더 우수하거나 중앙치 점수를 나타냈으며, 7개의 연구에서는 양자간에 의미 있는 차이를 나타내지 않았으나, 나머지 11개 연구들은 농집단이 뒤진 것으로 나타났다고 보고하고 있다. 물론 여기서 구체적으로 적용된 13개의 동작성 지능검사 도구가 가지는 타당성이나 신뢰도 문제, 또 표집대상이 어느 정도 모집단의 특성을 충실히 대표해 주는 것인지 등이 구체적 수치로 나타난 결과 못지않게 중요하다는 것은 말할 필요도 없다. 그러나 우리는 일단 이상의 변인들이 충분히 통제되었다는 것을 전제로 하여, 이같은 분석을 통해 얻어진 다음과 같은 Vernon의 결론을 깊이 새겨 볼 필요가 있다.

첫째, 지적과업에 있어 농아동이 보이는 결함은 청각장애 그 자체에 기인하는 것이라기보다, 그들이 수반하는 신경적 결함이나 그들 집단이 속해 있는 사회·경제적 배경의 취약성에 기인하고 있다.

둘째, 청력 손실 정도와 지능, 그리고 청력 손실 시기와 지능 간에는 유의한 상관이 인정되지 않으나, 뇌막염과 같이 뇌신경장애를 수반하는 특정의 원인(즉 농의 원인)과 지능 간에는 일정한 상관성이 인정되고 있다.

셋째, 언어경험의 결핍에 의해 상당한 문화실조 상태에 있는 농아동일지라도, 동작성 지능검사에서 문화실조 현상을 보이지 않는 일반아동 집단과 동일한 지능 수준을 유지하고 있다.

이상에서 제시된 Vernon의 결론은 농아동이 지적과업에서 어떤 결함을 보이게 된다면, 그것은 '청각장애' 그 자체 때문이라기보다 그가 처한 사회환경적 불리함에 기인하는 것으로 해석하는 것이 전자의 마이크러버스트의 입장과 기본적으로 다르다.

이런 관점에서 Liben(978)은 농아동의 경험 결핍이 발달적 측면에 미치는 영향을 매우 깊이 있게 논의한 바 있다. "정상적인 지능을 가진 농자들이 왜 학습 및 사회적 과업에서 실제로는 일반인에 비해 상대적으로 뒤떨어지고 있는가를 어떻게 설명해야 하는가?"라는 전제로부터 얻어지는 그의 해답은 바로 "경험의 결핍"으로 설명되고 있다.

Liben은 발달에 미치는 주요 변인으로 피아제가 제안한 바 있는① 성숙, ② 대상에 대한 경험, ③ 사회적 경험, ④ 균형 등에 착안하여, 농자는 특히 대상에 대한 경험과 사회적 경험에 아주 불리해질 가능성이 많다는 것이다. 이 가운데 특히 중요한 것은 사회적 경험인데, 이는 다시 역할 모델(즉 동일시 과정)과 커뮤니케이션으로 분석되고 있다. 농자는 특히 이 사회적 경험의 확충을 위한 커뮤니케이션의 양과 질에 있어 결정적 결핍을 체험하게 된다는 것이다.

우선 정상청력을 가진 부모 밑에서 양육되는 농아동(전체 농아동의 90~95%)

은 대부분 집에서 지어낸 임의적 제스처 외에 취학 전에 별도의 커뮤니케이션을 위한 시스템이 거의 주어지지 않는다. 학교에 들어가서도 구화능력은 좀처럼 개발되지 않은 채, 통학제 농학교의 경우 농학생은 겨우 13～14세 경에 가서야 수화를 익혀 동료학생들과 의사소통을 하게 된다(Reich와 Reich, 1973). 농아동은 커뮤니케이션의 양에서뿐만 아니라, 더 심각하게는 그 질적인 면에서 크게 결핍되어 있다고 Liben은 강조한다. 즉 그는 농아동과 다른 사람들과의 커뮤니케이션 질적 결함은,

① 어른과 아동(즉 농아동)간의 커뮤니케이션이 어른에 의해 아주 일방적이고 지시적으로 행해지는 반면, 상호 간의 교호적인 면이 적다는 것[35)]
② 의사소통의 교환이 대부분 표면적 특징에 집중되므로 커뮤니케이션의 어의적(語意的) 깊이가 아주 결여되어 있다는 것
③ 대화의 기대나 목표가 대부분 아동자신의 적합한 발달을 위해 도리어 역기능적인 경우가 많다는 것 등으로 지적하고 있다.

이상과 같은 문제점에 대한 대안으로 그는 농아동이 가지기 쉬운 사회적 경험의 결함을 보상하기 위해 조기에 수화언어의 기능을 충분히 활용할 것을 제안하고 있다. Liben은 "언어는 가족, 동료, 교사 사회 등과의 상호작용을 위한 매체로서 인지발달에 간접적인 영향력을 가진다"는 것을 가설화하고 있다. 이처럼 농아동의 지적능력이 비록 정상의 범위 내에 있다고 할지라도, 농의 원인에 기인한 신경생리학적 결함, 사회적 경험의 결함 등은 결과적으로 농집단의 지능이 일반집단에 비해 다소 불리하게 될 수 있는 간접적 요인이 되고 있음에 유의할 필요가 있다.

때문에 농아동의 인지발달 연구는 특별히 자칫 잘못하면 '연구방법론'의 함정에 빠질 우려가 있다는 것을 Meadow(1980)는 경계하고 있다. 그녀는 특별한 주의가 지각—운동능력의 결함에 관련된 중추신경체계 손상의 가능성에 주어져야

35) 한 연구(Craig와 Collins, 1970)에 의하면, 농학생의 학급은 교사학생의 커뮤니케이션 상호작용면에서 볼 때, 거의 전적으로 교사 일방적이었다고 보고하고 있다. 즉 학급에서 이루어지는 커뮤니케이션의 80%는 일방적으로 교사중심이었고, 나머지 3%만이 학생이 주도한 것이었으나, 이것에 대해서마저도 교사의 응답 반응은 낮게 나타났다는 것이다.

하며, 언어능력에 대한 기초선 자료가 농대상에게 충분히 고려되어야 할 뿐만 아니라, 검사도구의 설계와 실시, 그리고 검사결과의 해석에 있어 특별히 세심한 주의가 기울여져야 한다고 강조하고 있다.

Meadow 역시 "농아동의 측정된 지능은 정상범위 내에 있지만, 그들의 평균지능지수는 아무래도 일반아동에 비해 다소 뒤지고 있음"이 현실이라고 지적하고 있다. 매도우의 이같은 간략한 결론적 제언은 필자의 임상경험에 비춰봐서도 타당한 것으로 보여진다. 다만 여기서 "다소(somewhat) 뒤진다"는 것이 무엇에 연유하는 것인가를 확실히 해명한다는 것은 결코 간단한 문제가 아니다. 그것은 Meadow 자신이 경계한 바와 같이 연구방법론 자체의 함정에 기인하는 경우도 있고, 농자 자신이 가지는 신경적 결함 내지 문화·경험적 결손이 그 간접적 요인이 될 수도 있기 때문이다.

제3절 농과 학습능력

앞에서 거듭 언급되었듯이 대부분의 농아동은 정상적 지적능력을 가지고 있음에도 불구하고 그들의 학습성취에는 그 능력이 제대로 반영되지 못하고 있다. 이것은 현장의 농교육이 해결해야 할 가장 절실하고도 중대한 과제라 하지 않을 수 없다.

농학생의 학업성취에 대한 평가는 지금까지 주로 국어의 독해능력과 산수의 계산능력을 중심으로 이루어져 왔다. 농학생의 독해능력을 알아보기 위한 전국표준학력검사(Metropolitan Achievement)는 1959년에 미국과 캐나다에서 처음 실시되었다. 본 검사에서는 독해능력의 최저기준 수준을 4.9학년 선으로 잡았는데, 농학생의 10.5~11.5세 아동 중 15%만이 이 수준(즉 4.9학년)을 유지하였고, 13.5~14.5세 농학생 중에는 겨우 7%, 15.5~16.5세 농학생 중에는 단지 12%만이 기준선(4.9학년)을 유지했다고 보고하고 있다(Furth, 1966에서 재인용).

미국에서 농학생을 대상으로 한 가장 대표적인 전국표준학력검사는 갈러뎃대학의 인구통계연구소(ODS)에서 수년간에 걸쳐 실시해 온 바 있다. 본 검사[36]에서 독해능력과 산수능력을 위주로 검사를 했는데, 그 주요 결과는 [그림 5.1]과 [그림 5.2]에서 보는 바와 같다(Trybus, Karchmer, 1977).

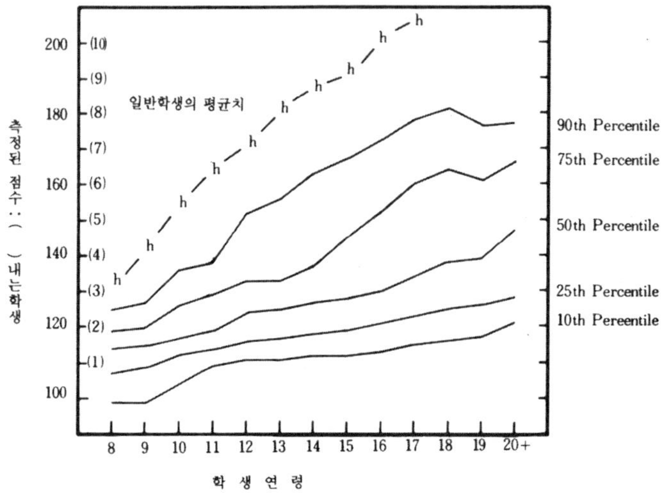

[그림 5.1] 청각장애학생의 독해능력점수 분포

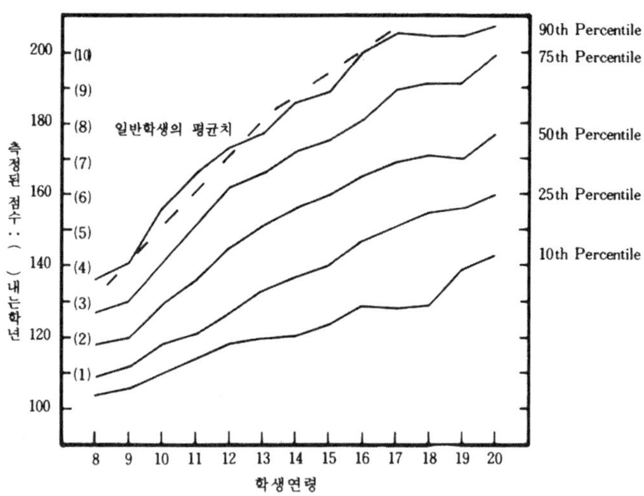

[그림 5.2] 청각장애학생의 산수계산점수 전국분포

36) 이 검사는 Stanford Achievement Test를 가지고 전국 농학생중 유층무선 표집하여 청각장애학생을 위한 특수편집을 거쳐 실시되었다.

위의 그림에서 세로축은 검사의 점수를 나타내는 것으로 필자가 참고로 ( )내에 보다 알기 쉬운 학년 수준을 밝혀 놓았다. 가령 점수 132는 3.2학년에, 점수 182는 8.2학년에 해당되고 있다. 그리고 다섯 개의 실선은 청각장애학생의 검사 성적에 대한 5단계(즉 10, 25, 50, 75, 90) 수준에 대한 퍼센트를 나타내고 있다[37]. 147점으로, 이는 경우 4.5학년 수준에 해당되는 것이다. 다른 말로 하면, 20세의 농학생 가운데 약 반 정도는 4학년 중간수준에도 못 미치고 있다는 뜻으로서, 실제 이 정도 수준으로는 신문을 읽어 내기조차도 어려운 실정이다. 이에 비해 상위 90% 수준에 있는 18세의 농학생의 겨우 8.1학년(181점)수준에 머물고 있어, 미국 전역의 18세 농학생 가운데 10%만이 8학년 정도의 수준에서 읽을 수 있으나, 이에 비해 일반학생은 이미 14세 이전에 이 수준에 도달하고 있다. 농학생과 일반학생 간의 격차가 9세에서는 한 학년 정도 차이가 나지만, 14세에 가서는 이미 5학년 이상이나 차이가 나고 있다.

한편 청각장애 학생들이 일반적으로 학업성적에서 가장 높은 수준을 나타내는 산수능력을 [그림 5.2]에서 보면, 이 경우에 있어 조차도 청각장애학생의 상위 10%내에 있는 학생들만 겨우 일반학생의 보통 평균수준과 비슷하게 나타나고 있다. 20세에 달하는 청각장애 학생의 수학능력은 8학년 수준을 밑돌고(177점)있어, 일반학생의 13세 수준과 맞먹고 있다.

본 검사(1997)[38]의 결과에서 발견된 주요 상호관계 변인 중에서, ① 전반적으로 여학생이 남학생 보다 다소 우수하고, ② 독해능력에 있어 청력 손실 정도가 역으로 관련이 있고, ③ 농중복장애 학생들은 보다 낮은 독해능력을 보이며, ④ 조기에 취학한 학생의 경우 읽기 성적이 더욱 촉진되고 있으며, ⑤ 양쪽 부모가 농인 학생이 정상부모를 가진 청각장애 학생보다 독해능력 수준이 높다는 것이 각각 밝혀졌다.

---

37) 즉 여기서 50퍼센트 수준이란 전체농학생 집단 중에서 꼭 중간수준(median)을 유지하는 집단을 의미한다. 그러나 점선으로 표시된 일반학생의 성적은 중앙치가 아니라, 평균치로 이해되어야 한다.

38) 이 검사는 갈러뎃대학 연구소의 측정 및 인구 통계연구센터(Center for Assessment and Demographic Studies)에서 1983년에 청각장애 학생을 위해 일곱 차례에 걸쳐 특수 편집된 검사로 개발되었다.

한편 Conrad(1977)는 영국에서 특수교육을 받은 15세에서 16.5세 농학생의 독해력을 측정해 본 결과(Brimer의 Wide-Span Reading Test) 농학생의 독해능력이 청력 손실 정도에 크게 의존하고 있으나, 청력 손실 정도와 비언어성 지능과는 아무런 의미 있는 상관성이 발견되지 않았다고 보고하고 있다. 85dB 이상의 청력 손실치를 가진 학생의 50%는 "전혀 독해가 불가능한 것"을 발견하게 되었고, 당시 영국에서 농학교를 졸업한 학생들 가운데 40%는 일상의 평범한 산문체를 이해하는 데에도 전적으로 문맹상태였다고 한다. 이상의 보고는 읽기 학습에 대한 영국 농교육의 실패를 아주 실증적으로 말해 주고 있다.

우리나라의 경우 전국적으로 실증적 연구결과는 아직 없지만 위의 보고에 나타난 문제보다 더 심각하면 했지 보다 나을 것이라는 예상을 하기는 어렵다고 본다.

Hoemann(1976)은 철자법에 있어 농아동의 성취도를 알아 본 결과, 구화와 더불어 지문자를 곁들여 사용하는 학교의 학생의 경우, 실제로 일반학생의 규준과 동일했다고 보고하면서, "농아동의 언어환경에서 언어법칙의 영향력과 개발된 언어학적 및 언어심리학적 능력 간에는 기능적 상관성이 있다"고 주장하고 있다.

호오먼의 이 같은 결론은 농아동이 어떤 언어적 환경에서 어떤 언어양식에 의해 양육·지도되느냐에 따라 그의 학습능력 향상에 크게 영향을 받을 수 있다는 것을 의미하는 것으로 볼 수 있다. 이런 점에서 볼 때, 농부모를 가진 농학생이 일반부모를 가진 농학생에 비해 독해능력이 앞서고 있다는 보고들은 우리들에게 시사해 주는 바가 크다고 본다. 예를 들면, 리버사이드에 있는 캘리포니아 농학교의 졸업생(1956년에서 1971년까지) 가운데 일반부모를 가진 농학생의 학력의 평균은 7.0학년 수준이었으나, 농부모를 가진 농학생은 8.4학년 수준으로 나타난 것으로 보고되고 있다. Meadow(1968)도 스텐포드성취도 검사결과 읽기에서 2.1년, 산수에서 1.3년, 그리고 전반적인 학년수준 점수에서 1.3년 농부모를 가진 학생 쪽이 앞서고 있다고 보고하고 있다.

한편 Brasel & Quigley(1977)는 조기의 언어환경이 학업성취도에 미치는 영향을 알아보기 위해 다음 네 집단의 점수를 비교해 보았다. 즉 ① 미국수화(American Sign Language)를 사용하는 농부모를 가진 집단(이 경우 文語는 표준

영어와 상당한 차이를 나타낸다.), ② 표준영어의 구문에 정확히 일치하는 수화를 사용하는 농부모를 가진 집단, ③ '집중적으로' 구화법을 사용한 일반부모를 가진 농아동 집단, ④ 구화법으로 형식적 훈련을 받지도 않았고, 학교에 들어가기까지 그들의 아동에게 어떠한 특수한 훈련도 시도하지 않은 부모를 가진 집단, 이상 네 집단에게 스탠포드 성취도 검사로 언어, 문단의미 이해, 단어의미, 그리고 철자법 등에 걸쳐 그 성적을 비교해 보았다. 그 결과 영어의 구문에 일치하는 수화를 사용한 집단이 나머지의 다른 세 집단에 비해 확실히 좋은 성취도를 나타냈으며, 수화를 사용한 두 집단은 모든 검사척도에서 구화를 사용한 다른 두 집단에 비해 확실히 앞서고 있었다고 한다. 이같은 결과에 따라 연구자들은 커뮤니케이션의 양식(mode)뿐만 아니라, 수화의 유형(form)에 따라 농아동의 언어능력과 심지어 교육성취도에까지 영향을 미치게 된다고 지적하고 있다.

이상에서 볼 수 있는 바와 같이 농학생은 그가 지닌 지능수준에 비해 학력수준이 크게 지체되고 있으며, 이 학력수준의 지체정도는 그의 청력 손실정도와 그가 처한 언어적 환경과 밀접한 관계가 있음을 알 수 있다.

제4절 농아동을 위한 지능검사의 활용과 그 유의점

과학적 결정론은 인간의 발달특성을 객관적으로 量化함으로써 인간의 지적능력, 인성적 특성 및 적응문제 등에 대한 합리적인 기준과 정보를 제공해주고 있다. 여기서는 농아동의 심리적 평가를 위해 활용될 수 있는 적합한 검사도구를 소개하고 이들 검사도구의 활용에 있어 유의점을 논의하고자 한다.

농아동에게 지능검사를 실시하고, 그 결과를 해석함에 있어 특히 다음의 몇 가지 측면에 유의할 필요가 있다.

첫째, 농아동에게 타당한 지능검사가 되기 위해서는 비언어성 동작성 검사도구를 적용하여야 한다.

이미 전술한 바와 같이 농아동은 청각결함에 기인하여 언어적 정보가 제한되기 때문에 농아동에게 언어성 지능검사를 실시한다는 것은 기본적으로 부적합한 결과를 초래케 하는 것이 된다. 언어성 지능검사를 실시할 경우 대부분의 농아동은 정신지체의 수준에 머물게 되나, 비언어성 검사에 의하면 농아동 집단도 지능의 정상분포 곡선을 나타내게 된다. 그러나 비언어성 검사라고 해서 모두가 다 농아동에게 적합한 것이라고 단정하기 어려운 바, 비록 검사항목 자체는 비언어성이라 할지라도 그 실시 상에 있어 복잡한 언어적 지시를 요하므로 검사자와 피검사자 간에 충분한 의사소통이 이루어지지 않은 채 검사가 실시되는 경우를 생각할 수 있다.

둘째, 취학 전 농유아나 저학년의 농아동에 대한 지능검사 결과는 동 연령의 일반아동에 비해 더욱 더 신뢰하기 어려운 경우가 많다는 점이다. 만약 농유아가 특별히 낮은 지능지수를 나타낼 경우 그 검사결과는 더욱 의심스러운 것으로 볼 수 있다. 이런 경우 대부분은 아동의 능력 그 자체의 결함에 기인하기보다는 능력을 수행하기 위한 조건의 부적합성에 기인하는 경우가 많다.

셋째, 농아동에게 심리검사를 직접 실시해 본 경험이 없는 사람일수록, 비록 심리검사 전문가라 할지라도 검사 실시 상에 예기치 못한 오류를 범할 가능성이 많다는 점이다. 농아동에게 지능검사를 실시하는 경우, 문헌에 나타난 이상의 특별한 주의와 배려를 요하는 경우가 많다.

넷째, 대부분의 지능검사 도구 중 동작성검사 영역은 도구의 전체 세트의 절반 혹은 그 이하이므로 농아동에 대한 완전한 지능검사의 타당성을 확립하기 위해 적어도 2종 이상의 동작성 검사를 실시하는 것이 바람직하다.

다섯째, 12세 이하의 농아동을 위한 지능검사에서 시간의 제한을 강조하는 검사는 시간에 제한을 받지 않는 검사보다 타당성이 더욱 문제가 될 가능성이 크다. 왜냐하면 나이가 어린 아동일수록 시간의 제약성을 무시하고 작업에 임하는 경우가 많기 때문이다.

여섯째, 농아동에게 집단검사를 실시하는 것은 아주 의심스러운 방안이므로, 다만 대체적 선별검사의 방안으로만 활용될 수 있을 것이다. 따라서 가능한 한 개별진단용 지능검사 도구를 적용해야 한다.

이상의 제반 유의점을 충분히 고려하는 가운데, 어떻게 하면 농아동이 가지고 있는 지적능력을 검사를 통해 100% 표현될 수 있도록 하느냐가 중요한 과제가 되고 있다. 이들 농아동에게 일반적으로 가장 널리 적용되고 있는 지능검사 도구들을 소개해 보면 <표 5.1>에 나타난 바와 같다.

<표 5.1> 농아동에게 적용되는 지능검사 도구들의 평가

검사도구	적용연령 범 위	검사도구의 평가
Wechsler Performance Scale for Children (1949) 1974년에 WISC-R제작	5세~16세	WISC 동작성검사는 학령기의 농아동을 위해 가장 적합한 검사 도구로 활용되고 있다. IQ점수의 상대적 타당성의 산출이 가능하며, 대뇌손상 혹은 정서장애 등과 같은 요인에 대한 질적인 해석을 가능케 한다. 피검자에게 흥미를 유발할 수 있고 비교적 검사의 실시가 쉽다.
Wechsler Performance Scale for Adults (1955)	16~17세	위의 WISC 동작성과 동일함
Leiter International Performance Scale (1948수정)	3~12세	본 검사는 나이 어린 농아동에게 적합한 검사로 활용되고 있다. 다른 도구로는 검사가 불가능한 아동들에게도 검사가 가능한 경우가 많다. 본 검사는 다소 많은 시간이 요하고, 도구 구입에 많은 경비가 소요되고, 다소 타당성이 낮은 경우가 있으나, 농유아에게 아주 적합한 도구이다. 본 도구의 큰 약점은 검사의 평균 점수가 95이고, 표준편차가 20이기 때문에 IQ점수의 해석에 문제가 있다(즉 다른 도구에서는 정상 점수의 절대치가 100이지만 본 검사는 95이다). 따라서 본 검사에서의 IQ60은 Wechsler나 Binet에서의 70과 같은 수준으로 해석될 수 있다.
Progressive Matrices (Raven,1948)	9세~성인	Raven의 Progressive Matrices는 보다 종합적인 지능검사를 뒷받침하기 위한 2차 검사로서 좋은 도구이다. 본 검사의 장점은 검사의 실시와 채점이 극히 간단하며, 시간의 제약성이 없고, 도구가격이 아주 저렴하다는 점이다. 본 검사는 충동적이거나 주의집중이 잘되지 않는 농아동에게 적용하기는 곤란하다.
Coloured Progressive (Raven, 1956)	5세~11세	위의 Progressive Matrices와 동일함

Hiskey-Nebraska Test of Learning Aptitude (1941, 1955)	3세～16세	원래 농아동의 지능검사를 위해 제작된 도구였으나, 후에 일반아동을 위한 표준화의 규준을 별도로 제시하고 있다. 4세에서 12세 사이의 농아동에게는 아주 좋은 검사도구로 활용될 수 있다.
Ontario School Ability Examination (Amoss, 1949)	4세～10세	4세에서 10세 사이의 농아동을 위한 지능검사 도구의 하나로 적합함.
Chicago Non-Verbal Examination (Brown 등 1947)	7세～12세	본 검사는 개별검사로 행해질 경우 타당하나, 집단검사로 주어질 경우 아주 부적합하다. 채점절차가 까다롭고 신뢰성이 낮은 편이다.
Merrill-Palmer Scale of Mental Tests (Sutsman, 1931)	2세～4세	본 검사는 농유아에게 적합한 검사이나 농아동에 대한 충분한 지식을 가지고 있는 전문가에 의해 실시될 것이 특별히 요구되고 있다.
Draw-A-Man-Test (Goodenough, 1926)	3세～2세	저연령의 아동에게는 적용함에 있어 문제가 있다. 채점 상에 주관성을 완전히 배제하기 어려우며, 신뢰도가 다소 낮은 편이다. 검사실시가 아주 간편한 이점이 있으며, 투사적 관심에서 인성적 평가의 한 기준을 제시해 준다.
Rnadalls Island Performance Tests (1932)	2세～5세	취학 전 아동을 위한 비언어성 검사도구로서 유능한 전문가에 의해 실시되어야 하며, 진단적 정보를 제공해 준다. 가격이 비싼 편이나 좋은 검사도구이다.

이상에서 소개된 지능검사 도구 가운데 특히 많이 활용되고 있는 검사도구를 중심으로 해서 도구의 특징, 활용방안 등을 중심으로 좀 더 구체적으로 살펴보고자 한다.

1. WISC 동작성 검사

본 검사는 행동과 사고를 포함시켜 2차원적 해석을 확립한 Wechsler의 지능관에 기초하여 제작된 것으로, 우리나라에서는 서봉연(徐鳳延)·이창우(李昌雨) 등에 의해 1974년 K-WISC로 표준화 된 바 있다. WISC 동작성 검사의 하위영역은 다음 6개 영역으로 구성되어 있다.

(1) 빠진곳 찾기(Picture Completion) : 도형적인 자극을 지각하고 식별하는 능력과 세분된 도형 속에서 개개의 구성요인을 평가하는 능력으로 되어 있다.
(2) 차례 맞추기(Picture Arrangement) : 동작성 검사 가운데 일반지능을 가장 잘 측정해 내며, 의미간의 공통성과 일관성을 토대로 해서 의미관계를 찾아내는 능력과 정보를 언어적으로 의미 있는 순서로 배열하는 능력을 측정인자로 하고 있다.
(3) 토막 짜기(Block Design) : 일반지능 측정과 지각구성 능력을 측정하는데 쓰이며, 물체간의 도형적 상호관계를 인지하는 능력과 여러 가지 모양과 형태에서 상관 있는 형태를 택하는 능력을 측정인자로 하고 있다.
(4) 모양 맞추기(Object Assembly) : 지각 구성능력을 측정하며, 공간에서의 시각적 대상물의 배열과 위치의 이해능력과 모양이 바뀌었을 때 시각화할 수 있는 능력 및 완성된 모양에서의 관계를 판단해 낼 수 있는 능력을 측정인자로 하고 있다.
(5) 기호 쓰기(Coding) : 기호 쓰기 A는 비슷한 것과 다른 것을 구별하는 능력으로 되어 있고, 기호 쓰기 B는 글자나 숫자에 따라 빠른 결정을 내리는 능력을 측정인자로 한다.
(6) 미로문제(mazes): 보충검사로서 계획능력과 지각구성 능력을 측정하며, 문제가 포함하는 결과를 예측하는 능력을 측정인자로 한다.

이상의 각 하위 검사들은 질적으로 상이한 지적 요인을 측정하고 있으므로, 하위검사의 득점 비교를 통해서 유익한 진단적 자료를 입수할 수 있다. 본 검사는 1974년에 수정판이 나와 미국 갈러뎃대학의 인구통계연구소의 연구 프로젝트의 일환으로 1977년에는 WISC-R에 대한 농아동의 규준이 별도로 표준화되어 최근 미국에서 농아동의 진단적 평가를 위한 규준자료로 많이 활용되고 있다. 본 연구에 의하면 6개의 하위영역 가운데 농아동은 특히 기호 쓰기(coding)와 차례 맞추기(picture arrangement)에서 일반아동에 비해 차이를 나타내고 있으나, 다른 하위영역에서는 비슷하게 나타난 것으로 보고하고 있다.

한편 지금까지 농학생을 대상으로 WISC 동작성 검사를 실시한 국내외의 주요 선행연구들의 결과를 종합해 보면 <표 5.2>와 같다.

<표 5.2> WISC 동작성 검사에 의한 선행연구 결과 비교

연 구 자	연 대	대상 수	연 령	득 점
H. R. Myklebust	1948	—	10~16	101.8
E. E. Graham & Esther Spapiro	1953	20	10~16	96.1
C. P. Goetzing & C. L. Rousey	1957	101	14~21	101.9
A. L. Larr & E. R. Cain	1959	248	—	97.8
R. G. Brill	1962	312	5~16	104.9
D. Wechsler	1974	2,200	6~16	100
R. J. Anderson & F. H. Sisco	1976	1,228	6~16	95.7
S. Ray	1979	127	6~16	99.25
권 요 한	1977	144	10~12	95.0
김정화 · 조혜선	1983	109	6~16	103.38

2. 행렬검사(Progressive Matrices Test)

영국에서 Raven(1948)이 개발한 Standard Progressive Matrices(표준 행렬 검사 : A, B, C, D 및 E형). 즉 SPM검사는 제시된 무의미한 도형들의 상호관계를 관찰하게 하여, 전체적 관계체제를 추리하는 도형의 성질을 확인하도록 함으로써 체계적 추리능력을 개발 · 측정키 위한 지능검사의 일종이다.

행렬검사는 12개 문항으로 된 5세트로 모두 60문항으로 구성되어 있다. 각 세트의 첫 문항(A1, B1, C1, D1, E1 등)은 피검자 스스로 쉽게 확인할 수 있도록 되어 있으나, 문항이 진행됨에 따라 점차 어려워진다. 어떤 연령층이든 모든 피검자에게 동일한 순서로 꼭 같은 시리즈의 문제가 주어지며, 처음부터 끝까지 중단하지 않고, 그 자신의 속도에 따라 진행하도록 하고 있다.

행렬검사는 인간 정신 능력의 광범위한 영역을 포괄할 뿐만 아니라 모든 연령층에 활용될 수 있고, 피검자의 교육정도, 국민성 혹은 신체적 조건에 영향을 받지 않도록 구성되어 있다. 때문에 SPM을 통해서 피검자가 얻은 전체점수는 개인이 성장해 온 문화적 환경이나 교육환경으로부터 거의 영향 받음 없이 개인의 지적능력의 지표를 나타내고 있다.

지능 검사로 행렬검사의 타당성을 보면, Binet 및 Wechsler 지능검사와 .54에서 .86에 이르는 정적 상관을 보이고 있다. 행렬검사가 비언어성・동작성 지능검사와는 매우 높은 정적 상관을 나타내는 반면, 언어성 지능검사와는 .7이하로 떨어지고 있다. 또한 행렬검사와 학업성취도 검사와의 상관은 지능검사의 상관보다 다소 낮게 나타나는 경향이다. 특히 Matrices Test는 명확한 사고과정 및 정확한 지적 과업을 평가하는 중요한 방안으로 인정되고 있다.

행렬검사를 적용함에 있어 나이가 어린 취학 전 아동이나 정신지체 및 노인층에게는 추상적 추리력을 크게 요하지 않는 A와 B세트 모두, 그리고 C와 D세트의 앞부분 일부만 적용하는 것이 바람직하다. 이를 위해 J. C. Raven A, AB, B 등 3세트로 36문항으로 구성된 Coloured Progressive Matrices를 따로 제작한 바 있다. SPM의 사용 목적이 직업적 적성 및 능력을 파악하기 위한 것이 아니고, 임상적・진단적 목적을 위한 것이라면 시간에 특별히 제한을 두지 않는 것을 원칙으로 한다.

검사실시 요령에 있어서는 개별검사로서 검사자가 피검자와 함께 직접 진행하는 방법이 있다. 나이 든 정상 학생의 경우에는 자기 스스로의 진행에 의한 집단검사가 가능하나, 청각장애아의 경우 개별검사로 실시하는 것이 바람직하며, 특히 진단적 목적을 위해 사용할 때는 반드시 개별검사로 실시해야 한다.

Myklebust에 의하면 다른 비언어성 검사에 비해 농아동에게는 이 Progressive Matrices검사 성적이 낮게 나타나는 경향이 있다고 한다.

3. Hiskey-Nebraska 학습적성검사

1941년에 개발된 농유아(聾幼兒)를 위한 네브라스카 학습적성검사(Nebraska Test of Learning Aptitude)는 미국에서 농아동을 위해 표준화된 최초의 개인능력 검사도구이다. 처음에는 본 검사 도구가 청각장애아에게만 적용되었으나, 1955년부터는 일반 아동에게 적용할 수 있게끔 재표준화 되었다.

Hiskey교수는 본 검사 척도의 문항을 구성함에 있어 특히 다음의 기준을 고려하였다.

(1) 농아동을 위한 비언어성검사로 적합한 문항인가?

(2) 간단한 팬터마임으로 지시가 가능한 문항인가?
(3) 지적 혹은 학습능력을 재는 유효한 기준이 될 수 있는 문항인가?
(4) 객관적 척도가 가능한 문항인가?
(5) 피검자의 흥미와 관심을 끌 수 있는 문항인가?
(6) 주어진 연령범위에 적절한 난이도를 가지는 문항인가?

H-NTLA에서 재고자 하는 측정의 단위는 비네 지능검사의 정신연령과 유사한 것으로 연령규준(age norm)의 일종으로 학습연령(learning age)의 개념을 적용하였으며, 정상아동에게는 Binet의 정신연령 개념을 그대로 적용하였다.

기간에 따른 발달의 양을 나타내는 연령측도는 표준점수 혹은 퍼센트 점수 등보다 많은 이점을 가진다. 이를테면 본 검사에서 학습연령(LA) 5세라고 하는 것은 5살 난 보통 수준의 농아동이 해낼 수 있는 과업을 그 아동도 할 수 있거나, 해낼 수 있어야 하는 것을 의미한다. 그리고 H-NTLA에서 사용하는 연령환산은 2년 6개월에서 3년 5개월까지를 3세로 하였던 바, 이는 3~0에서 3~11까지를 3세로 환산하는 것보다 중앙치에 의한 연령환산을 위해서는 이 방법이 더 적합한 것이기 때문이다.

한편 본 검사가 재려고 하는 바를 어느 정도 한결같이 같은 정도로 재고 있는가에 대한 소위 검사의 신뢰도는 농아동의 경우 3~10세가 .937, 11~17세가 .918이며, 정상아동은 3~10세가 .86, 11~17세에서 .78이며 WISC와는 .82로 나타났다.

한편 Mira(1962)는 Leiter International 동작성 검사와 네브라스카 학습적성검사 결과를 비교해 본 결과 Leiter가 96.32, Nebraska가 108.96으로 두 검사간의 상관은 .77로 의미 있는 상관을 보이는 것으로 보고하고 있다. 또 Vasa(1971)는 멕시칸계의 아동집단에 대해 WISC와 네브라스카 검사와의 상관을 밝힌 결과 WISC 동작성 검사와는 아주 밀접한 관계가 있음을 발견했다고 한다.

이 검사도구는 우리나라에서 김병하, 이효자, 황도순 등(1997)에 의해 국립특수교육원에서 'KISE 청각장애학생 학습적성검사'로 개발하여 활용되고 있다.

4. 인물화검사(Draw-A-Man Test)

Goodenough박사의 인물화검사(DMT)는 검사의 간편성과 그 실용성에 있어 아주 큰 장점을 가지고 있다. 본 검사는 우리나라에서도 金在恩 등에 의해「인물화에 의한 간편지능검사(1973)」로 표준화되어 두루 활용되고 있다.

본 인물화검사에서 측정하고자 하는 '지능'의 개념은 지적 성숙 혹은 개념적 성숙이라는 의미로 받아들여, 아동이 인간의 모습에 대해서 갖고 있는 개념을 그들이 일괄적으로 가지고 있는 개념의 한 지표로 보고 있다. 그래서 인물화검사에서 생각하는 지적 능력이란 사물을 지각하고, 그 지각한 사물간의 유사성과 차이를 가려내고 일반화하는 기능을 의미한다. 따라서 인물화에 의해 측정되는 지능은 선천적이고 잠재적인 정신 능력이라기 보다 학습에 의해 수정되고 시간의 경과에 따라 반응이 풍부해진 지적 성숙을 의미한다고 하겠다.

본 검사는 아동이 그리는 남자상, 여자상의 두 그림을 각 채점 기준에 따라 채점하여 규준에 비추어 결과를 해석하게 된다. 검사에 필요한 시간은 약 20분으로 시간제한은 없다. 그림의 채점에 필요한 채점 기준은 남자 척도가 60점, 여자 척도가 60점으로 각 기준을 통과하는 수를 세어서 소점(素點)을 의미 있게 해석할 수 있도록 마련된 규준은 크게 두 가지로 편차지능지수(deviation IQ)와 백분위(percentile rank)이다.

본 검사와 WISC동작성 검사와의 상관계수는 .73으로 비교적 높은 상관을 유지하고 있으나, 그 외의 다른 지능검사들(특히 언어성검사)과는 비교적 상관성이 낮은 것으로 나타나고 있다. Myklebust에 의하면 인물화검사에 있어 농자집단과 일반아동집단 간에는 지능의 차이가 인정되지 않음을 지적하고 있다.

이상의 도구 가운데 학령기 농아동에게 가장 많이 적용되는 도구는 WISC-R동작성 검사이고, 취학 전 단계에는 Leiter International 동작성 검사가, 취학전과 학령기에 걸쳐 두루 적용되는 것으로는 히스키—네브라스카 학습적성검사가 많이 활용되고 있다. 이에 비해 인물화검사(DMT)와 Progressive Matrices는 보조용 검사도구로 많이 활용되고 있다.

참고문헌

김병하(1983). "청각장애아의 심리", 이태영(편), **특수아동의 심리**. 대구 : 대구대학교출판부, pp.139-173.

김정화, 조혜선(1984). "WISC-R에 나타난 농학생의 지능특성, **특수교육과학**, 제 8집, pp. 9-15.

이승명(1983). **심리언어학.** 대구 : 계명대학교 출판부.

조명한(1983). **언어심리학**. 서울 : 정음사.

Allen, T. E., C. S. White, M. A. Karchmer(1983). Issues in the Development of a Special Edition for Hearing Impaired students of the Seventh Edition of the Stanford Achievement Test., American Annals of the Deaf, 128(1), pp. 34-39.

Anderson, R. J., F. H. Sisco(1977). Standardization of the WISC-R Performance Scale for Deaf Children. Washington, D. C. : Gallaudet College, Office of Demographic Studies.

Furth, H(1966). Thinking without Language. New York : Fress Press.

Liben, L(1978). Developmental Perspectives on the Experiential Deficiencies of Deaf Children. In L. Liben(ed), Deaf Children Developmental Perspectives. New York :Academic Press, pp. 195-216.

Myklebust, H(1964). The Psychology of Deafness. New York : Grune & Stratton.

Moores, D. S(1982). Education the Deaf : Psychology, and Practices. Boston : Houghton Mifflin. Co.

Moores, D. S(1976). A Review of Education of the Deaf. In L. Mann & D. Sabation(eds.). Third Review of special Education. New York : Grune & Stratton.

Piaget, J(1962). The Language and Thought of the Child. New York : World.

Quigley, S., D. Frisina(1961). Institutionalization and Psychoeducational Development of Deaf Children. Reston, VA : Council for Exceptional Children.

Rosenstein, J(1961). Perception, Cognition and Language in Deaf Children. Exceptional Children, 27., pp. 276-284.

Trybus, R., M. Karchmer(1977). School Achievement Scores of Hearing Impaired Children: National Data of Achievement Status and Growth Patterns. American Annals of the Deaf, 122,. pp.62-69.

Vernon, M(1967). Relationship of language to the Thinking Process. Archives of Genetic Pschiatry, 16., pp. 325-333.

Vernon. M., D. Browm(1964). A Guide to Psychological Tests and Testing Procedures In the Evaluation of Deaf and Hard of Hearing Children. J. of Speech and Hearing Disorders, 29,. pp. 414-423.

Vygotsky, L(1962). Thought and language. Cambridge. MA : Massachusetts Institute of Technology.

VOICEYE

제6장 청각장애와 인성발달

아동의 인성발달에 미치는 농(deafness)의 영향은 아주 복잡하고 크다. 듣지 못한다는 것은 사회 심리적 측면에서 볼 때 여러 가지 부가적 장애를 가져오게 하는 중대한 문제가 된다. 특히 농아동에 대한 부모의 양육태도, 인간관계의 폭과 깊이, 교육환경의 특성 등은 농아동의 인성발달에 있어 대단히 중요한 의미를 갖는다. 본 장에서는 먼저 에릭슨(Erikson)의 발달이론에 입각하여 일생을 통한 농의 영향을 포괄적으로 검토하게 될 것이며, 다음에 농아동이 보이는 행동 문제의 특성과 그 중요 유형을 선행연구들의 결과 해석을 중심으로 해서 논의할 것이다. 마지막으로 농학생을 위한 인성검사의 실제적 적용문제를 논의하고, 적용 가능한 주요 검사도구를 소개할 것이다.

제1절 농과 사회 · 정서적 발달

농(deafness)의 사회 · 정서 발달에 미치는 영향은 전술한 지능에 관한 문제에 비해 비교적 최근에 와서 검토되기 시작했으며, 따라서 이에 관련된 연구들도 그렇게 많은 편은 아니다. 농이 아동의 사회 · 정서적 발달에 미치는 영향을 설명하기 위해 특히 Erikson의 발달단계이론은 주요한 시사를 주고 있다.[39)]

에릭슨은 프로이드의 제자로 흔히 정신분석학 내에서 그의 이론이 이해되고 있으나, 그의 유명한 저서인 「아동과 사회(Children and Society, 1950)」의 초판이 나온지 13년 후에 그 재판을 1963년에 발표한 이후부터 그에 대한 종래의 평가

39) 우리나라에서 에릭슨의 발달이론은 朱貞一의 兒童發達學(1978), 徐鳳延(역), 發達의 理論(1983) 등에서 비교적 잘 소개되고 있다. 에릭슨의 발달이론에 입각한 특수아도의 사회 · 정서발달은 강영우. "특수아동의 발달심리학적 기초", 이태영(편), 특수아동의 심리(1983), pp. 17-23을 참고하기 바람.

는 많이 달라지게 되었다.[40] 그는 「아동과 사회」라는 책에서 사회 심리적 발달단계이론을 제시하고 있으며, 이 이론은 그의 다른 저서인 「정체성과 삶의 주기(Identity and the Life Cycle, 1959)」에서 "건전한 인성의 성장과 위기"라는 장에서 보완되어 잘 소개되고 있다. 주지하는 바와 같이 에릭슨은 일생의 주기를 통한 인성의 발달을 여덟 단계로 나누어, 처음 다섯 단계는 아동기의 발달단계이고, 그 후의 세 단계는 성인기의 발달단계인데, 그 구체적 내용은 다음과 같다.

제 1단계; 기본적 신뢰 대 불신

제 2단계; 자율성 대 수치와 회의

제 3단계; 주도성 대 죄의식

제 4단계; 근면성 대 열등감

제 5단계; 정체감 대 역할혼돈

제 6단계; 친밀감 대 고립감

제 7단계; 생산성 대 자기침체

제 8단계; 자아통정 대 절망

그의 이 발달단계들은 ① 각 발달단계의 시기마다 당면하는 위기와 문제점을 기술하고 있으며, ② 각 단계는 질적으로 다른 행동유형을 나타내고, ③ 각 단계들은 불변적인 순서로 전개되며, ④ 문화적으로 보편성을 지니는 것이 그 특징이다.

즉, 에릭슨은 각 발달단계마다 개인이 사회와의 접촉에서 직면하게 되는 가장 일반적인 위기 내지 문제점을 나타내되, 그것이 질적으로 다른 단계와 어떻게 다른가를 잘 설명하고 있다. 가령 그에 의하면, 자율성 단계에 있는 아동들은 "훨씬 더 독립적"이다는 점에서 기본적 신뢰 단계에 있는 아동들과 아주 다르다는 것이다. 에릭슨은 발달의 단계적 순서는 상당부분이 생물학적 성숙의 결과라는 가정에 기초하여, 하나의 개체 발생적(epigenetic) 도식을 다음의 [그림 6.1]과 [그림 6.2]에서 이중선으로 된 칸은 단계의 계열과 구성 부분의 점진적 발달을 동시에

40) 이 책의 재판은 초판을 수정·확대한 것으로 1963년이래 1978년까지 무려 27판을 거듭해서 출판되었다.

나타낸 것으로, 이것은 부분들의 상이한 시간계열을 통한 진보를 도식화한 것이다.

	요소1	요소2	요소3
1단계	I_1	I_2	I_3
2단계	II_1	II_2	II_3
3단계	III_1	III_2	III_3

[그림 6.1] 발달단계의 개체발생학적 도식

첫째 단계 (1세 경)	기본적 신뢰	자율성의 이전형태	주도성의 이전형태
둘째 단계 (2~3세 경)	기본적 신뢰의 이후형태	자율성	주도성의 이전형태
셋째 단계 (4~5세 경)	기본적 신뢰의 이후형태	자율성의 이후형태	주도성

[그림 6.2] 발달단계의 도식

이 도식에서는 결국 ① 건전한 인성은 모든 다른 구성 부분들과 체계적으로 관련되어 있으며, ② 그들은 각 항의 적절한 계열에서 적절한 발달에 전적으로 의존하고 있으며, ③ 각 항은 정상적으로 도달하는 단계의 결정적이고도 중요한 시기와의 전후관련 속에서 존재한다는 것을 설명해주고 있다. 때문에 우리는 일생을 통한 주기에서 "각 단계가 질적으로 다른 행동유형을 나타낸다"는 Erikson의 가설을 위의 도식을 통해 좀 더 철저히 이해할 필요가 있다.

흔히 우리는 에릭슨의 단계들 가운데 어느 한 단계를 성공적으로 통과하지 못하면 다음 단계로 나아갈 수 없다고 이해하고 있으나, 그것은 잘못이다. 모든 개인은 그가 이전 단계를 성공적으로 통과했던 그렇지 않던 간에 모든 단계를 경험하게 되어있다. 그러나 앞 단계에서의 성공 여부가 나중 단계에서의 성공 여부에 중요한 영향을 미치는 것은 사실이다. 때문에 특히 첫 단계의 발달과제인 기본적 신뢰 대 불신이 더욱 중요한 의미를 지닌다.

이를테면, 자신을 돌보는 사람에 대한 확고한 신뢰감을 갖게 된 아기들은 돌보는 사람 곁에서 떨어져 독립적으로 환경을 탐색할 수 있게 된다. 따라서 강한 자율성은 자연히 활발한 주도성을 갖게 해 주지만, 반대로 신뢰감이 부족한 아기들—즉 자신을 돌보는 사람과 떨어지는 것을 두려워하는 아기들—은 자율감과 그 이후의 과제를 발달시키기가 어렵다. 경우에 따라 그들은 어려운 일이 일어나면 이전 단계로 퇴행할 가능성마저도 있으나, 기본적으로 발달의 추진력은 각 발달단계의 새로운 문제에 직면토록 만든다. 에릭슨은 생물학적 성숙과 사회적 압력으로 인해 각 개인은 순서적으로 나타나는 각 단계마다의 위기에 직면하게 된다고 주장한다.

이같은 에릭슨의 발달이론은 농교육 분야에서도 Schlesinger(1972)와 Kennedy (1972) 등에 의해 농의 문제에 적용되어 논의되고 있다.

1. 기본적 신뢰 대 불신

출생 후 2세까지 육아의 기본적 과제는 자신과 자신을 둘러싼 세계에 대해 신뢰감을 가지는 것이 중요하다. 이 중대한 발달단계의 성공적 해결은 거의 전적으로 어머니와 아기 간의 상호작용에 의해 결정된다. 이 첫 단계에서 아기들은 자기가 원하는 것을 취하려 할 때, 우선 그를 돌보는 사람(주로 어머니)과 상호작용하게 되는데, 이 상호작용에서 가장 중요한 것은 어머니의 행동에서 어떤 일관성·예언성·신뢰성이 발견되어야 한다는 점이다. 부모가 일관성이 있고 믿을 수 있다고 느낄 때 아기들은 부모에 대한 '기본적' 신뢰감을 발달시켜 가는데, 이를테면 오줌을 싸서 젖거나 배가 고플 때 아기들은 어머니가 자신의 고통을 덜어줄 것이라는 것을 믿을 수 있어야 한다. 그러나 어머니의 행동을 전혀 예측할 수 없고 믿을 수 없으며, 필요할 때 자기 곁에 없을 때 아기는 반대로 불신감을 가지게 된다(Erikson, 1963).

에릭슨에 의하면, 아기들이 자기를 양육하는 어머니에게 신뢰감을 가지게 되면 행동으로 그것이 표현되는데, 그 첫 번째 표시가 "엄마가 보이지 않더라도 지나친 불안이나 걱정을 나타내 보이지 않는다는 것"이라고 한다. 여기서 "지나친"이란 말은 중요한 의미를 갖는다. 왜냐하면 대부분의 아기들은 어느 정도의 격리불안을 경험하기 때문이다.

이렇듯 기본적으로 신뢰는 다른 사람을 믿을 수 있고 또 그들의 행동을 예측할 수 있다는 것을 아는 것이지만, 에릭슨은 이 기본적 신뢰감이 궁극적으로는 "부모의 자기확신"에 의해 좌우된다고 주장한다. 즉 부모들은 자기가 하고 있는 것이 의미가 있다는 깊은 신념을 "자녀들에게 몸소 보여줄 수 있어야 한다"는 것을 강조하고 있다. 따라서 그는 자녀양육에 대한 어머니의 자기 확신을 강조하면서, 오늘날 어머니들이 일관된 육아법에 대한 확신을 갖지 못하고 갈팡질팡하는 현상을 아주 경계하고 있다.

장애아동을 가진 부모의 심정은 어떤 시적(詩的) 언어의 표현으로도 불가능할 만큼 부모로 하여금 아주 충격적이고 깊은 죄의식에 빠지게 한다. 장애아를 가진 부모의 이같은 심정은 그들의 아기들과의 상호작용에 있어 안정성과 따뜻한 관계를 유지하는데 분명한 저해가 될 수 있다. 이런 경우 오히려 그들 자신이 농자인 부모가 정상청력을 가진 농아기의 부모에 비해 심리적으로 훨씬 안정된 상태에서 아기를 양육해 갈 수 있는 이점이 임상적으로도 확인되고 있다.

이 시기에 농아기가 기본적 신뢰감을 확립하는 데 어떤 측면에서 어느 정도로 불리한 영향을 받고 있는가에 대한 확실한 정보를 가지고 있는 것은 아니다. Hunt(1964)는 "더 많은 것을 보고 듣는 아동일수록 더 많은 것을 보고 듣기를 원한다"고 했으며, 이어 그는 "아기들은 뭔가 듣고는 그것을 보려고 하고, 뭔가 보게되면 그것을 잡으려 하고, 뭔가 손에 잡히면 흔히 빨려고 한다"고 지적하고 있다. 이와 같은 아기들의 행동특성에 미루어 볼 때, 특히 청각장애는 발달을 위해 아주 불리한 요건이 될 수 있다. 즉 농아기는 기본적 신뢰감을 발전시킬 수 있는 주요한 도구가 되고 있는 청각기능의 장애로 말미암아 발달과업을 성공적으로 성취하기가 어려운 것이다.

2. 자율성 대 수치와 의심

2~3세 된 아기는 자기가 원할 때는 잡아당기다가 원하지 않을 때는 곧장 밀쳐 버리곤 하는데, 이러는 가운데 그들은 자신의 자율감을 나타내 보이고 있는 것이다. 이 시기의 아이들은 엉망으로 만들 권리를 행사라도 하는 듯이 스스로 밥을 먹으려 한다. 그들은 '나' 또는 '내 꺼야'라는 말을 반복해서 사용하는 데서

도 자율성을 나타내 보이기도 하고, 무엇보다도, '아니야'라는 단어의 표현에서 가장 강력하게 그들의 자율성을 찾아 볼 수 있다. 이 시기의 아기들은 동의를 하게 되면 자신의 독립성이 상실되기라도 하는 듯이 '응'이라는 말의 표현을 꺼려하는 대신, 강하고 고집스런 '아니야'라는 말을 통해서 자기로부터의 모든 외적 통제를 거부하고 있다.

이 시기에 있어 가장 중요한 것은 "배변싸움"—즉 아이들의 자율성과 문화적 사회규제 사이의 싸움—이라고 에릭슨은 주장하고 있다. 그는 이 싸움을 자율성 대 수치와 회의의 갈등이라고 규정하고 있다. 어떤 부모들은 아이가 배변을 잘못했을 때 지나치게 수치심을 주고, 또 아이들이 자기를 내세우는 반항적 행동을 단호히 묵살해 버리기도 하는데, 이 경우 아이들은 자기결정(즉 자율감의 신장)을 향한 갈등을 능가하는 수치와 회의의 감정을 지속적으로 가지게 된다.

이 시기에 있어 현명한 어머니들은 고집이 센 아이들에게라도 긍정적 격려의 태도를 보임으로써 아이의 자율성을 발달시키게 되나, 대부분의 농아동 부모들은 아이에게 완고한 외적 통제를 끊임없이 가함으로써 농아이가 수치심에 젖게 할 가능성이 많다. 이 시기의 농아동 부모들은 아이들과 "배변 싸움" 못지 않게 말을 하게 하려는 "말 훈련"의 싸움을 서두르게 된다. 농아이의 부모들은 그 아이로 하여금 말하게 하는 것이 가장 절실한 과제이다.

사실 이 시기의 농아이의 부모가 보이는 이 같은 염원은 수긍될 만하다. 그러나 대부분의 농아이는 부모의 이 같은 절실하고 조급한 요구를 들어줄 수 없는 현실 때문에 죄책감을 가지게 되고, 스스로 벙어리가 되는 것을 심리적으로 거역함으로써 더욱 수치심을 조장하는 결과를 초래할 수도 있다(Schlesinger, 1972).

3. 주도성 대 죄의식

에릭슨은 이 단계의 주요 양식을 관입(intrusion)이라 했다. 이 용어로써 그는 아동(4세에서 6세경)이 매우 호기심이 많고 경쟁적이라는 것을 설명하고자 했다. 여기에는 신체적인 공격에 의해 다른 사람의 신체로 관입하는 것, 공격적인 언사를 통하여 다른 사람의 마음으로 관입하는 것, 활발한 움직임에 의해 타인의 공간에도 관입하는 것, 불타는 호기심에 의해 미지의 것으로 관입하는 것 등을 포함한다(Erikson, 1963).

이 시기에 주도성을 지닌 아동은 계획을 세우고, 나름대로 목표를 설정하여 그것을 달성하고자 노력한다. 그러나 아동들이 자신이 계획하고 기대했던 희망이 이루어질 수 없다는 것을 깨닫게 되면, '죄의식'이라는 위기에 처하게 된다는 것이다. 4세에서 6세 사이의 아이들은 다른 어떤 시기에서보다도 더 빠르고 열심히 배우고, 그들의 야망을 사회적으로 실현하고자 한다. 이 시기의 아이들은 새로운 호기심이 많아져서 여러 가지를 해보고 싶어하는데, 이에 비례하여 부모의 제한과 간섭이 계속 늘어날 수 있다.

이 시기의 일반아동은 지껄이는 말과 운동의 필요성으로 그 발달특성이 두드러지게 나타난다. 그러나 농아동은 우선 구어로 지껄이는 말의 풍요성에 있어 결정적인 결함을 갖게 된다. 일반적으로 "말로써 감정을 표현할 기회나 능력을 잃게되면, 행동으로 그것을 보충하려는 경향이 있다(Katan, 1961)"는 주장은 매우 주목할 만하다. 때문에 농아동에게는 번지럽게 활동하고자 하는 요구가 더욱 증가될 가능성이 있다. 그러나 실제로 대부분의 농아동 부모들은 그들의 자녀가 농이기 때문에 아동의 활동반경을 아주 제한하고 간섭하게 됨으로써 농아동은 외계 속으로 그들 자신을 관입하는 기회를 상실케 된다. 이렇게 해서 농아동은 그 자신의 결함과 환경적 제한에 의해 이 발달시기에 있어 주요한 양식이 되는 언어와 운동의 풍요성을 위한 기회를 제한 받거나 상실케 된다.

또한 이 단계에 있어 중요한 것은 아이들이 시시때때로 끊임없이 제기하는 여러 가지 말붙임(즉 질문들)에 대해 부모들은 관용성을 가지고 귀찮아 하지 않고 대답을 해주어야 하나, 대부분의 농아동 경우 아예 그들 부모와 이런 풍부한 말붙임, 즉 질문을 통한 의사소통을 가질 수 있는 적합한 언어양식을 확립하고 있지 못함으로써, 그 기회조차 거의 묵살되고 있는 실정이다.

4. 근면 대 열등감

학령기(대개 초등단계)에 접어들면서 아동들은 중요한 인지적·사회적인 기술을 숙달해 간다. 이 시기에 아동들은 읽기, 쓰기, 셈하기 등 기초교과를 배우면서 "꾸준한 주의집중과 지속적인 근면을 유지하는" 자아를 발달시켜 간다. 아동들은 기초교과를 배우면서 남에게 인정받는 것이 무엇인지 알게 되고, 우선 다른 사람으로부터 인정을 받기 위해서라도 열심히 노력을 하는 반면에, 남에게 인정을 받지 못하면 열등감을 가지게 된다. 따라서 이 시기에 성취해야 할 발달과제는 근면성이고, 극복해야 할 발달위기는 열등감이다.

이 시기에 특히 훌륭한 교사들은 아동들에게 대단한 의미의 도움을 줄 수 있다. 에릭슨 자신은 "특별한 재능과 영감을 부여받은 사람들의 일생을 살펴 볼 때, 어느 곳에서든 한 명의 교사가 그들의 숨겨진 재능에 불을 붙여준 경우를 여러 번 보아왔다"고 강조하고 있다. 특히 이 시기에 있어 농아동이 근면성을 발전시키느냐, 아니면 열등감에 빠지게 되느냐 하는 데에 교사의 역할은 대단히 크다. "아무리 애쓰고 가르쳐봤자 소용없는 일"이라고 푸념을 거듭하는 것을 들을 수 있다. 학생들에게 부정적 기대를 가지고 가르치는 교사들은 오히려 학생들의 낮은 성취를 강화하는데 기여할 가능성이 크다. 이미 여러 학자들(Daniel, 1967; Sarason 등, 1960)은 아동의 학습 습관, 언어, 행동양식에 긍정적 가치를 인정하지 않는 교사들은 오히려 아동의 학습동기에 역효과를 미칠 수 있음을 지적한 바 있다.

5. 정체감 대 역할 혼돈

이 시기의 청소년들은 아동기와도 다르고 성인기와도 다른 독특한 '삶의 방식'에 당면하게 된다. 이 단계의 초기에는 자신을 가정으로부터 독립되고 자유로운 존재로 인식하는데 관심을 가지게 되나, 후기에 접어들면서 자신의 사회적 역할보다 넓은 세계 속에서 개인의 목적을 생각하게 된다. 따라서 이 시기에 있어 가장 중요한 과업은 자아정체감(ego identity), 즉 나는 누구이며, 거대한 사회질서 속에서 나의 위치는 어디인가에 대한 생각을 확고히 하는 것이다.

에릭슨은 정체감 형성은 전 생애에 걸친 과정이라고 보고 있다. 우리는 흔히 동일시 과정을 통해 정체감을 형성해 간다. 우리가 반드시 의식하지 않을지라도, 호감을 주는 사람들을 동일시하게 되고 또한 좋아하게 된다. 따라서 각 개인의 정체감은 여러 부분의 동일시의 종합이라 할 수 있다. 이처럼 정체감 형성이 전 생애에 걸친 과정이라 할지라도, 특히 이 정체감의 문제는 청년기에 위기를 맞게 된다. 왜냐하면, 개인적으로 많은 내적 변화가 일어나고 미래의 참여에 대한 결단이 요구되는 시기가 바로 이때이기 때문이다.

청년들은 미래에 대한 이 결단의 어려움 때문에 때로는 그들 스스로를 찾기 위한 심리 사회적 유예기간(psychosocial moratorium)을 갖기도 한다. 이를테면, 어떤 청년들은 최종결정을 내리기 전에 대학을 떠나 여행을 하기도 하고, 여러 가지 잠정적 직업체험을 해보기도 한다. 그러나 대부분의 청년들은 자신이 누구이며 장차 무엇을 할 수 있을 것인가에 대해 확신을 가지기까지는 흔히 고립감, 무의미한 시간의 흐름에 대한 초조감, 자신에 대한 무능력감, 자기 생의 우연성들을 강하게 체험하게 된다.

오랜 기간 동안의 정체감 탐색이 고통스러운 것이긴 하지만, 그것은 경우에 따라 보다 높은 차원의 인격적 통합과 참다운 사회적 혁신을 가능케 해준다. 우리가 아는 뛰어난 이론가들 가운데는 전통적인 직업적 정체감에 쉽게 정착하고자 하는 유혹을 물리치고, 진정한 천직을 찾는데 상당한 고통의 시간을 보낸 사람들이 많다.

그러나 부모들은 대개 가능한 한 심리 사회적 유예기간을 줄이고, 안정된 직업 선택을 하기를 그들 자녀들에게 기대한다. 이 시기의 농청년들은 이전 단계에서의 위기가 누적되어 자아정체감 위기는 더욱 심각해진다. 농청년들은 이 시기에 와서 부모들과 상당한 심리적 갈등을 체험하게 된다. 즉 적어도 그 이전 단계까지는 부모들은 대개 비록 우리 아이가 농이지만 학교교육을 통해 말도 잘할 수 있게 되고, 또 일반아이들과 같이 공부도 잘 해내리라고 기대해 왔으나, 실제로 해를 거듭할수록 부모의 기대와 농학생이 보이는 현실간에는 많은 차이가 눈덩이처럼 불어갈 뿐이다.

이 시기에 농청년들은 정체성의 길을 크게 두 갈래에서 찾는다. 하나는 그 자신을 철저히 '농의 세계'에 몰입시킴으로써, 농의 세계 속에서 자아 정체감을 확립하는 경우이다. 다른 하나는 청각세계에 자신을 과감히 던짐으로써 스스로 굳이 농이 되기를 거부하는 경우인데, 이때 농청년은 더욱 깊은 정체감 위기를 체험하게 된다. 즉 그들은 자신이 농자이기 때문에 정상 청인들의 세계에도 깊이 어울려 정착되기가 어려울 뿐만 아니라, 농인 세계에 가서도 마치 "미운 오리새

끼"마냥 어울리기가 어렵게 되는 것이다. 이것은 마치 미국사회에서 흑인들이 겪는 자아정체감 혼란과 비슷한 관점에서 설명이 가능할 것이다. "작은 신의 아이들"이라는 한편의 영화는 이런 측면에서 농인의 삶과 의식세계를 잘 드러내주고 있다.

6. 친밀감 대 고립감

이 단계부터는 성인기에 해당되는 발달기이다. 에릭슨은 성인기의 발달을 사람들이 다른 사람에 대한 사랑과 관심을 넓혀가고 심화시키는 단계로 특징짓고 있다. 청년은 매우 자기몰두적이어서 자기가 누구이며, 다른 사람 눈에 어떻게 보이는지, 장차 자기가 무엇이 될 것인지에 깊은 관심을 갖는다. 이처럼 청년들은 자신의 문제에 너무 몰두하게 되어 성인 초기의 과제인 친밀감을 획득하기가 어렵다. 진정한 친밀감은 합리적인 정체감이 형성되었을 때만이 가능하다(Erikson, 1963).

에릭슨은 젊은이들 가운데는 굳건한 정체감을 형성하기 전에 결혼을 하는 경우가 있는데, 그 결혼은 실패할 가능이 많다는 것이다. 그에 의하면, 이런 경우에 배우자를 바꾼다고 해서 문제가 해결되는 것이 아니라, 필요한 것은 인간은 진정한 자기 자신이 되기 전에는 타인과 친하게 지낼 수 없다는 사실에 대해 현명하게 통찰하는 일이라고 했다.

일반적으로 농자는 자기비하적인 낮은 자존성을 가지게 되거나, 자신에 대한 정체감 혼동으로 말미암아 다른 사람들에게나 자기가 하는 일에 일관된 친밀감을 갖기가 어렵고, 외부 세계로부터 흔히 고립되기가 쉽다. 이 시기의 대부분 농자들은 학교생활을 마치고 사회에 발을 딛게 되는데, 그들이 다녔던 농학교와 외부세계 간의 엄청난 차이에 대해 당혹감과 불안을 가지게 된다. 이 시기는 프로이드가 지적한 대로 "사랑하고 일하는 것이" 건전한 개인의 가장 두드러진 특징으로 표상되고 있으나, 실제로 농자들은 친밀감을 가지고 다른 사람과 깊은 인간관계를 유지하기도 어렵고, 또 한 곳에서 보람을 가지고 일하는 경험을 갖기도 어렵다. 농자의 인간관계는 세련되고 깊이 있는 관계가 유지되기 어렵고, 표면적이고 일시적 관계에 머무는 경우가 많다.

7. 생산성 대 자기침체

부모된 사람의 과제는 우선 다음 세대를 양육하는 일에 관심을 두는 일이다. 물론 여기서 에릭슨이 말하는 생산성은 반드시 자녀를 낳고 기르는 일에 한정되지 않고, 직업을 통하여 생산하는 것도 의미하지만, 우선 그는 전자의 일에 더 중점을 두고 있다. 물론 자녀를 갖는다는 단순한 사실이 저절로 생산성을 보장해 주는 것은 아니다. 부모들은 자식을 단순히 생산하는 것 이상의 일을 해내야 한다. Bowlby(1969)가 아래에서 지적하는 바와 같이, 인성연구와 아동발달에 관한 연구들은 어린 동물과 아이들은 마찬가지로 이후의 건전한 발달을 위해 조기에 "모성적 접촉"을 필요로 한다.

> 특히 조기에 어머니로부터 적절한 양육을 받은 경험을 가지는 것은 후에 훌륭한 어머니가 되는 것과 직접적인 관계가 있다. 몇몇 동물들의 실험결과(1969)들은 자라나는 어린 동물들이 중요한 시기에 어미와의 접촉이 단절되었을 때, 후에 그들 자신이 새끼를 가져 봤자 제대로 새끼를 돌볼 줄 모른다. 그들의 심리적 발달에 있어 적절한 경험을 갖지 못한 인간의 어머니도 그들의 자녀를 잘 양육할 수 없을 뿐만 아니라, 확신을 가지고 능숙하게 자녀를 돌보기가 어렵게 되는 것이다 (Schlesinger, 1972, p.26에서 재인용).

어릴 때 억지로 자신의 욕구를 채워온 사람들은 신뢰감을 가지고 아이들을 수용하기가 어렵다. 어버이로서 순수한 감정으로 그들 자녀를 이해하는데 곤란을 겪는 농부모들은 그들 자녀를 마치 무슨 인형이나 물건과 같이 취급하는 경향이 있다. 그러나 대부분의 농부모들은 역시 정상청력을 가진 부모들과 마찬가지로 그들의 자녀(정상청력을 가진 자녀들)와 공생적 관계를 잘 유지해 오고 있다.

이들 농자 부모들이 농자녀와 정상청력의 자녀를 양육하는데 느끼는 어머니로서의 역할에는 다소의 차이가 있음이 지적되고 있다. 즉 농어머니들은 "정상청력을 가진 자녀보다 농자녀를 키우는 것이 더 좋다"고 말하기도 한다. 즉 농부모들은 정상청력의 자녀보다 농자녀를 양육하는데 덜 어려움을 겪게 되고, 오히려 정상청력을 가진 자녀를 돌보는데 더 큰 어려움과 갈등을 가지게 되는 것이다. "나는 그 아이가 듣기 때문에 어떻게 의사소통을 해야할지 모르겠다"는 아주 역설적인 고민을 그들 농부모는 가지게 된다.

8. 자아통정 대 절망

에릭슨은 노인들은 젊었을 대처럼 활동적일 수 없지만, 이 시기의 노인에게 중요시되는 것은 외적인 활동이 아니라 내적인 자기투쟁으로 특징지워 질 수 있다고 했다. 그는 이 투쟁을 자아통정(ego integrity)대 절망이라 지칭하고 있다. 노인은 절망에 직면하게 됨에 따라 자아 통정감을 찾으려 노력한다. 에릭슨에 의하면, 노인의 자아 통정감은 "자신의 생을 그랬어야만 했던 것, 다른 어떤 것에 의해서도 대치될 수 없는 것"으로 받아들이는 것을 의미하고 있다. 가령 노인의 자아통정은 다음과 같은 느낌을 주는 듯하다. "그렇다. 나는 실수를 했다. 그러나 당시 상황에서 그 실수는 어쩔 수 없는 것이 아니었던가. 나는 그것들을 내 생애의 행복했던 일들과 함께 받아들이겠다." 이처럼 노인의 자아통정은 그 자체에 대한 초연하고 철학적인 지혜로까지 연결된다. 노인들은 자신의 생을 철저히 자기의 것으로 직면케 하여 이를 통해 일종의 실존적 절망을 해결함으로써 의미 있는 통정감을 얻게 된다(Erikson, 1976).

이렇듯, 노인들에게는 열정과 젊음이 없지만, 우리는 조용한 노인이 인생의 모든 문제 가운데 가장 중요하고 어려운 문제와 어떤 방식으로든 맞붙어 싸우고 있다는데 주목해야 한다고 에릭슨은 강조하고 있다. 솔직히 우리는 아직 노인농자들의 문제에 대해 별로 관심이 없을 뿐만 아니라, 어떤 실증적 자료도 발견하기 어렵다. 아마 대부분의 노인 농자들은 농이라는 장애에 관련해서 자기가 겪었던 황폐한 인생체험 때문에 깊은 절망의 늪에 빠질 가능성이 많다. 중요한 것은 이 절망감을 어떻게 뛰어넘어 통정감을 얻게 되느냐 하는 것이 노인 농자들이 당면하는 인생의 마지막 과제인 것 같다.

이상에서 우리는 에릭슨의 생의 여덟 단계 이론에 입각한 농의 영향을 검토해 보았다. 이상의 논의에서 우리는 특히 다음 두 가지 측면에서 중요한 시사를 얻을 수 있다고 본다. 그 하나는 여덟 단계의 발달이론에서 가장 중요한 것은 발달초기에 아기로 하여금 "기본적 신뢰감"을 확고히 형성해 주는 것이 이후의 생에 있어 계속해서 기본적으로 작용해 오고 있다는 점이다. 다른 하나는 농자에게 기대되는 건전한 인성은 정상부모를 가진 농자보다 농부모를 가진 쪽에서 더 많이 발견할 수 있다는 점이다. 따라서 농아동을 위한 환경적 구성에 대해 우리는 다시 한번 깊은 관심을 가질 필요가 있다.

이하에서는 농자의 사회성 발달, 사회적 인간관계, 자아개념 등을 중심으로 해서 선행연구에서 얻어진 주요 결론들을 중심으로 해서 요약해 보고자 한다. 과거 40년 이상 동안 행해져 온 대부분의 연구들은 농아동은 일반아동에 비해 사회적으로 덜 성숙해 있다는 것을 지적하고 있다. 상대적으로 농부모를 가진 농아동은 정상부모를 가진 농아동에 비해 더욱 사회적으로 성숙해 있음이 밝혀졌다(Meadow, 1972). 또한 기숙제 학교 생활도 농학생의 사회적 미성숙과 관련이 있는 것으로 지적되고 있다. 일련의 연구들은 농아동의 부모들은 일반아동의 부모에 비해 아동의 독립성과 사회적 성숙을 자극하는 자유와 독립심을 길러주는데 더욱 실패하고 있음을 지적하고 있다(Meadow, 1967; Schlesinger와 Meadow, 1972; Collins, 1969; Goss, 1970). 농아동 부모들의 이같은 태도는 농아동이 특히 곤란을 가지는 언어훈련 영역에서와 마찬가지로 성취동기를 저해하는 중대한 압박요인이 되고 있다. 즉 농아동의 부모들은 너무 훈시적이고 간섭적인 양육태도를 보임으로써 결국 농아동의 자유로운 사회성 발달을 되려 저해하는 경우가 많다. 이같은 부모의 양육태도가 농아동의 의존성을 더욱 조장하고, 그 결과로 농아동은 사회 성숙성이 보다 지체되고 만다.

대부분의 농아동은 언어습득이 크게 지체됨으로 말미암아 그를 둘러싼 사람들과 함께 어울릴 수 있는 사회적 상호작용의 접촉 기회가 아주 제한되어 버린다. 농아동은 그들의 요구와 가능성을 적절하게 표현할 수 있는 기회가 제한되므로 해서 자연히 사회적 상호작용이 극히 한정되고 만다.

농아동과 일반아동 간의 자아개념 혹은 자아상을 비교해 본 연구결과들은 한결같이 농아동은 그들 자신에 대해 상당히 부정확한 생각을 가지고 있음이 지적되고 있다. 자아개념에 있어서도 농자 부모를 가진 농아동이 정상부모를 가진 농아동보다 더욱 적극적이고 긍정적으로 나타나고 있다. Meadow(1972)는 농아동의 자아상에 미치는 주요 변인으로 가정의 분위기, 학교에서의 학업성취 수준, 아동의 커뮤니케이션 수행능력 등을 들면서, 특히 아동의 부모가 다른 성인농자들과 폭넓은 인간관계를 형성하게 되는 경우, 아동에게 상당히 적극적 영향을 미치게 된다고 주장하고 있다.

선행연구의 결과에 의하면 농자는 일반인에 비해 인성적으로 많은 부적응의 문제를 지니게 되는데, 그들은 농자가 보이는 인성적 특징으로 흔히 고집성, 자기중심성, 내적 통제의 결핍 혹은 충동성 등을 들고 있다. 그러나 이같은 선행연구들의 결과에도 불구하고 우리는 쉽게 농자에게는 "그들 특유의 인성유형"이 있다고 단정하는 것은 잘못이다. 농자 가운데도 일반인 못지 않게 훌륭한 인성적 장점을 가진 사람들은 얼마든지 있다. 다만 농자에게서 발견될 수 있는 이상의 몇 가지 인성적 문제들은 그들이 받아온 교육, 커뮤니케이션의 기능, 경험의 폭 등과 밀접한 관계가 있는 듯 하다.

제2절 농아동의 행동문제

일반적으로 농아동은 일반아동에 비해 많은 정서적 일탈 내지 행동문제들을 지니는 것으로 여러 선행연구들은 지적해 주고 있다. 여기서는 농아동의 행동문제가 일반아동에 비해 어떤 추세로 나타나며, 그 주요 유형은 어떤 것인지를 중심으로 논의해 보고자 한다.

1. 농아동의 행동문제의 경향

농아동의 행동문제를 논의하기에 앞서 먼저 소위 말하는 "문제행동"은 무엇이며, 어떤 경우에 그렇게 이름지을 수 있는 것인가를 생각해 볼 필요가 있다. 농아동의 문제행동을 조사한 연구들(뉴욕정신의학 연구소의 보고서, 1966, 1969, 1971; Vernon, 1969) 가운데는 정신질환으로 인해 수용되어 있는 농아동의 수를 헤아리는 것으로 농아동의 정서적 이탈을 분석하고 있어, 매우 아쉬운 정보를 제공해 줄뿐이다. 반면에 농학교에 재학하고 있는 학생들을 대상으로 한 조사연구는 그리 흔하지 않다. Schein(1975)은 시외에 있는 학령기 농아의 10%는 그들의 정서적, 행동적 문제 때문에 농학교에 취학하지 못하고 있다고 보고하고 있으며,

Vernon(1969)은 그가 연구한 농학교 학생 중 9%는 심한 정서적 문제 때문에 탈락되었다고 했다.

지금까지 행해진 농아동의 행동문제에 관한 선행연구를 종합해 보면, 농아동 가운데 8~22%는 행동문제를 가지는 것으로 보고하고 있는데, 그 몇 가지 주요 연구들을 이하에서 좀 더 구체적으로 살펴보고자 한다.

1) 갈러뎃대학 인구통계 연구소의 조사

이 조사는 미국 전역을 대상으로 매년 일종의 농학생 실태조사로 행해지고 있는데, 본 조사에서 "교육적으로 심한 정서적 문제"를 가지는 농학생은 모두 8.4%(1975~76)에서 9.6%(1970~71)로 보고되고 있다. 이 조사에서 농학생의 정서적 문제를 판정한 사람들은 교사(43%), 심리전문가(37%), 의사(20%) 등에 의해 이루어졌다.

2) Schlesinger-Meadow의 조사

이 조사는 주립 기숙제 농학교에 재학하고 있는 농학생들을 대상으로 교사와 기숙사 상담담당자에게 "심하게 정서적으로 일탈되어 있으며 정신의학적 처치를 필요로 하는 학생"을 판정하도록 한 것이다. 여기서 정서적 일탈로 판정된 행동들은 자폐증, 지나친 의존성, 과잉행동성(hyperactive), 지나친 공격성, 잦은 무단결석(일종의 등교 거부증), 안면경련과 같은 신경질적 습관, 그리고 신체적으로 확실한 원인도 없이 만성적으로 질병을 가지는 것 등을 포함하고 있다. 전체 조사대상 농학생 가운데 심한 정서적 일탈과 정신의학적 처치가 필요하다고 고려되는 학생을 11.6%로 나타났으나, 같은 지역의 일반학생은 2.4%로 나타난 것으로 보고되고 있다.

3) Vernon의 연구

Vernon(1969)은 농의 다섯 가지 중요 원인인 유전성, Rh인자에 의한 병발증, 조산, 뇌막염, 모체에 감염된 풍진 등의 원인에 의해 농이 된 학생들을 대상으로 농의 원인과 정서적 문제와의 관계를 밝히려고 시도했다[41]. 이 조사에서 심한 정서적 문제를 가진 농아동은 전체 대상자 가운데 22.5%나 되는 것으로 나타났는데, 그 중에서 5.1%는 정신병으로 진단되었다. 농의 원인에 따라 정서장애 출현율은 엄청난 차이를 나타내고 있는데, 전체 평균해서는 22.5%이지만, 유전성은 10%, Rh인자가 15%, 조산아가 27%, 뇌막염이 12%, 풍진이 31%로서 특히 조산과 풍진이 농 이외에 "심한 정서적 문제"를 수반케 하는 중대한 원인이 되고 있음을 알 수 있다.

4) 영국 남부지역 와이트(Wight)섬에서 행해진 조사 결과

이 조사(1964~1965)는 다양한 장애조건 간의 상호관계를 알아보기 위해 행해졌는데, 아동의 정신의학적 상태를 조사하기 위해 교사와 부모에 의한 행동 측도 질문지, 부모와의 상담, 아동에 대한 정신의학적 검사 등을 실시했다. 이 조사에서는 전체 조사대상자 가운데 일반아동은 6.6%가 정신의학적 이상을 지니고 있는 것으로 나타났으나, 농아동은 일반아동의 약 두 배 이상이나 되는 15.4%로 나타났다.

5) 벤쿠버에서 행해진 연구

Freeman, Malkin, Hastings(1975) 등은 캐나다 벤쿠버 지역의 농아동 가운데 문제행동의 출현률을 알아보기 위해 조사를 실시했다. 본 조사에 포함된 문제행동은 감정억제 상실(temper-tantrum)의 빈도, 대소변 처리가 잘 안되는 빈도, 무단결석의 빈도, 남의 물건을 훔치는 버릇, 식사시의 문제들, 불안, 싸움질, 반항, 지나친 두려움의 표시 등을 측도의 기준으로 했다. 이상의 측도들은 부모와 교사에 의해 수행되었는데, 벤쿠버 농아동 가운데 22.6%가 보통 내지는 심한 정동의 정신의학적 문제를 지니고 있음이 판명되었다.

이상에서 보는 바와 같이 농아동의 문제행동은 적어도 일반아동에 비해 다섯 배 이상이나 많은 빈도로 나타나고 있음을 알 수 있다. Furth(1973)는 이같은 결과는 일반적으로 농학교 교사들은 농아동의 문제행동을 과장해서 평가하는 경향이 있는가 하면, 농아동을 가진 정상 부모들의 자녀에 대한 편견에 크게 영향을

41) 위의 다섯 가지 농의 원인 이외의 농학생은 전체 대상가운데 32%이었다.

받고 있다고 지적하고 있다.

2. 농아동에 의한 문제행동의 유형들

일반적으로 농아자는 사회·정서적 성숙에 있어 상당한 결핍을 보이고 있는 것으로 지적되고 있다. 일찍이 Levine(1956)은 농아동의 정서적 미성숙을 “자기중심성, 쉽게 흥분하는 것, 충동성, 피암시성(suggestibility)” 등과 같은 특징으로 설명했는가 하면, Myklebust(1960)는 농자들은 “다른 사람의 입장을 이해하는데” 미숙하다고 했고, Lewis(1968)는 농자의 인성적 특징을 “자각의 미숙, 자기중심적, 자기확신의 부족, 주도성의 부족, 고집스러움” 등으로 지적했다.

한편 교사가 평가한 행동 측도에 의한 한 연구(Revich와 Rothrock, 1972)에 의하면, 농자의 문제행동은 “통제가 결여된 과잉행동성, 불안억제, 선입적 편견” 등과 같은 특징으로 표현된다고 했으며, Levine(1956)은 농소녀들에게 로르샤하 검사를 실시해 본 결과, 그들은 “자기중심적, 흥분적 내지는 충동적”인 경향을 보인다고 했다. 또 Myklebust(1964)는 갈러뎃대학 농학생들을 대상으로 MMPI (Minnesota Multiphastic Personality Inventory)를 실시해 본 결과, 여자에 비해 남자가 훨씬 많은 부적응의 문제를 지니고 있음이 밝혀졌으며, 특히 양 집단 모두 정신분열증이 높게 나타난 것으로 지적했다.

그러면 농아동이 보이는 이같은 부적응의 문제들을 우리는 어떻게 설명해야 할 것인가? 한 연구(Lesser와 Easser, 1972)는 농아동이 보이는 ‘충동성’은 농자가 그의 요구와 감정을 표현하고자 하는 적합한 의사소통 양식의 결핍에 기인하는 것으로 설명하고 있다. 한편 Meadow(1976)는 농자의 사회적 적응에 영향을 미치는 요인으로 농자가 다른 농자와 함께 어울리는 하위집단의 성격을 중시하고 있으며, 이외에 농자의 사회적 경험과 적응에 미치는 구체적 요인들로써 청력 손실의 정도와 시기, 청각장애의 원인, 부모의 청력상태, 교육받은 학교의 유형, 주로 사용하는 커뮤니케이션의 양식 등을 지적하고 있다. 한 연구(Stokoe와 Battison, 1975)에 의하면, 농아동의 정서·행동적 문제의 출현빈도는 농부모를 가진 농아동 쪽이 정상부모를 가진 농아동에 비해 절반 밖에 되지 않는다고 했다.

농자가 보이는 이같은 문제행동을 방지하고 처치하기 위해 오늘날 미국에서 농자를 위한 정신건강 서비스가 지역사회 단위로 활발히 이루어지고 있다. 농아동이 보이는 이같은 문제행동들도 가능하면 조기에 개입하여 줄이도록 노력하는 것이 가장 중요한 대책의 하나가 될 수 있다. 왜냐하면 농에 의해서 부가되는 정신적 갈등은 나이가 들어감에 따라 더욱 깊어질 수 있기 때문이다.

제3절 인성검사의 실제

지능검사가 불확실한 과학이라면, 인성검사는 막연한 예술이라 할 수 있다. 농아동에게 인성검사를 적용함에 있어 특히 다음의 몇 가지 측면을 고려해야 할 것이다.

첫째, 인성검사는 지능검사에 비해 더욱 복잡한 과업으로서 이것이 농아동의 경우에는 더욱 심하다는 점이다. 때문에 인성검사의 결과는 아동에 대한 개인적 경험이나 사례사의 자료 등을 참고로 하여 해설이 행해져야 한다. 그래서 농아동의 교육에 경험이 많은 교육자들은 농아동의 문제에 친숙하지 않은 검사자에 의해서 보고된 농아동의 인성적 특성에 대한 검사 결과가 그들의 관점과 일치되지 않을 때 대단히 회의적 반응을 나타내곤 한다.

둘째, 청각장애에 기인한 커뮤니케이션 상의 제약성으로 말미암아 일반아동에 비해 농아동에게 인성검사를 실시하는 것은 아주 까다로운 문제가 되고 있다. 인성검사는 단순한 언어적 의사소통이나 읽기 능력에만 의존하는 것이 아니라, 검사자와 피검사간의 라포(rapport)와 상호 신뢰감·친밀감의 형성이 대단히 중요하다. 특히 투사적 검사에 있어 검사자는 수화에 의한 커뮤니케이션 능력이 능숙해야 하고, 피검자는 문장표현이 능숙해야 한다.

셋째로는, 정상인의 인성구조에 대한 규준이 농아동에게도 적합하냐 않느냐 하는 점에 관한 문제이다. 청각장애에 기인한 농자의 인성구조가 정상인의 그것과 차이가 있는지 없는지에 관한 것은 아직 미해결의 문제라 할 수 있다. 그래서 이 분야의 전문가들은 청각장애가 농자의 인성적 특성에 미치는 영향을 사회심리학적 측면에서 구명하기 위해 많은 노력을 경주해 왔다.

넷째로, 심리검사자의 지시를 수화나 지화로 해결해 주는 해설자를 활용하는 경우 여러 가지 문제가 야기될 수 있다는 점이다. 수화해설자는 수화 커뮤니케이션에도 능숙할 뿐만 아니라, 심리검사에도 능숙한 자라야 할 것이다. 그런데 이 경우에 해설자의 영향을 검사 결과에 어느 정도 철저히 배제할 수 있느냐 하는 것이 문제가 된다.

일반적으로 농자에게 널리 활용되고 있는 인성검사 도구를 소개해 보면 <표 6.1>과 같다.

<표 6.1> 농아동에게 사용되는 인성검사

검사도구	연령범위	검사도구의 평가
Draw-A-Person (Machover,1949)	9세~성인	본 검사는 심한 정서적 문제를 발견하기 위한 선별검사로서 활용될 수 있다. 비언어성 검사이기 때문에 농아동을 위한 투사적 인성검사로서 실제로 가장 유용하다. 검사결과의 해설에 주관성이 개입할 가능성이 많으므로 농아동의 문제를 잘 이해하는 전문 심리학자에 의해 해석되어야 한다.
TAT(Thematic Apperception Test) 혹은 CAT(Children's Apperception Test(Stein, 1955)	수화와 문어(文語)가 능숙한 학령기 및 성인농자	검사자가 농자와 수화 커뮤니케이션이 능숙한 경우, 유익하게 활용될 수 있다. 본 검사는 특히 전문 심리학자의 해석을 받는 것이 바람직하다.
Rorschash Ink Blot Test(Rorschach, 1942)	농아동과 효율적으로 커뮤니케이션이 이루어 질 수 있는 경우 가능함.	본 검사를 사용함에 있어 검사자와 피검사자 모두 수화에 능숙해야 하며, 피검자가 평균 이상으로 지적능력을 가지고 있어야 한다.
Bender Gestalt Test (Koppitz, 1963)	5세～10세	심한 정서적 문제를 발견하기 위한 선별검사로 활용됨. 투사법에 의한 비언어성 검사임.

이상에서 소개한 것 외에도 Doll이 개발한 Vineland 사회성숙도 검사도 청각장애아에게 적용될 수 있다. 본 검사는 실제 생활장면에서 피검자를 관찰한 사람(즉 아동을 잘 아는 교사나 부모 등)과 면담을 통해 아동의 사회적응 능력을 평가하려는 것으로, 사회성숙의 지표가 되는 각 하위영역에 대한 구체적인 항목을 연령별로 배열하여 개인이 성취 가능한 범위와 그렇지 못한 범위를 밝혀 사회성숙 연령을 산출하도록 하고 있다.

본 검사의 하위영역은 ① 자립능력 ② 이동능력 ③ 작업능력 ④ 의사소통능력 ⑤ 자기지향 ⑥ 사회화 등으로 나뉘어지는데, 선행연구들의 결과를 종합해 보면 사회화에서도 다소 지체되고 있는 것으로 보고되고 있다.

앞의 표에서 소개한 인성검사도구 가운데 인물화 검사, 로르샤하검사, 코피쯔 BGT등에 대해 좀더 구체적으로 소개하고자 한다.

1. 인물화 검사(DAP)

투사적 방법의 하나로 인물화기법에 의한 아동의 퍼스네리티의 진단에 대한 의의와 가치는 일찍이 Machover에 의해서 인정되었다. 우리나라에서는 아동의 인물화 성격검사의 표준화를 위한 연구가 임형진(1974)에 의해 이루어진 바 있다.

본 검사는 28㎝×21㎝ 도화지의 크기에 2매의 남녀 상을 그리게 하여 성격진단의 요인을 ① 자아강고(Es), ② 자아 허약(Ef), ③ 갈등(C), ④ 좌절감(F), ⑤ 불안(Co), ⑥ 자폐성(So), ⑦ 발달미숙(Md), ⑧ 신경증(No), ⑨ 정신병질(Pd), ⑩ 열등감(Fe), ⑪ 의뢰심(De), ⑫ 조숙(Ps), ⑬ 신체장애(Y) 등으로 분류하여 채점하도록 하고 있다.

2. 로르샤하 검사

Rorschach기법은 10장의 잉크브롯 카드에 대해 무엇으로 "보인다"는 것을 피검자에게 보고케 함으로써, 자기의 내적 세계를 표현토록 하는 일종의 투사적 방법이다. 로르샤하 기법을 통해 밝혀질 수 있는 측면은 인지적 측면, 정서적 측면,

자아기능의 측면 등 3개 영역으로 나눌 수 있으며, 이들 영역은 다시 하위영역으로 분화된다.

각 로르샤하 반응은 ① 반응영역, ② 반응결정, ③ 반응내용, ④ 평범성—독창성(P-O), ⑤ 형태수준 등으로 5가지 특성에 따라 분류된다.

로르샤하 검사결과에 대한 해석은 수년간의 임상경험과 전문적 훈련을 요하므로 심리전문가가 아니고는 섣불리 해석을 내리기가 어렵다. 청각장애아동에게 본 검사를 적용함에 있어 검사실시 방법도 문제가 되겠지만, 결과 해석은 더욱 세심한 주의와 전문적 판단을 요한다는 점에서, 실제로 활용 면에서 볼 때 많은 제약이 따른다.

3. 코피쯔의 BGT에 의한 성격진단

Koppitz는 BGT에 의해 시각—운동지각능력에 대한 발달적 채점 외에 정서적 문제를 밝히기 위한 11개의 정서적 지표를 설정한 바 있다. 즉 그가 제시한 11개의 정서지표와 그 각각에 대한 해설을 요약하면 다음과 같다.

(1) 도형배치의 혼란 : 이 지표는 계획능력과 자료 조직력의 결여, 그리고 정신적 혼란과 관계 있는 것 같다. 계획능력은 점진적으로 발달한다. 도형배치의 혼란은 5~7세아에게는 모두 공통적이다. 그래서 8세가 되기 전까지 이 지표는 진단적 의미가 없다.

(2) 파선(波線)(도형 1, 2) : 이 지표는 안정성의 결여와 관계 있는 것 같다. 5~7세 군에서는 정서문제가 있는 아동에게서 없는 아동보다 훨씬 더 많이 나타난다. 이것도 8~10세아에게서는 변별력이 없으므로 연령과는 관계가 있는 것처럼 보인다.

(3) 원(圓)대신 봉선(棒線)(도형 2) :이 지표는 성인에게는 심한 정서장애를 말해 주고 아동에 있어서는 충동성 그리고 흥미나 주의의 부족과 관계가 있다. 이것이 나타나는 일은 아주 드물고 변별력도 약하다.

(4) 크기의 점증(漸增)(도형 1, 2, 3) : 이 지표는 욕구좌절 인내성이 약하고 폭발성이 강한 것과 관계가 있다. 어린 아동의 경우 정서문제의 유무에 관계없이 비슷하게 나타나는 것은, 어린이는 어느 정도 폭발적이기 때문이다.

(5) 과대묘사(過大描寫) : 이것은 아동의 과장행동과 관계가 있다. 이 지표는 유의차는 없지만 정서문제가 있는 아동에게 더 많이 나타나는 것이 발견되었다.

(6) 과소묘사(過小描寫) : 이 지표는 아동의 불안, 억압감, 소심증, 퇴행행동과 관계가 있다. 이 지표는 아주 어린 아동에게는 정서문제의 유무와 관계없이 잘 나타나지 않는다. 그러나 8~10세 아동에게는 정서문제가 있는 아동에게 훨씬 많이 나타난다. 작은 도형은 내적 통제와 근육협응을 고도로 요구하므로 8세가 되기 전까지는 진단적 의미를 갖지 못한다.

(7) 약한 선(線) : 이 지표는 소심증과 퇴행적 행동과 관계 있다. 이 지표는 과소묘사와 유사한 태도와 행동을 나타내는 것 같다. 아주 어린 아동의 퇴행과 수줍음은 선의 질에서 반영되고 좀 큰 아동의 퇴행과 수줍음은 그림의 크기로 반영된다.

(8) 가중묘사(加重描寫) : 이것은 외현적 공격성과 충동적 행동과 관계 있다. 정서문제가 있는 5~7세아는 통제 군보다 훨씬 많이 이 지표가 나타난다. 유의차는 없으나 8~10세 아동에 있어서는 정서문제가 있는 아동에게서 더 많이 나타난다.

(9) 반복시행(反復施行) : 이 지표는 충동성과 또는 불안과 관계가 있는 것 같다. 즉 이것은 자기의 묘사가 부정확함을 알면서도 그 잘못을 지우고 다시 그림으로써 고치려는 인내심과 내적 통제력이 부족한 8세 이상의 정서문제아에게서 발견된다. 이런 아동은 지워 고치는 것을 포기하고 그 위에 다시 그린다. 이와 같은 어린 아동은 여러 잡다한 활동을 시작하나 쉽게 포기한다. 이 정서지표는 자기묘사에 대한 비판력이 부족하고 과오에 대한 인식이 부족한 5~7세아에게는 잘 나타나지 않지만 정서문제가 있는 고연령군에게서는 유의한 차가 있다.

(10) 확산(擴散) 즉 2매 이상의 용지 사용 : 이 지표는 아동의 과잉행동 및 충동성과 관계가 있다. 이것은 전 연령에 걸쳐 정서문제가 있는 아동과 없는 아동을 변별해 주는 유일한 정서지표이다.

(11) 압축(壓縮) : 9매의 도형을 용지의 반 이내에 모두 그리는 것은 퇴행, 수줍음 및 억압과 관계가 있다고 생각된다. 이 지표가 성인에게 적용될 때는 병리학적 의미를 갖겠으나 아동의 경우 의미 있는 관계가 나타나지 않고 있다.

Koppitz에 의하면 위의 11개 지표 중 배치의 혼란, 파선, 과소묘사, 가중묘사, 반복시행, 확산 등은 아동의 성격 특징을 잘 반영하며, 11개 지표 중 3개 지표를 가진 아동 중 반 이상이 정서장애아였고, 4개의 지표를 가진 아동의 5명 가운데 4명, 5개 이상의 지표를 가진 아동은 모두 심한 정서적 부적응 때문에 심리학적 평가가 위탁된 아동이었다고 한다.

필자의 연구(1977)에 의하면 농아동은 특히 가중묘사에 의한 외현적 공격성과 충동성에 많은 빈도를 나타내고 있었다.

4. 매도우/켄달 농학생용 사회 · 정서적 측정도구

이 검사 도구는 매도우(Meadow, 1980) 교수가 농학생을 대상으로 사회 · 정서적 평가를 위해 개발한 것으로① 사회적응, ② 자아상, ③ 정서적 적응 등에 걸친 하위영역으로 구성되어 있다. 이 검사는 아동의 행동을 최소한 8주 이상 직접 관찰한 경험이 있는 교사와 부모에 의해 각 행동목록을 평가하도록 하고 있다. 본 검사의 결과에 의하면 남자에 비해 여자가 사회적응과 자아상에서 높은 득점을 보이고 있으며, 정서적 적응에서는 성별 간에 차이를 나타내고 있지 않다. 또 연령을 가지고 비교해 볼 때, 사회적 적응은 연령이 많아질수록 높아지고 있으나, 자아상은 연령이 낮을수록 반대로 더욱 적극적인 자아상을 보이고 있는 것으로 나타났다. 본 검사의 규준은 7~15세까지의 남녀와 16~21세까지의 남녀로 나뉘어 각각 제시되고 있으며, 각 측도의 소점은 퍼센트로 각각 해석할 수 있도록 하고 있다.

한편, 김병하, 윤병천, 이한선 등(2000)은 우리나라 농학교 재학생들을 대상으로 메도우/켄달 측정도구를 적용한 결과 다음과 같은 결론을 얻은 것으로 보고하고 있다.

첫째, 우리나라 농학생들은 사회적응 면에서 규칙을 잘 지키고 어른의 지시나 요구에 잘 따르며, 특별히 파괴적이거나 난폭한 행동을 보이지 않으며, 무례한 버릇이나 습관을 가지고 있는 것도 아니다. 그러나 농학생들은 즉각적인 만족감의 표시를 유보하는 경향이 있으며, 자신에게 맡겨진 과업을 책임성 있게 수행하지 못하고, 일상의 틀에 박힌 일을 반복하려는 경향이 있으며(따라서 정해진 계획이나 일이 바꾸어지면 아주 부정적인 반응을 나타냄), 다른 사람의 관심을 끌기를 좋아하고 모든 일에 자기중심적이며, 다른 사람이 자기를 도와주기를 바라는 경향이며, 게임이나 학업에 실패하는 경우 기분 나쁜 반응을 즉각적으로 드러내는 경향이 있다.

둘째, 우리나라 농학생들은 정서적응 면에서 볼 때, 대부분의 교사와 학생들에게 이상하거나 별나게 보이는 행동을 하지 않으며, 자신의 운동기능이나 눈에 보이는 신체적 장애에 대해 특별히 부정적 감정을 나타내지 않으며, 다른 사람에게 상처를 입히거나 물건을 파손하는 등의 사고를 저지르는 일이 거의 없으며, 다른 사람을 잡아당기거나 하는 독특한 버릇도 보이지 않으며, 안면이나 신체의 경련을 일으키는 경우도 드물다. 그러나 농학생들은 사소한 일에도 지나친 관심이나 주의를 기울이는 경향이 있으며, 분명한 의학적 근거도 없이 어딘가 아프다고 잘 투덜거리고, 흔한 일상적인 사태에서도 불안해하고 신경을 곤두세워 걱정하는 경향이 있다.

셋째, 전반적으로 농학생들은 사회적응 면에서나 정서적응 면에서 다소 낮은(보통이하) 경향성을 보이고 있다. 특히 사회적응에서는 여학생 쪽보다 남학생 쪽이 좀 더 불안정적이며, 정서적응에서는 성별과 연령에 따른 뚜렷한 차이는 없으나 연령이 많아질수록 다소간에 부적응 요인이 늘어나는 경향이 있다.

그러나 이상에서 지적된 농학생의 사회·정서적 적응 특성은 농학생의 행동특성을 이해하는데 도움을 주는 하나의 '경향성'일 뿐, 농학생들이 고유하게 혹은 두드러지게 보이는 사회·정서적 부적응의 전형적(typical) 특성이 따로 특별히 존재한다는 것을 의미하는 것은 결코 아니다. 더욱이나 농학생들이 보이는 이러한 사회·정서적 부적응의 경향조차도 그것이 '농'(deafness)이기 때문에 필연적으로 나타나는 증상이 아니라, 그 대부분은 양육과 교육의 과정에서 부모 및 가족들과 어떤 상호관계를 유지하며, 학교에서 어떤 학습/학교 문화 속에서 교육을 받느냐에 따라 상당히 극복될 수 있음이 여러 선행연구들에서 밝혀지고 있다.

참고문헌

김병하(1978). 농아자의 사회적응에 있어 문제와 대책. 한국 신체장애자 재활협회, 제1회 장애자복지대회.

김병하(1983). 청각장애아의 심리. 이태영(편), **특수아동의 심리**. 대구 : 대구대학교 출판부.

김병하, 박무식(1973). 청각장애아의 시각-운동지각 및 정서적 특성. **특수교육연구**, 제 6집.

김병하, 윤병천, 이한선(2000). 메도우/켄달 농학생용 사회.정서 측정도구에 의한 농학교 재학생들의 사회.정서적응 특성연구. **특수교육연구,** 대구대학교.

김재은, 김동극, 여광응(1973). **인물화에 의한 간편지능검사.** 서울 : 교육과학사.

권요한(1977). 청각장애아의 지적·사회적 능력특성에 관한 연구. 한사대학 대학원 특수교육학과 석사학위논문(미간행).

이상노, 이희도(역)(1974). **BGT성격진단검사법**. 서울 : 중앙적성연구소

서봉연(역)(1983), **발달의 이론**. 서울 : 중앙적성연구소.

주정일(1978). **아동발달학**. 서울 : 교문사.

Erikson, E. H(1963). Childhood and Society (2nd Ed.). New York : W. W. Norton & Company.

(1980). Identity and the Life Cycle. New York : W. W. Norton & Company.

Furth, H. G(1973). Deafness & Learning. Bermont. CA : Wadsworth Publishing Co.

Levine, E. S(1981). The Ecology of Early Deafness. New York : Columbia University Press.

Meadow, K. P(1980). Deafness and Child Development. Berkeley, CA : University of California Press.

(1980). Meadow/Kendall Social-Emotional Assessment Inventory for Deaf students, Washington, D. C. : Gallaudet College.

Schlesinger, H. S., K. P(1972). Meadow, Sound and Sign : Childhood Deafness and Mental Health. Berkeley, CA : University of California.

제7장 청각장애유아의 가정지도

청각장애아동의 교육은 조기교육 없이는 성공을 기대할 수가 없다. 청각장애유아의 조기교육은 이제 0세부터 시작되어야 한다는 인식이 지배적이다. 따라서 가정에서 부모의 역할이 청각장애교육의 성공에 중요한 변수로 작용하게 된다. 그리하여 조기교육이 수행되기 위해서는 조기발견과 진단이 선행되어야 하고, 발견과 진단이 이루어지면 즉시에 교육적 작용이 주어질 수 있는 가정의 환경 조성과 구체적인 가정교육 내용과 방법이 요청된다. 이 장에서는 이와 같은 내용을 가능한 한 임상적 측면에서 논함으로써 가정에서 어머니의 조기교육에 도움을 주고자 한다.

제1절 청각장애유아의 조기발견과 진단

유아가 발달 초기에 청각적 자극의 수용이 원만히 이루어지지 않으면 그들의 지각의 체제화, 인지의 구조화 및 언어기호의 체계화에 나쁜 영향을 미치게 된다. 때문에 가능한 한 조기에 장애를 발견하고 그 장애의 원인, 정도, 본질을 밝혀두는 것이 청각기능의 발달적 장애를 감소시키고 언어기능의 보상을 가능하게 하는 조건이 된다. 그리하여 가정에서 빨리 발견하는 것이 무엇보다 중요하다. 다음은 가정에서 부모가 전문적인 지식이 없이도 쉽게 발견할 수 있는 검사방법을 몇 가지 소개한다.

1. 검사

1) 행동반응 검목표

가정에서 자녀의 행동을 관찰해서 다음과 같은 행동이 나타날 때는 청각장애가 있다는 것을 의심해야 한다(석동일 외, 2007).

(1) 가정 내의 여러 가지 소리를 못 듣는다(전화벨, TV소리).

(2) 이름을 불러도 돌아보지 않는다.

(3) 말을 걸어도 전해지지 않고 반응이 없다.

(4) 말을 듣지는 못해도 큰소리에 반응한다(제트기의 폭음).

(5) 소리가 이상하고 발음이 불명료하다.

(6) 웃는 소리가 적고 소리를 내어 웃는 것이 적다.

(7) 외치거나 끊어지는 소리로 자기의 감정을 표현한다.

(8) 정상적인 언어시작 시기가 지나서도 말을 하지 못한다.

(9) 주위 사람들의 표정, 손짓, 동작 등을 잘 안다.

(10) 주위 사람이 하고 있는 일을 잘 흉내 낸다.

(11) 소리나 말로서 노는 놀이에 잘 참여하지 않는다.

(12) 인간에게 보다 물질에 더 흥미를 나타낸다.

(13) 물건을 얻거나 몸으로 접촉해서 칭찬 받는 것을 좋아한다.

(14) 경계심이 극도로 강하다.

(15) 걸을 때는 발을 많이 끈다.

(16) 자신이 하고 싶은 일에 주의를 끌기 위하여, 자신이 잘 모르기 때문에, 자신을 이해해 주지 않기 때문에, 자신을 어떻게 해야 할지 모르기 때문에 화를 폭발시킨다.

2) 경악반응 검사

정상청력과 완전한 신경조직을 지닌 아기라면 갑작스럽게 들려오는 순간적인 큰 소리에 대해서 신체적인 자극반응을 일으킨다. 이를테면, ① 심장고동이 빨라진다. ② 진행 중이던 활동을 정지한다. ③ 호흡 속도가 변한다. ④ 눈썹이 움직인다. ⑤ 얼굴을 찌푸린다. ⑥ 머리를 음원 쪽으로 돌린다. 등의 행동이 나타난다. 이 검사는 우유를 먹이기 약 한 시간 전에 실시하면 좋다. 어머니가 누워 있거나 노는 아기의 등 뒤나 양 옆에서 갑자기 소리를 주고 반응을 관찰하여 위의 반응이 나타나는지 관찰한다.

3) 기물 음에 의한 검사

아동의 일상생활 가운데 일반적으로 눈에 쉽게 뜨이는 물건 등의 소리를 주어 반응을 관찰한다. 각 기물은 어느 정도 고유한 진동수와 강도를 가지므로 다소의 진단도 가능하다. 예를 들면, 팀파니는 100~200Hz, 심벌즈는 1,000Hz, 보통의 큰북은 500Hz, 호루라기는 2,000Hz 정도의 주파수를 가지며, 약 3m의 거리에서 바이올린은 40~90dB, 피아노는 55~100dB, 기타는 35~89dB, 오르간은 35~110dB, 심벌즈는 40~105dB, 색소폰은 58~95dB 정도의 강도를 가진다.

4) 변별능력 검사

소리가 나는 완구를 사용하여 아동의 뒤에서 소리를 내준 뒤, 그 음원에 해당하는 완구를 아동이 잡는 놀이 형식의 검사이다. 처음에는 대조가 뚜렷한 것에서 시작하여 점차 비교하기 어려운 것을 짝지어서 실시한다. 즉 큰북—호루라기, 큰북—피리는 구별이 용이하고 큰북—팀파니, 피리—호루라기는 비교적 식별이 어려운 짝이다.

2. 진단결과에 대한 부모의 태도 및 역할

이상의 방법들은 가정에서 쉽게 할 수 있는 것들이다. 이러한 과정을 통해서 청력 손실의 증상이 발견되면 즉시 전문 클리닉에서 검사를 받고 여기서 청각장애로 진단되면 조기에 장애에 적합한 보청기 착용 또는 인공와우 이식 등 청각 보조 장치를 해 줌과 동시에 교육기관을 방문해서 교육의 방침을 세워야 한다. 때로는 상당수의 부모들이 자녀가 청각장애로 진단되면, 후회, 실망, 분노, 슬픔, 절망, 불안의 부정적인 심리적 상태를 경험하게 된다. 따라서 이와 같은 상태에서 가능한 빨리 탈피해야 한다. 가장 불행한 것은 어머니가 아니고 아동 자신이다. 아동 앞에서 어머니의 눈물이나 실의는 아이에게 전염된다. 아동의 행복은 어머니에게 달려있다. 인생은 목적이 있고, 희망이 있고, 의미가 있다는 것을 자녀에게 알리는 것은 어머니의 책임이다. 자녀의 성장을 의미 없이 기다려서는 아니 되며, 되도록 빨리 건설적인 방법, 즉 교육대책을 연구해야 한다.

아울러 어머니는 자녀가 청각장애아라는 사실을 부정하지 말고 빨리 수용하는 것이 중요하다.

제2절 청각장애유아의 특성과 발달과업

청력 손실은 인간행동의 어떤 측면에 대해서는 중대한 영향을 주지만 다른 측면에 대해서는 거의 또는 전혀 영향을 주지 않는다.

1. 청각장애유아의 특성

1) 언어발달

청각장애유아의 발달 영역에 가장 심하게 영향을 받는 것은 국어의 이해와 표현이다. 즉 청각장애유아는 우리사회의 대부분의 사람들(건청인)이 사용하고 있는 언어에서 대개 결함을 가진다. 물론 그들 자신의 언어 형태인 수화언어에서는 그들이 전문가이다. 오래 전에 사용했던 "농아"란 단어는 청각장애아동은 자동적으로 말을 하는데 무능력하다는 것을 의미한다. 건청아동들이 주의를 집중하지 않고도 자연스런 생활과정 속에서 많은 어휘를 습득하는데 반해 청각장애아동은 어떤 어휘든 부단한 노력과 학습이 없이는 새로운 어휘가 발달되지 않는다. 특히 청력 손실이 조기에 발생하면 할수록 그들의 언어적 결함은 커진다. 이에 대한 주된 원인은 세 가지로 지적된다.

① 청각장애유아들은 그들이 음을 발성할 때 자기청취가 부족하다.

② 성인으로부터 구어적 강화(보상)를 거의 받지 못한다.

③ 성인의 언어 모델을 적절하게 들을 수 없다.

그리하여 건청아동들은 4세가 되면 대부분 언어의 구문론적인 속성을 마스터하지만 청각장애아동은 구문에 상당한 문제를 가진다. 예를 들어보면, 문형을 통해 주어+동사+목적어 패턴을 지도하게 되면 항상 그와 같은 형태의 문장과 접하는 것이 아니다. 때로는 능동과 피동으로 또 관계문으로 바뀌기도 한다.

2) 지적 능력

청각장애아동 중 특히 농으로 분류된 경우 그들의 지적 능력에 대해 지난 수년간에 걸쳐서 많은 논쟁이 있었다. 여기에는 지금까지 두 가지 다른 관점이 있다.

하나는 청각장애아동의 개념화 능력은 사고가 언어에 의존하기 때문에 결함이 있다는 입장이다. 한편, 다른 주장은 사고는 언어 없이도 가능하고 다만 언어와 관련된 개념에만 어려움이 있다는 것이다. 그러나 보다 최근의 관점은 청각장애아동도 언어인 수화를 가지고 있다는 것이다. 때문에 청각장애아동들이 개념적인 학습에서 곤란을 가지고 있는 것은 빈약한 언어적 능력 그 자체에 기인하는 것이 아니고 그들과 건청인 사이에 부적합한 의사소통에 기인한다고 주장한다.

3) 사회적 적응

건청아동에 있어서 사회성이나 인격의 발달은 주로 커뮤니케이션에 의존하고 있다. 즉 건청아동 집단에서 언어는 사람들과의 사이에 감정 전달의 가장 일반적인 방법이다. 반면에 청각장애아동은 건청아동들과의 커뮤니케이션이 자주 차단되므로 비교적 소외 속에서 자라게 된다. 그리하여 이들은 같은 청각장애 집단끼리 사회생활을 하려는 경향이 있다.

2. 청각장애유아의 발달과업과 부모와의 관계

청각장애아동은 성장과정 동안 건청아동과는 여러 가지 상이한 외적 환경의 통제를 받고 성장하게 되며 다양한 심리적 문제와 결부된 의사소통 문제를 가지게 된다.

1) 영아기 (출생~18개월)

출생 후부터 18개월경까지 영아는 다음의 4가지 발달과업을 가진다.

① 신체적인 적응

② 자기조절 행동(self-regulated behavior)학습

③ 기본적 신뢰감 형성

④ 자기 분별력(self-differentiation)

(1) 신체적인 적응

출생 후 1년까지의 특징은 다음과 같다.

① 자궁 밖의 새로운 환경에 대한 적응

② 출생 전부터 시작된 발달 및 성장과정의 재개

Hurlock(1975)에 의하면 아기의 출생은 출생 시부터 시작된 과정 중의 한 단계라고 여겨진다. 출생으로 인한 변화는 갑작스러운 것이며, 생존을 위해서 몇 가지 적응을 필요로 한다. 이에는 호흡의 시작, 체온의 안정성, 신체 기관의 기능 발휘 등이 포함된다.

청각장애 자체가 신체적응에 결정적 영향을 주지는 않지만 부모는 과잉보호, 걱정 또는 근심 등의 태도를 나타내게 되며, 이는 부모와 영아가 유대감을 형성하는 데 계속 영향을 미친다.

(2) 자기조절 행동

출생 후 성숙과정에 따라 아기는 자신의 행동과 신체기능을 조절할 수 있게 된다. 18개월까지 일어나는 자기조절 행동의 유형은 젖 빨기, 잠자기, 기초적인 운동능력이다.

① 젖 빨기

젖을 빨고자 하는 본능은 태아기부터 시작된 가장 빨리 나타나는 본능 중의 하나이며, 이는 자극에 의해서 일어나는 입술, 볼, 치아 주위의 반사작용으로서 영아가 영양을 섭취할 수 있도록 해 준다.

② 잠자기

출생 후 몇 개월 간 아기는 젖을 먹을 때만 깨어 있을 뿐이다. 3개월째부터 깨어있는 시간이 길어지며 18개월에는 수면 시간이 10시간 내지 14시간으로 감소된다.

③ 기초적인 운동기술

운동기술의 습득은 정해진 발달을 따른다. 근육 조절은 머리 부분에서 시작되어 다리로 이행되며, 모체 중앙에서부터 말초 부분으로 이행된다. 자발적인 행동은 다리 부분보다 머리 부분에서 먼저 나타난다.

Hurlock(1975)에 의하면 영아기의 운동능력은 손 운동과 발 운동의 2가지로 나눌 수 있고, 영아기의 주요 손 운동은 스스로 밥 먹기(병, 컵, 숟가락 등 쥐기), 스스로 옷 입기(양말 신기, 외투 입기 등), 스스로 씻기(옷 털기, 머리 빗기 등), 놀이 능력(크레용이나 연필로 낙서하기, 상자열기, 물건 던지기, 책장 넘기기 등) 등이며, 주요 발 운동은 기어오르기, 걷기, 뛰기, 헤엄치기 등으로 보고 있다. 영아기 어린이의 발달 기준은 다음 <표 7.1>과 같다.

<표 7.1> 영아기 어린이의 능력 발달

나 이	발 달 지 표	영아의 행동
출 생	· 추적 반사(rooting reflex) · 빨기 반사(sucking reflex)	· 머리와 입을 젖꼭지나 자극이 있는 방향으로 돌린다. · 입술, 혀, 목으로 빠는 행동을 시작한다.
2개월	· 밀기 반사(extrusion reflex)	· 이유식을 입 밖으로 밀어낸다.
4~6개월	· 손과 입의 협응을 시작한다.	· 밀기 반사가 약해진다. · 손가락 빨기가 나타난다. · 사물을 잡을 때 손바닥으로 움켜잡는다. · 컵으로 물을 마시기 시작한다.
6~9개월	· 손과 눈의 협응이 발전된다. · 붙잡아 주지 않아도 똑바로 앉기 시작한다. · 엄지와 검지로 잡는다.	· 음식을 씹을 수 있다. · 마루나 탁자 위에 있는 사물을 내리친다. · 컵이나 병을 잡을 수 있다. · 손가락으로 음식을 만져본다.

(3) 기본적 신뢰감 형성과 자기 분별력 형성

이때의 기초 과업은 세상에 대한 믿음의식을 이룩하는 것이고 이 믿음의식은 자신과 세상에 대해 희망의 감정이 된다. 이 시기의 성공적 여부는 어머니와 자식 간의 상호작용에 달려있다. 이 시기의 최적 학습 환경으로는 가정이며 특히 어머니의 애정과 정서적 양육배경이 중요하다. 어머니의 애정과 양육태도는 한 인간으로서 어머니의 자부심의 영향을 받는다. 모든 어머니는 특정한 성과 기질을 가진 특정한 아기를 낳으려는 의지를 가지게 된다. 청각장애유아의 부모들은 출산한 순간부터 좌절, 분노, 실망감에 빠지게 된다. 이들 부모의 대다수는 확실한 진단, 치료적 상담을 위해 전문가를 찾지만 별다른 도움을 받지 못하는 경우가 많다. 상담자의 대다수가 청각장애에 대한 이해부족으로 부모의 판단을 오히려 어지럽히고 방해하는 사례도 없지 않다. 여기서 주목할 점은 청각장애유아의 농 부모는 진단을 믿고 일찍부터 진단 결과를 수용하나 건청 부모는 진단 결과를 믿지 않아서 언어지도 시기를 상실하는 경향이 많다는 것이다. 청각장애유아는 건청유아보다 수동적이며 인지적 환경을 추구하지도 않고, 부모들마저도 다양한 자극을 제공해 주기보다는 조용히 있는 것을 원하고 있다.

영아가 사물은 조작할 수 있고 자신이 다른 사람과는 분리된 존재라는 사실을 알게 될 때부터 자기 분별력은 시작된다. 돌보아주는 사람이 없거나 마음 속으로 없다고 느낄 때 경험하게 되는 고립감은 6~7개월경에 나타난다. 돌보아주는 사람이 없을 때 아기는 그 사람이 영원히 사라지는 것으로 이해하게 됨으로써 이는 아기에게 놀라움과 걱정을 주게 되는데 이는 경험에 의해 교정될 수 있다.

2) 유아기의 자아 형성 격동기(18개월 ~3세)

이 시기에 유아가 습득해야 하는 것은 다음과 같다.

① 다른 물건과 다른 사람들로부터 구별되는 자아 인식의 발달
② 자신의 신체와 기능을 조절할 수 있는 능력의 습득
③ 가족의 구성원이 되고 가족과 의사소통을 할 수 있는 능력의 습득
④ 자신의 감정을 표현하고 조절할 수 있는 능력의 습득

(1) 자아인식의 발달

이 시기의 성공적인 해결은 유아가 "나는 내 의지대로 한다."는 감정을 개발할 수 있도록 부모—자식의 상호 조절이 이루어져야 한다. 때문에 이 시기에 수화의 부정론, 과보호 자극 등이 부정적 요소로 작용할 수 있다. 이 시기에 청각장애유아의 건청 부모는 그들 자녀가 자신의 힘으로 서게 하는 것을 두려워하고 있지만, 농 부모는 용변훈련과 독립심을 가지도록 한다는 것이다.

(2) 신체조절

유아기의 신체 발달이 대근육 운동과 소근육 운동 기술을 촉진시키고 세련되게 하는데 이것은 주로 놀이 활동에 의해 이루어진다고 할 수 있다. 대근육 운동 기술은 걷기에서 시작하며 달리기, 멀리뛰기, 높이뛰기, 올라가기, 스키핑하기로 발달한다. 또한 이 시기에는 소근육 운동 기술이 세련되어 책장을 넘길 수 있고 긁적거리거나 그림을 그리기 위해 크레용이나 연필을 잡을 수 있으며, 그림 맞추기, 작은 적목과 조립형의 장난감을 가지고 놀 수 있도록 손가락 기술이 발달된다. 3세에서 4세 초기의 유아는 가위질, 손가락 그림, 구슬 꿰기와 목공 등 조작적인 기술을 자극하는 많은 활동을 즐겨한다. 배변훈련은 보통 18개월에서 24개월 사이에 시작된다.

(3) 가족 구성원과의 의사소통 기술

유아가 자율성 단계를 통해 발달함에 따라 부모들은 자녀에게 올바른 행동, 가치, 태도를 가르치고자 더욱 사회화시킨다. 이 사회화 과정의 중요한 매개물이며 수단이 되는 것은 언어이다. 영아기와 보행기의 유아는 주위에서 소리 나는 것을 듣기 위해 주의를 집중하며, 자신의 목소리로 여러 가지 음을 만드는 경험을 한다. 말하기와 언어적 의사소통은 보행기 때 시작된다. Hurlock(1975)에 의하면 유아기에 이르는 의사 소통 기술의 중요한 발달적 과업은 단어를 알고, 반응을 하며, 단어를 이어서 문장으로 만드는 것이라고 한다.

유아는 기대되는 것을 이해함으로써 적당한 행동을 배우기 때문에 효과적인 의사소통 기술의 발달은 중요하다. 가정 밖의 다른 사람으로부터 사회적 인정을 받는 것은 효과적인 의사소통 기술을 기초로 이루어지는데 이는 부모—자녀 관계에서 향상된다. 이때 어린이의 말을 주의 깊게 들어주며, 너무 조급하게 서두르지 말고 어린이가 대화나 지식을 받아들이거나 이해할 때까지 질문이나 설명을 반복해야 한다.

(4) 감정표현과 조절

공포는 유아의 초기 정서세계의 대부분을 차지한다. 유아는 상상적 괴물이나 어두움, 아픔 또는 해를 주는 물건이나 사건, 꿈 등에 대해 공포를 느낀다(Jersild, Telford and sawrey, 1975). 질투심의 표현은 이 시기에 증가하는데 이것은 부모의 사랑에 대한 실제적, 상상적 또는 위협적인 상실에 대한 정상적인 반응으로 생각된다(Hurlock, 1975). 질투심은 부모에 대한 분노로부터 유래된다. 왜냐하면 유아는 자신의 자율적인 행동에 대해 부모가 승인하지 않으면 사랑의 손실을 느끼기 때문이다.

3) 유아기의 주도성 형성기(3세~6세)

이 시기의 주된 과업은 인생의 목적, 감정과 자아에 솔선의식을 개발하는 것이다. 이 단계의 정상유아에 있어서는 현저한 말의 표현과 운동의 풍부함이 특징인데 청각장애유아는 이 풍부함을 제한 받는다. 대개 부모들은 청각장애유아를 제한된 안전한 곳에 두고 그들이 밖에 돌아다니는 것을 감소시키고 있다. 이리하여 청각장애유아의 말의 표현과 운동의 풍부, 그 자신의 결함과 부모의 제한된 환경의 제공에 의해서 더욱 제한 받고 있다.

3세에서 6세 사이의 유아는 주도성 발달을 유도하는 여러 가지 중요한 과업을 배우게 되는데 이것은 다음과 같다.

① 자신의 능력을 발견하기
② 습관을 형성하고 자신의 행동에 책임지기
③ 다양한 사회적 역할을 구별하고 다른 사람의 적절한 상호작용 배우기

(1) 자신의 능력 발견

자신의 능력을 발견한다는 것은 소속감을 느끼게 되고, 경험하는 세계를 넓힌다는 의미가 되지만, 동시에 어린이는 자신의 한계를 인식해야 한다는 것이다. 실패하고 목표에 도달하지 못하게 되면서 적절하게 생각하였던 자신에 대해 한계를 발견하게 된다.

(2) 습관 형성과 행동의 책임

가정에서 북돋워 주고 가르쳐야할 습관에는 옷 입고 벗기, 식사하기, 장난감

정돈, 침구 정돈, 이 닦기, 식사 준비 등 여러 가지가 있다.

(3) 사회적 역할과 상호작용의 기술

유아기에 가정이란 타인과의 상호작용을 배우는 일종의 실험실이다. 가족과의 상호작용을 통해서 유아는 사회적 상호작용의 주고받는 특성과 기대되는 역할에 대해 학습하게 된다.

제3절 성장과정의 관찰과 부모의 역할

자녀에 대해서 무엇인가를 하려고 할 때에 먼저 자녀의 심신 상태를 정확히 파악하는 어머니의 '관찰의 눈'이 필요하다. 따라서 여기서는 청각장애유아를 관찰하면서 어머니가 어떻게 대처해 나가야 하는지를 중심으로 논의한다.

1. 출생에서 3개월경까지

(1) 큰 소리로 울었는가?

힘찬 첫 울음소리는 신체나 근육의 발달이 잘되어 강하게 수축함을 의미한다.

(2) 건강한가?

(3) 청력은 정상인가?

지금까지 연구에 의하면 임신 후반기가 되면 태아는 모체 안에 있어도 소리에 대한 반응이 있다. 따라서 출생하는 순간부터 소리에 대해 반응하는 능력을 가지고 태어난다. 다음은 생후 1~2개월의 건청유아가 소리에 대해 나타내는 반응이다.

① 모로 반사(충격 반사) : 조용히 자고 있을 때 갑자기 큰소리가 나면 전신을 흠칫한다든지 손가락 끝이 까닥 움직이는 반사

② 눈꺼풀 반사 : 갑자기 소리가 났을 때에 눈꺼풀이 깜빡하고 감겨지는 반사

③ 각성 반사 : 잠자고 있는 아이가 소리에 갑자기 눈을 뜨는 반사로 출생 시보다 시일이 지남에 따라 분명해지고 생후 2개월 정도가 되면 전화벨 소리, 시계 경종 소리, 청소기 소리, 사람 소리 등 여러 가지 소리에 잠을 쉽게 깬다.

이 시기에 이와 같은 반사는 대개 60dB 이상의 꽤 큰 음이 아니면 출현하지 않고 또 이 반사들은 소리 이외의 자극(갑자기 밝아진다, 바람이 세차게 분다, 진동이 있다 등)에 의해서도 나타나기 때문에 주의해야 한다.

(4) 울음에 대한 의사표현이 가능한가?

출생 시의 반사에 의한 초성이 지나면 아기들은 배고플 때, 기저귀가 젖어 불쾌할 때 울게 된다. 즉 배가 고프니 우유를 달라, 기저귀가 젖어 있으니 갈아달라는 말의 표현이 울음의 형태로 나타난다. 따라서 이때 어머니는 아기가 요구하는 것을 들어주게 된다. 또 이러한 것에 의하여 아기의 첫 자아(ego)가 성장하기 시작한다. 그리고 울음은 언어의 전 단계 형태로 언어 발달에 영향을 미치는 요인이다.

(5) 어디를 보고 있는가?

갓난아기는 하루의 약 4/5를 자고 있지만 잠에서 깨었을 때는 뭔가를 응시하는 시선이 있다. 이와 같은 아기의 시각은 명암의 식별로 시작되고 다음에 주위의 배경에서 움직이는 물체를 구별할 수 있게 되어 물체의 구별이 가능하게 된다. 그리고 그 후에 둥근 모양 또는 사각물체의 형체를 정확히 파악할 수 있는 능력이 발달되어진다.

아기는 생후 1개월경부터 어른의 미소와 눈, 입술의 움직임, 말소리에 시선을 집중하고 미소로 반응하게 된다. 또 2개월이 되면 울고 있을 때 사람이 오면 울음을 그치고 달래주면 매우 좋아한다. 3개월이 되면 사람이 옆으로 걸어가면 그것을 쫓게 되고 달래주면 부모의 얼굴을 응시하고 까르륵 소리를 내어 웃게 된다. 이것은 커뮤니케이션의 시작으로써 언어발달에 연결되는 극히 중요한 측면이다.

(6) 표정에 의한 커뮤니케이션이 가능한가?

아기가 웃는 것은 중요하다. 웃는 것은 하나의 커뮤니케이션 수단이다.

2. 3개월경부터 12개월경까지

(1) 아기의 울음을 어떻게 그치게 하는가?

아기의 울음은 의사표시이며 요구이다. 때문에 어머니는 무엇을 요구하는지 알아야하며 그 요구를 들어줌에 의해서 모자간에 신뢰감이 형성된다. 어머니는 웃는 표정으로, 직접 자신의 손으로, 자기의 몸으로, 자기의 목소리로 아기의 울음을 그치게 하는 것을 생각해야 한다.

(2) 사람의 목소리가 중요하다.

아기의 감각기관 중에서 빨리 작용하는 것은 피부감각(촉각)이며 다음으로 청각기관이다. 대개 8개월이 지나면 아기의 내부에 큰 변화가 일어난다. 그것은 여러 가지 소리 중에서 '어머니의 말'을 특별히 주의해서 가만히 듣는 듯한 모습을 보이기 시작한다. 이것이 말을 배우는 데 중요한 에너지가 되는 것이다.

① 소리를 두려워하는 경향이 없는가를 관찰한다.

그와 같은 경향이 있다는 것이 발견되면 어머니는 몸의 접촉을 중심으로 한 놀이를 병행하는 것이 좋다.

② 어떤 소리에 어떤 반응을 나타내는가에 대한 관찰과 기록이 필요하다.

③ 아기의 표정이 밝을 때는 반드시 어머니의 목소리를 들려주는 것이 좋다. 즉, 즐거운 일과 '어머니의 소리'를 결부시키는 것이다.

(3) 아기와 같이 놀아주는 시간이 얼마인가?

아기의 이름을 가만히 부르고 반응을 관찰하고 듣지 못하면 조금 더 큰 소리로 이름을 불러주는 것이 좋다. 아기가 웃거나 소리를 내면 꼭 안아주어야 한다.

(4) 아기는 소리를 내는가?

아기의 소리의 시작은 울음이다. 이 울음소리는 처음에는 반사적이지만 차차

표현수단으로 메시지가 포함된다. 민감한 어머니는 아기가 왜 우는지를 알게 된다. 즉 '지금은 기저귀가 젖어 있구나.', '지금은 배가 고프구나.', '어디가 아프구나.' 등 우는 이유가 다르다.

또 3개월쯤 되면 울 때가 아닌 경우에도 옹알이 형태의 소리를 내게 된다. 이 옹알이에 의해서 '소리를 내는 법'과 '말소리 만들기'를 연습한다. 그리고 정상적인 아기들은 이 소리를 자신의 귀로 듣고 즐거워한다. 이에 따라 어머니도 아기가 '아', '우' 등의 소리를 내면 어머니가 싱글벙글 기뻐하며 반응을 나타낸다. 그 결과 '소리를 내는 것'과 '즐거운 어머니의 표정과 행동'이 결부되어 강화작용을 하게 되어 아기는 더욱 소리를 내려고 노력하게 된다.

이때 아기가 내는 소리를 주의 깊게 관찰할 필요가 있다. 즉 가라앉은 소리, 너무 낮은 소리, 너무 높은 소리, 너무 작은 소리일 때는 전문가에게 상담할 필요가 있다.

(5) 흉내와 장난은 어떠한가?

배움의 첫 걸음은 흉내를 내는 것이라고 볼 수 있다. 흉내를 많이 내기 위해서는 먼저 어머니가 아기의 흉내를 내는 것부터 시작해야 한다. 그 다음으로 아기가 지금 하려고 하는 것과 할 수 있는 것을 잘 조사해보고 그 범위 내에서 흉내를 내도록 유도하는 것이 중요하다. 아울러 아기의 장난을 금지시키는 것은 바람직하지 않다.

(6) 아기의 '입의 움직임'은 어떠한가?

아기의 입이 잘 움직이고 있는가, 어떤가를 관찰하는 것은 장래에 말이 순조롭게 발달해 가는가, 언어발달에 장애가 될 이상이 있는가, 없는가를 빨리 발견하는 것이므로 대단히 중요하다.

대개 생후 5~6개월이 되면 입술과 혀, 턱 등의 운동이 발달해서 옹알이도 한층 복잡해지고 여러 가지 자음이 섞인 옹알이를 하게 된다. 이때 반복성의 옹알이를 많이 하게 되는데 청각장애가 있으면 반복성의 옹알이가 잘 발달되지 않는다.

(7) 소리의 발달이 정상인가?

생후 3~4개월의 아기는 목의 움직임도 아직 자유롭지 않고 더욱이 소리에 대한 반응도 원시적인 반사에서 새로운 형식의 반응으로 이행하는 시기이므로 명확하게 낼 수는 없다. 그러나 4~5개월경이 되면 평소 익숙해 있는 소리를 구별해서 듣게 되고 6개월이 되면 소리에 민감하게 반응하게 된다. 이렇게 되면 심한 난청이 있는지 확실히 판별할 수 있다.

(8) 청력 손실의 유무 관찰

생후 1~2개월 정도의 아기는 귀가 정상이어도 꽤 큰 소리가 아니면 반응하지 않으므로 이 단계에서는 난청 발견이 어렵다. 3~4개월경은 소리를 듣고 돌아보거나 평소 자주 들었던 소리나 목소리를 구별해서 들으려고 하는 새로운 반응이 발달하기 시작하며 5~6개월이 되면 여러 가지 소리에 민감하게 반응하게 되어 심도의 청각장애 유무를 확실히 알 수 있다. 9개월부터는 옆방에서 이름을 부르면 돌아보거나, 밖에서 많이 들었던 소리가 나면 흥미를 가지고 소리가 들려오는 방향을 돌아보거나 때로는 기어가거나, 벽시계 소리 쪽으로 보거나, TV의 말소리가 들리면 돌아본다. 또 10개월경이 되면 말의 이해도 가능하므로 조용한 소리로 이름을 불러도 돌아본다.

(9) 말이 시작되지 않는 경우

정상유아인 경우 대개 1세를 전후해서 첫 말을 하기 시작한다. 이것은 개인차에 따라서 조금씩 달라진다. 그러나 1세 반을 지나서 2세가 가까워졌는데 아직 말을 못하는 경우는 그 원인을 조속히 찾아야 한다.

다음은 아기가 태어나서 말을 하기까지 준비과정이다. 이것을 자신의 아기와 비교해보면 그 원인을 찾을 수 있다.

① 힘껏 운다. 그리고 울음에 의해서 어머니를 부른다.

② 젖을 많이 먹는다. 힘껏 혀를 이용해서 빤다.

③ 우는 방법을 바꿔서 자기의 요구를 어머니에게 알린다.

④ 우는 소리 이외의 다른 소리(옹알이)를 낸다.

⑤ 소리를 내면서 여러 가지로 입을 움직여 소리를 만든다.

⑥ 웃는다.

⑦ 어머니의 얼굴을 기억한다.

⑧ 어머니와 함께 있으면 안심을 하고, 즐거운 일이 일어나는 것을 알게 된다.

⑨ 어머니를 아주 좋아하게 된다.

⑩ 어머니가 없으면 쓸쓸해 한다.

⑪ 주위에 여러 가지 소리가 있다는 것을 안다.

⑫ 소리 나는 쪽으로 고개를 돌리려고 한다.

⑬ 사물과 사물이 부딪치면 소리가 나는 것을 안다.

⑭ 소리 나는 쪽을 보지 않아도 음원을 상상한다.

⑮ 어머니의 소리를 특별히 기분 좋게 느낀다.

⑯ 어머니가 하는 일을 자신도 해보고 싶어 한다.

⑰ 어머니의 소리를 모방하고 싶어 한다.

⑱ 소리의 모방이 가능하다.

귀가 잘 들려도 이와 같은 말할 준비가 되어 있지 않으면 말이 나오지 않게 된다.

(10) 아기와 같이 놀면서 말을 많이 해주는 것이 필요하다.

3. 1세경부터 2세경까지

(1) 서기, 걷기가 가능한가?

서기, 걷기를 대개 1세 반 정도까지는 할 수 있게 되지만 2세를 넘어도 못하는 경우에는 전문가에게 상담할 필요가 있다. 이 걷기와 말하기를 비교해 보면 앞으로의 말의 발달을 예견할 수 있는 단서가 된다. 이를테면, 걷기가 말하기보다 빠르다면, 말의 발달에 있어서는 그다지 좋지 않은 상황임을 알 수 있다. 걷기가 말하기보다 늦은 경우나 같은 경우는 자유롭게 돌아다니고 호기심을 만족시키는 기쁨을 알기 전에 이미 말을 서로 주고받는 것의 편리함이나 기쁨을 알고 있다. 그것에 비해 걷기가 말하기보다 빠르면 돌아다니면서 자신의 호기심을 만족시키는 기쁨을 알기 위해서 말을 듣거나 이야기하거나 하는 것에 대해 관심을 가지지 않게 된다.

(2) 듣기 능력이 정상인가?

이 시기에 고도의 난청이 있는지 없는지의 판단 준거가 되는 것을 몇 가지 소개해 보면 다음과 같다.

① TV의 소리에 뒤돌아보는가?

② 옆방에서 또는 보이지 않는 곳에서 이름을 부르면 뒤돌아보는가?

③ 시계를 가까이 하면 재깍재깍하는 소리에 뒤돌아보는가?

④ 집밖의 소리나 옆방의 작은 소리에도 관심을 가지는가?

⑤ 방울이나 피리 같은 장난감의 소리에 반응하는가?

⑥ 북소리에 반응하는가?

이상의 것에 모두 반응하지 않으면 고도의 난청이 예기되고 ⑥에만 반응이 있으면 저음부에 잔존청력이 있는 고도의 난청을 추측할 수 있다. ⑤에만 반응하면 경도에서 중등도 난청이 예상된다.

(3) '들리지 않는가?'와 '들으려 하지 않는다'의 차이

이름을 불러도 돌아보지 않고 말을 걸어도 반응이 없고 말을 전혀 기억하지 않고 이해를 못하고 말하고 싶은 것을 말로 나타내지 않는 사실이 있으면 다음의 내용 중 하나에 속한다.

① 귀는 들리지만 소리에 대해서 흥미, 관심이 없고, 공포감을 가지고 있는 경우가 있다. 때문에 들으려는 마음보다 듣지 않으려는 마음이 강하다.

② 귀는 들리지만 소리를 듣고 기억하는 힘이나 소리의 차이를 아는 힘이 충분하지 않다.

③ 귀가 잘 들리지 않는다.

따라서 '듣기'의 문제가 위의 어느 것에 해당하는지 아는 것이 중요하다.

(4) 어린이와 함께 놀아주기

(5) 보청기의 사용

(6) 그림책 보여주기

(7) 심부름시키기

(8) 말을 거는 양에 너무 신경 쓰지 않기

4. 2세부터 3세경까지

(1) 아이의 행동 관찰이 필요하다.
① 몸은 잘 움직이는가?
② 물건을 찾기도 하고 사용하기도 하는가?
③ 다른 사람과 관계하려는 의욕이나 대화를 하는 능력은 어떠한가?
④ 식사, 배설, 생활습관은 어떠한가?
⑤ 사물의 이해나 말의 능력은 어떠한가?

(2) 신체 각 기관의 운동능력은 정상인가?

(3) 듣는 태도가 갖추어져 있는가?

(4) 말을 똑똑히 하는가?

5. 3세부터 5세경까지

(1) 친구와 잘 어울리는가?

(2) 어머니의 이야기를 이해하는가?

제4절 가정과 교육

개인적인 능력이 부족한 장애유아는 정상유아보다도 환경의 영향을 많이 받는다. 조기교육의 입장에서 보면, 가정환경은 청각장애유아의 성장과 발달에 결정적인 영향을 줄 수 있는 중요한 변인으로 작용한다.

1. 가정교육에서 부모의 자세

(1) 자녀가 청각장애라는 사실을 수용해야 한다.

청각장애라는 진단을 받았을 때 어떤 부모는 그 진단을 믿지 않고 더 권위 있는 전문의를 계속 찾기도 하고, 수술에 의한 치료가 가능하다고 믿고 이 병원 저 병원을 찾는다. 이리하여 교육의 시기를 자꾸만 지연시키는 결과가 되는 경향이 있다. 이 보다는 의사나 다른 전문가의 권유에 따라 청각장애학교나 언어 치료실을 찾는 것이 자녀를 위해 훨씬 바람직한 일이다.

따라서 청각장애라는 사실을 수용하는 것이 무엇보다 중요하다.

(2) 부모의 마음이 안정되어야 한다.

자녀의 장애를 언제까지나 한탄하고 있으면 그것은 아이의 발달을 크게 저해하는 요인이 된다. 이성으로 장애를 받아들이고 하루라도 빨리 교육의 희망을 가지는 것이 필요하다.

(3) 교육의 가능성 및 효율성을 믿어야 한다.

아무리 고심도의 난청아라도 교육하면 교육한 만큼의 효과가 반드시 있다는 믿음이 있어야 한다.

(4) 모든 커뮤니케이션의 수단을 다 동원해 언어능력을 신장시켜주는 자세가 필요하다.

너무 구화교육만 강조한 나머지 언어에 대한 위압감, 공포감을 가지게 하는 것은 좋지 않다.

2. 인격형성과 가정교육

청각장애가 있으면 언어의 습득, 발달에 문제가 나타난다. 그로 인해 인격형성에도 나쁜 영향을 미칠 가능성이 높다.

(1) 자주성의 양성

완전한 자신의 생각을 가지고 자신 있게 살아가는 것이 청각장애유아에게도 중요하다. 이를 위해서는 다음과 같은 점에 유의해야 한다.

① 자립심을 기른다.

자립심을 기르는 기본적인 조건은 기초적인 생활습관을 완전히 몸에 익히는 것이다. 3세 유아의 기초적인 생활습관은 혼자서 일어나기, 얼굴이나 손을 씻기, 옷을 입기, 먹기 등의 습관이다. 이때는 '혼자서 해야 한다.'는 인식을 심어주는 것이 중요하다.

5~6세경에는 이 닦기, 얼굴 씻기, 어머니의 식사 준비를 도와주기, 그릇 나르는 것 돕기, 손수건, 양말을 자신이 세탁하기, 창문열기, 문 닫기, 자기 방 정돈, 신 닦기, 자신의 방 청소하기, 책상 정리하기, 공부하기 등을 스스로 하도록 해야 한다.

② 자신감 기르기

청각장애로 인한 실망, 좌절, 불안, 죄의식, 적대감 등에서 탈피하고 삶에 대한 의욕과 자신감을 갖게 하는 것도 매우 중요하다.

③ 실패를 염려하지 말고 도전할 수 있는 태도 기르기

(2) 자기 통제력 기르기

① 참는 것을 가르친다.

지나친 풍요함은 참을성을 박탈한다. 때문에 적당한 부족을 맛보게 하고 그것을 참게 하는 것이 필요하다.

② 자기 멋대로 하는 행동의 저지

③ 문제행동은 초기에 고쳐야한다.

(3) 사회성 함양

사회성이란 한마디로 말하면 남과 조화를 이루며 사회에 적응하는 것을 말한다. 사회성에 대립되는 것은 자기중심성이다. 청각장애가 있으면 말로써 타이르고 듣고 깨닫게 되는 것이 미흡하고, 주위의 비난과 주의의 말도 잘 수용되지 않기 때문에 자기중심적인 생각에 빠지기 쉽다.

① 좋은 습관 익히기

바람직한 생활습관으로서는 식사, 간식, 일어나기, 잠자리에 들기, 심부름, 정돈, 놀이, 돈, 독서, TV시청 등의 예의범절을 발전시켜 나가야 한다.

② 가족이나 친구들과 협력하기

③ 타율에서 자율로 이행하기

제5절 청각장애유아의 언어환경

여기서는 가정에서 청각장애유아의 언어지도와 관련된 제 요소를 지도적 차원에서 논한다. 건청유아는 생후 3~4개월경에 모음적인 음 또는 양 입술을 사용한 음(양순음)을 반복한다. 이 시기를 옹알이라고 한다. 이 활동은 환경음의 모방이라고 하기보다 내발적으로 나오므로 청각장애유아도 어느 정도 할 수 있다.

7~8개월이 되면 밖에서 주어지는 음을 비슷하게 내보려는 노력을 보이게 되어 음성의 모방기에 들어가게 된다. 생후 1년쯤 되면 의미 있는 언어를 사용하기 시작한다.

청각장애유아의 경우 의미 있는 언어로서의 습득은 어떻게 되는가? 이미 음성에 있어서는 정상적인 발달을 하지는 않았지만 주위에 있는 사물의 관찰 또는 자기 자신의 행동을 통한 의미 활동은 꼭 뒤떨어지지 않는다고 보고되어 있다. 한편 몸짓, 손짓에 의하여 어느 정도 의사전달을 하게 된다. 다만 이들의 의미 활동은 그대로 방치하면 음성언어와는 전혀 혹은 거의 연결되지 않는다. 이렇게 해서 그들의 의미의 세계는 신변, 자기가 보이는 범위, 자기가 움직일 수 있는 한도 내에 머물기 쉽다. 그래서 부모는 건청유아와 똑같이 될 수 있는 한 조기에 유아의 의미 활동에 관계되는 언어를 수용시키는 배려를 하지 않으면 안 된다. 물론 청력 손실의 정도에 따라서 언어의 수용에 청각만을 사용하느냐, 말읽기도 도입하느냐는 개인차가 있지만 어떤 방법을 사용하든 먼저 언어를 제시해서 이해시키는 것이 필요하다. 이 기간을 충분히 가져야 하고 결코 발성하는 것을 서둘러서는 안 된다. 가정에서는 유아로부터 자연스럽게 말이 나오기를 기다리는 정도로 좋다고 생각한다. 제시되는 언어는 유아의 행동, 유아의 주위와 밀착된 구체적인 것이 바람직하다. 가정에서 생활 중에는 이를테면, 기상, 옷 입고 벗기, 식사, 배설의 기본적인 생활습관에 관한 언어를 수반한 행동이 많다. 놀이, 가정 또는 이웃사람에게 관계되는 일과 심부름 등에 대해서도 어머니와 자녀 사이에는 많은 언어에 의한 전달이 있을 것이고, TV를 볼 때도 침묵을 계속 지키지는 않는다. 무엇보다도 가정에서의 언어지도는 생활경험을 축으로 이해하는 즐거움을 체득시키는 데 있다고 생각해도 좋다.

1. 청능훈련 환경

(1) 청능훈련의 효과

청능훈련의 효과는 결코 일률적일 수는 없다. 경도난청인 경우는 음절 수준의 청취가 70% 가능하고, 고심도난청인 경우는 20% 또는 15%의 효과 밖에 기대할 수 없다. 이는 시각과 그 외의 감각으로 바꿀 수 없는 유일한 청각능력인 것이다.

(2) 청능훈련의 목적

청각의 활용을 추진하는 목적은 다음과 같다.

① 청각장애유아의 정서적 안정을 유지한다.
② 대인 간의 전달매체를 개선한다.
③ 음성언어를 개선한다.
④ 사회적응 능력과 태도를 향상시킨다.
⑤ 청각에 의한 내적 감각을 기른다.
⑥ 풍부한 인간형성을 기대한다.

(3) 보청기의 착용습관

① 가족의 이해와 협력

② 보청기 착용 적응지도

③ 보청기의 사용법지도

(4) 수용 감각의 활용

인간은 청각, 시각, 촉각, 미각, 후각 등의 수용적 감각을 가지고 있다. 청각장애유아교육에서 지금까지 이용되어온 정보수용 감각과 커뮤니케이션 수단을 표로 나타내면 다음과 같다.

<표 7.2> 정보수용 감각의 수단

수용 감각	수용수단
청 각	음, 말
촉 각	진동
시 각	• 말읽기(말, 입의 동작, 표정) • 몸짓, 그림, 사물, 장면, 행동 • 문자(쓰기 말) • 지문자 • 수화 • 보조수화

이와 같은 수용 감각의 청력에 따른 단계적 활용을 생각해보면 다음과 같다.

① 청각(보청기)

② 청각+촉각(촉감각기)

③ 청각+촉각+시각(말읽기)

④ 청각+촉각+시각(말읽기, 몸짓, 사물, 장면, 행동)

⑤ 청각+촉각+시각(말읽기, 몸짓, 그림, 사물, 장면, 행동, 문자)

⑥ 청각+촉각+시각(말읽기, 몸짓, 그림, 사물, 장면, 행동, 문자, 지문자)

⑦ 청각+촉각+시각(말읽기, 몸짓, 그림, 사물, 장면, 행동, 문자, 지문자, 수화)

2. 언어지도와 가정교육

언어지도에서 가정교육의 중요성을 지적해 보면 다음과 같다.

① 청각활용의 노력을 계속한다.

② 구화습성을 가지게 한다.

③ 말의 의미의 이해를 확충 시킨다.

④ 말의 사용 횟수를 늘린다.

3. 언어지도에 관련된 제 문제

① 감각훈련 : 여러 가지 놀이는 넓은 의미로 모두가 감각훈련이다.

② 조기교육

③ 청각장애유아의 커뮤니케이션 수단 : 구화, 수화, 그리고 토털 커뮤니케이션 중 어느 것이 적절한가를 생각해 보아야 한다.

4. 말읽기 학습 환경

① 말읽기의 지도는 실제생활과 연결한 어머니의 행동을 통해서 구체적으로 의미 이해를 시킨다.

② 말읽기는 학습보다 일상생활의 모든 장에서 이루어지는 이야기에 익숙하도록 한다.

③ 말읽기는 피로가 쉽게 오므로 짧은 시간 매일 반복하는 것이 중요하다.

④ 심부름, 놀이, TV, 그림책, 일기, 손님맞이, 가정행사, 사회행사 등의 다양한 생활 장면에서 말을 자주 걸어준다.

⑤ 자녀의 얼굴 높이와 같게 하여 말한다.

⑥ 말읽기는 시각뿐만 아니라 청각이나 촉각 등을 활용하도록 한다.

5. 발어학습 환경

① 보청기를 통한 자기음성 듣기

② 몸도 마음도 자유스럽고 긴장하지 않을 때 분명한 소리가 나온다.

③ 음성표현이 많이 포함된 놀이를 시킨다.

④ 촉각을 통하여 음성을 지각시킨다.

⑤ 색종이 등에 의한 유성과 무성의 정착을 도모한다.

⑥ 성량을 풍부하게 한다.

⑦ 확실한 음성은 흉성이고, 듣기 곤란한 음성은 두성이다. : 흉성의 조건으로는 심리적 안정, 유쾌할 때, 발성의 근육이 이완하고 있을 때이고 두성의 조건으로는 급격히 소리를 낼 때, 불유쾌할 때 등이다.

⑧ 모음 연습은 매일 한다.

⑨ 언어리듬의 인식

• 언어리듬은 청각, 촉각, 시각을 통하여 알린다.

• 신체의 율동을 통하여 리듬감을 만든다.

• 말의 리듬은 호흡운동과 깊은 관련이 있다.

⑩ 조음의 지도

• 구형의 지도 : 구형지도 시 주의해야 할 점으로는 시각, 청각, 촉각을 병행한다. 항상 거울을 사용한다. 구형은 과장하지도 긴장하지도 않는다. 소리와 리듬에 항상 주의한다.

• 턱의 자세 지도 : 턱의 자세는 발음할 때 턱의 여는 방법과 크기를 말한다.

• 혀의 안정

⑪ 오조음의 교정

⑫ 어휘의 지도

⑬ 기본문형 지도

제6절 가정에서의 기타 지도

1. 놀 이

유아의 놀이 또는 경험은 유아의 정신발달과 형성을 위해 중요한 활동이다. 1세경까지 유아의 경험과 놀이는 자기의 지각 또는 행동의 범위에 한정되어 있지만 곧 그것들의 완전 습득에 의해 유아의 마음속에 사물 또는 사건에 대해서 이미지가 생기게 된다. 나아가서 자신의 이미지에 현실을 이해하거나 하여 자기중심의 경험을 구성 하고, 외계의 사물 개념도 개별적 내지 유형적으로 밖에 파악되지 않는다. 4세경부터는 경험을 개념적으로 정리하기 시작하고 마음 속의 이미지도 풍부하게 되어 유아의 세계는 시간적(과거, 현재, 미래)으로 공간적으로도 점점 넓어진다.

청각장애유아의 경우 청각에 의존하는 경험 또는 놀이에는 부족한 점이 생기지만 시각을 중심으로 하는 그 밖의 감각 또는 행동양식은 일반적으로 정상이다. 1세경까지는 새로운 경험이든 놀이든 실제로 행동시켜 대상물에 접촉시켜 그것을 충분히 취급하게 하는 것이 중심이 되지만 점차로 활동의 공간적 범위를 넓히고 실물의 대체물로 카드를 사용해도 흥미를 보인다.

2~3세 사이에 시간이라는 것이 있다는 것을 희미하게 파악하기 시작한다. 언어 이외에 사용할 자료로써 경험의 그림화를 들 수 있다. 공간적인 관점에서는 멀리 떨어져 있는 가족, 친구의 사진, 또는 그림을 가지게 하는 것도 유아의 이미지를 환기시키고, 정착시키기 위한 효과적인 수단이 된다. 또 물건과 물건의 간단한 관계에 대하여 언어로서의 설명이 이해하기 어려울 때에도 그림이 크게 도움이 된다. 이처럼 청각장애유아의 경험이나 놀이를 정상유아와 같이 해주기 위해서는 언어수용의 적응에서 영향을 미치는 시간적, 공간적 확대의 부족, 사물의 관계 판단의 부족 등을 주로 시각적 재료들을 사용함에 의해 보상해 주어야 한다. 또한 놀이에서 제외되거나 놀이가 성립되지 않을 수도 있으므로 정상유아들을 청각장애유아의 이해를 도와주어야 함과 동시에 청각장애유아에게도 정상유아의 태도를 익히게 하는 것이 바람직하다.

2. 생활습관

청각장애유아들의 생활습관이 연령에 맞지 않은 예를 종종 보게 된다. 이것은 장애에 의한 직접적인 결과라기보다는 대부분의 경우 부모의 양육 태도에 의한 것이 많다. 물론 커뮤니케이션의 부족에 의한 것도 있지만 기본적인 생활습관의 대부분은 같은 일을 반복해 가는 사이에 그 행동이 정해지는 것이므로 필요하면 그림에 의하여 제시하거나 스스로 모범을 보임에 의해서 정확히 가르쳐가는 태도가 필요하다. 습관의 확립에는 유아의 마음이 크게 작용하는 것도 잊지 말고, 분위기를 만들어 주는 일이 중요하다. 그리고 각 습관의 표준적인 형성기 또는 문제점을 보면 다음과 같다.

유아기의 식사에 관한 기본적 습관으로는 이유, 편식지양, 식사행동의 자립, 식사의 규칙성 등이 있다. 이유는 5 · 6개월경부터 시작하여 늦어도 10개월~1세까지는 완성되어야 하고 이유의 지연은 어머니에 대한 의존성을 기르게 되는 문제점이 있다. 이유기로부터 1~2세 사이에 음식물을 주는데 있어 치우침이 있으면 편식을 하기 쉬우므로 주의해야 한다. 손가락 운동능력의 발달에 따라서 대개 1세 반경부터 컵을 가지고 마시며, 서툴기는 하지만 스푼을 사용하게 된다. 3세에서부터 대체로 흘리지 않게 되며, 3세 반경부터는 식사 행동의 자립이 가능하게 된다. 이 연령부터 식사 행동의 예의범절을 가르치는 것이 바람직하다. 청각장애유아는 식사를 먼저하고 기다리는 행위가 특히 어렵다. 언어로 설명이 어려울 때는 그림을 그리거나 해서 '기다린다.'는 것을 납득시키는 방안이 필요하다. 간식은 규칙적으로 균형이 유지되도록 주의한다.

다음, 배설 습관으로 대변의 바른 습관은 8 · 9개월경부터, 소변은 10개월경부터 시작한다. 대변은 매일 정해진 시간(보통 아침 식사 후)에 정해진 사람과 정해진 장소에서 변기에 걸터앉아 「응」하고 맞춤 소리를 해주는 등 일정의 조건을 갖춰 주는 것으로 습관 기르기가 쉽게 된다. 맞춤 소리는 청각장애유아의 경우 어머니의 신체에 접하고 있으면 울림 등에서도 알 수가 있으므로 빠뜨려서는 안된다. 소변에 대해서도 시간과 횟수가 다를 뿐 조건형성의 방법은 똑같다.

다음으로 옷 입고 벗기 습관인데 이것도 유아의 손가락의 운동능력 발달을 중심으로 이루어지며 1세 반부터 2세 반경에 신발을 신게 되고 큰 단추라면 풀 수 있게 된다. 3세 반부터 옷을 입기 시작한다. 4세에서는 단추를 끼우고 5세가 지나면 옷 입는 행동을 대충 익힌다.

그리고 청결 습관에 관해서는 유아의 운동능력의 발달을 보면서 필요할 때에 그것을 할 수 있도록 습관을 기른다. 주요 내용은 다음과 같다.

· 손 씻기 : 2세 반경

· 이 닦기 : 4세 경

· 얼굴 씻기 : 4세 경

3. 수면 습관

수면 습관은 유아기부터 혼자서 잠자도록 습관을 기른다. 수면 시간은 1세 때는 12시간 이상, 2세 때는 11시간 반 이상으로 잡는 것이 표준적이다.

침실의 조명에 대해서는 청각장애유아의 경우 보통 밤에 조명등 정도의 조명이 있는 편이 좋다.

4. 부모의 태도

이 시기에는 부모의 바람직한 태도가 중요하다. 어린이의 장애가 발견되어 그것이 현대의학으로는 완전히 회복될 수 없다는 것을 알았을 때 부모의 충격은 헤아릴 수 없고 분노, 슬픔, 초조, 체념이라고 하는 감정에 지배되는 것이 보통이다. 그러나 무엇보다도 먼저 이러한 상태를 제거할 것을 생각해야 한다.

아울러

① 어린이의 장애는 귀에만 있고 다른 발달은 거의 정상적으로 나아갈 가능성이 있다.

② 과잉보호, 과소보호도 안 되고 가족의 일원으로서 양육되어야 한다.

③ 청력 손실을 보상하는 교육적 수단 및 기술이 잘 연구되고 있어 언어를 발달시킬 수 있다.

④ 어린이는 장래 사회적 지식 및 교양의 면에서도 자립할 수 있는 가능성을 가지고 있다.

⑤ 가능한 한 빨리 교육을 시작하고 부모도 양육방법에 대해서 배울 필요가 있다.

참고문헌

김병원, 이성구(1986). **유아 언어지도**. 서울 : 동문사.

김연희(편)(1978). **어린이 게임과 놀이**. 서울 : 지음사.

김옥련외(1989). **유아 언어활동의 이론과 실제**. 서울 : 창지사.

김재은(1984). **유아의 발달심리**. 서울 : 창지사.

석동일외(1987). **유아의 특수교육**. 전주 : 신아 출판사.

석동일외(2000). **청각과 언어재활**. 대구 : 한국언어치료학회.

석동일외(2002). **청각재활**. 대구 : 대구대학교출판부.

석동일외(2007) **청각학개론**. 대구 : 대구대학교출판부.

신연식(1983). **부모교육**. 서울 : 학문사.

안병즙, 박화문(공역)(1988). **영・유아와 장애아를 위한 발달지도서**. 서울 : 양서원.

이규식, 석동일외(2006). **청각장애아동 언어지도와 치료방법**. 대구 : 대구대학교출판부.

이숙재, 박인숙(1986). **유아를 위한 언어교육의 이론과 실제**. 서울 : 창지사.

이은화, 이경우(공역)(1988). **부모교육 입문 : 부모—자녀관계**. 서울 : 창지사.

이정섭, 강문희(1986). **유아의 언어교육**. 서울 : 창지사.

이재연, 최영희(1990). **의사소통과 가족관계**. 서울 ; 형설 출판사.

주영희(1982). **유아를 위한 언어교육**. 서울 : 교문사.

北原一敏編(1982). す早ようママさん。東京 : 平和當印刷所.

林次一, 金山千大子(1982). ママさんの 勉强會. 東京 :平和當印刷所.

Bell, R(1911). Stimulus Control of Parent or Caretaker Behavior by Off-spring. Developmental psychology, 4, 63-72.

Blanchard, R., H. Biller(1971). : Father Availability and Academic : Performance Among Third Grade Boys. Developmental Psychology, 4, 301-305.

Caldwell(1970). Infant Day Care and Attachment. American Journal of Orthopsychiatry. 40, 397-412.

Calvert, D. R(1975). Speech and deafness. Washington, D. C. : Alexander Grahambell Association for the Deaf.

DeBonis, D. A. & Donohue. G. L(2004). Audiology. New York : Pearson Education, Inc.

Guralnick, M(1980). Social interactions Among Preschool Children. Exceptional children, 46(4).

Hull, R. H(2001). Aural Rehabilitation. CA : Thomson Learning Inc.

Hurlock, E(1975). Developmental Psychology(4th ed.). New York : McGraw Mill.

Herzog, E., C. Sudia(1970). Boys in fatherless families. Washington D. C. : Department of

Health, Education & Welfare.

Hetherington, E(1972). Effects of Father Absence on Personality Development in Adolescent Daughter. : Developmental psychology, 7, 313-326.

Hayden, A(1979). Handicapped Children, Birth to Age Three. Exceptional children, 5.

Jersild, A., C(1975). Telford, J. Sawrey. Child Psychology(7th ed). Englewood Cliffs, N, J : Prentice-Hall.

Jordan, J., and others, (eds.)(1977). Early childhood Education for Exceptional Children. Reston, VA. : Council for Exceptional Children.

Macrae, J., E. H. Jackson(1976). Are Behavioral Effects of Infant Day Care Program Specific? Developmental Psychology, 12, 269-270.

Parke, R., S. O'Leary, S. West(1972). Mother-Father-Infant Interaction Effects of Maternal Medication, Labor and Sex of Infant. Proceedings of the american Psychological Association. 9, 85-88.

Lamb, M., and Lamb, J(1976). The Nature and Importance of Father-infant Relationship. Family coordinator, 25, 379-386.

Riper, C. V(1974). Speech Correction. Englewood Cliffs, New Jersey: Prentice Hall, Inc.

Russell, C(1974). Transition to Parenthood : Problems and Gratifications. Journal of marriage and the family, 36, 294-302.

Santrock, J(1972). The Relation of Type and Onset of Father Absence to Cognitive Development. Child Development. 43, 455-469.

Schow, R. L. & Nerbonne, M. A(2007). Audiologic Rehabilitation. MA : Pearson Education Inc.

Stewart, D. A. & Kluwin, T. N(2001). Teaching Deaf and Hard of Hearing Students. MA : Allyn & Bacon.

Wente, A., S. Crockenberg(1976). Transition to parenthood : Preparation, Adjustment difficulty, and the Husband-Wife Relationship. Family coordinator, 25, 351-358.

제8장 청각장애아동의 언어발달과 지도

이 장에서는 청각장애아동 교육에서 중핵이 되는 언어지도 방법과 내용을 중심으로 논한다. 먼저 청각장애아동의 언어습득과정에서 나타나는 주요한 특성을 제시하고, 이를 기초로 하여 말읽기와 말하기 지도, 청각장애아동의 모어(native language)라고 볼 수 있는 지문자와 수화지도, 언어지도 이념 및 철학인 토털 커뮤니케이션 등에 대한 그 이론과 실천적 자료를 제시하여 청각장애아동의 언어지도에 대한 이해와 기술을 익히는 데 돕고자 한다.

제1절 청각장애아동의 언어습득

인간은 태어나면서부터 목소리를 통하여 자신의 의사를 전달하려고 한다. 처음에는 울음의 형태로 자신의 배고픔·불쾌함·아픔 등을 표시하며, 점차 성장함에 따라 보다 발달된 형태인 옹알이를 하게 된다. 아울러 의사전달의 수단으로써 몸짓(gesture)을 사용하기도 한다. 청각장애아동의 경우 이와 같은 언어 전 단계를 지나 언어단계부터는 건청아동과는 현저한 차이를 보임으로써 언어습득 이전에 청력 손실을 입었을 때는 구화의 습득이 극히 미흡하다. 따라서 조기부터 몸짓에 의한 의사전달의 양이 건청아동보다는 증가할 수밖에 없다. 그러므로 청각장애아동의 언어습득은 구화와 수화를 분리해서 생각할 수 없으며 상호 유기적 또는 상보적 관계에서 고려되어져야 한다.

1. 청력손실이 언어습득과 발달에 미치는 영향

청각장애아동들의 말의 명료도는 대체적으로 빈약하다. 그리고 그들 목소리의 질은 뒤틀리고, 억양패턴이 매우 다른 고저를 가지며, 음의 강약 조절이 정상아동에 비해서 뒤떨어진다. 한편 Lach 등(1970)은 음운론적 규준에서 청각장애아동은 건청아동에 비해서 그 기능이 매우 낮다고 지적하고 있다. 이들은 12개월 된 건청유아가 아무런 훈련이나 교육 없이 습득한 기능만큼 청각장애유아가 기능하기 위해서는 12개월간의 특별한 교육·훈련이 필요하다고 했다.

울음과 외치는 소리는 신체적 성숙에 의해서 조절되므로 초기에는 특수한 청각적 자극에 의존하지는 않는다. 그리하여 청각장애아동들은 약 6개월에서 9개월까지는 정상적인 발성 패턴을 개발한다고 한다(Lenneberg 등, 1965). 그러나 9개월부터 발성은 현저히 떨어지기 시작한다.

Furth(1966)는 농 성인의 12%만이 바른 언어적 능력을 가지며, 단지 4%만이 말을 듣고 말을 하는 데 효율적이라고 지적하고 있다. 결론적으로 청각장애인들은 성인이 될 때까지도 대부분이 주된 언어인 구화를 마스터하지 못하고 있다.

그러나 이것이 청각장애 성인들에게는 언어가 없다는 것을 의미하는 것은 결코 아니다. 그들 대부분은 수화언어를 능숙하게 잘 구사하고 있다. 물론 이에 대한 것은 다소의 논쟁이 거듭되고 있지만 Stokoe 등(1965)은 수화를 청각장애인들의 진정한 언어라고 강력히 주장하고 있다.

2. 청각장애아동의 수화언어 습득과정

수화는 독자적인 언어규칙과 속성을 가지고 있으므로 습득과정에 어떤 특성이 내재되어 있다.

1) 수화기능의 발달

청각장애아동의 언어의 시작은 건청아동과 비슷하다. 첫 수화단어를 시작하는 시기는 약 12개월부터이다. 비록 보다 많은 증거가 요청되지만 첫 수화는 첫 구화보다 빨리 생성된다는 것을 일부 연구들이 제시하고 있다.

McIntire(1974)의 연구에서 청각장애 대상자는 9개월에 수화를 하기 시작했고 10개월쯤에 두 수화단어의 결합이 나타났다고 했다. Wilbur(1976)는 이렇게 빨리 수화가 습득되는 것은 조음기관의 근육보다 손의 근육 통제가 훨씬 잘 되는 것에 기인한다고 했다.

한편, Siple(1973)과 Brown(1973)은 청각장애아동의 평균발화길이(MLU : mean length of utterance)의 증가 속도는 정상아동과 유사하다고 했다. 일차언어로써 수화를 습득한 청각장애아동의 습득과정을 음운론적, 형태론적, 구문론적 수준에서 보면 다음과 같다.

(1) 음운론적 수준

Jakobson(1968)은 "아기 말(baby-talk)"에 다른 음보다 먼저 표현되는 음이 왜 있는지를 구명하기 위해 "유표(markedness)" 이론을 제시했다. 즉 양순음 /P/와 /m/는 /S/ 또는 /I/보다 쉽거나 덜 유표하다. 이와 마찬가지로 청각장애아동의 "아기수화(baby-sign)"에서도 어떤 수형(手形)은 다른 것보다 빨리 습득된다.

Boyesbream(1973)은 [A]수형은 수화형성에서 덜 유표하다고 주장하고 있다. 다른 수형은 한 손가락 또는 그 이상의 손가락 펴기, 엄지와 또는 그 이상의 손가락 펴기, 엄지와 한 손가락의 접촉 및 인접 손가락 교차 등의 자질(feature)의 첨가에 의해서 나타날 수 있다는 것이다.

Mclntire(1974)는 4개의 단계로 진전되는 수형 발달을 제시했다.

1단계 : 4. S. L. A. G. C. "아기O"

2단계 : B. F. "성인O"

3단계 : I. Y. D. P. 3. V. H. W

4단계 : 8. 7. X. R. T. M. N. E

(2) 형태론적 수준

Schlesinger와 Meadow(1972)는 연구에서 대상자가 그의 부모 이외의 모든 생물체를 언급하기 위해 "dog" 수화를 미분화하여 사용하는 것을 지적했다. 또 Newman (1972)은 10개월 된 그의 딸아이가 아버지와 어머니를 언급하기 위해 "Daddy" 수화를 사용하는 것을 발견했다. 그리하여 정상아동이나 청각장애아동 양쪽 다 그들의 제한된 언어로부터 규칙을 뽑아내고 그 규칙을 지나치게 일반화(over generalize)함을 알 수 있다(Erivn, 1964).

(3) 구문론과 의미론 수준

Braine(1963)과 Mcneil(1970)은 "구축(pivot)" 단어와 "개방(open)" 단어의 결합에 대해서, Schlesinger와 Meadow(1972), 그리고 Bloom(1975)은 청각장애아동의 두 수화 결합에 대한 구조적 의미를 연구했다. 이를테면,

위치격 : <철수> + <일> = 철수가 공장에 있다.

소유격 : <아기> + <기차> = 그 기차는 아기의 것이다.

Klima와 Bellugi(1966), Schlesinger와 Meadow(1972), Fischer(1974)는 부정의 습득단계로 두 개의 요소를 지적했다. 하나는 수화를 하면서 머리를 흔드는 것이고, 다른 하나는 <아니다>와 같은 수화를 긍정문의 전후에 사용하는 것이다. 한편, 의문문에서 정상아동이 첫 단계로 억양 올림이 현저한 것과 같이 청각장애아동도 이와 유사하게 눈썹을 치켜뜨고 얼굴을 주시함에 의해서 질문이 명확해진다.

2) 수화의 수용과 표현

Caccamise와 Blasdell(1976)은 지문자보다 수화가 잘 수용된다고 했으며, 지문자는 문자보다 쉽게 구별된다고 지적했다. 아울러 수화어휘 습득에 있어서는 긴 저 빈도의 단어보다 짧은 고 빈도의 단어를 잘 구별한다고 했다.

수화언어의 수용에 미치는 변인으로는 속도, 거리, 밝기를 들 수 있는데 이에 대한 주장은 다음과 같다.

① 능숙한 성인 수화 화자의 평균 지문자 표현 속도는 1분 당 300문자이다.

② 비교적 느린 속도, 즉 1분간 88문자로 전달하면, 175피트 거리에서 효과적인 커뮤니케이션이 가능하다(Bornstein, 1965 ; Moser, 1961).

③ 중간 정도의 속도(1분간 180자~200자)이면, 지문자화한 단어는 단단어는 30피트의 거리까지, 문맥에서는 50피트의 거리까지 효율적인 커뮤니케이션이 이루어질 수 있다(Caccamise, 1978).

④ 독립된 수화의 수용에서 0°, 45°, 90°각도에서의 유의한 차는 발견되지 않았다(Critlenden 등, 1977).

⑤ 지문자와 말을 병행한 것의 수용에서 손의 위치는 입언저리가 가장 좋았다(Reich등 1976).

⑥ 비디오테이프를 사용하여 연구한 결과, 대상자가 30°각도에서 표현되는 것을 좋아하지만 보는 위치에서 0°, 30°, 45°, 60°각도의 동시적 커뮤니케이션의 수용에서 유의한 차는 없었다(Peterson, 1976).

⑦ 청각장애아동은 OHP나 TV 모니터보다 실제 제시에서 동시적 커뮤니케이션 정보를 보다 잘 수용한다(Caccamise 등, 1977). 또 Blasdell(1977)은 화자의 구화와 지문자를 병용하기보다는 구화와 수화를 병용하는 것이 말의 흐름에 방해를 가져오지 않는다고 보고했다.

다음으로, 수화언어와 구화언어의 표현에 있어 시간의 양적 차이에 대한 연구를 보면, Bellugi와 Fisher(1972) 및 Bornstein(1977) 등은 ASL(American Sign Language)과 구화 영어의 메시지 전달시간은 비슷한 양을 요구한다고 보고했고, Bellugi와 Fischer는 수화영어는 문장번역 시 구화영어보다 2~2.5배정도 더 긴 시간을 요구한다고 했다.

3. 청각장애아동의 언어습득과 그 발달에 영향을 미치는 요인

언어습득과 발달은 여러 가지 요인에 의해 영향을 받는다. 일반적으로 청각장애아동의 개인적 조건, 가정환경, 교육환경으로 나누어 볼 수 있다.

1) 개인적 조건

언어는 아동의 개인적 특성 가운데 지능, 심신의 상태에 따라 그 발달의 양상이 다르게 된다. 사람이 말을 하고, 듣고, 쓰고, 읽기 위해서는 적절한 기억력, 사고능력, 모방력, 문장구성력 등이 요구되기 때문에 언어발달과 지적능력의 관계가 이제까지 많은 학자들의 주요 관심사가 되어왔다. 학자들에 따라 사고의 발달이 언어발달에 예속된다고 하여 언어를 강조하는 입장과 언어보다는 사고를 더 중요하게 생각하는 입장으로 대립되기도 하지만, 대체로 언어발달과 지적능력 간에는 정적인 상관관계가 보증되고 있다. Furth(1971)는 사고가 언어에 의존하지 않는다고 주장하고, 언어적 결핍이 있는 것으로 간주되고 있는 청각장애아동이 여러 가지 인지과제에 대해 일반아동과 본질상 균등한 수행능력을 보임으로써 인지는 언어에 독립되어야 함을 지적하고 있다.

다음으로 언어의 습득과 발달은 아동의 신체조건에 따라 영향을 받는다. 여기에서 신체조건이란 촉각기관, 발음기관, 청각기관 및 신경근육조직의 정상 여부를 의미한다. 즉 정상적인 언어발달이 이루어지기 위해서는 이들 신체기관이 효과적으로 기능을 발휘해야 한다. 출생 시 체중미달 아동이 언어이해능력, 사용어휘 수 등에 있어서 발달이 뒤떨어졌다는 보고가 있다(May, 1980).

또 아동의 사회성과 정서 상태도 언어발달과 밀접한 관계를 맺는다. 언어는 사회적 맥락 속에서 습득되고 발달된다. 따라서 친구가 없는 고립된 아동보다 사회성이 잘 발달된 아동의 언어발달이 빠르다.

이와 같은 측면에서 청각장애아동은 언어와 관련된 인지능력 · 신체조건 그리고 이로 인한 사회성의 결여 등에 의하여 구화언어 습득과 발달에 결정적인 영향을 받는다.

2) 가정환경

가정은 아동이 언어학습을 하는 데 중요한 역할을 한다. 가정환경 변인 가운데 사회 · 경제적 계층, 형제관계, 부모와의 언어 상호 작용은 가장 중요한 변인으로 간주되나 청각장애아동의 청각장애인 부모는 그들의 자녀가 청각장애라는 진단을 믿고 일찍부터 수용하나 정상부모는 진단을 믿지 않거나 또 확실한 진단을 위해서 이 병원 저 병원을 찾다보면 언어지도의 시기를 상실하는 경향이 있다(석동일, 1984).

Meadow(1969), Quigly와 Frisina(1961), Vernon과 Koh(1970) 등도 청각장애인 부모 밑에서 자란 청각장애아동이 보다 잘 인지하는 것은 초기발달 단계에서 수화에 의한 언어를 습득하기 때문이라고 지적하고 있다. 즉 부모의 지나친 정상화에 대한 요구로 청각장애아동의 세계를 무시한 구화일변도의 압력은 청각장애아동에게 지나친 위축감, 의사소통에 대한 불안감, 정상인 사회에 대한 반발심을 일으킴으로써 더욱더 도피감, 열등감, 고립감을 심어줄 수 있다. 성장과정에서 그들의 유일한 의사소통의 수단인 수화언어 시스템을 무시하기보다는 유아기부터 체계적으로 지도하여 그들의 의사소통에 대한 의욕을 말살시키지 않는 범위에서 구화교육을 시도하는 것이 바람직한 방법이라고 생각한다.

3) 교육환경

생태학적 이론에 비추어 볼 때 청각장애아동은 건청아동보다는 언어습득과 발달에 교육환경의 영향을 많이 받는다. 특히 구화지도를 위해서는 조기교육이 필수적이고, 교수활동의 대부분이 교사의 언어행동에 의하여 이루어지게 된다. 특히 청각장애아동은 대부분 조음음운장애를 가지므로 구화에 대한 자신감이 매우 희박하다. 때문에 말을 하도록 격려하고 조장해 주는 허용적인 분위기가 매우 중요하다. 아울러 청각장애아동의 언어발달은 교육 프로그램의 유형에 따라서도 많은 영향을 받는다.

제2절 말읽기와 말하기 지도

청각장애아동의 언어지도는 크게 구화법과 수화법 그리고 방법은 아니지만 하나의 이념과 철학인 토털 커뮤니케이션으로 대별할 수 있다. 구화법의 기저로는 잔존청력의 개발, 말읽기 능력의 개발, 말하기 능력의 개발로 생각할 수 있으며, 잔존청력을 개발하기 위해서는 청능훈련이 필요하고, 말읽기 능력을 개발시키기 위해서는 시각훈련과 촉각훈련을 중심으로 하는 말읽기훈련, 말하기 능력 신장을 위해서 시각 · 호흡 · 촉각 · 음성기관 · 청능훈련을 내용으로 하는 발성 · 발화훈련이 요구된다.

1. 말읽기 지도

지금까지는 말읽기(speech reading)의 개념으로, 청각의 결함을 시각으로 대신해 주는 것으로만 생각해 왔으나 오늘날은 청각적 수용과 시각적 수용을 포함한 광의의 개념으로 보는 입장이다. 따라서 과거에는 말읽기의 대상을 심도 이상의 청각장애아동에게만 해당하는 것으로 인식해 왔지만 최근에는 모든 청각장애아동이 말읽기 능력 신장을 해야 한다는 견해이다.

1) 의사소통 수단으로써 말읽기의 위치

말읽기 지도는 말의 시각적 지각을 개선할 뿐만 아니라 청각장애아동이 건청아동과 생활하는 실제 상황에서 말읽기를 사용하는 능력도 개선시켜야 한다. 의사소통 능력은 사회적 집단, 학급, 지역사회에서 자긍심을 가질 수 있다. 또한 의사소통은 청각장애아동의 사회적 의사소통 능력의 개발에 특히 중요한 자신과 자기사랑을 증가시킨다(Coopersmith, 1967; Maslow, 1968; Rogers, 1961).

의사소통 능력은 다양한 기능을 포함한다. 말읽기는 그 중의 하나이다. 의사소통능력에 기여하는 요인으로는 ① 의사소통에서 비구어적 단서의 역할을 이해하는 것, ② 자기 자신의 의사소통 수용과 표현에 있어서 강점과 약점을 평가하는 것, ③ 대안적 의사소통 전략 사용에 친숙해지고 능숙해지는 것 등을 들 수 있다.

(1) 비구어적 단서의 이해

비구어적 단서는 말읽기 청자에게 중요한 역할을 한다(Jacobs, 1981). 많은 연구결과, 의사소통된 정보의 약 60~70%가 비구어적으로 전달된다(Birdwhistell, 1970). 아울러 비구어적 단서는 구어적 단서보다 중요하고 신뢰성이 높다(Verderber와 Verderber, 1986). 그리고 비구어적 단서의 이해 기술은 개인에 따라서 다양하다(Johnson, 1975). 또 비구어적 단서의 기능도 문화, 나이, 성, 그리고 종족에 따라 다르다(Verderber와 Verderber, 1986). 이들 단서는 말읽기의 상황에 관해 적절한 반응형성 돕기 및 일어날 구화의 내용을 결정하는 데 가치 있는 정보를 준다. 비구어적 의사소통의 요소는 개인과 사회적 거리, 눈의 접촉과 같은 시각적 단서, 신체 움직임, 안면표현, 음성의 속도, 유창성, 고적, 질, 볼륨과 같은 음성의 특성 등을 포함한다(Tubbs & Moss, 1987).

이들 단서는 구화에 의한 의사소통과 결합될 때 여섯 가지 기능을 한다. 즉 반복, 부정, 대치, 강조, 보충, 조정의 기능을 가진다.

(2) 대안적 전략의 사용

다양한 대안적 의사소통 전략에 대한 지식은 청각장애아동에게 보다 효율적인 의사소통을 가능하게 한다. 이런 다양한 전략 또는 기술은 말읽기가 어렵거나 불가능 할 때 사용될 수 있다. 이러한 전략으로는 구화, 손바닥에 쓰기, 허공에 쓰기, 반복, 정정, 설명에 대한 요구, 제스처 등이 포함된다.

2) 말읽기에서 화자에 관련된 요인

(1) 안면단서

조음자(혀, 이, 입술)에 덧붙여 발어는 다른 안면 근육의 정교한 협응을 포함한다. 많은 연구결과에서 과장된 입술의 움직임 보다 오히려 정상적 입술의 움직임이 시각적 명료도가 높다고 지적하고 있다(Stone, 1957; Vos, 1965). 또 Berger, Perry, Hoffmann과 Smith(1977) 등의 연구에서 입술이 두터운 화자보다는 얇은 화자의 말을 쉽게 말읽기할 수 있다고 지적했다. 그리고 말읽기에 미치는 화자의 안면 특성으로는 치아, 입술, 턱의 기형, 인습적인 발어, 이마, 눈썹, 뺨의 움직임을 잘 볼 수 없게 만드는 머리카락, 그리고 표현적 안면과 정서적 능력 등이 있다.

(2) 안면 제스처

안면 단서에 덧붙여, 별도의 안면 제스처가 가끔 말에 수반된다. Hardy(1970)는 안면 표현과 제스처는 실제 구화 단어에 해당하는 정도의 정보를 제공한다고 지적하고 있다.

(3) 속도와 리듬

말의 속도와 리듬은 말읽기에 분명히 영향을 준다. 그리고 말을 하는 동안 숨의 유무 및 길이도 말읽기에 영향을 준다. 또 능숙한 말읽기 화자는 빈약한 말읽기 화자 보다 말읽기를 하는 동안 눈을 적게 깜박인다.

한편, 화자와 말읽기 청자의 친밀 관계 정도가 말읽기에 상당한 영향을 준다(Berger, 1972). 즉 친한 사람의 말을 낯선 사람의 말보다 더 쉽게 말읽기를 한다는 것이다.

(4) 화자의 훈련

화자의 말의 명료도는 훈련에 의해서 개선 할 수 있다. 이들 훈련 내용으로는 ① 조음기술 ② 구어 보조전략 ③ 비구어 보조전략 ④ 추가 입력 등이 있다.

Gonzaleg(1984)는 조음기술 훈련 내용으로 시각적 의사소통을 최대로 하기, 조음의 명료성과 정밀성, 자연스러운 발음, 발어 기관의 융통성, 과장된 발음과 과소 발음에 의해 왜곡된 내용 이해하기 등이 포함된다고 했다. 그리고 효율적인 의사소통은 화자—청자의 상호작용에 의존하므로 구어적 보조 전략 내용으로는 ① 내용의 첨가(예; 너는 아느냐? 너는 나를 아느냐?), ② 보다 시각적인 단어나 구로 대치하기, ③ 단어나 구어 재배열 등이 있다. 또 비구어적 전략으로는 ① 적절한 안면표현, ② 적절한 제스처, ③ 적절한 신체 움직임 등을 들 수 있다. 추가 입력 내용으로는 ① 잔존 청력의 개발, ② 손의 자극 기호, ③ 전자신호적 표시, ④ 촉각적 보조물 등이 있다. 이러한 자료들은 말읽기를 하기 어려운 경우에 사용하면 효과적이다.

3) 말읽기를 위한 감각적 보조

말읽기를 위한 감각적 보조의 방법으로 전자 공학적, 촉각적, 보조자료 사용과 큐드 스피치(cued speech)의 방법을 들 수 있다.

(1) 촉각과 청각

Plant(1982)는 고심도의 청각장애아동에게 골도 수화기에 의한 촉각 보조사용을 한 결과 말읽기에서 보다 좋은 결과를 얻었다고 보고했다. 또 시각—청각에 의한 말의 지각은 시각이나 청각만에 의한 지각보다 용이하다. 시각—청각에 의한 말의 지각 과정은 지각된 자료의 형태, 경쟁자극 소음의 형태, 나이에 따라 다르다. 시각—청각 지각 과정에서 시각 성분은 비성 자음, 파찰음, 조음 위치 등에 특히 많은 도움을 준다(Garsteck, 1983; Binnine, 1974; Walden, Pros와, Worchington, 1975).

(2) 큐드 스피치(Cued Speech)

큐드 스피치는 말읽기를 돕기 위하여 음성학에 기초한 손의 모양과 위치로, 미국의 경우는 자음을 나타내기 위한 8개의 손의 모양 그리고 모음을 나타내기 위한 얼굴과 목을 중심으로 6개의 위치로 되어 있다. 이들 손의 모양과 위치의 결합으로 단어의 발음을 표시한다(Williams-scott & Kipila, 1987). 따라서 큐드 스피치 시스템은 음소와 입의 모양에 기초한 것이지, 언어 또는 언어적 개념은 아니다.

큐드 스피치의 의도는 청각장애아동이 말읽기를 보다 성공적으로 할 수 있도록 돕는 것이다. 물론 이 시스템에는 수화의 성분이 존재하지만 그 본질은 구화법이다. 큐드 스피치는 Cornett(1967)에 의해서 고심도 청각장애아동의 읽기 이해를 증가시키기 위한 시도로 만들어졌다.

[그림 8.2]는 모음의 위치이다. 모음 /i/ /ε/, /I/, /ʌ/, /ə/(입술이 평평하고 수평적으로 열림)는 단서(cues)로 쉽게 말읽기 할 수 있다. 왜냐하면 이들은 각각 다른 위치를 가지기 때문이다. 즉 /i/는 언제나 입의 모퉁이에서 단서가 주어지고, /ε/는 턱 위에서, /I/는 목에서, /ʌ, ə/는 측면에서 단서가 주어진다.

[그림 8.1]은 자음에 대한 손의 모양이다. 각 자음은 유성음 대 무성음으로 짝지워져 있다. 즉 /f/와 /v/, /s/와 /z/는 손의 모양이 다르다. 그리고 /v/와 /z/는 동일한 손의 모음인데 이것은 입술에서 시각적으로 대조되기 때문이다. 자음은 모음의 위치에서 주어진다. 이를테면, <fee> 단어는 /f/손 모양으로 입 위치에서 한다. 이와 같이 큐드 스피치가 연구되고 개선되어야 할 과제를 요약해 보면 다음과 같다.

① 아동 또는 성인을 위한 추천할 수 있는 큐드 스피치의 준거
② 말읽기를 함에 있어서 큐드 스피치 사용으로 인한 시간지연의 영향
③ 말읽기 이행에 있어서 큐드 스피치가 주는 손실 감소하기
④ 큐드 스피치에 기능하기 위한 준비
⑤ 큐드 스피치를 사용하는 유아의 구화 수용과 표현의 발달
⑥ 큐드 스피치와 수화의 결합
⑦ 큐드 스피치로 학습한 후 단서가 없는 사회에서 말읽기 능력

⑧ 큐드를 읽기 위한 거리, 밝기

⑨ 말읽기 화자의 손의 모방과 위치 및 입을 주시하는 데서 오는 피로함

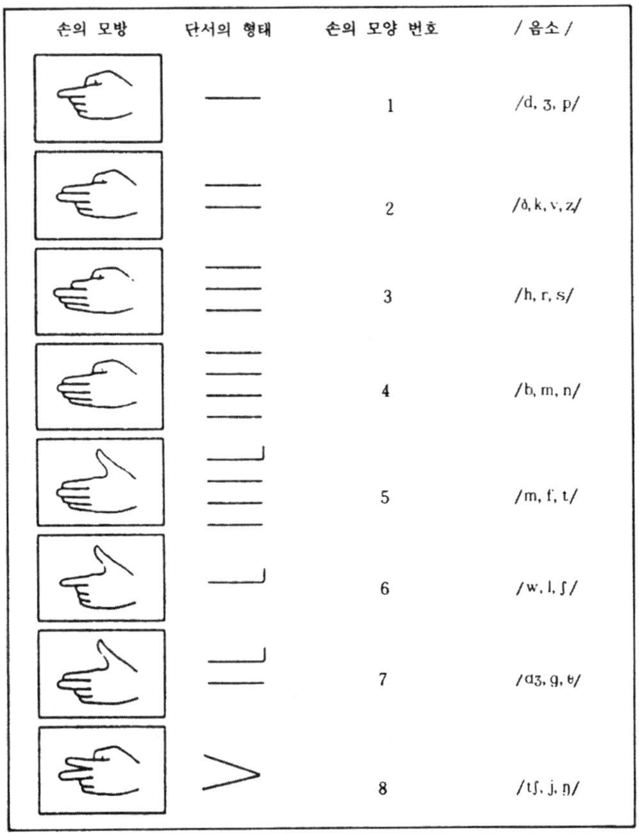

[그림 8.1] 미국의 큐드 스피치(자음)

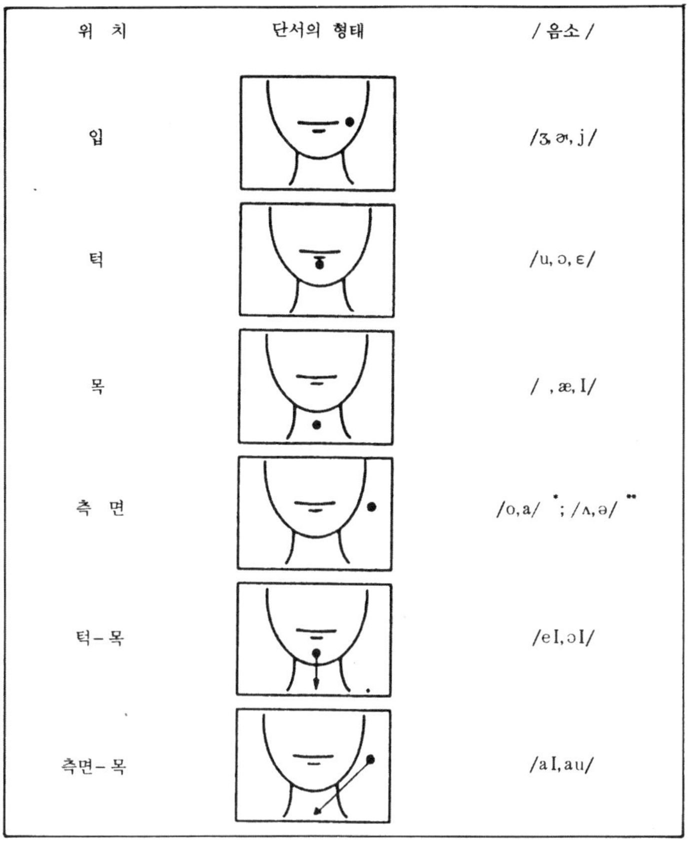

[그림 8.2] 미국의 큐드 스피치(모음)

4) 말읽기 평가와 지도

(1) 평가

말읽기를 지도하고 또 지도한 결과를 평가해서 목표를 설정하기 위해서는 반드시 평가가 수반되어야 한다. 말읽기 평가에서 고려되어야 할 요인으로는 ① 청력검사 결과 특히 어음청력검사 결과의 반영, ② 말읽기 능력과 지능, 구어능력, 시각기억, 성, 교육, 사회경제적 수준과의 상관성(Stoker, French & George, 1984), ③ 말읽기 능력 변화의 측정, ④ 청각—시각의 통합, ⑤ 화자 간 차이, ⑥ 측정점수의 기초(음소, 단어, 문장에서 핵심단어, 문장의미, 계속적 과정의 명료도), ⑦

심리학적 검사의 분석(신뢰도, 화자의 영향, 예견의 영향 등) 등이 있다.

(2) 청각장애아동 말읽기 지도 : 전체법(wholistic approach)

전통적인 말읽기 학습은 특수한 기술에 초점을 두는 데 반해 이 접근법은 아동의 동기유발, 인내, 의사소통을 위한 책임감과 같은 것에 중시한다. 전체법의 구체적 내용은 다음과 같다.

첫째, 특성

① 다양한 커뮤니케이션 상황에서 말읽기 기술을 자기 평가할 수 있는 능력 증대
② 말읽기 과정에 대한 지식의 증대
③ 보다 성공적인 의사소통을 촉진하는 전략을 세우는 능력의 증대
④ 말읽기의 효능에 대한 신념의 증대
⑤ 많은 좌절을 겪는 의사소통 상황 가운데서 인내의 증대
⑥ 말읽기를 개선하기 위한 개별 목표를 세울 수 있는 능력의 증대
⑦ 말읽기 능력을 개선하기 위한 동기유발의 증대

전체법의 구체적인 내용은 다음과 같다.

둘째, 기본원리

① 기본전략 : 아동은 최적한 말읽기를 촉진하기 위해 다양한 전략을 사용해야 한다. 포함되어야 할 내용으로는 ㉠ 화자는 명확한 조음으로 반복할 것, ㉡ 화자는 구형을 과장하지 말 것, ㉢ 다시 말할 때는 다른 어휘로 바꾸어 할 것, ㉣ 화자의 방향을 바꿀 것, ㉤ 집단에서 화자의 말을 말읽기하도록 할 것, ㉥ 말을 하는 동안 화자는 껌씹기, 머리 끄덕이기, 이리저리 걷는 행동하지 말 것, ㉦ 말읽기 하기 편리한 좌석, 거리, 각도를 제공할 것, ㉧ 청각적 환경을 바꿀 것
② 아동에 적절한 목표설정
③ 자기 평가와 교사 평가
④ 실제 생활 상황과 연습상황

셋째, 말읽기 조건의 수정

① 청각적 환경 : 교수자는 청각—시각 단서에 초점을 두어야 한다. 청 자극/소음은 듣기 쉬운 상황인 +20dB(자극음이 소음보다 20dB 더 큰 것)에서 +18dB, +12dB, +6dB, +0dB, 그리고 −6dB로 주는 것이 좋다(Erber, 1971).
② 시각적 환경 : 환경의 밝기에 의해서 난이도를 조절할 수 있다.
③ 말읽기 내용 : 말읽기 내용은 성공할 수 있는 쉬운 것부터 점차 어려운 것으로 되어야 한다. ㉠ 친숙한 제목, 지시, 인사말 ㉡ 상투적인 대화 ; 식당 시나리오 ; 식료품 가게 시나리오 ; 운동장, 체육관 홈룸에서의 대화

넷째, 말읽기와 관련된 기타변인
① 단서시스템
② 수화, 지문자
③ 촉각보조

2. 말하기 지도

청각장애아동은 자기의 소리를 확인할 수 없으므로 대개는 기질적 및 기능적 조음음운장애를 가진다. 말이란 개념은 다른 사람이 듣고 이해해야 하며 말하는 사람의 의지, 생각, 감정 등과 일치하는 내용일 때 말로써 성립된다. 많은 청각장애아동이 늘 접촉하는 부모나 교사는 어느 정도 그 말을 알아듣지만 처음 접하는 사람은 이해하지 못하는 경우가 대부분이다. 이 경우 그것은 말이라고 볼 수 없다.

1) 말하기에 관련된 기술

(1) 음성의 통제

말을 들을 때 불쾌한 기분을 자아내는 목소리는 아무리 언어적 표현이 좋다고 하더라도 그 효과를 제대로 발휘하지 못한다. 말소리는 듣는 사람을 편안하게 할 필요가 있다. 즉 청각장애아동은 억양, 장단, 고저, 빠르기 등을 제대로 조절하지 못하므로 듣는 사람으로 하여금 불쾌하게 한다. 이를 위해 먼저 자연스럽고 확실한 소리를 발견하고 안정시켜 주는 것이 중요하다. 이에 대한 구체적인 방법으로

① 보청기를 통해 자기의 음성을 듣고 조절한다. ② 흥분, 긴장, 불안을 제거한다. ③ 소리를 사용한 놀이에 참여한다. ④ 목에 힘을 주지 않도록 한다. ⑤ 촉각을 이용하여 음성을 정확히 지각한다. ⑥ 성량을 조절한다.

(2) 발음

청각장애아동은 발음의 기본 에너지가 되는 호흡의 양과 조절이 미흡하다. 때문에 폐활량을 늘이는 훈련과 호흡조절법을 체계적으로 훈련시켜야 한다. 대체적으로 청각장애아동은 ① 첫음절을 강하고 길게 하여 호흡을 많이 사용하며 ② 마지막 음절 발음 시 폐에 남는 공기가 적게 되어, 호흡의 리듬이 흐트러진다. ③ 말의 도중에 필요한 쉼을 사용하지 못해 호흡이 부족하다(예, '오늘은 산수 공부를 했습니다.'를 쉼 없이 계속하려고 한다). ④ 쉼 부분 가운데 가볍게 숨을 쉬는 부분에서 너무 많이 들이마시는 호흡으로 인해 리듬이 깨어진다.

발음 지도의 기본 방침으로 다음의 내용을 들 수 있다.

① 청능훈련을 어려서부터 실시해서 발성 · 발음을 안정시킨다.

② 자발적인 표현에 의하여 자연히 음이 생성되도록 한다.

③ 음성모방과 발어놀이 등 다양한 접근방법으로 음을 내고 정착시킨다.

④ 구형의 지도(시각, 청각, 촉각의 병행, 거울사용, 과장하지 않도록, 소리와 리듬에 주의)

⑤ 턱을 여는 방법(크게, 중간정도, 작게 여는 연습)

⑥ 혀의 안정

⑦ 의성어를 사용(부웅……자동차, 무우……소, 음매……양, 칙칙폭폭……기차)

⑧ 색 기호 사용(예, 적색은 유성음, 청색은 무성음, 황색은 비음, 백색은 숨 멈춤 등)

(3) 제스처와 신체적 표현

청각장애아동에게도 말에 적절한 제스처와 신체적 표현을 사용하도록 지도해야 한다. 따라서 집단활동으로써 아동들을 몇 명씩 모아 놓고 팬터마임, 제스처 게임, 흉내 내기 놀이 등을 시키면 신체적 표현과 언어적 표현과의 관계를 이해하도록 한다.

(4) 청자—화자 간의 관계

진정한 의미에서의 의사소통이 이루어지려면 청자와 화자간의 인간관계가 성립되어야 한다. 때문에 경청하는 태도도 지도되어야 한다.

2) 말하기 지도 시 유의점

(1) 체계적으로 지도한다.

① 감각훈련, 듣기능력 훈련, 리듬훈련 등과 관련시켜 지도한다.
② 말하기의 기초훈련을 한다(장단연습, 호흡연습, 혀 체조, 옹알이 내기 등).
③ 매일 지도한다.

(2) 개별지도

① 각 개인의 발음 조사표 작성
② 일대일에서 오는 긴장감 제거

(3) 오조음의 교정

① 조음 교정은 음 뿐만 아니라 소리나 리듬, 호흡의 사용법 등을 지도 한다.
② 오조음은 조기에 발견하여 지도한다.
③ 각 개인의 오조음의 경향과 원인을 상세히 알아야 한다.
④ 오조음의 특성을 교사나 아동이 정확히 인식해야 한다.
⑤ 교정을 위해서 학교와 가정과의 협력이 필요하다.

3) 말하기 지도에서 교사의 역할

① 교실의 분위기는 항상 따뜻하고 긴장감이 없도록 한다.
② 말의 강요는 피하고 자유롭게 의사표현의 기회를 준다.
③ 아동과 교사의 시선을 서로 수평으로 하여 말한다.
④ 문장의 길이는 길지 않도록 한다.

⑤ '말 따라 하기' 게임을 한다.

4) 말하기 활동의 실제

(1) 일과 중의 말하기 활동

① 물건 보이며 말하기
② 가게 놀이
③ 친구의 특성 말하기
④ 그림보고 이야기 꾸미기
⑤ 몸의 부분 알아맞추기

(2) 창작극놀이 활동

① 극놀이
② 인형극
③ 팬터마임

(3) 어휘의 확충

① 놀이와 생활을 통한 어휘 확충
② 말의 사용 횟수 확충
③ 말의 의미를 정확히 이해시킴
④ 심리적 발달 고려

(4) 문형지도

① 조사의 사용
② 표현의 내용에 의한 문형조직(예, 명령, 희망, 허가, 추리, 수동 등)

제3절 지문자와 수화지도

현대사회에서 청각장애인들은 많은 정보수용을 필요로 하고 있으며, 현대 문화생활의 향유를 그들은 갈망하고 있다. 청각장애교육에서 지금까지의 구화일변도 교육은 이들의 이와 같은 욕구를 충족시켜 주는 데는 다소 부족했다. 더욱이 교육에서의 인간학적 접근은 청각장애인을 일방적으로 정상인에 접근시켜려는 정상화에서 탈피하여 청각장애인들의 특성과 세계를 인정하는 입장을 취하게 되었다. 이와 같은 배경은 청각장애인 사회(deaf community)를 인정하고 청각장애인의 모어(native language)인 수화를 긍정적으로 수용하는 데 기여했다.

1. 수화의 유형별 특성

수화의 유형은 수화언어를 구성하는 요소 및 수화의 구성과 표현방법에 따라 그 유형을 나누어 볼 수 있다.

1) 수화의 요소별 유형

수화 커뮤니케이션의 기본 요소는 청각장애인의 자생적 언어, 즉 모어의 입장과 이를 구화에 접근시킨 문법적 수화에 따라 다소 다르게 된다. 이 두 입장의 종합적 견지에서 보면, 수화어휘(sign words), 지문자(finger spelling), 몸짓(gesture), 보조수화(sign markers) 등으로 나누어 볼 수 있다(Bornstein 등 1975). 수화어휘는 낱말에 대한 약속된 수지 표현으로 가능한 한 표준화시키려는 노력을 각 국이 행하고 있다. 지문자에는 여러 종류가 있다. 즉 영국의 양손 지문자, 미국의 한 손 지문자 및 맹인용 지문자 등이 있다. 몸짓은 안면표정, 눈의 동작, 몸의 동작 등이 포함되어 대개는 수화 어휘의 의미를 보충한다. 그리고 보조수화는 수화어휘의 기본형 외의 용언의 활용, 시제, 낮춤과 높임, 조사 등에 대한 수화를 말한다(석동일 외, 1979). 한국 지문자는 전 국립 서울농아학교 초대 교장 윤백원 선생이 1947년에 창안한 것으로 자음 14자, 모음 10자, 모두 24자를 기본으로 하고 여기에 이중자음, 이중모음을 합해서 총 36자(ㄲ, ㄸ, ㅃ, ㅉ은 빠져 있음)로 만들어져 있다. 한국 지문자는 모두가 자형을 중심으로 만들어 졌는데, 한국 지문자를 구체적으로 분석해 보면 다음과 같다.

(1) 수형이 유사한 것 : (ㄹ, ㅌ), (ㅁ, ㅍ)

(2) 수형이 같으나 수향(手向)이 다른 것 : (ㅏ, ㅓ, ㅗ, ㅜ, ㅡ), (ㅑ, ㅑ, ㅛ, ㅠ), (ㄱ, ㄴ)

(3) 영어 지문자와 동형이나 방향이 다른 것 : (ㄷ=v), (ㄹ=w), (ㅑ, ㅕ, ㅛ, ㅠ =h, v)

이상에서 한국 지문자의 특성은 다음과 같다.

(1) 한국 지문자는 모두 자형에 기초하여 만들었다.

(2) 자형이 시화자(視話者)의 위치가 획일화되어 있지 않다. 즉,

① 시화자 위치의 지문자 : ㄴ, ㄷ, ㄹ, ㅁ, ㅂ, ㅅ, ㅇ, ㅌ, ㅍ, ㅎ

② 지화자(指話者) 위치의 지문자 : ㄱ, ㅈ, ㅊ, ㅋ, ㅏ, ㅑ

③ 중립적 위치의 지문자 : ㅓ, ㅕ

2) 수화의 방법적 유형

수화의 방법적 유형에는 크게 전통적 수화와 문법적 수화가 있는데 이들 유형이 가지고 있는 특징을 보면 Jacobs(1853)는 자연적 수화(natural sign)와 문법적 수화(methodical sign)로 나누고, 자연적 수화는 농자의 마음에 생긴 관념의 순서에 따라서 사용된 수화로 이 수화 중에는 관습적인 것도 있고 인위적인 것도 포함되며, 문법적 수화는 문자언어의 어순에 따라서 필요한 문법적 기호나 단어의 변화를 수반하는 수화라고 정의하고 있다.

한국수화도 기본적으로 전통적 수화와 문법적 수화로 대별할 수 있겠으나 한국의 전통적 수화는 일본의 전통적 수화나 미국의 Ameslan과는 그 성격이 다르다. 전통적 수화 고유의 독자적인 속성이 강하지 못하고, 문법적 수화와 중간 형태적 성격을 가지고 있다. 이들 두 방법의 특성을 비교해보면 <표 8.1>과 같다(석동일, 1989).

<표 8.1> 한국의 전통적 수화와 문법적 수화의 언어적 특징

구 분	전통적 수화	문법적 수화
○국어와 일치도	○말의 의미, 문법을 국어와 일치시키지 않고, 다소 독자적 문법을 가지고 있다.	○말의 의미 문법이 국어와 일치되며 조사나 용언의 활용, 어미 사용이 특히 현저하다.
○이해의 용이성	○국어를 이해하지 못해도 직관적으로 이해하기 쉽다.	○국어 미 습득자는 이해에 다소의 곤란을 가진다.
○지문자 사용	○사용은 하나 적다	○적극적으로 사용한다.
○구어병용	○병용을 전제하지 않는다.	○병용을 전제한다.

2. 수화의 기호 구성요소와 구성의 특징

수화를 구성하는 기호 요소는 연구자의 관점과 국가에 따라 다소의 차이가 있으나, 요소의 구성과 표현에서는 많은 공통점이 있다.

1) 수화의 기호 구성 요소

Stokoe(1960)는 수화를 구성하는 3개의 수화소(chereme)를 다음과 같이 정했다.

(1) TAB(tabulator) : 수화를 하는 위치(수위 11개)

(2) DEZ(designator) : 수화를 하는 손의 모양(수형 21개)

(3) SIG(signation) : 수화를 하는 손의 동작(수동 26개)

석동일(1989)은 한국 수화의 분석에서 수위 40개, 수형 44개, 수동 49개, 수향 12개를 제시하고 있다.

2) 수화 구성과 표현상의 기본 특성

수화를 구성하고 표현하는 데는 수화 독특한 특성과 음성언어와 비슷한 속성도 동시에 가지고 있다.

(1) 공간적 배열

음성언어가 계시적으로 음소를 배열하는데 반해 수화는 공간적으로 수화소를 배열하는 것이다.

예) 남자가 여자에게 말하다.

이 문장에서 <남자> <여자> 동작은 좌우로 동시에 나타나서 <남자>로부터 <여자> 쪽으로 <말하다>의 수화 동작을 한다.

(2) 사상성과 규약성

음성언어에서는 어떤 의미(예, 왕왕하고 짖고 있는 동물)와 음성(개)은 약속된 것으로 결합되어 있다. 그리하여 기호내용(signified)과 기호표현(signifier)의 관계는 자의적이라고 할 수 있으며 이 양자 사이의 사상관계는 없다. 그러나 수화에서 기호내용(수화의미)과 기호표현(수형과 수동)은 사상관계가 강하다.

몸짓모방, 전통적 수화, 문법적 수화의 사상성 의존도는 몸짓모방, 전통적 수화, 문법적 수화 순이며, 반대로 규약성 의존도는 문법적 수화, 전통적 수화, 몸짓모방의 순이다. 그리하여 수화가 발전함에 따라 사상성보다는 규약성 의존도가 점차 높아져 가고 있음을 알 수 있다.

(3) 동시성

수화언어는 양손을 주요 운동(조음) 기관으로 하고 공간과 몸을 운동하는 장소로 하는 시각적 기호이다 음성언어가 계시적인 분절(articulation) 임에 반해 수화언어는 동시적인 분절을 지닌다. 즉 수형, 수위, 수동, 수향이 동시적으로 짝을 맞추어서 수화단어를 형성한다.

(4) 가역성

가역성은 어떤 구어에도 존재하지 않는 수화언어의 특성이다. 이 가역성은 반의어에서 대개 관찰할 수 있다. 예를 들면, "밝다/어둡다"는 수형은 같고 다만 수향이 반대가 된다.

(5) 반복성

<향상>, <자주> 등은 반복하며 의미를 나타낸다.

(6) 발신(조음)의 운동량

음성언어의 조음에 필요한 운동량(예, 혀의 운동량)보다는 수화의 조음에 필요한 운동량이 더 크다. 이 운동량이 커지면 발신시간도 길어진다. 수화가 약 1.42배 더 걸린다.

(7) 비수지 운동적 기능

표정, 머리의 방향, 몸의 방향 따위를 비수지 운동이라 불린다.

예) <찾다>는 찾는 눈의 동작을 요구한다. <늦다>는 수화에서 “아직 않다”의 안면 표정을 수반한다.

3. 수화의 학습 및 지도원리

수화 언어의 지도는 항상 구화와 병용함을 원칙으로 한다.

1) 방법적 원리

(1) 자연적 종합적 방법

교수 방법은 문장, 절, 짧은 이야기, 대화 내용 등의 실제 생활 커뮤니케이션 경험을 포함하는 자연적이고 종합적인 방법이 되어야 하며, 수화 어휘, 지문자 등이 문맥 내에서 지도되는 것이 바람직하다.

(2) 제1 및 제2언어 학습 원리

학습자의 제1언어 또는 모국어를 개발하려는 커뮤니케이션 유형이나 언어에 고려해 넣는 것이 필요하다.

(3) 개별화의 원리

사용되는 내용과 절차는 학습자의 커뮤니케이션 욕구에 기초해야만 한다. 실용주의적 접근이 교수내용 선택에 사용되어져야 한다. 즉 내용은 학습자의 삶의 커뮤니케이션 욕구를 반영해야 한다.

(4) 모든 커뮤니케이션 유형의 등가 취급 원리

학습자는 다양한 유형의 커뮤니케이션 결합에 의해 기능 개발 기회를 가지는 것이 중요하다.

2) 내용의 원리

(1) 내용의 다양성

내용은 사인, 지문자, 언어적 및 준 언어적 자질을 포함해야 한다. 또 내용에는 수화를 하는 공간, 움직임의 사용, 두 손 대 한 손의 사용, 쉼의 사용, 수화 지속(duration)의 사용 등이 포함된다.

(2) 흉내(mime), 신체언어, 자연적 제스처, 선행 경험

수화언어 기능 개발 시 수화낱말과 지문자를 너무 지나치게 강조하면 커뮤니케이션의 강직을 강화한다. 그러므로 흉내, 신체언어, 자연적 제스처에 대한 경험을 수화어휘와 지문자 지도 이전에 하는 것이 좋다(Caccamixe, 1978).

(3) 태도 또는 동기유발

적극적 태도를 가진 사람이 가장 빨리 진전한다. 대개 구화가 수화보다 우수하고, 일부 전문가들이 부모에게 "수화가 말하기, 말읽기, 듣기 기능의 개발에 해롭다."라고 말함으로써 학습자의 동기유발을 저하시킨다.

(4) 청각장애인, 커뮤니케이션, 청력 손실에 대한 지식

청각장애인은 다양한 커뮤니케이션 기능 개발이 필요하고, 가능하다는 인식에 도움을 줄 수 있다.

3) 교수개발의 원리

(1) 장기 및 단기 과정 계획

수화언어 학습에 즐거움을 갖게 하는 과정이 교수 이전에 충분히 개발되어져야 한다. 더욱이 학습자의 직접적 욕구를 충족시키기 위해 단기개발 프로젝트가

필요하다. 학습자가 내용과 교수 전략의 양 입장에서 한 수준의 과정으로부터 다음 수준의 과정으로 이행할 때 장기 계획이 역시 필요하게 된다.

(2) 기능 개발의 단계 및 순서성

이것에 포함된 개념의 하나는 언어와 커뮤니케이션 기능의 개발은 자연적인 순서가 있다는 것이다. 이 순서를 따를 때 기능의 최대 개발이 기대된다. 또 하나의 개념은 전 단계의 학습이 완료되기까지 다음 단계로 이행하지 말아야 한다는 것이다.

4) 평가의 원리

(1) 교수목적 및 내용의 반영

(2) 학습자의 기능 수준 평가

이것은 수화언어 교수를 필요로 하는 사람과 필요로 하지 않는 사람을 구별하는 데 사용되고 일반적인 배치를 위해 사용한다.

(3) 교수 방법의 평가

(4) 평가의 일관성

기초 기능으로부터 상위 수준 기능에 대한 계속적인 평가가 요구된다.

5) 직원의 원리

(1) 영구적이고 고도의 기능 소지자

(2) 청각장애인 교사

청각장애인 교사는 청각장애 학생들에게 리더십 역할을 하고 정상인과 청각장애인 간의 상호작용 기능을 하며, 수화 커뮤니케이션 학습에 도움을 준다.

6) 사회 · 언어학적 접근의 원리

청각장애인 사회의 성원들은 출생(예, 농 부모를 가진 청각장애아동)부터 그들의 모국어로써 수화를 학습하게 되거나 제2언어로써 학습하게 된다. 그리하여 많은 청각장애인들은 이중언어의 환경에서 생활한다. 그러나 두 언어의 측면에서 평가받지 못하고 구화언어 기능에 편중된 평가를 교육적, 심리언어학적 측면에서 받아왔다. Woodward(1973)는 ① 부모의 청력상태, ② 청각 장애 가족의 수, ③ 학생의 수화학습의 시기, ④ 수화학습을 시켜준 대상, ⑤ 재학하고 있는 학교의 형태, ⑥ 커뮤니케이션 유형의 선호도 등 6개 항목을 사용하여 질문지 조사 연구 결과, 사회 · 언어학적 질문에 높은 점수를 받은 자가 ASL과 동시법에 의한 이야기 전달에서 가장 오류를 적게 나타내었다고 보고했다.

7) 시각능력 개발과 원리

시각적 자질은 유사수화의 음운학적 묘사의 기초에서부터 말의 음향학적 조음적 자질에까지 관련되어 있다.

4. 미국 농공과대학(NTID)의 수화언어 교육내용과 방법

미국 농공과대학(National Technical Institute for the Deaf : NTID)에서는 구화, 수화(사인과 지문자), 말읽기, 인쇄된 낱말, 신체어 등을 함께 사용하는 동시법을 강조하고 있으며, 교수전략을 학생 개개인의 기능과 욕구에 따라 선택한다.

1) 교육과정 내용

(1) 동시적 커뮤니케이션 I

이 과정은 학급에서, 사회에서, 작업(학업) 상황에서 요구되는 커뮤니케이션 기능 개발을 돕는다. 여기에는 ① 사회적 상황, 학습상황에서 필요한 수화어휘와 문자, ② 동시법에 의한 교수, ③ 학급에 통역자를 사용하는 지침, ④ 사인원리 : 질문하기, 부정, 시간 등의 내용이 포함되어 있다.

(2) 동시적 커뮤니케이션 II

이 과정은 동시적 커뮤니케이션 I 의 과정에서 학습한 기능을 소지하고 있는 학생에게 주어진다. 여기에는 ① 지문자의 수용과 표현기능의 개발, ② 사인원리, ③ 동시적 커뮤니케이션 사용 시 리듬의 개선, ④ 수화어휘 증진, ⑤ 복합수화

어휘, ⑥ 수화 무언극 등이 포함되어 있다.

(3) 숙어와 속어

이 과정은 학생들의 통상적인 관용구의 이해와 적절한 사용 및 속어표현 개선을 돕는다.

2) 교수내용

교수내용은 기능의 기초로부터 진전된 수준까지 조직화된다.

(1) 배경지식 : 신체정보, ASL의 언어적 속성, 문자 커뮤니케이션, 청각장애인 사회, 사회학적 및 심리학적 정보

(2) 지문자 : 지문자의 표현과 수용

(3) 수화어휘 : 일반적 어휘, 기술적 어휘, 관용적 표현

(4) 구문적 특징 : 질문기법, 공간의 사용, 동시사인 방향, 접두사 표현, 어순

(5) 운율적 특징 : 억양, 휴지, 연결, 태도

(6) 응용 : 지문자, 수화어휘, 구문적 특징, 운율적 사용 등

3) 교수자료

지문자 비디오 테이프, 어휘 · 구 · 문장 비디오 테이프, 문단 · 짧은 이야기 비디오 테이프, 동화ASL · 수화지도 비디오 테이프, 직접 경험

제4절 토털 커뮤니케이션

청각장애아동의 생존권 보장을 위한 인간적인 성장을 기하기 위하여 그들은 주체성 있는 커뮤니케이션 법에 의하여 정신적으로 안정된 상태로 학습해야 하며 그렇게 하기 위해 구화, 수화, 청능, 지문자, 쓰기 등의 모든 커뮤니케이션 방법을 다 사용하는 것이 바람직한 경향으로 흘러가고 있다. 이러한 입장에서 대두된 것이 토털 커뮤니케이션이다. 토털 커뮤니케이션은 청각장애인 끼리든 청각장애

인과 건청인간에든 커뮤니케이션의 모든 수단을 활용하는 것을 의미하며, 건청인에게도 구화, 수화, 지문자, 그리고 필담 등을 활용할 것을 요구한다. 1975년 런던에서 개최된 주제 세미나에서 Brill(1976)은 토털 커뮤니케이션에 대해 다음과 같이 언급하고 있다.

> 토털 커뮤니케이션은 커뮤니케이션의 모든 양식을 다 활용하는 것이다. 이것은 수화체제, 지화, 구화, 말읽기, 증폭, 몸짓, 팬터마임, 쓰기, 그림 등의 활용을 포함하며, ···표현양식으로는 구화, 수화, 커뮤니케이션의 유형 중 하나, 그리고 증폭 등과 동시에 적용하도록 하는 것이다. 개인에 따라 특별한 양식에 의해서만 혹은 동시에 두가지 그 이상의 방안에 의해서 언어를 받아들일 수 있다.

그리하여 토털 커뮤니케이션과 동시법적 커뮤니케이션은 상당히 유사하지만 동시법적 커뮤니케이션은 토털 커뮤니케이션 프로그램에서 사용되는 단지 하나의 커뮤니케이션 방법이다.

한편 Garretson(1976)은 토털 커뮤니케이션은 다음 세 측면의 특성을 가지고 있다고 했다. 즉 ① 그것은 하나의 방법이라기 보다 철학이라는 점, ② 그것은 개인의 커뮤니케이션 요구 및 표현 수용양식에 따라서 구화와 수화 매체를 결합하는 것이며, ③ 그것은 커뮤니케이션 장면에서 가장 적합할 뿐만 아니라, 전반적 이해를 돕기 위해 최대의 투입을 하는 청각장애인에 대한 도덕권이다.

이와 같은 정의 등을 종합·분석해 보면, 토털 커뮤니케이션이 가지고 있는 이념적 성격은 다음 몇 가지로 요약된다.

첫째, 커뮤니케이션 방법에서 청각장애아동의 커뮤니케이션을 우선해야 한다. 즉 조기부터 그들이 이용할 수 있는 수단(청능, 발어, 말읽기, 지문자, 몸짓, 그림, 읽기, 쓰기 등)을 배우기로 한다.

둘째, 커뮤니케이션에 있어서 아동의 요구, 능력에 따른 최적한 이해·표현을 보장하는 것은 청각장애아동에 대한 도덕적 권리를 보장하는 것이며, 극단적인 구화주의는 청각장애 자체를 부정하는 것이다.

셋째, 커뮤니케이션은 인간관계의 과정에서 발달한다. 토털 커뮤니케이션은 부모와 자녀와의 의사소통을 보다 용이하게 하고 또 기쁨이 있게 하고, 정상아와 같이 조기부터 수용—표현의 상징체제를 도입·확립하는 것을 가능하게 한다.

넷째, 구화법에서 모든 청각장애아동을 정상인의 사회에 통합시켜 가는 것(정상화론)을 목표로 하고 있다.

다섯째, 종래의 구화—수화논쟁이란 점에서 토털 커뮤니케이션을 생각할 것이 아니라 청능—구화법과 수화법의 통일·결합으로서 파악해야 한다는 것이다.

이와 같은 토털 커뮤니케이션이 미국에서 발전한 몇 가지 요인을 보면, ① 종래의 구화교육에서 학력·언어력의 신장이 의문시 된 점 ② 소련에서 유아에게 지문자 이용의 교육영향 ③ 구화법이 커뮤니케이션 수단으로서의 불확실성 및 아동에게 미치는 심리적 악영향 ④ 조기부터 수화 커뮤니케이션 사용의 유효성에 대한 연구 등을 들 수 있다.

1. 토털 커뮤니케이션에 있어서 고려해야 할 점

1) 진단

청력검사의 적절성과 질적인 것이 전제된 진단으로, 청각을 이행할 수 있는 능력을 알아야 한다.

2) 증폭

이것은 청각장애아동의 개개 욕구를 충족시켜주는 증폭의 사용을 의미한다. 그리하여 청각장애아동들이 가지고 있는 청각적 능력을 사용하도록 조장해주고 기대해야 한다.

3) 음성과 사인의 결합

교사, 부모, 기타 아동들 주변에 있는 사람들이 말과 사인을 일치되게 사용해야 한다. 왜냐하면 그것이 자연상황에서 언어의 구조와 형태에 관해 기본적 정보를 발견하기 때문이다. 이러한 방법으로 아동은 어순, 단어의 반복사용, 의미의 미묘한 차이를 발견하게 된다.

4) 말읽기의 방법

음성과 사인의 사용은 말읽기를 하는 데 청각장애아동을 돕는다. 말읽기는 안면 표정, 입술 움직임, 전체적인 신체단서를 이해하고 결합시켜서 메시지를 이해하는 능력이다. 말읽기는 청각보다 시각에 초점을 두지만 청각은 반드시 병행되어야 한다. 많은 어휘들은 동음이의어가 많으므로 말읽기에서는 시각적인 것과 비시각적인 것을 결합해야 한다.

5) 말하기 지도

70dB 이상의 청력 손실을 가진 청각장애아동도 반복에 의해 말을 학습할 수 있다.

6) 일정수준의 수화기능

교사, 부모, 상담자, 기타 청각장애아동의 주위 사람들은 수화언어에서 어떤 수준의 능력을 가져야 한다. 복도 및 교실에서 게임, 노래하기, 토론하기, 역할극, 요리, 독서할 때 수화언어 기능은 청각장애아동의 자아개념과 입체적 표현을 위해 중요하다.

2. 토털 커뮤니케이션에 의한 언어발달의 전략

토털 커뮤니케이션에 있어서 중핵은 구화 · 지화 · 수화 · 문어이다. 따라서 토털 커뮤니케이션 개념은 수화에 대해 충분한 가치를 인정해주고, 청각장애인들에 의한 수화의 사회적, 문화적 사용에 대단한 중요성을 부여하고 있다. 그러나 대부분의 청각장애인들은 학교에서 형식적 교육기회를 통하지 않고 독자적으로 수화를 학습하고 있다. 만약 토털 커뮤니케이션 철학이 청각장애인을 위한 최적의 선택을 지지하는 것이라면, 언어적 측면에서 체계화된 지도가 수반되어야 한다. 조기에 시각적으로 제시되는 양식에 의존해온 청각장애아동들은 청각으로 부호화된 언어를 수용해 본 경험이 없으므로 이들에게 있어서 일차적 언어 수행능력을 위해 매체는 수화가 될 것이다. 조기에 수화로 양육된 경우, 수화 그 자체가 그 아이의 자연적 모국어가 되며, 음성언어인 국어는 제2언어로써 이후에 전위되게 된다.

이와 같은 맥락에서, 토털 커뮤니케이션의 철학과 목적에 관련하여 청각장애아동의 언어발달 모델은 다음과 같이 제시할 수 있다(Evans, 1982).

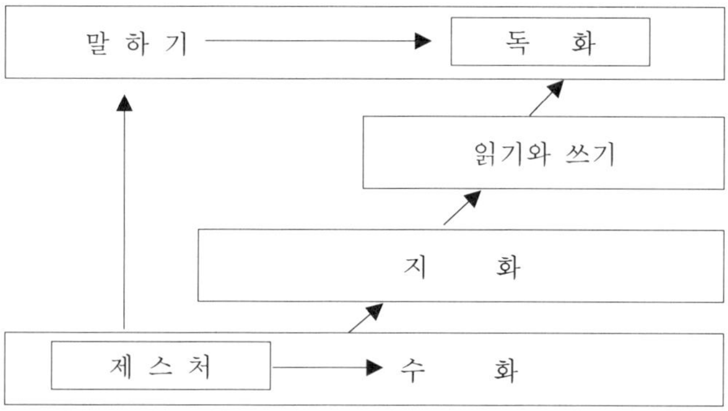

[그림 8.3] 농아동의 언어 발달순서

[그림 8.3]에 내재되어 있는 함의를 교수방법론의 측면에서 보면, 다음과 같다.

(1) 내적 언어 수행능력의 획득을 돕고, 인지발달을 촉진하기 위해 가능한 한 조기에 수화로 지도되어야 한다. 자연적 제스처 단계는 표출적 행위로 나타내는 유형의 제스처와 추상적 사인에 기초를 둔 기본적 사인 의미가 강화되어야 한다. 이 단계는 수화발달의 기초로서 상징적 사인과 문체의 보다 많은 활용으로 확장되어 가야 한다. 동시에 잔존청력의 도움과 시각적 수용을 위해 말하기가 지도되어야 한다.

(2) 국어에 대한 신호언어의 한 전위로서 국어 단어를 나타내기 위해 사인을 활용할 수 있다. 이 과정은 내용단어에 대한 사인과 기능단어에 대한 지문자 사인과의 밀접한 상호작용을 통해 증진될 수 있다.

(3) 지문자의 보다 완벽한 활용을 위해 국어 문장의 완벽한 재현을 위한 전위를 촉진해야 한다. 이것은 읽기 및 쓰기 학습과 밀접히 결합되어 촉진되어야 한다. 문자언어와 지문자에 대한 지식으로부터 의의를 재현시키기 위한 송환이 이

루어져야 한다.

(4) 국어 수행 능력이 향상됨에 따라 전후 관계의 단서를 활용하여 말읽기를 위한 보다 확실한 기초를 확립해야 한다. 토털 커뮤니케이션 철학에서는 상이한 적성과 능력에 따라 가장 적절한 매체를 제공하기 위해 개인의 요구에 민감히 대응해 나가고 있다. 출생 직후 심한 청력 손실을 수반한 아동들에게는 건청 아동의 일반적 발달에 비해 보다 복잡한 언어형태가 고려되어야 할 것이다. 즉 자연적 제스처, 지화와 수화의 활용, 읽기와 쓰기의 활용을 통해 지도되어야 할 것이다.

3. 토털 커뮤니케이션의 실천적 효과

미국의 Maryland 청각장애학교 교장인 Denton(1974)은 토털 커뮤니케이션 이념에 의한 언어지도를 한 결과,

(1) 어린 선천성 청각장애아동에 있어서 수화는 그들 자신의 생각을 표현하기 위한 가장 용이한 수단이 되었고, 행동상의 변화나 인간관계의 개선에 많은 효과를 보인다.

(2) 성인이 수화와 말을 동시에 사용하고, 아동이 충분히 보청기를 활용하면 수화는 말읽기와 청각의 활용을 강화하는 데 많은 도움이 된다.

(3) 수화를 말과 결합시키면 시각 · 청각적으로 언어모방을 용이하게 한다.

(4) 지문자는 읽기와 작문을 강화한다고 보고하였다.

Letourneau(1975)에 의하면, St. Mary's 청각장애학교에서는 유치부와 초등학교는 구화만을, 중 · 고등부에서는 동시법을 사용하고 지문자와 수화는 정식으로 가르치지 않고 수년간 많은 노력과 예산이 교육과정, 교수매체, 현직교육 등에 지출되었으나 성취결과는 충분히 개선되지 못해 토털 커뮤니케이션을 도입한 결과,

(1) 취학 전 수준은 언어발달에 현저한 개선이 있었고,

(2) 유치부와 초등학교에서는 문어와 지문자를 수반한 말의 개선이 있었으며,

(3) 중 · 고등부에서는 바른 영어 패턴에 있어서 전보다 나아졌다고 했다.

Furtey(1974)는 토털 커뮤니케이션을 사용한 청각장애학교 졸업생이 구화교육의 청각장애학교 졸업생보다 성인 농자의 커뮤니케이션 능력이 좋아졌다고 지적

했다.

Chasen과 Zuckerman(1976)은 1973~1974년 사이 뉴욕시의 공립 통학제 청각장애학교 15명(9세)의 토털 커뮤니케이션과 구화교육의 효과에 관한 탐색적 연구에서 읽기, 산수, 말읽기, 커뮤니케이션 능력에서 토털 커뮤니케이션만이 유의한 개선이 보였고, 특히 산수에서는 현저한 개선이 있었다고 보고했다. 그리고 Nix(1975), Herx와 Hunt(1976), White와 Stevenson(1975) 등도 토털 커뮤니케이션을 채택하면 언어능력, 인지, 사고능력, 인성 등의 발달, 학력의 향상, 모자간 심리적 결합, 자기실현, 인간관계의 개선 등 여러 가지 점에서 좋은 영향을 나타낸다고 강조했다.

참고문헌

김병하(역)(1984). **토털 커뮤니케이션의 구조와 전략**. 서울 : 재동문화사.

석동일(1989). 한국수화의 언어학적 분석. 대구대학교 대학원 박사학위논문.

석동일외(2000). **청각과 언어재활**. 대구 : 한국언어치료학회.

석동일외(2002). **청각재활**. 대구 : 대구대학교출판부.

석동일외(2007). **청각학개론**. 대구 : 대구대학교출판부.

上野益雄(1983). 手話の記號的特性. 筑波大學學內 プロジェクトその一. 研究報告.

吉澤, 小野則雄(1980). 手話と音聲語の發信小要時間野 比較硏究一その一. 第6四日本手話學術硏究大會.

Bellugi, V., S. Fischer(1972). A comparison of sign Language and Spokern Language : Rate and grammatical mechanism. Cognition.

Berger, K. W(1972). Speechreading Principles and Methods. Baltimore. MD : National Educational press.

Berger, K. W., G. W. Perry, J. Hoffmann, D. L. Smith(1977). Lipthickness of the Speaker as a Speech Reading Variable. In. K. W. Berger(Ed.), Research Studies in Speech reading . Kent. OH : Herald Publishing House.

Berger, K. W., J. Martin, R. Sakoff(1907). The Effect of Wisual distractions on Speechreading Performance. Teacher of the Deaf 68, pp. 384-387.

Best, H(1943). Deafness and the deaf in the Vnited states. New York : MacMillan.

Binnie, C. A(1974). Auditory-Visual Intelligibility of Various Speech Materials Presented in Three Noise Backgrouds. In H. Nielsen & E. Kamp(Eds.), Visual and audio visual Perception of speech. Scandinavian Audiology, 4, pp.182-209.

Birdwhistell, R(1970). Kinesthetics and Context Essays in Body Motion Communication. PA : University of pennsylvania.

Blasdell, R(1977). Facial and Manual Movement Asynchrony in Visible English and Sign. Paper Presented at american Speech and Hearing Association Annual Convention, Chicago, Illinois, November.

Bloom, K(1975). Language Development Form and Functioning in Emerging Grammar. Cambridge, Mass : M. I. T. Vol. 4,.

Bornstein, H(1965). Reading the Manual Alphabet. Washington, D. C. Gallaudet College Press, Inc.

Bornstein, H. etc(1975). The Signed English Dictionary. Washington, D. C. Gallaudet College Press, Inc.

Boyesbrean, P(1973). A Study of the Acquisition of the dez in American Sign Language. Working Paper, Salk Institute for Biological Sciences, California.

Braine, M(1978). The Ontogeny of English Phrase Structure : the First Phase. Language 39, 1963, by F. Caccamise et al Mise Research, AAO., November, pp. 812-813.

Brill, R. G(1976). Chapter 14 in p. Henderson(Ed.), Methods of Communication Currently Used in the Education of Deaf Children. London : Royal National Institute for the Deaf.

Brown, R. A.(1973). First Language : The Early Stages. Cambridge, Mass : Harvard University Press.

Caccamise, F., R. Blasdell(1976). Reception & Signs and Finger Spelling Under Manual, Interpreted and Simultaneous Test Condition. Working paper, National Technical Institute for the Deaf, Rochester, New York.

Caccamise, F., R. Blasdell, B. Meath-Lang(1977). Hearing-impaired Persons, Reception of Information Under Live and Two Visual Motion Media Condition. AAD., 122, 1977. pp. 339-343.

Caccmise, F(1978). MISC Instruction at the National Technical Institute for the Deaf. AAD. November, pp. 801-823.

Castle, D. L.(1984). Effective Oral Interpreters : An Analysis. In W. H. Northcott(Ed.) Oral Interpreting : Principles and Practices. Baltimore, MD : University Park Press.

Chasen, B., W. Zuckerman(1976). The Effects of Total Communication and Oralism on Deaf

Third Grade Rubella Students. AAD, August, 394-402.

Coopersmith, S(1967). The Antecedents of Self-esteem. San Francisco, CA : W. H. Freeman.

Cornett, R. O(1967). cued Speech. AAD, 112, pp. 3-13.

Crittenden, J., B. Knight, S. Ritterman, D. Shepherd(1977). The Effect of the Angle of Presentation Upon Receptive Understanding of Sign Language. Working paper, University of South Florida, Tampa, florida.

DeBonis, D. A. & Donohue. G. L(2004). Audiology. New York : Pearson Education, Inc.

Donton, d. M. et. al(1974). Schools for the Deaf Children. In Fine, P, J(Ed.), Deafness in Infancy and Early Childhood. Mecdom press, 124-125.

Erber, N. P(1971). Auditory and Audiovisual Reception of Words in Low Frequency Noise by Children with Normal Hearing and by Children with Impaired Hearing. Journal of Speech and Hearing Research, 14, pp. 496.-512.

Erber, N. P(1971). Effects of Distance on the Visual Reception of Speech. JSHR, 14, 496-512.

Ervin, S(1964). Imitation and Structural Change in Children's Language. In E. Lenneberg (Ed.), New Directions in the Study of Language. cambridge Mass : M. I. T Press.

Fisher, S(1974). The Ontogenetic Development of Language. In E. W. Straus (Ed.), Language and Language Disturbances : the Fifth Lexington Conference on Pure and Applied phenomenology. Pittsburgh : Duguesne University Press.

Furtey, P. H(1974). Total Communication and the Baltimore Deaf-survey. AAD., August, 372-382.

Furth H. G. Youniss(1971). Formal Operation and Language ; A Comparison of Deaf and Hearing Adolesents. International Journal of Psychology, 6, 1.

Furth, H. G(1966). Thinking Without Language : Psychological Implications of Deafness, New York : Free Press.

Garretson, M. D(1976). Total Communication. In R. Frisina(Ed.), A Bicentennial Monograph on Hearing Impairment : Trends in the U. S. A. Volta Review, 78(4).

Garstecki, D. C(1983). Auditory, visual, and Combined Auditory-visual Speech Perception. Journal of the Academy of Rehabilitative Audiology. 16, pp. 221-233.

Gonzalez, K. A(1985). The content of Practicum Observation and Supervised Interaction. In W, H. Northcott(Ed.) Oral Interpreting : Principles and Practices. Baltimore, MD : University Parkpress.

Hardy, M. P(1970). Speech Reading. In H. Davis & S. R. Silverman(Eds.), Hearing and Deafness(3rded). New York : Holt, Rinehart, and Winston.

Herx, M. A., F. E. Hunt(1976). France Work for Speech Development with a total Communication System. AAD., December, 337-540.

Hull, R. H(2001). Aural Rehabilitation. CA : Thomson Learning Inc.

Jacobs, J. A(1853). On the Disuse of Natural Signs in the Institution of the Deaf-mutes. AAD., Vol. 5, Vo. 2, p.95.

Jacobs, M(1981). Visual Communication (speechreading) for the Severely and Profoundly Hearing-impaired Young Adult, In D. Sims, G. Walters, & R. Whitehead(Eds.), Deafness and Communication. Baltimore, MD : Williams and Wilkins.

Johnson, D. D(1975). Communication Characteristics of NTID Students. Journal of the Academy of Rehabilitative Audiology, 8, pp. 17-32.

Kannapell, B., L. Hamilton, H. Bornstein(1969). Signs for Instructional Purpose. Washington, D. C : Gallaudet College Press.

Klima, E., U. Bellugi(1966). Syntactic Irregularities in the Speech of Children. In J. Lyons & R. Wales(Eds.) Psycholinguistic Papers. Edinburgh University Press.

Kohl, H. R(1966). Language and Education of the Deaf. New York Center for Urban Education.

Lach, R., D. Ling, A. Ling, N. Ship(1970). Early speech Development in Deaf Infants. AAD, 115.

Lenenberg, E. H., F. G. Rebelsky, I. A. Nichols(1965). The Vocalizations of Infants Born to Deaf and to Hearing-impaired parents. Vita Humana, 8, 23-37.

Letourneau, N., V. Young(1975). Total Communication Shuffles off to Buffalo. AAD, Vol. 120, No. 5, 493-496.

Maslow, A(1968). Toward A psychology of Being. New York : D. Van Nostrand.

May, F. B(1980). To Help Children Communication : Mastery Performance Models for Language Arts Teachers. Columbus, Ohio : Charles E. Merrill.

Mclntire, M(1974). A Modified Model for the Description of Language Acquisition in Deaf Children. Unpublished master's Thesis, Nor thridge : California State University.

Mcneil, D(1970). The Acquisition of Language; The study of Developmental Psycholinguistics. New York : Harper and Row.

Meadow, K. P(1969). Self-Image, Family Climate, and Deafness. Social Force, Vol, 47, 428-438.

Moser, H., J. J. O'neil, J. J. Oyer, E. A(1961). Abernathy, B. M. shower. Distance and Finger Spelling. JSHR, 4, pp. 61-71.

Nix, G. W(1975). Total Communication : A Review of the Studies Offered in Its Support.

The Volta Review, November, 470-494.
Peet, H. P(1853). Element of the language of Sign. proceedings of the second convention of American Instructors of the Deaf and Dumb.
Peng, F. C(1979). 手話の文字化. F. C. パン、田上隆, 手話を目靴手。廣度 : 文化評論出版.
Plant, G. L(1982). Tactile Perception by the Profoundly Deaf, Speech and Environment Sound. British Journal of Audiology, 16, pp. 233-244.
Popelka, G. R., K. W. Berger(1971). Gesture and Speech Reception. American Annals of the Deaf, 116, pp. 434-436.
Quigley, S. P., D. R. Frisina(1961). Institutionization and Psycho-educational Development of Deaf Children. Reston. VA : Council for Exceptional Children.
Reich, P., Nickerson, N., Bick, M., Mierle, D(1976). Variables Affecting the Comprehension of Visible English. Working Paper. Canada : University of Toronto.
Rogers, C(1961). On Becoming a Person. Boston, MA : Houghton-Mifflin.
Schlesinger, H. S(1970). Deaf children and Their Parents in Wonder land. Report of the Processing of the Forty-Fourth Meeting Of the Communication of American Instructors of the Deaf. D. S. Government Printing Office, March, pp. 10-12.
Schow, R. L. & Nerbonne, M. A(2007). Audiologic Rehabilitation. MA : Pearson Education Inc.
Stewart, D. A. & Kluwin, T. N(2001). Teaching Deaf and Hard of Hearing Students. MA : Allyn & Bacon.
Stoker, R. G., S. T. French, M. George(1984). Factors Influencing Speech-reading Performance: Research Findings. In W. Northcott(ED.)., Oral Interpreting Principles and Practices. Baltimore, MV : University park press.
Stokoe, W. C(1960). Sign Language Structure : An outline of the Visual Communication System of the American Deaf: Studies in Linguistics. Washington, D. C. : Gallaudet college Press.
Stokoe, W. C(1972). Semiotics and Human Sign Language. New York : Humanities Press.
Stokoe. W(1976). Table of the American Manual Alphabet. In Stokoe, Casterline & Croneberg(Eds.) A Dictionary of American Sign Language on Linguistic Principles. Maryland ; Linstok Press.
Stone, L(1957). Facial Clues of Context in Lip Reading. John Tracy Clinic Research Papers. Los Angeles, CA : John Tracy Clinic.
Tubbs, S., S. Moss(1987). Human Communication. New York : Random House.
Verderber, K., R(1986). Verderber. Inter-act : Using Interpersonal communication Skills Belmont CA : Wads-Worch.

Vernon, M., S. D. Koh(1970). Early Manual Communication and Deaf Children's Achievement. AAD, 527-536.

Vos, L. J(1965). The Effect of Exaggerated and Nonexaggerated Stimuli on Lip-reading Ability. Unpublished Master, Thesis, Michigan State University.

Walden, B. E., R. A. Prosek, D. W. Worthington(1975). Auditory and Auditory-visual Feature Transmission in Hearing-impaired Adults. JSHR, 18, 272-280.

White, A. H., & V. M. stevenson(1975). The Effects of Total communication Manual Communication, Oral communication and Reading on the Learning of Factual Information in Residential-school Deaf Children. AADF., 48-57.

Wilbur, R(1976). The Linguistics of Manual Language and Manual System:, In L. Lloyd(Ed.) Communication Assessment and Intervention Strategies. Baltimore. Maryland : University Park Press.

Willians-Scolt, B., E. Kipila(1987). Cued speech : A Professional Point of View. In S, Schwartza(Ed.), Choices in Deafness : A Parents Guide. Kensington. MD : WoodBine House, 23-31.

Witter-Merithew, A., L. A. Siple(1985). Curriculum Guide for the Instruction of Oral Interpreting. Washington, D. C : Alexanaer Graham Bell Association for the Deaf.

Wood, B(1976). Children and Communication : Verbal and Nonverbal Language Development. Englewood Cliffs, NJ : Prentice-Hall.

Wood, J(1973). Some Observation on Socialinguistic Variation and American Sign Language. Kansas Jurnal of sociology, Fall. 191-198.

제9장 청각장애유아의 취학전 교육

영유아가 발달 초기에 청각적 자극의 수용이 원만히 이루어지지 않은 경우, 지각의 체계화, 인지의 구조화 및 언어기호의 체계화에 현저한 악영향을 초래한다. 그러므로 가능한 빠른 시기에 장애를 발견하고 그 장애의 원인, 정도, 특성을 진단하고 평가하는 것은 청각기능의 발달적 장애를 경감시키고 언어기능의 보상을 가능하게 하는 필수조건이 된다.

이와 같이 청각장애의 발견은 무엇보다도 조기에 행해지지 않으면 안 된다. 그러나 조기 발견이나 진단이 행해지게 되어도 그에 따른 치료 또는 교육이 충분히 준비되어 있지 않은 경우에는 오히려 부모를 불안하게 만든다.

조기진단은 청각 재활프로그램(aural rehabilitation program)에 적용될 때 비로소 그 의미를 가지게 된다. 최근 이비인후과학이나 소아청능학(pead audiology)의 발전에 따라 청각장애를 조기에 발견하고 진단할 수 있으나 현실적으로는 원인인 청각장애 그 자체보다도 그 결과로 오는 「이 아이는 말이 잘 나오지 않는다」고 하는 근심을 가지고 진단기관을 찾아다니는 경우가 아직도 많다.

우리나라의 경우, 특히 농촌에 살고 있는 청각장애아동 부모의 대부분은 유아기에 아이의 청각에 의심을 가지는 것보다는 언어에만 관심을 두게 되어 무작정 기다려보는 경우가 많다. 비록 청각에 의심을 가졌다 하더라도 진단의 시기를 놓쳐버리는 경우가 많다. 더욱이 소아과의사나 이과의사의 안일한 지시가 정확한 진단의 기회를 지연시키고 있는 경우도 많다. 그러므로 무엇보다 중요한 것은 발견 즉시 정확한 진단이 행해지는 것이다.

본 장에서는 청각장애유아에 대한 조기교육의 필요성과 의의, 조기발견과 진단을 설명하고, 어떤 내용과 어떤 방법을 사용하여 지도할 때 조기교육의 효과를 얻을 수 있는지, 그리고 조기교육 프로그램과 보청기 활용과 청각기능의 개발 및 조기교육 실시 상의 문제점을 간략히 소개한다.

제1절 조기교육의 의의

청각장애유아의 조기교육은 특수교육 가운데에도 그 효과가 가장 명확하게 실증되고 있다는 점에서 선진적인 영역이다. 청각장애를 가진 영유아에게 조기교육을 실시하는 가장 큰 이유로서 다음과 같은 몇 가지를 생각할 수 있다.

첫째, 청각장애유아는 청각에 의해 야기되어지는 일차적·이차적 요인으로 인해 정상유아에 비해 그 발달이 현저하게 지체되고, 성장하면서 그 만큼 발달의 격차가 커지게 된다. 이러한 시점에서 훈련이나 교육을 개시하여도 그 노력에 비해 큰 효과는 기대할 수 없게 된다. 청각장애가 인격형성에 많은 영향을 미치기 전에, 즉 가능한 한 신생아기부터 교육을 개시하는 것은 그 장애의 영향을 최소화하고, 발달의 지체를 감소시킨다는 점에서 중요한 의미를 가진다.

둘째, 청각장애유아에 대하여 필요한 훈련이나 교육방법으로는 청능훈련, 말읽기, 발어 및 언어이해력을 향상시키기 위해서 특수한 기술이나 방법에 의한 교육이 필요함을 알 수 있다. 따라서 이와 같은 특별한 교육방법을 취학 전 가정교육 가운데서 일방적으로 요구하는 것은 부당하므로 전문가에 의한 체계적이고 조직적인 지도가 반드시 필요하다.

셋째, 현재 의학이나 병리학에서는 2~3세경에 인간의 제 기능이나 능력이 거의 완성되고 이 시기가 학습의 중요한 성장기임을 강조하고 있으므로, 청각장애유아에 있어서 이 시기에 장애를 극복하기 위한 가장 중요한 교육을 행하는 것이 바람직하다. 이상과 같은 이유나 필요성으로 인해 청각장애에 대한 조기교육의 중요성은 일반적으로 인정되고 있으나, 조기교육의 기본적인 성격, 즉 기본방향에 대해서는 서로 갈등되는 주장들이 있는 것도 부인할 수 없다. 그 대표적인 것으로 교육을 내부로부터의 개발로 볼 것이냐 아니면 외부로부터의 개발로 볼 것이냐에 대한 논쟁이다. 조기교육을 내부로부터의 개발이라고 보는 학습자 중심적 교육입장을 가진 사람들은, 유아들은 대개가 형식적인 교육을 받을 준비성(readiness)을 갖추고 있지 못하며, 아울러 유아의 성장은 자신의 능력과 재능에 따라 기대될 수 있는 것만큼 발달한다고 생각한다. 그런데 조기교육은 외부로부터의 부여로 보는 학업 중심적 교육의 입장에서는 준비성을 환경적 준비의 문제로 본다. 즉 후자의 입장은 준비성은 유아가 가지고 있는 고정된 속성이 아니며, 오히려 유아의 발달수준에 맞추어 학습내용을 얼마만큼 적합하게 표현하느냐에 달려있다고 본다. 이러한 주장을 Bruner가 「교육의 과정」에서 제시하고 있는 "어떤 교과든지 지적으로 올바른 형식으로 표현되어질 수만 있다면, 어떤 발달단계에 있는 어린이에게도 효과적으로 가르칠 수 있다"고 하는 데서 찾아 볼 수 있다. 청각장애유아의 경우, 이상과 같은 조기교육 효과에 대한 근본적인 논쟁에도 불구하고, 후자의 입장에서, 조기교육을 통해 청각을 활용하게 하여 정상인 사회에 통합시킬 때 자신의 장애를 수용하고 극복할 수 있게 된다는 것을 부정할 사람은 없다. 조기교육의 결과로 청각을 활용하게 되면, 커뮤니케이션 능력, 언어능력, 정서함양, 사회적응력이 가중되어 통합이 가능하게 된다.

이와 같은 효과를 기대하기 위해서는 우선 학습기회가 마련되어야 한다. 어떻게든 들린다고 해서, 이제까지 들은 경험이 없는 말을 짧은 기간에 학습하는 것은 불가능하다. 또한 일상생활 음 가운데서, 처음으로 그 음을 듣고 그것이 무엇을 의미하는 것인가를 아는 것은 용이하지 않다. 요컨대 조기부터 청각을 활용하게 하여 장기간 학습할 필요가 있다. 그리고 일반적으로 3세가 되면 언어의 기초나 심신 발달의 기초가 확립되어지기 때문에, 이 시기를 놓치게 되면 교육상 큰 문제를 안게 된다. 음이나 언어가 이해된다고 하는 것은 음이 청각전도로 즉 전음계나, 감각계를 거쳐 대뇌중추에 수용되기 때문이다. 그러나 이러한 청각전도나 대뇌중추의 구조는 생물학적 발달과 더불어 경험적 학습에 의해서 그 기능이 활발해진다고 알려져 있다.

인간의 뇌발육은 출생 직후 360g이던 것이 6개월 후에는 출생 시의 2배인 630g이 되고, 그 후 20세경까지 서서히 증가되거나 중지된다. 청각은 이상과 같은 대뇌발달에 지배되어 그 기능이 발달되는 것으로 알려져 있다. 청각반응은 생후 3~4개월까지는, 신경학적으로는 대뇌피질의 움직임과 관계없는 무조건반사가 대부분이지만, 대뇌피질의 움직임이 활발해지면 생후 경험에 의해 학습된 청각반응이 나타나게 된다. 큰 음에는 깜짝 놀라 울지만 어머니의 소리에는 울지 않거나 오히려 동일시하는 경향이 나타난다. 생후 6개월경이 되면 옹알이(babbling)가 나타나기 시작하며, 곧 그 옹알이를 자신의 귀로 듣는 "청각적" 피드백이 발달하게 된다. 그래서 생후 9~10개월이 되면, 주위 사람의 말을 모방하거나 또는 이해하고 행동 하는 현상이 나타난다.

이상에서의 뇌와 청각의 발달을 고찰해보면, 인간의 생물학적 발달과 생후학습의 중요성이 잘 이해되리라 본다. 청각장애유아의 경우는, 건청유아의 경우 그 이상으로 생리적 발달과 함께 생후 학습에 관해서 세심한 배려가 필요하고, 또한 그 시기는 2~3세까지의 유아기가 결정적 시기가 됨은 말할 필요가 없다. 따라서 가능한 조기에 장애를 발견하여 적절한 교육을 실시하는 것이 무엇보다 중요하다. 청각장애유아의 경우 자칫하면 그 발견이 지체되어 발달의 최적기를 놓쳐버릴 위험도 있다. 그러므로 청각장애는 가능한 한 옹알이 발생 이전에 발견하여 적절한 지도를 행함으로써 청취력과 언어력의 발달 및 기타 발달에 큰 효과를 기대할 수 있다. 다시 말해 청각장애유아를 최대한 조기에 발견·진단하고 그에 최적한 조기교육 프로그램을 실시함으로서, 청각을 최대한 활용하게 하고 그로 인해 정상인 사회에 통합되도록 노력해야 한다.

이에 기초하여 조기교육에서 특히 문제가 되는 언어획득의 곤란을 경감시키기 위해 의사소통의 형성이 중요하며, 이를 위한 구체적 목표로서 첫째, 바람직한 부모의 양육태도 형성, 둘째, 바람직한 의사소통 태도의 확립, 셋째, 자립심의 함양, 넷째, 청각공간의 확대 등을 들 수 있다.

제2절 조기발견과 진단

청각장애유아에게 조기교육을 실시하기 위해서는, 우선 이들을 조기발견하고 이들에게 적절한 교육방침을 세우기 위한 합당한 진단을 행하는 것이다. 본 절에서는 청각장애유아의 조기발견과 조기 진단에 관해 서술하기로 한다.

1. 조기발견

발달초기에 청각적 자극에 대한 수용이 박탈된 경우, 개체는 지각의 체계화, 인지의 구조화, 언어기호의 체계화에 영향을 받기 쉽다. 따라서 가능한 한 조기에 장애를 발견하고 그 장애의 원인, 정도, 성질을 진단하여 평가하는 것은 청각기능의 발달적 장애를 경감시키고 언어기능의 발달적 보상을 가능하게 해 준다.

유아의 장애를 가장 먼저 발견하는 사람은 어머니인데, 자신의 아이가 난청이 있는 아이가 아닌지 의심을 갖게 되는 원인은, 음에 대해 무반응인 경우와 언어발달이 지체되는 경우가 대부분이다. 음에 반응을 나타내지 않을 때에는 청각장애가 고삼도일 경우가 많고 일반적으로 빠르면 8개월경에서 18개월 사이에 발견이 된다.

장애가 발견되면, 부모는 우선 병원을 찾아가서 소아과, 이비인후과, 때로는 정신과에서 진찰을 받는 경우가 많다. 우리나라의 경우, 병원에서의 조기발견·진단은 비교적 원활히 이루어지고 있으나 주로 의료적인 처치가 대부분이고 교육적인 처치는 강구되지 않는 경우가 많다. 더욱이 소아과의료나 이비인후과의료의「조금만 더 기다려 보세요」,「이제 곧 말을 하게 될 것입니다」와 같은 안이한 처방에 적절한 진단의 개념을 지연시켜 버리는 경우도 적지 않다.

Freeman(1975) 등은 청각장애유아의 장애발견과 진단 및 그 지연상황을 청력손실 정도와 관련지어 연구한 결과, 청력 손실이 농(91dB)인 경우에는 발견이 13.3개월, 진단에는 39.1개월이 걸린다고 하였다. 이와 같이 장애를 발견하는데 대한 문제와 더불어 발견 후 적절한 진단이 행해질 때까지 상당한 기간이 지연되는 것이 보다 큰 문제라 할 수 있다.

2. 조기진단

청각장애유아에게 적절한 교육방침을 수립하기 위해서는, 음에 대한 반응이 약하거나 언어가 지체되어 있는 영유아를 대상으로 반드시 청력검사를 실시하여 청각장애의 유무, 장애의 정도, 난청의 유형, 원인 등을 알아내는 것이 중요하다.

영유아의 청력검사에 대해서는 최근 검사법이 상당히 진보되어 실용화되어 있어 연령에 관계없이 청력검사가 가능하게 되었다. 그러나 특수교육이 필요한 영유아들은 빈번히 청각장애 이외의 다른 장애를 가지고 있어서 이들에 대한 진단이나 판별은 어려운 점이 현실적으로 많다. 따라서 의학적, 교육학적인 각종의 검사결과를 비교·종합하여 종합적인 진단이나 판별을 행하는 것이 바람직하다.

이와 같은 종합적인 진단을 위해 필요한 의학적, 교육학적, 심리학적 검사는 다음과 같은 내용을 포함하는 것이 일반적이다.

1) 의학적 및 언어검사

(1) 이비인후과검사 : 수술 또는 약물치료의 가능성 조사
(2) 청력검사 : 장애의 정도, 보청기효과
(3) 소아정신과검사 : 자체적 증상
(4) 소아과검사 : 전체적인 발육상태
(5) 언어검사 : 조음의 오류, 의미이해의 정도

2) 교육적 · 심리검사

(1) 지능검사 : 교육 · 훈련의 가능성
(2) 학력검사 : 학력의 지체(언어, 수 개념, 사회성)
(3) 성격검사 : 성격의 왜곡
(4) 가정환경 : 생육력 조사(친자관계)

이상 종합적인 진단과 판별을 위한 검사의 종류를 제시하였는데, 일반적으로 장애아는 여러 가지 시설이나 기관에서 검진을 받는 경우가 많기 때문에 그러한 결과나 자료를 종합하여 전체적인 관점에서 진단이 이루어지지 않는 경우가 많다.

한편, 대부분의 신생아에게 선별청력검사를 실시하는 대신 현재 또는 장래에 청각장애의 위험성이 보이는 유아들을 선별하여 정기적으로 청력검사를 실시하는 새로운 방법(high risk register, Mayer, 1975)이 최근 주목되고 있다. 위험성이 있는 인자로서는 ① 가족 중 난청자가 있는 경우 ② 바이러스에 의한 자궁 내 태아 감염 ③ 조산 ④ 이비인후과계의 결손 또는 이상 ⑤ 영유아기의 뇌막염과 같은 중증 감염 등을 들 수 있다.

제3절 조기교육 프로그램의 실제

이미 언급한 바와 같이, 청각장애영유아에 대한 조기교육의 필요성과 의의, 그리고 조기발견과 진단에 있어서의 내용을 토대로 하여, 실제로 어떤 내용을 어떤 방법을 사용하여 지도할 때 이들에 대한 조기교육의 효과를 극대화시킬 수 있겠는가? 본 절에서는 조기교육프로그램의 실제라는 측면에서, 먼저 보청기의 활용에 대해 살펴보고, 다음 청각의 기능은 어떠하며 그러한 기능을 가진 청각을 어떻게 하면 개발시킬 수 있는지에 대해 살펴보기로 한다. 끝으로 조기교육 실제상의 문제점도 간략하게 생각해 보기로 한다.

1. 보청기 활용

청각에 장애를 가진 영유아들이 청각을 활용하기 위해서는 보청기를 사용하지 않으면 안 된다. 보청기를 사용함으로써 주위의 음을 크게 들을 수 있고 확실하게 들을 수 있으며, 음을 듣게 됨으로 인해 정서적 안정을 찾을 수 있는 이점이 있다. 따라서 청력이 좋은 쪽 귀의 청력 손실치가 40dB을 넘거나 언어발달 이전에 실청하여 언어능력에 문제가 있는 경우에는 반드시 보청기를 착용하도록 해야 한다.

보청기를 선택하거나 조정할 때 고려해야 할 조건으로서는 첫째, 난청의 병변이나 청력검사의 결과에 따라 보청기 사용을 고려해야 하며, 둘째, 연령이나 정서발달 면에 대한 관찰·평가도 감안해야하고, 셋째, 보청기의 사용목적에 따라 보청기 사용방법을 고려해야 한다. 보청기의 선택이 끝나면, 적응상의 조건을 검토해야 하는데, 이때의 조건으로서 ① 청력의 정도에 따라 보청기 적응방법을 결정해야 하고 ② 역치개선의 방법을 모색하고 ③ 말을 명료하게 듣고 이해할 수 있는 방법을 강구하며, ④ 불쾌한 음이 들리지 않도록 조치를 취하고 ⑤ 주파수 특성을 합리적으로 선정하고 ⑥ 잡음을 조정하고 ⑦ 최대출력음압의 여부를 점검해 보는 것이다.

2. 청각의 기능

1) 음을 듣는다.

정상유아들은 생활 주위의 많은 음을 별다른 장애를 받지 않고 들어 이해한다. 그러나 청각장애가 있는 경우에는 그 장애의 상황에 따라 들리지 않거나 듣는데 곤란을 느끼는 수가 있다. 이들은 청력도(audiogram)에 나타나는 가청역치보다 큰 음일 때 비로소 들을 수 있게 된다.

2) 음에 주의한다.

음이 들리는 상태에서 음에 주의를 기울이면, 음을 확실하게 들을 수 있게 되고 그 음이 어떤 음인지를 식별할 수 있게 된다. 기차 속에서 책을 읽고 있는 경우에는 기차의 시끄러운 음이 들리지 않지만, 주의를 기울이면 기차소리를 확실하게 듣게 된다. 이와 같이 「음에 주의를 기울인다」, 「의식을 집중한다」라는 것은 음을 들어 이해하기 위한 전제조건이 된다. 사람들은 음의 세계에 살면서, 그 세계에 적응하기 위해 특별한 노력도 기울이지 않지만 장시간 음에 주의하여 음을 듣고 이해할 수가 있다. 그러나 이것도 유아기부터의 오랜 경험에 의해서 길러지는 것이므로, 청각장애아의 경우에는 이러한 초보적인 훈련이 필요하다.

3) 음의 방향을 식별한다.

일반적으로 사람들은 음에 주의를 기울여 음이 들린 방향을 식별하고 그 쪽으로 눈이나 머리를 돌리게 된다. 그러나 지나치게 큰 음, 미묘한 음에는 반사적, 무의식적으로 음이 발생한 방향으로 귀를 기울이지만 그렇지 않은 대부분의 음에 대해서는 주의를 환기시키지 않는 것이 상례이다. 보통 자신이 주위를 기울이지 않으면 안 되는 음을 스스로 선택하여 귀를 기울이게 된다.

음의 방향을 변별하기 위해서는 좌우의 귀를 사용해야 하는데, 그 이유는 양이에 도달하는 위상의 차이에 의해서 방향을 지각하기 때문이다. 따라서 보청기가 하나인 경우에는 좌우의 구별이 없이 마이크로폰에서의 음이 동시에 느껴지므로 음의 방향을 잡기가 어렵게 된다.

4) 음의 차이를 변별한다.

음이 귀에 들어와 청각신경을 자극함으로 인해 하나하나의 음이 분석되어 진다. 이 경우에는 그 기억이 시간이 경과함에 따라 혼미해지기 때문에 그 분별능력은 기억력과 관계가 깊다.

5) 음의 의미를 이해한다.

뒤쪽에서 자동차의 경적이 울리면, 우리들은 뒤를 돌아보지도 않고 길 가장자리로 피하게 되는데, 그 이유는 자동차의 경적의 의미를 알고 있기 때문이다. 위에서 서술한 바와 같이, 음이 귀에 들어오면 각각의 특징적 성분이 분석되지만, 생활 속에서 몇 번이고 되풀이해서 그 음을 듣고 있으면, 하나의 음에 하나의 패턴이 조합되어져 대뇌 속에 기억되어지게 된다. 생활에서 경험하게 되는 음은 항상 의미를 수반하여 들려지는 것이기 때문에 그 의미도 음의 패턴과 함께 기억되어 그 음이 이해됨과 동시에 그 음의 의미도 지각하게 된다. 단계적으로 어떤 음인가를 알고 난 후, 그 음의 의미를 알게 된다. 예를 들면, 호루라기의 음이 어떤 것인가를 알고 난 후, 교통순경의 호루라기 음을 들은 때에는 교통순경의 교통정리로 그 의미를 이해하게 된다. 실제의 생활에서는 양자가 동시에 통합되어 학습되어진다.

6) 음을 선택한다.

음을 듣고 있을 때, 두 개 이상의 음이 동시에 들려와도, 그것을 각각 분리하여 듣고 변별하는 것이 가능하다. 지하철 안에서 이야기를 나누고 있을 때에는 기차소리와 이야기 소리를 동시에 들어 변별할 수 있는 것도 이 때문이다. 그래서 여러 가지 음이 있어도 들으려 하는 음만을 선택하여 그것에 주의를 기울일 수 있게 된다. 이때에는 음의 방향을 변별하는 능력도 작동하게 되고 음원의 방향에 집중함으로써 선택할 수 있다.

7) 말을 표출할 때의 자기조정

상대방과 대화를 나누고 있을 때에는 비록 무의식이지만 청각을 그 조정자로 사용하고 있다. 예를 들면, 주위가 시끄러울 때에는 자연스럽게 소리를 크게 내는데, 그것도 스스로의 귀로 주위의 상황과 자신의 소리를 들음으로써 상황에 맞추어 자신의 소리를 조정하게 된다. 노래를 부르고 있는 경우에도 자신이 부르고 있는 노래의 박자를 스스로 들음으로 인해 조기에 박자를 스스로 조정하게 된다.

이와 같이 말을 표출할 때에, 그것을 스스로 들음으로 인해 자신이 내는 소리를 조정하도록 역할을 청각이 가지고 있다. 이를 「청각의 피드백 작용」이라고 한다.

3. 청각의 발달

1) 음에 대한 의식

신생아는 태어날 때부터 음을 듣는다. 60dB 이상의 음에 대해서는 깜짝 놀라거나 눈꺼풀을 움직이며 울음을 터트리는 등 반사적인 행동을 보인다. 그러나 단순히 음을 듣고 그것에 반응하는 것만으로 음의 의미를 인식하고 있다고는 할 수 없다.

신생아는 음의 세계에서 음을 들으면서 자라난다. 생리학적 성숙과 더불어 자극에 반응하면서 청각기능이 발달하게 된다. 생후 몇 주일이 지나면 음이나 사람의 소리에 대한 반응으로 조용하게 되며, 피아노와 같은 아름다운 음에 귀를 기울여 듣는 습관이 나타나게 된다. 이때 음에 의식을 기울이거나 주의하는 능력이 길러지게 된다. 음의 방향에 대해서도 마찬가지다. 생후 2개월이 되면 음이 발생한 방향으로 고개를 돌리는 모습을 볼 수 있다. 이 때 정면에 있는 음은 비교적 정확하게 방향을 찾아내지만 좌우에 있는 음을 바르게 찾아내기는 어렵다. 그러나 이러한 현상도 성장과 더불어 민감하게 된다.

2) 음의 이해

생활의 장에서는 두 개의 음을 비교하여 듣고 이해하는 경우는 음악의 연습시간 이외에는 별로 없다고 생각되지만, 생후 4개월경의 신생아는 「가」,「나」,「다」,「라」의 차이를 이해하는 능력을 가지고 있다는 것이다.

음에 대한 이해가 직접 행동으로 나타나는 것은 생활에 직접적인 관련이 있는 음이기 때문이다. 생후 3개월에 우유병의 음을 이해하거나 엄마의 소리를 이해하는 행동이 나타난다. 물론 이 때 엄마의 소리를 이해하는 데 있어서도 이야기하고 있는 것의 의미를 이해하고 있는 것이 아니라 음성의 질 또는 박자 등 큰 정보를 근거로 이해하고 있다.

신생아에 있어서, 음을 듣도록 환경을 조성하여 그 물체의 이미지를 형성하게 해 주는 것은 언어발달에 대단히 중요하다. 음에 의한 이미지 형성이나 그 능력은 환경음(동물, 기계, 기구 등의 음)보다도 오히려 추상적인 언어이해에 대한 기초능력으로서 근거를 마련해 준다고 생각된다. 그러므로 신생아들이 주위에 환경음이 제시되어 있다고 해서 자연스럽게 언어를 이해하고 있다고 단정 지워서는 안 되며, 먼저 신생아와 주위 사람과의 정감 어린 상호작용이 선행됨으로써 각각의 언어규칙을 학습하게 된다.

3) 음이나 언어를 표출할 때의 자기조정

영유아들은 일반적으로 어머니의 말을 들음으로써 자신의 표출을 자신의 귀에 조합시킬 수 있게 되어 말을 신장시키게 된다. 물론 음을 표출할 때는 음의 수용·표현의 조정자 역할을 하는 청각의 발달이 전제된다.

모방은 언어를 스스로 표출하기 이전에 필요한 단계지만, 처음에는 들은 바를 변별하기 시작하여 생후 11개월 정도 되면 이미 청취한 경험이 있는 것과 모방한 것을 종합하여 새로운 행동이 나타나게 된다. 다시 말하면, 기억을 중심으로 하여 청각과 발달기능이 보다 고도한 형태로 종합되어 언어가 발달된다고 생각된다.

발음도 처음에는 완전하지 않지만 5세경이 되면 거의 완성된다고 볼 수 있다. 발음도 발음기관의 성숙과 더불어 스스로 청각적 피드백을 사용함으로써 훈련되어지고 습득되어진다. 그리고 발어발달 상태도 연령에 따라 차이를 보이며(예를 들면, 3세에는 ㅁ, ㅇ, ㅂ, ㄷ 등, 4세에는 ㅋ, ㄴ, ㅈ, ㅊ, ㅌ 등, 5세경에는 ㅅ, ㄹ, ㅉ 등의 음소로 시작되는 말) 언어이해에 대한 기초가 확립된 후 최초로 내는 말은 일어문(밥, 엄마 등)이며, 그 후 많은 경험을 거쳐 이어문(밥 줘 등)으로 진전하게 된다.

이와 같은 기능은 대뇌의 중추신경이 복잡하게 조합되어 분화됨에 의해 형성되어진다. 생존을 위한 기본적인 기능은 태어날 때부터 가지고 태어나지만, 그 후에는 음이나 말을 들음으로써 대뇌신경이 발달하게 되므로 많은 청각적 자극을 의도적이고 계획적으로 제시해 줄 필요가 있다.

조기에 청각을 활용하기 위한 방안을 몇 가지 제시해 보면 다음과 같다.

첫째, 어머니의 음성을 들려준다.

둘째, 일상생활을 이용한다.

① 매일 되풀이되는 경험을 중시한다.

② 부모와 협동적으로 즐거운 놀이를 한다.

③ 영유아의 경험영역을 확대시켜 준다.

④ 가정에서 부모의 일에도 함께 참여하도록 한다.

셋째, 음악적 유희(술래잡기, 악기음 알아 맞히기, 기차놀이 등)를 함께 한다.

넷째, 연극유희를 한다.

다섯째, 체험카드를 가지고 이야기를 나눈다.

여섯째, 듣고 변별하는 연습을 한다.

① 여러 가지 환경음, 악기음, 동물소리를 변별하도록 한다.

② 리듬의 강약, 템포를 이해하게 한다.

③ 처음에는 잘 아는 사람의 음성을 듣게 하고, 다음에는 여러 사람의 말소리를 듣게 한다.

④ 단문변별(일상생활용어의 청취·변별, 의성어, 의태어를 포함한 단문)

⑤ 단어듣기(모음과 자음을 조합하여 단어를 구성)

4. 조기교육 실시상의 문제점

청각장애영유아를 위한 교육에서 특히 유의해야 될 사항으로는 다음과 같은 점을 들 수 있다.

첫째, 청각장애영유아의 조기교육은 빠르면 빠를수록 그 교육효과가 크나, 인격형성에 미치는 영향도 고려해야 한다.

둘째, 중복장애 내지는 이차적 장애에 관한 것으로서, 일차적으로 신체적인 면, 언어적인 면, 지적인 면에 영향이 있으나, 이차적으로는 커뮤니케이션이나 사회적 발달이 지체되므로 이에 대한 주의도 필요하다.

셋째, 청각장애만을 보상하겠다는 생각으로 청능훈련과 발화지도에 관심을 기울이기 쉬우나, 심신의 전체적인 발달을 도모하는 것이 이들 목표를 달성시키는 방법임을 알아야 한다.

넷째, 장애가 있다고 해서 다른 형제와 구별하는 것은 바람직하지 않으므로 바람직한 육아법을 가지도록 해야 한다.

다섯째, 종합진단과 판별이 필요하다. 청각장애아동 교육에서는 교육학, 심리학, 의학 등에 의한 종합적인 진단이 필요하다.

참고문헌

석동일외(1987). **유아의 특수교육**. 전주 : 신아 출판사.

석동일외(2000). **청각과 언어재활**. 대구 : 한국언어치료학회.

석동일외(2002). **청각재활**. 대구 : 대구대학교출판부.

석동일외(2007). **청각학개론**. 대구 : 대구대학교출판부.

Aslin, R., D. Pisoni, P. Jusczyk(1983). Auditory Development and Speech Perception in Infancy. New York : John Wiley & Sons.

Barden, T., P. Peltzman(1980). Newborn Brain Stem Auditory Evoked Response and Peri-natal Clinical Events. American J. Obstet Gynecol, 136.

Boothroyd, A(1982). Hearing Impairments in Young Children. Englewood Cliffs, N. J. : Pren-tice-Hall.

Caplar, F. (ed.)(1973). The First Twelve Months of Life : Your Babys Groeth by Month. New York : Groosset & Dunlap.

DeBonis, D. A. & Donohue. G. L(2004). Audiology. New York : Pearson Education, Inc.

Drillen, C. M(1964). The Growth and Development of the Prematurely Born Infant. London : E & Living-stone.

Eimas, P. D(1975). Infant Perception, From Sensation to Cognition. New York : Academic Press.

Elliott, L., Katz D(1980). Development of a New Children's Test of Speech Discrimination, St. Louis : Auditec.

Hull, R. H(2001). Aural Rehabilitation. CA : Thomson Learning Inc.

Fior, R(1972). Physiological maturation of auditory function between 3-13 years of age. Audiology, 11, 317-321.

Friedlander, B. Z(1970). Recetipive language development in infancy. Merrill-Palmer Q Behavior Development, 16, 7-51.

Fromkin, V., S. Krashen, S. Curtiss(1974). The Devdopment of Language in Genie : A case of Language Acguisition Beyond the Critical Period. Brrain Lage, 1, 81-107.

Gerkin, K. P(1984). Infan hearing screening. Audiology J. Cont Education, 9 : 3.

Hodgson, W. P(1978). Testing infants and young children. In Katz J : Handbook of clinical Audiology, ed2. Baltimore : Williams & Wilkins.

Jaffe, B. F(1977). Hearing Loss in Children. Baltimore : Unversity Park Press.

Kessler, M. E., K. Randolph(1979). The Effects of Early Middle Ear Disease on the Auditory Abilities of Third Grade Children", J. Academic Rehabilitation Audiology, 12, 6-20.

Kuhl, P(1979). Speech Perception in Early Infancy : Perceptual constancy for spectrally dissimilar vowel categories. J. Acoust Soc Am, 66, 1668-1679.

Luterman, D(1979). Counseling Parents of Hearing-Impaired Children. Boston : Little, Brown.

Marguardt, T. P., J. H. Saxman(1972). Language Comprehension and Auditory Discrimina -tion in Articulation Efficiency Kindergarten Children. J. Speech Hearing Resarch, 15, 382-389.

Menyuk, P(1972). The Development of Speech. New York : Bobbs-Merrill.

Pararella, M. M(1977). Differntial Diagnosis of Childhood Deafness. In Bess F : Childrood Deafness : Grune & Stranton.

Quigley, S. P(1979). Environment and Communication in the Language Development of Deaf Children. In Bradford L. J., Hardy W. G. : Hearing and Hearing Impairment, New York: Grane & Strattom.

Rupp R. R(1971). An Approach to the Communicative Needs of the Very Young Hearing Impaired Child. J. Academic Rehabilitation Audiology, 4, 11-22.

Schow, R. L. & Nerbonne, M. A(2007). Audiologic Rehabilitation. MA : Pearson Education Inc.

Silverman, S. R., H. S. Lane(1970). Deaf Chilren. In Davis H, Silverman S. R. : Hearing

and Deafness, ed. 3. New York : Holt, Rhinehart, & Winston.
Stewart, D. A. & Kluwin, T. N(2001). Teaching Deaf and Hard of Hearing Students. MA : Allyn & Bacon.

제 10 장 농중복장애아의 교육

중복이라는 것은 문자 그대로 어떠한 상태가 겹쳐져 있는 상태를 뜻한다. 그러나 중복장애(multihandicapped, multiply handicapped)란 이러한 단순한 의미로서가 아니라 정의하기가 대단히 힘든 의미를 가지고 있다.

단일장애를 둘 이상 가진 농과 맹의 상태에 있다든지, 뇌성마비와 정신지체를 겸한 상태로서, 신체 혹은 감각장애에 한 가지 또는 그 이상의 장애를 부가적으로 가지고 있어서 일반 학교교육을 통해서는 교육의 효과를 크게 기대할 수가 없으므로 특수한 서비스를 필요로 하는 상태를 말한다. 그러나 현상적으로 장애가 둘 이상 겹쳐져 있다고 해서 반드시 특수한 서비스를 필요로 하는 것은 아니며, 중복장애아동 가운데에도 장애의 정도가 심도가 아닌 아동도 존재한다.

중복장애는 일반적으로 정신지체를 겸하는 경우가 가장 많으며, 중복장애아 동의 대부분이 청각장애 · 시각장애 · 지체부자유와 정신지체를 함께 지니고 있다. 따라서 학교교육에 있어서 중복장애문제는 정신지체가 가장 중심적인 존재이고, 거기에 여타의 장애가 겹쳐져 있는 경우가 일반적이다.

맹농아동의 교육은 그들의 일상생활 중에서 발생되는 행동을 세밀히 관찰하는 데서부터 시작해야 한다. 이들이 일으키는 행동에는 생리적으로 오는 규제되지 아니한 내재적인 행동과 외부의 의도적인 자극에 의해 일어나는 통제된 행동으로 구분할 수 있다.

인간의 행동 가운데에는 생태적인 면보다 학습에 의하여 규제되는 면이 훨씬 더 많으며, 새로이 획득되는 행동이나 특수한 작업을 성취하는 능력에 있어서도 개인에 따라 많은 차이가 있다. 그러므로 이들이 자라난 사회적 배경이나 가정적 배경에 따라 나타나는 행동도 역시 다양하며, 아동의 심리적인 상태나 가정의 생활습관이나 장소 등 여러 여건에 따라 일으나는 행동의 양태는 각양각색이다.

그러므로 이 장에서는 먼저 농중복장애의 정의와 실태를 검토해 보고 그에 따라, 농중복장애의 교육계획 및 교육과정을 이해하는데 도움을 주고자 한다.

제1절 농중복장애아의 정의와 실태

1. 농중복장애아의 정의

오늘날의 교육은 '모든 개인은 독특한 존재로서 그의 요구에 맞는 교육프로그램을 가능한 한 즉시에 마련해 주는 것을 강조하고 있다. 그리하여 과거에는 교육의 대상에서 제외되었던 중복장애아동에게까지 교육적 서비스를 제공해야 하는 시점에 이르렀다. 지금까지 농학교에 취학한 중복장애아동들은 '구화부진아동', '학습지진아동', '중복심신장애아동'이라는 명칭으로 교사들에 의해 불려지고 있다. 사실상 농중복장애아동은 장애아동 중에 가장 두렵고, 잘 알려지지 않은 것 중의 하나로 전문가의 전문적인 중재가 없이는 교육하기 힘든 장애아동이다.

중복장애아동이란 두 가지 이상의 장애를 가지고 있는 경우를 말하는 것으로 중복장애아동 교육은 가벼운 단일장애를 가진 아동에 비해 보다 깊은 인간애와 헌신적인 교육 열의의 기반 위에 개별화된 교육내용과 방법으로 임해야 할 특수교육의 중요한 분야이다. 여기서 중복이라는 것은 어떠한 상태가 이중으로 겹쳐져 있는 상태를 뜻하지만 중복장애란 농과 같은 장애의 단순한 혼합을 의미하는 것은 아니다. 이들의 주된 교육적 요구는 사회생활, 자립, 의사소통 영역에서 기초기능의 확립과 발달에 있다고 보여진다. 과거에는 이들의 중첩된 장애로 인해, 제공된 프로그램이 적합하지 않아서 공립학교로부터 교육을 받지 못하고 배척당했으며, 미국의 경우 1975년 PL 94-142의 제정으로 공립학교는 모든 아동을 교육해야 할 의무가 있기 때문에 공립학교 내에 중복장애아동을 위한 프로그램을 구성하게 되었다. 이들을 위한 교육은 그 대상자는 소수이지만 교수방법은 아주 특이하고 높은 수준의 전문지식과 기능을 요하고 있다.

2. 농중복장애아동의 출현과 실태

농중복장애아동의 출현빈도는 그 나라의 장애아동의 분류 및 평가기준에 따라 많은 차이를 나타내기 때문에 실제 출현 빈도는 다양하게 나타나고 있다. 그러나 한 가지 확실한 것은 농아동 가운데 하나의 장애 외에 부가적 장애를 수반하고 있는 아동이 상당수에 달하고 있다는 것과 또 과거에는 교육대상에서 포기된 아동까지도 최근에는 학교교육의 대상으로 인식되고 있어 결국 이들 농중복장애아동의 수는 증가하고 있다는 사실이다.

<표 10.1> 농학생 1,000명 당 중복장애를 가진 학생수와 유형

장애유형	1968~69년	1969~70년	1970~71년
전체	419.6	319.6	306.7
행동 및 정서장애	124.3	29.11	9.9
뇌손상	-	5.3	4.8
뇌성마비	33.5	33.1	32.3
구개파열	7.2	6.5	6.2
간질	-	5.7	6.5
심장병	8.78	13.9	21.6
학습장애	-	31.2	26.2
정신지체	80.4	71.5	70.1
신체부자유	-	6.6	7.2
지각-운동장애	55.3	54.5	54.2
시각장애	41.8	45.0	48.8
기타(3중이상장애)	68.3	17.2	18.9

* 조사대상자의 사례 수는 68-69년에 21,130명, 69-70년 29,131명 70-71년에 34,795명이다.

미국의 경우, 농중복장애아동 출현율은 Schein(1974)의 청각장애아동 연례조사에 의하면, 농아동 1,000명당 약 400명이 중복장애아동으로서 그 비율은 약 40%에 이른다고 보고하고 있으며, 유형별 출현비율은 <표 10.1>과 같다.

한편 Leshin과 Stahleker(1962)는 농중복장애 가운데 실어증이 20.85%, 맹이 8.85%, 지체부자유가 20.32%, 정형장애가 15.64%라고 보고하였으며, Doctor (1961)는 실어증 17.05%, 맹 3.43%, 지체부자유 20.32%, 정서장애 5.90%, 정신지체가 40.44%, 뇌손상이 12.86%라고 보고하였다.

최근에 American Anals of the Deaf(April, 1986)에서 보고한 것을 보면 농학생 43,755명 가운데 중복장애학생이 8,390명으로서 전체 농학생의 19.1%를 차지하며, 그중 농·학습장애 및 실어증이 5.6%로서 가장 많고, 그 다음은 농·정신지체 5.2%, 농·정서장애 2.3%, 농·맹·정신지체 1.4%, 농·맹 1.1%, 농·기타장애 3.5% 등으로 나타났는데 구체적인 것은 <표 10.2>에 제시되어 있다.

<표 10.2> 미국농학교 및 농 특수학급의 중복장애아 실태

구분	총재학생	농·맹	농·정신지체	농·맹 정신지체	농,학습장애 실어증	농,정서장애	농·기타	계
N		486	2,275	632	2,444	1,025	1,528	8,390
%	중복장애대비	5.8	27.1	7.6	29.1	12.2	18.2	100.0
	재학생대비	1.1	5.2	1.4	5.6	2.3	3.5	19.1

자료 : AAD/April 1986 p. 134.

그리고 <표 10.3>에서 보는 바와 같이 미국 농중복장애아 교육 프로그램의 실태는 연도에 따라 통계 수치상 다소의 차이는 있으나, 농학교나 농교육 프로그램이 개설되어 있는 시설 및 기관 가운데 농중복장애아 교육 프로그램이 개설되어 있는 것은 약 35~50%이다.

<표 10.4>에서 보면 중복장애아를 수용하는 학교나 학급 또는 특수 시설이 있은 것을 알 수 있다. 위의 표에서 중복장애아만 수용하는 시설이 1981년까지만 나타나 있고, 1982년부터는 나타나 있지 않은 것은 이 때부터 그 항목이 특수장애 시설에 포함되었기 때문인 것으로 해석된다. 농중복장애 학생을 단일장애농아동들과 분리하여 교육시키는 것이 정상화(normalization)라는 측면에서는

<표 10.3> 미국의 농중복장애아동 교육 프로그램 실태

연도별 / 프로그램별	1977	1978	1979	1981	1982	1984	1985
부모-유아 가정교육				190	228	228	205
취학 전 교육	445	404	385	365	462	549	550
중등 교육	230	235	207	293	360	475	
후속 교육				42	49	83	68
중복장애 교육	278	216	256	212	226	294	272
총학교 및 학급수	681	594	541	485	643	793	762

<표 10.4> 미국 농학교와 농특수학급의 실태

<table>
<tr><th colspan="2">연도별 / 유형별</th><th>1977</th><th>1978</th><th>1979</th><th>1981</th><th>1982</th><th>1984</th><th>1985</th></tr>
<tr><td colspan="2">공립기숙제학교</td><td>67</td><td>62</td><td>62</td><td>60</td><td>73</td><td>70</td><td>61</td></tr>
<tr><td rowspan="2">사립기숙제</td><td>학교</td><td>9</td><td>8</td><td>6</td><td>6</td><td>9</td><td>8</td><td>8</td></tr>
<tr><td>학급</td><td></td><td></td><td></td><td></td><td></td><td>1</td><td>2</td></tr>
<tr><td colspan="2">공립통학제학교</td><td>70</td><td>64</td><td>53</td><td>36</td><td>43</td><td>39</td><td>34</td></tr>
<tr><td colspan="2">사립통학제학교</td><td>16</td><td>18</td><td>16</td><td>14</td><td>19</td><td>20</td><td>14</td></tr>
<tr><td rowspan="2">공립통학제 학급</td><td>전일제</td><td rowspan="2">420</td><td rowspan="2">375</td><td rowspan="2">337</td><td rowspan="2">330</td><td>378</td><td>435</td><td>401</td></tr>
<tr><td>시간 · 순회교사</td><td>92</td><td>161</td><td>168</td></tr>
<tr><td rowspan="2">사립통학제 학급</td><td>기숙 전일제</td><td rowspan="2">31</td><td rowspan="2">15</td><td rowspan="2">19</td><td rowspan="2">13</td><td>4</td><td>3</td><td>5</td></tr>
<tr><td>시간 · 순회교사</td><td>3</td><td>3</td><td>5</td></tr>
<tr><td colspan="2">중 복 장 애 만 수 용</td><td>31</td><td>20</td><td>22</td><td>12</td><td></td><td></td><td></td></tr>
<tr><td colspan="2">특 수 장 애 시 설</td><td>37</td><td>32</td><td>26</td><td>14</td><td>22</td><td>53</td><td>65</td></tr>
<tr><td colspan="2">총 학 교 및 학 급 수</td><td>681</td><td>594</td><td>541</td><td>485</td><td>643</td><td>793</td><td>762</td></tr>
</table>

고려해 보아야 할 점이 있기는 하지만, 새로운 쟁점으로 대두되고 있는 '농아

동에게 있어서 제한된 환경의 극소화란 과연 무엇인가?'라는 측면을 의미 있게 음미해 볼 필요가 있다. 즉 중복장애 학생을 위한 교육 프로그램과 지도 방법이 연구·개발되지 않고, 이들을 지도할 수 있는 교사가 양성되어 있지 않은 상태에서 이들을 단일장애 농아동들과 통합시켜 교육하는 것은 오히려 제한된 환경을 마련해 주는 결과가 될 수가 있다는 것이다. 따라서 농중복장애 학생들을 분리시켜 교육함으로써 이들을 위한 교육과정과 개별지도 프로그램 및 교수기술이 개발된 후에, 단일장애 농아동 및 건청 아동들과의 통합교육의 방향으로 나아가는 방안도 고려해봄직하다.

일본의 경우, 1967년 전국 특수학교 재학생 46,388명에 대하여 조사한 결과 25.83%인 11,985명이 중복장애를 수반한 것으로 보고하였으며, 1975년에 일본 농학교 교장 회의에서 보고한 것과 일본 문부성의 조사에서 나타난 영역별 출현율은 다음 <표 10.5>와 같다.

<표 10.5> 농중복장애아동의 유형별 비율

유형	일본농학교장회의	일본문부성
맹	6.40	13.32
지체부자유	6.50	-
정신지체	47.51	66.61
병·허약	3.55	6.74
정서장애	8.32	13.32
3중 장애	19.70	-

<표 10.6>은 한국의 농중복장애아 실태를 이규식과 김종현(1989)이 한국 농학교 재학생을 대상으로 조사한 것이다.

<표 10.6> 농학교 재학생의 중복장애 실태

		농·맹학생 수			농·정신지체학생 수			농·지체부자유학생수		
		남	여	계	남	여	계	남	여	계
유치		·	·	·	·	·	·	1	1	2
초	1	1	1	2	12	6	18	1	2	3
	2	3	·	3	14	12	26	10	5	15
	3	·	·	·	13	5	18	4	3	7
	4	1	·	1	13	11	24	3	3	6
	5	1	1	2	13	6	19	5	1	6
	6	·	·	·	8	8	16	4	2	6
소계		6	2	8	73	48	121	27	16	43
중	1	1	·	1	9	5	14	4	3	7
	2	·	·	·	7	2	9	·	1	1
	3	1	·	1	4	1	5	3	1	4
소계		2	·	2	20	8	28	7	5	12
고	1	·	1	1	·	·	·	2	·	2
	2	·	·	·	·	·	·	1	1	2
	3	·	·	·	2	·	2	1	·	1
소계		·	1	1	2	·	2	4	1	5
합계		8	3	11	95	56	151	39	23	62
단일장애		1,765	1,391	3,156	1,765	1,391	3,156	1,765	1,391	3,156
재학생		1,963	1,501	3,464	1,963	1,501	3,464	1,963	1,501	3,464
중복장애대비 (%)		4.0	2.7	3.6	48.0	50.9	49.0	19,7	1,501	3,464
재학생대비 (%)		0.4	0.2	0.3	4.8	3.7	4.4	2.0	1.5	1.8

<표 10.7> 농학교 재학생의 중복장애 실태

		농 · 정서장애 학생 수			농 · 언어장애 학생 수			농과기타장애			합계		
		남	여	계	남	여	계	남	여	계	남	여	계
유치		5	4	9	·	·	·	1	1	2	7	6	13
초	1	5	2	7	1	2	3	2	1	3	22	14	36
	2	3	·	3	4	1	5	·	·	·	34	18	52
	3	1	1	2	4	2	6	1	2	3	23	13	36
	4	2	·	2	5	1	6	1	2	3	25	17	42
	5	3	·	3	5	2	7	·	1	1	27	11	38
	6	2	·	2	5	1	6	1	1	2	20	12	32
소 계		16	3	19	24	9	33	5	7	12	151	85	236
중	1	·	·	·	·	1	1	·	1	1	14	10	24
	2	1	·	1	2	·	2	·	1	1	10	4	14
	3	1	·	1	·	·	·	1	1	1	9	3	12
소 계		2	·	2	2	1	3	·	3	3	33	17	50
고	1	·	·	·	·	·	·	·	·	·	2	1	3
	2	·	·	·	1	·	1	·	·	·	2	1	3
	3	·	·	·	·	·	·	·	·	·	3	·	3
소 계		·	·	·	1	·	1	·	·	·	7	2	9
합 계		23	7	30	27	10	37	6	11	17	198	110	308
단일장애		1,765	1,391	3,156	1,765	1,391	3,156	1,765	1,391	3,156	1,765	1,391	3,156
재학생		1,963	1,501	3,464	1,963	1,501	3,464	1,963	1,501	3,464	1,963	1501	3464
중복장애 대비(%)		11.6	6.4	9.7	13.6	9.1	12.0	3.0	10.0	5.5	64.3	35.7	100
재학생 대비(%)		1.2	0.5	0.9	1.4	0.7	1.1	0.3	0.7	0.5	10.1	7.3	8.9

<표 10.7>에서 나타난 조사 결과는 미취학 아동, 성인, 중증의 중복장애자가 조사대상에서 제외되었으므로 청각장애자 모집단의 출현율과 다소의 차이가 있으리라는 것을 염두에 두어야 한다. <표 10.7>에 나타난 것을 보면 총 조사대상 농학생 3,464명 가운데 중복장애 학생이 308명으로, 이들이 전체 농학생의 8.9%를 차지하며, 그 중에는 농 · 정신지체 4.4%, 농 · 지체부자유 1.8%, 농 · 언어장애

1.1%, 농 · 정서장애 0.9%, 농 · 기타장애가 0.5%포함되어 있다. 따라서 농 · 중복장애 학생 가운데는 농 · 정신지체학생이 가장 많은 것을 알 수 있다. 그러나 우리나라에서는 학습장애의 판별과 교육이 아직까지 잘 이루어지고 있지 않으므로 농 · 정신지체학생 가운데 농 · 학습장애 및 실어증 아동이 상당수 포함되어 있으리라는 사실을 미국의 농중복장애아 실태를 통하여 추측해 볼 수 있다.

제2절 농중복장애아동의 교육

1. 농맹아동 교육

1) 정의 및 특징

농맹아동은 볼 수 없는 농아동도, 들을 수 없는 맹아동도 아니며, 시각적 청각적 문제를 가진 정신지체아동도 아니라는 것을 이해하여야 한다. 우리가 농맹으로 생각하는 사람들은 Helen Keller처럼 시력과 청력이 모두 없는 사람뿐만 아니라, 청력손실은 심하고 시력손실은 경한 사람과 경미한 청력손실과 심한 시력손실을 지닌 사람을 지칭한다. 농맹아동의 주된 장애는 중복감각손실이다. Jan(1977)은 "농맹아동은 시각적 · 청각적 손상과 결함으로 중복의 감각손실을 가져와서 시각 · 청각장애아 및 정신지체아 교육방법으로는 부적합한 아동이다."라고 하여 단순한 두 단일장애의 혼합이 아니라고 지적했다.

이들의 특징을 보면, 첫째, 이들 장애는 부모에게 많은 곤란과 좌절을 안겨준다. 그리하여 부모들은 자주 불만족스러워한다. 이를테면, 음식 먹기 곤란, 음식 씹기 곤란, 음식 삼키기 곤란, 옷 거꾸로 입기, 불규칙적이고 지연된 용변, 좌절을 가져오는 의사소통 능력의 부족, 사회성 · 정서 · 인지발달 지체 현상을 보이며, 때로는 머리 부딪기, 눈 찌르기 등의 자해행위와 돌 던지기, 햇빛 쳐다보기 등의 행동을 하기도 한다. 둘째, 이들은 정상발달을 위해 필요한 많은 기본적인 외적 동기유발력이 박탈된다. 시각적 · 청각적 자극의 결핍은 환경적 단서로부터 사건을 예기하는 능력을 이들로부터 박탈시켰다. 그들이 예기치 않은 반응에 대한 준비를 하지 못하므로 인해 부분적 경험을 전체 경험으로 통합하지 못하여,

외계의 경험은 항상 이들을 낯설고 놀라게 한다. 예를 들면, 어머니가 방안으로 들어오는 것이 정상아에게는 안정, 음식, 부퉁켜 안음을 의미하나 이들은 그것을 예기치 못한다. 어머니가 장난감을 집어주기 위해, 젖을 먹이기 위해, 기저귀를 갈아주기 위해 갑작스럽게 끌어당긴다든지, 끌어올린다든지, 굴린다든지 하는 것 모두가 이들을 무섭게 하고 긴장을 야기하는 경험이 된다. 지각능력과 행동 결과의 정확한 예측부족은 이들의 행동발달을 방해하게 된다. 셋째, 호기심을 호소하는 외부의 자극이 박탈된다. 호기심은 제 2의 필수적 동기유발 요인이다. 맹아동의 부모는 소리에 의해서, 농아동의 부모는 시각적 자극에 의해서 동기유발을 시키지만 이들은 그런 기회가 없다. 끝으로, 그들의 신체적 문제, 촉각에 대한 지나친 예민성, 부모의 긴장에 대한 반응에 기인하여 부모와의 정서적 결합형성을 못할 수도 있다. 부모들은 그들의 자녀에 대한 정서적 투자에서 즉각적인 보답을 거의 받지 못한다.

2) 교육기초 및 목표

이들에게는 기본적으로 인내심, 인식력, 변별력, 수용력, 감각통합 및 지각력을 가르쳐야 한다. 이들에게 적합하게 계획된 프로그램이 제공되지 않으며 최중도 정신지체아의 발달적 특징을 나타내며, 아울러 성장과 발달에 필요한 많은 필수적인 정보를 수용하지 못하거나, 받아들이더라도 왜곡하여 의미 있는 전체에 통합할 수 없는 정보가 될 것이다. 이를테면, 그들은 부모의 얼굴에 나타나는 불쾌한 표정과 목소리에서 질책의 목소리를 분간할 수 없는 건청아들이 빨리 깨닫게 되는 수용할 수 없는 행동을 계속해서 행할 것이다. 우리들 중 많은 사람이 TV의 화면이나 소리가 나빠 TV시청이 완전히 부적합할 때 우리가 보려고 하는 프로그램의 내용의 좋고 나쁨에 상관없이 불쾌한 그 장면을 바꾸고 다른 프로그램을 보려고 할 것이다. 마찬가지로 농맹아동은 그가 접촉하는 세계를 자주 왜곡하기 때문에 자기방어로 왜곡되는 접촉을 차단하고 감각자극을 말살시켜 버린다.

교육은 아동이 투입된 감각을 통합하고 해석할 수 있도록 돕는 데 목적을 두어야 한다. 발달이론가들은 아동의 언어발달과 인지적 기능 강화를 위한 많은 필수적 기초 작업이 2세가 되기 전에 이루어져야 한다는 것을 지적했다. 따라서 황

금기의 교육적 작용도 매우 조기에 주어져야 한다는 것은 불가결한 것이다. 언제, 그리고 얼마만큼 보조를 주어야 하는 지에 대한 적합한 나이는 없다. 다만 적시에 적합한 수준으로 제공해 주어야 한다. 그리고 이 서비스는 지역사회의 모든 분야로부터 주어져야 한다. 의학적, 사회적, 교육적, 종교적 전문가들은 문제가 발견되거나 또는 출생 순간부터 서비스를 주어야 한다.

3) 전문적 서비스

전문가들은 장애아 부모들을 위한 결정적 시기(critical periods)를 알아야 한다. 즉

① 장애가 처음 예견되거나 나타났을 때

② 그 아동이 학교에 갈 준비를 할 때

③ 그 아동이 청년기에 도달 할 때

④ 그 아동을 부모가 더 이상 돌볼 수 없을 때 부모는 심한 심리적 갈등과 불안을 갖는다.

일반적으로 부모적응에는 3단계가 있다. 때문에 소아과의사, 사회사업가는 이 단계를 인식해야 한다.

1단계(부정단계) : 충격으로 인해 교육대책이 없는 단계

2단계(적응단계) : 상습적 슬픔, 과보호와 거절을 가져오는 단계

3단계(통합단계) : 아동에 대한 신중하고 현실적인 작용단계

부모와 의사가 농맹의 징후를 예견하면 먼저 완전진단과 평가를 위한 적당한 센터에 즉시 보내야 한다. 만약 이들을 맹으로만 취급한다면 점차 중증의 정서장애를 수반한 맹·정신지체로 기능하게 되며 농아동으로 취급하면 정서장애를 가진 농정신지체로 기능하기 쉽다. 농맹아동의 가능성 판별을 위한 첫 단계는 부모와 의사 간의 가능한 모든 정보교환이다. 둘째는 일단 이 가능성이 예견되면 즉시 전체적 진단과 평가를 위한 전문가 팀에 의뢰되어야 한다. 셋째로 아동의 프로그램은 적절한 교육을 제공해 주기 위해 즉시 수정되어야 한다. 프로그램은 모든 정보가 완성될 때까지 기다려서는 안 된다.

(1) 평가팀

전문적인 평가는 안과의사, 소아과의사, 유전학자, 신경학자, 청각사, 이비인후과의사, 임상심리학자를 포함하는 전문가 팀에 의해 이루어져야 한다. 치료는 한 사람의 전문가에 의해 이루어지지 않고 전체 팀에 의해서 이루어진다고 부모가 느끼도록 해야 한다. 이 팀에 참가하는 사람들은 장애아에 대한 의학적 지식을 가져야 될 뿐만 아니라 진단이 완성될 때 팀은 부모를 만나야 하고 그래서 그들이 발견한 것을 충분히 그리고 자세히 설명해야 한다.

(2) 프로그램 팀

여기서 부모는 그들의 자녀에게 적합한 수준의 교육을 제공하는데 그들을 돕고 안내할 책임이 있는 새로운 팀에게 안내 받아야 한다. 즉 의사, 사회사업가, 특별 훈련된 교사, 물리치료사, 진단팀의 대표들이 부모와 함께 프로그램을 만들어야 한다. 이 팀은 계획, 프로그램을 만들기, 교육에 대한 주기적 평가의 책임이 있다.

(3) 진단과 평가에 관련된 문제

첫째로 가장 큰 문제는 아마 명칭 붙이기일 것이다. 명칭처럼 부모에게 절망적이고, 놀라게 하고 낙담시키는 것도 없다. 모든 부모가 가장 두려워하는 명칭은 농맹이다. 둘째, 명칭 붙이기 충격에 첨가하여 안과의사는 그 아동이 말을 하지 않고 농으로 기능할 때 시력측정이 어려우며, 청각사는 말을 하지 않고 맹으로 기능하는 아동의 청력을 측정하는 데 매우 큰 문제를 가진다. 즉 즉시에 그리고 확실한 대답이 없는 데 문제가 있다. 셋째, 완전 농맹아동은 거의 없으나 적합한 교육적 작용이 주어질 때까지 완전 농맹아동으로 기능하는 아동이 매우 많다는 것이다. 이러한 문제 때문에 어떤 전문가에 의한 평가는 일정주기에 걸쳐서 행해져야 한다. 넷째, 이들은 일반적 감각이 지체되었기 때문 보다는 오히려 동기부족과 부적합하고 불충분한 교육에 기인해서 기능적 지체를 보일 수 있다. 때문에 가정을 평가과정의 일부분으로 보는 것이 필요하다. 왜냐하면 공식적 평가기간동안 보다 친밀한 환경에서 더 높은 발달수준의 행동을 하게 된다. 결론적으로 평가자가 다음 질문에 "예"라고 대답이 나오면 그 평가의 결과는 틀림없이 믿을 수 있다.

① 나는 그 아이와 의사 소통할 수 있는가?

② 그 아이는 나를 이해하는가?

③ 그 아이는 반응할 동기유발이 되어 있는가?

④ 내가 기대한 범위 내에서 그 아이는 반응하는가?

(4) 발달적 지체

의학적 팀이나 프로그램 제작팀에 의한 농맹아동의 요구에 적합한 단일 프로그램의 개발은 불가하다. 왜냐하면 장애의 시작이 다양함은 물론 손상의 정도도 다양하기 때문이다. 이를테면 시력과 청력손실은 출생부터 나타날 수도 있고, 먼저 선천성농이고 다음에 시력손실을 가져올 수도 있다. 또한 선천성맹이고 다음에 청력손실을 가져올 수도 있고 양쪽 손실 모두 후천적일수도 있다. 이러한 손실시기, 손실 정도는 개별화된 농맹 프로그램 조직에 반영된다. 교육의 수준은 투입감각자극을 통합하는 아동의 능력과 그것을 과거 경험과 관련 지우는 능력에 의해 결정된다.

(5) 프로그램 조직

프로그램을 통해 ① 의사소통 ② 잔존시력과 청력의 사용 ③ 긍정적 자아개념에 기초한 안정된 사회적, 정서적 성장이 개발되어져야 한다. 이 세 가지는 어떤 프로그램을 제작할 때 세워져야 할 기초이다. 때문에 농맹아동을 연구하는 사람은 이 세 가지 기본요구를 알아야 한다. 이것이 모든 프로그램의 방법, 기술, 활동에 영향을 미쳐야 한다. 이 관계를 그림으로 표시하면 다음 [그림 10.1]과 같다.

① 의사소통: 여기서 "의사소통"이라는 단어는 구어, 수화, 언어, 제스처, 그리고 아동이 다른 사람과 또는 환경과 어떤 방법으로든 의사소통하려는 모든 시도를 다 포함한다. 전농 또는 전맹으로 기능하는 농맹아동의 초기의 간단한 의사소통의 하나는 그가 마루 위에 누워있는 동안 그의 팔을 들어 올리거나 내리게 하

는 운동근육 패턴의 개발이다. 일단 그 패턴이 확립되면 중단시키고 그에게 처음부터 다시 시작하겠다는 신호를 교사에게 하도록 한다. 그 다음 단계는 2~3단계 패턴으로 무릎에 손대기, 어깨에 손대기, 배에 손대기이다. 아동이 확실히 인식할 때까지 반복시키고 그 다음에는 그가 교사의 손을 패턴에 따라하도록 시킨다. 그 다음에는 순서를 바꾸어서 한다. 예를 들면, 무릎, 어깨, 복부, 어깨 순으로 바꾼다. 이렇게 되면 그는 환경자극을 통합하는 문제를 한 가지 습득하게 된다.

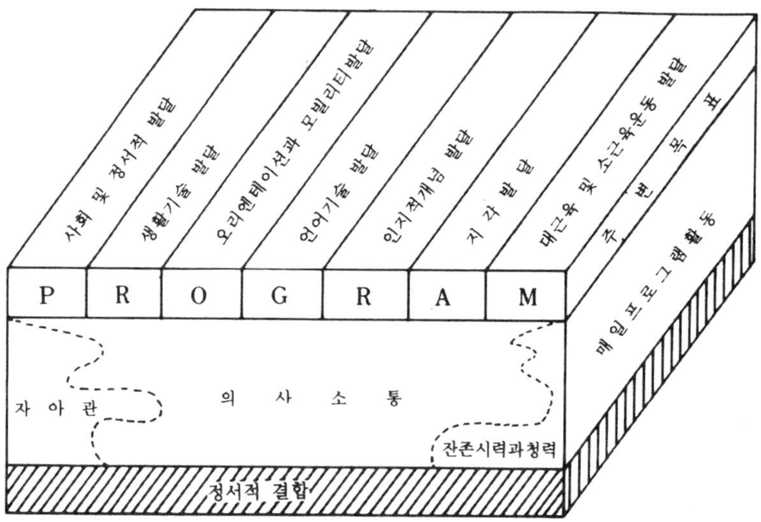

[그림 10.1] 농맹프로그램의 체계적 조직방향

부모는 빨리 의사소통 단서를 확립해야 한다. 만약 아기가 전농과 맹으로 기능한다면 이때 단서는 촉각, 팔 위 치기, 복부 위쪽 치기, 침대난간 흔들기 등으로 구성된다. 일단 단서가 주어지면 아기에게 다가올 행동을 예기하고 주의할 수 있는 충분한 시간을 주어야 한다. 만약 아기가 다가올 행동을 성공적으로 예기한다면 기초적 습관은 설정되었고 그 다음 단계에서는 더욱 정밀한 단서가 제공될 것이다. 어머니가 방에 들어와서 침대에 접근할 때 아동은 어머니가 온다는 시각적, 청각적 자극을 받지 못한다. 어머니는 자기의 의사소통을 미리 소개하고 다가오는 사건을 아동에게 알려 주어야 한다. 만약 어머니가 기저귀를 갈려고 한다면, 그때 어머니는 두 번째 단서를 아기에게 알려주어야 한다. 이러한 단서는 어머니와 아기의 정상적 접촉의 결과인 자연스러운 것이어야 한다. 그리고 어떤 주어진 활동의 끝에는 어머니가 끝을 알리는 단서를 주어야 한다. 예를 들면, 아동의 두 손을 가슴 앞 가까이 갖다 붙인다든지 하는 것 등이다. 의사소통의 일반적 원리는 다음과 같다. 첫째, 모든 노력은 아동이 잔존시력이나 청력을 사용하도록 시작해야 하고 둘째, 그 아동에게 접촉하는 사람들은 아동이 의사소통하려는 시도에 주의를 기울여야 한다. 셋째, 잔존청력이 있다면 간단한 말을 계속 제공해 주어야 하며 넷째, 가능하면 문제접근법(problem approach)을 사용하는 것이 좋다.

② 자아개념: 농맹아동은 만지는 아동이다. 그러나 그 아동은 그 사물을 알기 위해 만지는 것이 아니고 만지는 그 자체를 위해서 만진다. 만지는 것은 참된 지각이 아니고 그 만짐은 계획성도 없다. 그 아동은 그 사물을 알기 위해 만지는 것이 아니고 만지는 그 자체를 위해서 만진다. 그 아동은 꿈속에서처럼 만짐을 행한다. 사물과 인간 사이에 의식적 관련이 없으면 인간관계는 부족하다. 만약 아동이 정서적으로 안정된 사회적 인간존재라면 그 아동은 그의 주위세계와 의사소통해야 될 뿐만 아니라 긍정적 자아개념을 개발하는 것이 필수적이다. 그는 자기 자신을 가치 있는 존재로 보아야 하며, 그의 주위세계에 기여할 수 있는 존재이며 그의 주위세계로부터 공헌을 수락할 수 있는 성공적인 존재로 보아야 한다. 이 긍정적 자아관은 부모, 다른 사람, 그 외 다른 환경과의 상호작용에서 생긴다. 농맹아동에 있어서 첫 단계는 정서적 결합을 확립하는 것이다. 이것은 자연적으로 일어나는 것이 아니고 또 돌발적으로 일어나는 것도 아니다.

아동이 환경 또는 개인과 새로운 상호작용이 주어질 때 다음 단계가 일어난다.

③ 교육 프로그램 만들기: 농맹아동을 위한 교육 프로그램은 7개의 영역으로 조직된다. 반드시 차례대로 1단계부터 2단계, 3단계 순으로 나아간다고 말할 수는 없지만 프로그램 조직의 편의를 위해 7개로 묶을 수 있다.

(a) 사회적 정서적 발달 (b) 생활기능 발달 (c) 오리엔테이션과 모빌리티 발달 (d) 언어발달 (e) 인지발달 (f) 지각 발달 (g) 대근육과 소근육운동발달

활동은 아동에게 다음 학습에 필요한 기술을 습득하기 위해 각 단계마다 기회

가 제공되도록 해야 하며 생활기능프로그램은 성인으로서 독립 또는 반독립생활에 필요한 모든 기능을 가르치도록 계획되어야 한다. 이러한 기능은 이를테면 의복보관, 세수, 양치질, 머리관리, 요리, 주택관리, 그리고 사회적 기능으로 나아간다. 오리엔테이션과 모빌리티 프로그램은 처음에는 익숙한 환경으로부터 점차 익숙지 못한 환경으로 나아가도록 해야 하며, 개별화되도록 계획되어져야 한다. 각 아동은 어떤 환경에서 다른 사람과 상호작용 시 가져야 할 기본적 수용자세와 표현언어를 개발하도록 도와야 한다. 프로그램 조직에서 특정한 의사소통 철학은 없다. 언어는 시스템에 아동을 맞추기보다는 아동의 욕구에 맞아야 한다. 일단 아동에게 의사소통 수단이 개발되어지고 그렇게 될 때 언어형성이 시작된다.

④ 프로그램 실행: 지도자는 발달적 의사소통, 긍정적 자아개념, 잔존시력과 청력의 사용 등의 목적을 항상 알고 있어야 한다. 아동의 프로그램은 수영, 놀이시간, 여행과 같은 활동을 중심으로 계획되어진다. 수영활동 동안 언어발달, 신체상, 생활기능, 오리엔테이션과 모빌리티, 큰 근육발달, 지각과 개념발달에 관한 교육이 주어진다. 예를 들면, 언어에서는 "앉아" , "기다려", "일어서"를 강조하게 된다. 신체상 발달을 위해 양말을 신는 동안 셔츠를 팔에 끼면서 "내발, 너의 발", "너의 손, 내 손"과 같은 놀이를 할 수 있다. 옷을 벗는 동안 그리고 물속에서 운동발달 교육도 할 수 있다. 인지발달은 신체부분의 명칭 붙이기에서 이루어질 수 있다. 이렇게 함으로써 일상활동의 하나에서도 위의 7개 영역의 목적 달성을 할 수 있다.

모든 농맹아동을 위한 유일한 프로그램은 없으며 각 아동의 독특한 장애가 고려되어져야 한다. 의학적 전문가와 교사는 계획, 실시 프로그램에 대한 계속적 평가에 포함되어져야 한다. 또 모든 아동에게 적합한 유일한 목표도 있을 수 없다. 각 개인을 위한 목표가 그들의 능력에 따라 설정되어야 한다. 다음 [그림 10.2]는 생활환경과 직업적 수준의 두 요인에 의한 사회적 정착 목표모델이다.

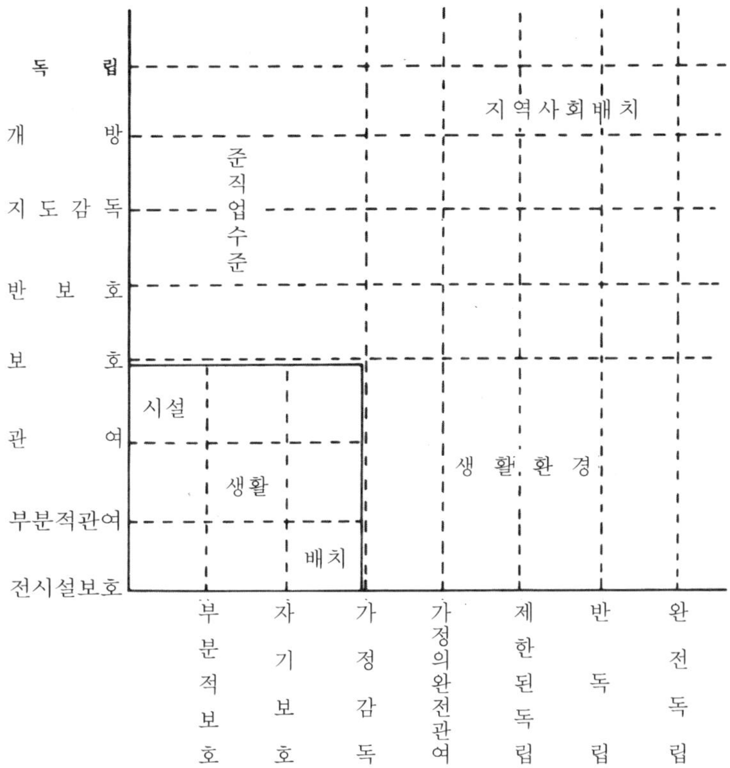

[그림 10.2] 농맹아동의 사회적 정착을 위한 목표모델

⑤ 후천적 농맹아동: 먼저 후천적 농맹아동은 장애시기, 정도, 진행정도에 따라서 새로운 직업적 기능이 학습되어져야 한다. 생활, 이동, 레크리에이션 기능이 수정되어 학습되어져야 한다. 그러나 이런 많은 새로운 학습이 주어지기 전에 아동의 장애를 이해하고 대처하는 데 필요한 교훈적, 정신적, 심리적 도움이 필요하다. 다음으로 아동은 의사소통할 수 있는 능력을 가져야 한다. 문자를 알 수 있는 사람에게는 아동의 손바닥에 글씨를 써서 배운다. 아울러 수화와 지문자가 첨가된다.

⑥ 농맹아동의 의사소통방법: 농맹아동과 의사소통을 하는 데는 많은 방법이 있다. 특수교육을 필요로 하는 것도 있고 필요로 하지 않는 것도 있다. 그 몇 가

지를 소개하면 다음과 같다.

(a) 손바닥에 글씨 쓰기 : 집게손가락을 사용하여 농맹아동의 손바닥에 글씨를 쓰는 것으로 한 단어를 쓰고 난 뒤에 그의 손가락 끝을 한번 튕기고, 하고 싶은 한 문장의 말이 끝난 뒤에는 손가락을 두 번 튕긴다. 수정할 때는 교사의 손바닥으로 닦는다.

(b) Todoma법 : 새로운 낱말을 가르칠 때 많이 사용하는 방법으로 이 방법은 아동의 엄지손가락을 부모나 교사의 입술 위에 얹고 그의 다른 손가락은 목 부분과 뺨에 댄다. 즉 진동을 느끼게 하여 언어를 지도하는 방법이다. 아동의 손을 그 자신의 뺨에 옮긴 후 그 자신의 목소리 사용에 용기를 부여한다.

(c) 부호(예: 모스 부호) : 농맹아동의 손위에 탁탁 두드려 의사소통하는 방법으로 예를 들면, “예”는 한 번 두드린다. “아니오”는 두 번 두드린다. “나도 모른다”는 세 번 두드린다.

(d) 점자

(e) 수화

(f) 지문자

농맹아동이 이들 의사소통기능을 혼자 습득하는 것은 어렵다. 이를테면, 수화와 지문자가 유용하려면 이 기능을 가족이나 친구들도 함께 배워야 한다. 아울러 이들과 효과적인 의사소통을 위해 다음 사항이 권장된다.

① 여러분의 출현을 아동들에게 알려라.

② 무리하게 강요하지 마라.

③ 아동도 여러분을 이해하고 여러분도 아동을 이해한다는 것을 확실히 하라.

④ 낯선 환경에 아동을 결코 혼자 두지마라.

⑤ 아동의 상상에 맡겨 두지 마라. 모든 것을 설명하고 정직하게 말해 주라.

⑥ 의사소통을 하도록 격려하라.

2. 농정신지체아동 교육

1) 정의 및 특징

농정신지체아동 역시 단순한 농과 정신지체의 두 장애를 혼합한 것이 아니고 화합하여 생성된 새로운 화합물과 같은 특징을 가지고 있는 것으로 보아야 한다. 농정신지체는 청각적 손실과 평균이하의 일반적 지적능력 및 행동적응에 결함을 가진 자로서 정신지체아동이나 농아동보다도 훨씬 많은 교육적 서비스를 요구한다. 농정신지체아동의 특성을 보면 첫째, 농정신지체아동은 지능이 보통인 농아동보다 언어발달의 지체가 현저하여 언어를 매개로 하는 추상적, 논리적인 사고활동이나 기억력이 정신지체아동이나 농아동보다 지체되며, 둘째, 농정신지체아동은 환경에 적응력이 낮고 다른 사람의 입장에 대한 이해능력이 부족하여 고립되거나 비사회적·반사회적 행동을 초래할 수 있으며, 셋째, 농정신지체아동의 학습활동은 타율적, 의존적인 경향이 높으며, 넷째, 일반적으로 성취욕이 부족하며, 다섯째, 신체의 발달이 열악하다.

2) 교육의 실제

농아동의 언어발달과 의사소통문제와 정신지체아동의 학습지체 및 파지곤란이 농정신지체아동에서는 동시에 일어나므로 정신지체아동이나 농아동보다도 훨씬 많은 교육적 서비스를 요구함에도 불구하고 정신지체아동이나 농아동의 시설이나 학급에 배치시키는 것은 이들의 독특한 요구를 충족시키지 못한다. 아울러 현재 정신지체아동이나 농아동의 시설이나 학교에 각각 10~15%가 청력손실을 가지고 있다고 보고 있다. 따라서 이들에 대한 적극적인 교육대책이 요망된다. 농정신지체아동은 그 특성에 비추어 볼 때 사회생활 적응과 자립적인 생활영위가 교육의 목표가 되어야 할 것이다. 농정신지체아동도 농맹아동과 마찬가지로 교사가 가지는 큰 곤란 중의 하나가 아동과의 의사소통 상의 어려움이다. 때문에 교육활동을 전개하기 위해 먼저 의사소통 방법을 모색해야 한다. 그러므로 교사는 아동의 심리상태를 알고 나아가 아동의 사고나 행위 속에 들어와서 여기서 어떤 사인(sign)을 찾아서 아동과의 교신 수단으로 삼아 이를 일반화하는 것이 교육의 시발점이다.

이 단계에서 점차적으로 잔존청력을 최대한 활용하여 기본동작의 학습과 청능훈련을 통해 음을 이해하고 활용하도록 시도해 나간다. 아울러 생활 단원 학습이나 작업 단원 학습의 원리를 도입하는 것도 도움이 되리라 생각된다.

Anderson(1965) 등은 농정신지체아동의 지도에서 교사가 고려해야 할 점을 다음과 같이 제시했다.

① 적당한 교재교구와 보조교사 및 다양하고 바람직한 경험제공을 위한 철저한 준비

② 기능이 낮은 아동을 위한 시설과 대책

③ 신변처리 및 언어훈련과 직업훈련을 위한 특별시설 구비

④ 아동 각자의 능력에 맞는 개별화된 프로그램 제공

⑤ 문자학습의 기회 제공

⑥ 아동 각자의 요구에 부응한 프로그램 제공

⑦ 학급편성은 나이, 지능, 행동수준의 동질집단으로 구성

⑧ 심리상담 시설 확보

⑨ 부모상담 센터 확충

⑩ 아동에게 정서적, 심리적, 의학적, 사회적인 서비스 제공

⑪ 가정과 학교와의 긴밀한 유대

⑫ 아동에게 사회참여 기회 확대

⑬ 교육과 오락 등에 있어서 이들의 요구와 발달 단계의 고려

3) 농정신지체아동 교육과정

우수한 교육과정은 목표를 장애아동 개개인의 잠재능력을 개발하고 사회생활을 영위하는 데 필요한 독립성을 최대한으로 기르는 데 둔다. 전일제 특수학급, 특별지도실(resource room), 지원서비스 체제를 갖춘 정규학급, 가정이나 병원 서비스, 기숙제 시설 등 어떤 교육 환경에서든지 포괄적인 기능의 발달을 도모하여야 한다. 여기서 포괄적인 기능이라 함은 자기보호 활동(self-care activities), 기본적인 기능(basic skills), 의사소통 기능, 직업기능(occupational skills), 오락 기능(recreation skills) 등을 지칭하는 것이다. 그런데 각 영역의 기능 발달을 도모하기 위한 목표는 학습자 개개인이 지니고 있는 잠재능력에 맞도록 설정해야 한다.

각 기능별 목표로 삼을 수 있는 것을 예시하면 다음과 같은 것을 들 수 있다.

(1) 자기보호 활동(self-care activities)

① 청결 : 씻기, 말리기, 목욕하기, 머리, 이, 코 관리하기

② 음식 먹기 : 단단한 음식 먹기, 액체로 된 음식 마시기, 식기 사용하기, 식탁예절 지키기, 자동판매기 이용

③ 안전 : 날씨에 대처하기, 탈 것으로 안전하게 여행하기, 길 안전하게 건너기, 위험 요소 알기

④ 착탈의

⑤ 변가리기와 건강 : 자세 유지하기, 아픈 것 알기, 일차적인 도움 구하기, 몸단장하기

⑥ 인성 발달 : 자아 인식(gaining self-knowledge), 인적 사항 이용하기(이름, 연령 등)

⑦ 사회적 상호작용 : 타인과 함께 지내고 관계 형성하기, 성별로 알맞은 행동하기, 독립심 가지기, 소유물 관리하기

⑧ 사회적 예의 지키기 : 신체적, 언어적 활동

⑨ 여가 : 매체 이용하기, 놀이 및 음악듣기, 무용, 놀이대에서 게임하기

(2) 기본적인 기능(basic skills)

① 감각운동기능 : 촉각, 미각, 후각

② 공간에서의 위치 : 신체상(body image) 발달시키기, 신체 부위 익히기, 방향감각 익히기

③ 운동 협응 : 정지 상태의 동작(굽히기, 뻗기, 꿇어앉기), 이동하기(걷기, 달리기), 물체 움직이기(굴리기, 밀기)

④ 통합된 운동하기(coordinated exercise)

⑤ 시각-운동 협응 : 리듬감 기르기, 균형 유지하기

(3) 의사소통기능(communication skills)

농정신지체 아동의 의사소통 기능의 목표는 각 개인이 지니고 있는 개인의 능력에 따라 달리 설정되어야 하며, 또한 개인의 능력에 따라 그에게 가장 적절한

의사소통 방법이 선택되어야 한다. 예를 들면, 심각한 학습상의 문제를 지닌 아동에게는 구화와 수화의 결합법을 사용하고, 중간 정도부터 가벼운 정도까지의 학습상의 문제가 있는 아동에게는 제한적인 구화법을 통하여 지도하고 아울러 지원서비스 체제를 갖춘 특별지도실에서 지도할 수 있다.

① 의미의 발달 : 어떤 의사소통 양식이 사용되든지 간에 언어습득이전 행동의 훈련이 언어발달에 있어서 가장 중요하다고 할 수 있다. 의미의 발달을 도모하기 위해서는 눈맞춤(eye contact)과 주의집중 훈련을 되풀이하여야 한다. 의미의 형성에 특히 많은 역할을 하는 것은 지각적인 특성(형태, 운동, 크기)이다. 의미를 발달시켜 나가기 위해서는 경험적인 바탕이 있어야 하는데 초기에 가장 적절한 경험은 유의미한 놀이(meaningful play)이다. 아동은 자기의 욕망, 요구, 생각 등을 전달하는 방법을 상징놀이(symbolic play)를 통하여 배울 수 있다. 놀이를 하는 동안에 적절한 반응을 할 수 있게 되는데 그 이유는 모방의 요소, 특히 운동모방의 요소가 강하게 나타나기 때문이다.

② 모방을 통한 학습 전략 : 언어 훈련을 위한 도구로는 아동의 주위에 있는 자연적인 환경을 이용하는 것이 좋다. 모방을 통한 학습활동의 순서는 운동모방(motor imitation)이 가장 먼저 이루어져야 하고, 그 다음에는 음성모방, 놀이모방의 순으로 진행된다. 물론 이러한 모방 활동은 유의미한 상황 속에서 이루어져야 한다. 예를 들면, 부모나 교사가 모방을 시키기 위하여 아동이 좋아하는 장난감을 가지고 놀면서 "차를 언덕까지 밀어 올리자. 차가 부릉부릉 올라간다."라는 식으로 행동과 말을 동시에 제공해 준다. 이때 '밀다', '던지다', '움직이다'와 같이 동작을 나타내는 단어를 먼저 사용하여, 동작을 모방하게 하고 무슨 동작을 하였는지 묻는다. 아동이 모방을 할 수 있게 되면, 어른이 아동과 사회적 상호작용을 하면서 동작과 말을 사용할 수 있다. 모방을 통하여 언어표현(verbal production)이 발달되면 곧 아동이 의사소통의 가치를 알게 된다. 이 단계에서 인식이 일어나도록 하기 위해서는 반복학습이 매우 중요하다. 말과 환경과의 관계를 이해하는 학습을 할 경우에는 전후관계에서 나타나는 단서를 이용하도록 지도하여야 한다.

③ 기억발달(development of memory) : 언어 학습에서 한 가지 중요한 측면은

기억의 발달이다. 기억을 발달시키기 위해서는 정보를 반복적으로 제시하여야 하고, 간격을 두거나 과장시켜 학습단원을 조직화하여야 하며, 시각단서를 이용하는 방법을 익혀야 한다. 이와 같이 충분한 연습이 이루어지면 일반화가 이루어진다. 부모나 교사는 이러한 전략을 이용하여 개념을 기본적인 사고 단위로 나누거나 활동을 기본적인 행동으로 쪼개어 순서적으로 배열함으로써 점진적인 학습이 이루어지도록 하여야 한다. 이와 같은 순서화(sequencing)와 축적(accumulation)이 언어학습에 매우 중요한 기억을 발달시키는 바탕이 되는 기술(fundamental techniques)이다.

④ 이해어휘(receptive vocabulary) : 이해어휘는 자신, 음식, 의류, 거주, 일상활동, 가족, 친구, 물리적 환경 등의 개념에 관한 것이다. 읽기, 보고 쓰기 등과 같은 문자 언어(written language)의 학습은 학습자의 능력에 알맞은 수준으로 지도한다. 읽기의 사전기능(prereading skills)에는 시각 변별, 시각 기억, 문자 해독, 간판 이해하기 등의 기능이 있다. 수세기의 사전기능은 "더", "다스" 등과 같은 수사(numerals)를 이해하는 것이고, 좀 더 복잡한 수기능은 돈 다루기, 돈 바꾸기, 물건사기, 돈 세기 등이다. 이와 다른 복잡한 수 기능에는 측정하기, 달력 이용하기, 시각 말하기, 온도재기 등이며 운산(numerical operation)은 간단한 덧셈과 뺄셈을 지도한다.

직업기능과 오락기능의 학습은 앞에 제시한 자기보호 활동, 기본적인 기능, 의사소통 기능의 발달을 위한 프로그램 설계에서 많은 암시를 얻을 수 있다. 즉 앞의 세 가지 기능의 수준에 좌우된다.

3. 농정서장애아동 교육

농정서장애아동의 출현에 대한 정확한 추산은 없으나 Altshuler(1975)는 농학생의 0~30%는 정서적 문제를 가진다고 했다. 농정서장애아동은 대개 경도(mild), 중등도(moderate), 심도(severe)로 나뉘는데 심도는 농학교 교육에서 제외 당해 왔다. 왜냐하면 농학교 교사가 그들의 괴팍한 행동에 대처할 수 없었기 때문이다. 경도나 중등도는 농기숙제나 통학제학교에 대개 취학한다. 이 경우에 이들의 과업수행을 성공적으로 이끌어갈 수 있는 주요 요인은 학생의 적응능력 보다 구조화된 프로그램이라고 교사들은 말하고 있다. 아직 농정서장애아동을 위한 표준 프로그램이 개발되지는 않았지만 이들 장애아들 역시 그들의 독특한 요구 때문에 개별화된 교육프로그램이 요구된다.

1) 출현율

농정서장애아동의 출현율은 학자에 따라 다르다.

Schlesinger와 Meadow(1972)는 농학교와 농특수학급 재학생 17%가 정서장애를 나타낸다고 하였다. 그리고 1976년 9월의 기사를 보면 미국의 농학교와 특수학급에 등록된 44,949명의 청각장애아동 가운데 1,253명이 사회적 · 정서적 장애를 나타낸다고 보고하였는데 그 비율은 약 2%이다. 1971년에 아동 정신건강에 관한 대통령 자문위원회의 보고에 의하면, 미국에서는 10명 가운데 1명 정도, 즉 전체 인구의 10%가 정신건강원에서 얼마간의 기간을 보냈다고 추정하였다. 또 Stewer(1982)는 농학교와 특수학급의 아동 가운데 25%가 교육적인 도움을 필요로 하는 정서장애가 있다고 하였다.

2) 교육과정의 계획

정서장애가 있는 농아동과 정서장애가 없는 농아동 간의 근본적인 차이는 대처할 수 있는 기능의 영역이 다르다는 점이다. 농정서장애아동은 자기를 둘러싼 환경의 요구에 대처하는 능력이 현저하게 저하되어, 이러한 요구에 대해 위축된 행동을 하거나 행동화(acting out)가 나타난다. 위축된 행동은 대답하지 못하는 결과를 초래하고, 행동화는 자기와 다른 사람의 학습 진행을 방해하는 행동을 하게 된다. 더군다나 행동화는 역경에 일시적으로 나타나는 반응이 아니라 정형화되고, 계속적인 반응으로 나타나는 특징이 있다. 누구나 심한 스트레스를 받으면 정서적 불안이 초래되기도 하나, 정서장애가 있는 사람은 일상적인 스트레스 하에서도 계속적으로 정서적인 혼란이 일어난다.

따라서 커리큘럼의 계획은 이와 같이 정형화되고, 잘 대처하지 못하는 행동을 없애고, 잘 적응하고 대처하는 행동이 나타나도록 하는 데 그 목적이 있어야 한다.

이와 같은 변화가 일어나도록 하기 위해서는 다음과 같은 체계적인 단계별 계획이 필요하다.

① 아동이 적절히 대처하지 못하도록 하는 행동과 그 유형을 알아낸다.

② 아동의 부적응 행동을 유지시키는 강화인자를 알아낸다.

③ 잘 적응하고 대처하는 행동에 대한 잠재적인 강화인자를 알아낸다.

④ 부적응 행동을 없애 주거나 최소화시켜주는 강화인자를 통한 활동 프로그램을 계획하고 실행하며, 잘 대처하고 적응하는 행동의 강화인자로 대치시키거나 그것이 극대화되게 한다.

⑤ 행동의 진보 상태를 감시(monitor)하고, 체계적인 방법으로 그 결과를 평가하여 교육 프로그래밍에 관련된 아동이나 성인에게 피드백을 제공한다.

(1) 문제의 발견

청각장애아동 커리큘럼 개발의 5단계 가운데 첫 단계는 매우 중요하다. 이 단계에서 아동의 문제 행동을 찾아낼 뿐 아니라 그러한 행동이 나타나는 환경을 알아낸다.

첫 단계에서는

① 교장이나 심리학자에게 협조를 요청한다.

② 아동의 능력, 흥미, 행동특성 등을 알아내기 위한 심리학적인 평가를 실시한다.

③ 증후가 나타나면 전문가(시각, 신체, 신경)에게 검사를 의뢰한다.

④ 아동의 행동을 다루는 교사는 부모로부터 이전의 기록이나 현재 기록하고 있는 자료를 수집한다. 기숙제 학교의 아동들에게는 기숙사에서 보관하고 있는 기록이 매우 중요하다.

(2) 프로그램 계획

판별에 대한 정보가 일단 수집되면 그것을 조직화하여 관련 인사에게 제시한다. 이를 위하여 교사, 기숙사 담당자 및 기타 인사들의 회의를 소집한다. 정신과 의사의 주도로 개최되는 이 회의 목적은 처방적인 방법을 통하여 치료 및 교육 계획을 수립하기 위한 것이어야 한다.

① 문제 행동의 확인

② 행동 형태의 길이와 지속 시간 확인

③ 문제 행동의 강화인자 확인

④ 적응 행동의 강화인자 확인

⑤ 문제 행동을 소거하고 적응행동으로 대치하기 위한 목표설정

⑥ 목적 달성을 위한 구체적인 목표 설정

⑦ 목표 지향적인 활동의 결정 : 누가, 어떻게, 어떤 시점에 따라 실시할지를 밝히고 책무성(accountability)을 보장하기 위하여 협력자로 활동할 인물을 한 사람 설정

⑧ 진보상태를 점검하고 결과를 평가하는 방법 결정

(3) 감시활동

커리큘럼의 활동은 면밀히 점검해야 한다. 그렇게 하지 않으면 관련 인사들의 노력이 약화되고 조직이 붕괴된다. 감시 활동은 관련 인사들이 협력자에게 피드백을 제공하기 위하여 사용하는 보고양식을 사용하면 효과적이다. 그 다음에는 협력자가 그 기록을 종합하여 모든 관련 인사들에게 평가결과는 진보상태의 기록을 제시한다. 관련 인사들의 회의는 정보를 교환하고 교육·치료방법을 수정하기 위하여 개최된다.

4. 지원체제

여기서 말하는 지원체제란 교사와 아동이 손쉽게 이용할 수 있는 긍정적인 강화자인데 이 체계 가운데 몇 가지 예를 들면 다음과 같다.

① 자격을 갖춘 진단 전문가

② 긍정적인 태도를 가진 유능한 인사

③ 잘 개발된 전체 학교 커리큘럼

④ 의미 있는 방과후의 활동

⑤ 효과적인 부모교육 프로그램

⑥ 지역사회의 상호작용

⑦ 상담과 교도 활동

⑧ 지역사회의 정신건강 자료 활용

⑨ 농아동을 위한 모델(자격을 갖춘 농자 전문가)

이상에서 살펴 본 바와 같이 농정서장애아동들을 다루기 위해서는 전문가와 개별화된 접근법이 요구될 뿐 아니라 진단 전문가와 치료 전문가도 그 팀에서 없어서는 안 될 구성원이다. 이와 같이 여러 분야의 인사들로 구성된 팀을 갖추고, 조기진단과 치료에 역점을 두면, 농정서장애아동 교육의 성공속도가 매우 빨라질 것이라고 생각된다.

제3절 농중복장애아동 교육과정

1. 교육과정 편성의 방향

농중복장애아동의 교육과정 편성에서 정신지체학교의 각 교과를 대체 또는 변형한 교육활동을 주로 한 교육과정을 고려해 볼 수 있다. 중복장애인 중에 학습이 현저하게 곤란한 아동 또는 학생에 있어서는 각 교과, 도덕 또는 특별활동의 목표 및 내용에 관한 사항의 일부를 대체하여 양호훈련을 주로 하여 지도 할 수 있다. 따라서 중복장애아동의 경우는 아동의 발달을 보장하여 발달요구에 부응한 교육과정을 편성해 나가는 것이 기본 원칙이다.

다음 <표 10.8>은 위의 원칙에 의해서 설정해 볼 수 있는 초등부와 중등부의 중복장애학급 교육과정의 실례이다.

<표 10.8> 초등부와 중등부의 교육과정 편제와 시간배당

<table>
<tr><td rowspan="2">초등부</td><td>생활</td><td>국어</td><td>산수</td><td>음악</td><td>미술</td><td>체육</td><td>도덕</td><td>특별활동</td><td>양호훈련</td><td colspan="3">계</td></tr>
<tr><td>8</td><td>4</td><td>3</td><td>2</td><td>2</td><td>3</td><td>1</td><td>1</td><td>3</td><td colspan="3">27</td></tr>
<tr><td rowspan="2">중등부</td><td>생활</td><td>국어</td><td>수학</td><td>과학</td><td>음악</td><td>미술</td><td>체육</td><td>직업가정</td><td>도덕</td><td>특별활동</td><td>양호훈련</td><td>계</td></tr>
<tr><td>4</td><td>6</td><td>5</td><td>·</td><td>1</td><td>2</td><td>3</td><td>4</td><td>1</td><td>2</td><td>2</td><td>30</td></tr>
</table>

중등부보다 초등부가 생활과의 시간이 많은데, 이것은 초등부에서 기본적인 생활습관들이 보다 중요시되기 때문인 것으로 생각된다. 끝으로 농맹아동의 지도상의 유의점을 보면 다음과 같다.

① 아동의 활동을 통하여 아동의 실태를 명확하게 파악한다.

② 놀이, 표현, 창작활동에서 아동의 발달가능성을 최대한 신장시킨다.

③ 아동의 흥미를 적절히 발전시킨다.

④ 아동을 수용하여 승인해 준다.

⑤ 모든 커뮤니케이션 수단을 써서 자기표현을 왕성하게 하여 인간관계를 길러 준다(음성 언어 외에도 보다 쉬운 수화 그림, 그림글 등의 활용을 배려한다).

⑥ 집단 중에서 자기의 역할을 자각시켜 과제와 작업 실행을 통하여 다른 아동과의 협력체제를 만들도록 한다.

2. 교육프로그램 개발방향

중복장애를 위한 교육프로그램은 비교적 새롭다. Sontag(1977) 등에 의하면 이들에 대한 교육은 1970년경에 진지하게 시작되었다고 한다.

미국은 1973년 당시 농중복장애아동 가운데 약 3/1정도만이 특수교육을 받고 있는 것으로 나타나 있으며, 중복유형별 교육프로그램의 비율을 보면 농맹이 10%, 농정신지체가 30%, 농실어증이 7.4%, 기타 53%로 되어 있다.

농중복장애 중 가장 전통적인 프로그램은 농맹아동 교육프로그램으로 설리반여사가 헬렌켈러를 지도한 것이다. 이와 더불어 특수한 요구를 가진 농중복장애아동을 위한 전문화된 프로그램이 개발되고 있으며, 특히 농정서장애아동과 농정신지체아동을 위한 교육프로그램이 활발히 개발되고 있다. 뉴욕주에서는 농정서장애아동 교육프로그램의 경우, 농교사 자격증을 가진 교사를 대상으로 6주간 집중적으로 정서장애아동 훈련에 관한 과정을 이수하게 하는 모형이 개발되어 있다.

Haring(1976) 등은 프로그램 구성요소를 다음과 같이 여섯 개로 요약했다.

(1) 개발적 구성

첫째, 발달단계에 따른 성장과 변화를 고려하고

둘째, 행동습득이 단순한 반응에서 복잡한 반응으로 이룩되도록 하며

셋째, 보다 복잡한 행동은 단순한 반응형태의 성분이 수정 또는 종합 되도록 구성한다.

(2) 조기 및 지속적 교육

조기교육은 어린이의 부적합한 발달반응의 가능성을 감소시킨다.

(3) 체계적인 교수 절차

이들 단계는 ① 습득 ② 강화 ③ 유지 ④ 일반화 ⑤ 새로운 기능 적용 단계로 되어 있다.

(4) 적합한 교육과정

특수한 교육과정 자료가 중복장애아의 독특한 요구를 충족시키기 위해 개발되어져야 한다. 이들 자료선택을 위한 준거는 다음과 같다. ① 자료들은 융통성이 있어서 다양한 시설에서 사용할 수 있어야 한다. ② 훈련자료는 정확한 행동 목표, 이 목표에 도달하기 위한 절차, 목표도달 여부결정 준거를 포함해야 한다. ③ 교육과정 자료와 목표 진전의 측정사이에 직접적 연결이 있어야 한다.

(5) 부수적 서비스

농중복장애아동은 신체적, 감각적, 심리적, 교육적으로 다양한 장애를 가지고 있다. 때문에 의사, 물리치료사, 언어치료사, 기타 전문가의 서비스를 필요로 한다. 이 부수적 서비스에서 가장 중요한 역할을 맡고 있는 사람 중 한 사람은 부모들이다. 왜냐하면 아동 발달에 가장 관심이 많기 때문이다.

(6) 객관적 평가

매일, 매주, 매년 실시해야 하는 것이 발달적 평가이다.

(7) 훈련내용

① 자립기능, ② 큰 근육 및 작은 근육 운동기능, ③ 의사소통기능, ④ 사회화, ⑤ 직업훈련, ⑥ 실용적인 이론과 지식, ⑦ 레크리에이션 및 여가선용기능

참고문헌

이규식 외(1998). 중복장애아의 실태와 그 대책에 관한 연구. **난청과 언어장애**, 11(1).

이규식 · 김종현(1990). 농중복장애아의 실패와 그 대책. **이태영 회갑기념논문집**.

Anderson, R.M., G. D. Stevens, E. R. Stuckless(1965). Provisions for the Education of mentally Retarded Deaf Students in Residential Schools for the Deat. University of Pittsburgh:Special Education and Rehabilitation School of Education.

DeBonis, D. A. & Donohue. G. L(2004). Audiology. New York : Pearson Education, Inc.

Doctor, P. V(1977). Tabula Statement of American Schools for the deaf. American Annals of the Deaf, Jan.

Jan, J. E(1977). Visual Impairment in Children and Adolescents. New York : Grune & Stratton, Inc.

Kirk, S. A(1983). Educating Exceptional Children, (4th). Boston : Hongton Mifflin.

Leshin, G. J., & Stahleker, L. V.(1962). Academic Expectancies of Sslow-learning Deaf Children. The Volta Review. Vol. 64.

Schein, J. D.(1974). Education and rehabilitation of deaf persons with other disabilities. New York : New York Univ.

Schow, R. L. & Nerbonne, M. A(2007). Audiologic Rehabilitation. MA : Pearson Education Inc.

Stewart, D.A., & Kluwin, T. N.(2001). Teaching Deaf and Hard of Hearing Students. MA : Allyn and Bacon.

Weir, R. C(1965). Impact of the Multiple Handicapped Deaf on Special Education. American Annals of the Deaf.

Tweedie, D., & Shroyer, E. H.(1982). The Multihandicapped Hearing Impaired : Identification and Instruct on Washington, D. C. :Gallaudet College Press.

제11장 농학교 교육과정과 교과교육

농학교 교육과정 개정과 운영 실태는 제3 장에서 간단히 언급하였으므로, 여기서는 우리나라 특수학교 교육과정 개정과 그에 따른 농학교 교육과정의 개정경과, 농학교 교사에게 요구되는 교과교육 수행능력, 끝으로 농교육에서 교과교육론의 정립 과제 등으로 나누어 논의하고자 한다. 특히, 이 장에서는 농교육의 패러다임이 언어지도방법 중심에서 교과교육 중심으로 새로이 전환되어야 할 당위성을 강조하면서, 특수교육에서 교과교육론의 정립 과제를 제기하고자 한다.

제1절 특수학교 교육과정과 농교육

학교교육으로서 특수교육은 오랜 역사적 전통을 지니고 있다. 농학교 교육은 1760년 C. M. de I'Epee에 의해 파리에서 처음 시작되었고, 맹교육은 V. Hauy에 의해 1784년 역시 파리에서 처음 시작되었다. 이처럼 18세기 중후반에 프랑스가 세계적으로 특수교육의 선구자가 된 것은 결코 우연한 것이 아니라, 프랑스는 서구세계의 계몽사조를 주도해 왔던 터여서 장애인의 교육가능성을 실천적으로 입증하는데도 남다른 관심을 보였다.

이처럼 초기의 특수교육은 맹학교와 농학교 중심으로 주로 기숙제 특수학교의 형태로 실천되어 왔다. 당시에 농학교의 교육활동은 엄격히 말해서 농학생을 대상으로 교과교육을 중심으로 특수교육을 실시해 왔다. 즉, 농학생들에게 특별히 요구되는 의사소통 기술(communication skill) 활동 외에는 일반학생과 마찬가지로 동일한 교과내용을 편성해서 운영하는 것을 원칙으로 했다. 이런 맥락에서 이하에서는 광복 후 우리나라 특수학교 교육과정의 변천과정을 전체적으로 개관해 보고자 한다.

1. 특수학교 교육과정의 변천과정

우리나라는 1967년에 최초로 국가수준에서 맹학교와 농학교 교육과정을 제정하여 공포하였다. 당시 제 1차 특수학교 교육과정의 구성방침은 ① 일반성과 특수성의 조화, ② 전인성의 강조, ③ 자기실현의 강조, ④ 자주성의 강조, ⑤ 유용성과 생산성의 강조(공보부, 1967:1-3)를 들고 있으나, '일반성과 특수성의 조화'라는 방침 외에는 일반학교 교육과정 구성방침을 그대로 반영하고 있다. 교육과정 편제도 교과활동, 반공·도덕생활, 특별활동으로 구분하고 있으나, 특히 교과활동은 일반초중등학교 교육과정 편제에 준하여 편성하고 있다. 다만 교육과정 조직 및 운영 면에서 '개별성'을 강조하고 있는 것 외에는 일반학교 교육과정과 동일하였다(정대영, 이유훈, 정동영, 1994).

이어 1974년 제 2차 특수학교 교육과정에서 정신지체(박약)학교 초등부 교육과정을 처음 제정·공포하였다. 이 교육과정은 교육가능 정신지체 학생의 초등교육을 일반초등학교에 '준하여' 실시하면서, 그들에게 실생활에 필요한 최소한의 지식과 기능을 습득시키는 '생활교육'을 교육과정 구성 방향으로 설정하고 있다. 당시만 해도 "대부분의 교육가능 정신지체 학생들이 특수학교에서 분리교육을 받았으며, 학습부진 학생이나 학습지진 학생은 특수학급에 배치된 것으로 보인다"(김정권, 이유훈, 2002, p. 118).

또, 당시 일반초등학교 교육과정은 생활중심 교육에 대한 비판으로 지식중심 교육과정으로 전환하는 것을 강조했으나, 정신지체학교 교육과정에서는 교과 중심의 분과형보다 생활경험 중심의 '종합형(통합형)'을 강조하고 있었다. 교육과정 편성도 생활연령을 기준으로 한 학년개념을 탈피하여 저, 중, 고학년의 3단계로 하였다.

제 3차 특수학교 교육과정은 1977년에 일반학교 교육과정에 준하여 맹학교 교육과정을 개정한 것 외에는 별다른 변화가 없었다. 즉, 지식중심 교육과정 모형으로 맹학교 교육을 일반교육과 같은 맥락으로 정상화 하려고 노력하였으나, 현장에서는 "교육내용의 난이와 과다 등으로 인해 효율적으로 운영되지 못했다"(임재윤, 강석우, 박병량, 1980)는 평을 받기도 했다. 이어 제 4차 특수학교 교육과정(1979)에서는 농학교 교육과정만 그 내용이 일부 수정·보완되었을 뿐, 맹학교

교육과정과 정신지체학교 초등부 교육과정 내용은 변동이 없었다. 농학교 교육과정도 1967년 제정 당시에 비추어 일반학교 교육과정이 변화된 것을 그대로 반영했을 뿐, 농학교의 특수성을 반영한 변화는 없었다.

그러나 제 5차 특수학교 교육과정에서는 특수교육의 특수성이 상대적으로 강조되면서 특수학교 교육과정이 장애영역별로 정비되는 한편, 교육과정 개발 작업도 훨씬 체계적으로 추진되기 시작했다. 1983년 말에 고시된 특수학교 교육과정은 맹학교, 농학교, 정신지체학교, 지체부자유학교로 구분되었다. 이때 지체부자유학교 교육과정은 처음 제정되었으며, 정신지체학교 교육과정은 '훈련가능'과 '교육가능'으로 2원화 되었다. 제 5차 특수학교 교육과정(1983)에서부터 장애학생의 장애보상을 위한 제 3의 교육과정 활동영역으로 소위 '요육활동' 혹은 '재활훈련(지체부자유)'영역이 등장하였다.

특히, 농학교의 '요육활동'에서 지금까지 강조되어온 '구화일변도'의 언어지도 접근 방법을 탈피하여, 농학생의 독특한 의사소통 요구에 따른 토털커뮤니케이션 접근이 도입됨에 따라, 정규 교육과정 활동에서 수화지도가 도입될 수 있게 되었다. 그러나 교과활동영역에서는 맹학교, 농학교, 지체부자유학교는 모두 일반학교 교육과정에 '준하여' 운영하는 것을 원칙으로 하였다.

1989년에 고시된 제 6차 특수학교 교육과정은 그 편성과 운영에서 국가(중앙), 지역(시 · 도 단위), 단위학교의 역할과 책임을 명확히 구분함에 따라 교육과정의 자율성이 강조되고, '학교중심 교육과정'의 개발이 강조된 것이 중요 특징이었다고 할 수 있다. 특히, 6차 특수학교 교육과정에서 정신지체 특수학교 교육과정은 정신지체학생의 일반적 수준(발달과업)을 유치 · 초등 · 중학 · 고등부 과정으로 대별하여 제시한 것이 하나의 특징이었다면, 지체부자유 학교는 학생의 장애유형과 정도, 학습능력 등을 고려하여 3개 유형으로 나누어 교육과정을 편성한 것이 중요 특징이었다.

현재 시행되고 있는 제 7차 특수학교 교육과정은 문민정부시절 교육개혁위원회에서 제시한 '21세기 정보화 사회에 대응하여 국가경쟁력을 제고'하기 위한 신자유주의적 개혁 흐름을 반영하여 대폭 개정되었다. 제 7차 교육과정의 주요특징은,

① 초등 1학년부터 고등 1학년까지 10년간 ‘국민공통 기본교육과정’을 도입하여 수준별 교육과정 운영을 강조하고,
② 각급학교 교육과정 활동에서 재량활동 시간을 확대하여 교육과정 운영의 자율성을 강조하고,
③ 고등학교 2, 3학년 과정에서 선택중심 교육과정을 활성화하여, 학생들에게 교육과정 선택권을 부여하고,
④ 교육과정 운영에서 질관리 중심의 평가활동을 강화한 것 등이라 할 수 있다 (대구대학교 특수학교 교육과정 개정연구 위원회, 1996).

7차 교육과정에서 우리가 주목해야 할 부분은 지식기반 사회에 대응하여 국민된 자는 누구나 기본적이면서도 공통적으로 갖추어야 할 기초교육과정으로 10년간의 ‘국민공통 기본교육과정’을 도입한 점이다. 더욱이 이것은 소위 지식정보사회에서 생존에 필요한 ‘최소 필수량(minimum essential)’의 교육과정 개념이므로 지적발달상에 현저한 지체를 보이는 발달장애학생을 제외한 시각장애학생, 청각장애학생, 지체부자유학생에게도 ‘국민공통 기본교육과정’을 그대로 도입하도록 조처하였다. 특수교육 요구학생을 위한 교육과정 편성과 운영에서 ‘보편성과 특수성의 조화’(혹은 연관성)는 끊임없이 강조되어온 기본원칙이었다. 하지만, 국가수준 교육과정에서 10년제의 ‘국민공통 기본교육과정’이 강력하게 도입됨에 따라 특수교육에서 교육과정의 편성과 운영은 ‘특수성’ 보다 상대적으로 ‘보편성’과 ‘일반성’에 기초한 교육의 ‘수월성’ 요구를 보다 심각하게 반영하지 않을 수 없게 되었다. 이런 측면에서 신자유주의 물결에 편승한 교육과정상의 통합교육 흐름을 국제적 시각에서 예의주시해 볼 필요가 있다.

이를테면, 영국은 국가공통 교육과정(National Curriculum)을 제정하여 교육의 수월성을 전반적으로 강조하면서, 특수한 교육적 요구(special educational needs)를 지닌 학생을 위한 교육의 평등성과 수월성을 동시에 충족시키는데 스스로 한계를 절감하지 않을 수 없었다. 이런 관점에서 Norwick(2000)은 영국에서 특수교육 실천에 따른 딜레마를 심도 있게 논의하고 있다. 그는 학교교육의 효율성을 논의하면서 소수학생(특수교육 요구학생)의 교육적 요구가 대다수 학생의 성취에 도움을 주지 못할 때, 학교교육은 심각한 갈등에 빠지게 된다고 경고하면서, 전

체에 못지않게 개별성과 개인차를 중시하는 교육과정은 '간단한 평등에서 복잡한 평등'으로의 이행을 요구한다고 지적했다.

마찬가지의 맥락에서 미국은 최근 일반교육과 특수교육을 막론하고 학교 책무성에 대한 결과중심의 관료적 모델에 기초하여 표준중심개혁(standard-based reform)을 강조하고 있다. 이런 동향은 최근 개정된 초·중등교육법으로 등장한 '아동낙오방지법(No Child Left Behind Act of 2001)'의 여파로 더욱 강요되고 있다(Skrtic, Harris, and Shriner, 2006). 이런 일련의 세계적 교육개혁의 흐름은 결국 학교교육에서 평등성 못지않게 수월성에 더 큰 무게를 두게 하고, 특수교육 요구학생을 위한 교육과정 편성과 운영에서도 '특수성' 보다는 '일반성(보편성)'에 더 강조를 두게 함으로서, 특수교육에서 교과교육론의 정립에 보다 엄격한 과제를 제기하고 있다.

2. 농교육에서 교과교육의 위상

앞에서 논의한 문제의식의 연장선상에서 이하에서는 주로 농교육과 관련한 교육과정 활동으로서 교과교육의 문제를 중심으로 논의해 보고자 한다. '청각장애'를 지닌 학생들의 교과교육은 기본적으로 일반교육에서 다루어지는 내용을 기반으로 하고 있음은 앞에서 언급한 농학교 교육과정의 편성과 운영의 실제에서 거듭 확인할 수 있었다. 그러나 지금까지 행해져온 약 250여년에 걸친 농교육의 역사적 흐름에 비추어 볼 때, 농교육의 주된 관심은 '언어지도 방법논쟁'에 집중되어온 반면에 상대적으로 농학생을 위한 교과교육론에 대해서는 무관심했다는 비난을 면하기 어렵다.

18세기 후반 이래, 농교육계에서 '언어지도방법 논쟁'은 생산적인 논쟁으로 발전되어 왔다기보다는 그 후 약 100년간(소위 방법논쟁에 대한 100년 전쟁이라 일컬어지듯) 소모적 논쟁으로 전개되어 왔다. 이런 갈등적 상황의 와중에 1880년 Milan 세계농교육자대회에서 구화와 수화에 대한 방법논쟁이 토의주제로 상정되었으나, 뚜렷한 합의점에 도출되지 못하자 궁여지책으로 양방법론에 대한 찬반투표를 실시한 결과, 당시에 농교육 현장에서는 수화를 선호하고 있었음에도 의외로 구화지지론자가 압도적으로 많았다. 이때부터 농교육사에서 유명한 구화일변도(oral only)주의가 공식적으로 채택되어 19세기말에서 오늘에 이르기까지 그 명분을 강하게 유지해오게 되었다.

당시 농교육계에서 하나의 이념적 지표로 '구화주의'를 표방해온 것은 특수교육 철학을 주도해온 '정상화(normalization)' 이념을 충실히 반영하기 위함이었다. 즉, 농교육의 궁극목적은 농학생이 듣지 못하는 장애를 극복하여 청각재활을 통해 음성언어로 일반인과 더불어 의사소통할 수 있는 기능을 익히는데 있었다. 그러나 이와 같은 '정상화' 이념에 입각한 구화주의는 결과적으로 하나의 실천으로서 농교육의 실패를 입증하는데 그치고 말았다. 즉, 농교육에서 구화중심주의는 청각장애학생들에게 구화능력의 신장에 실패했을 뿐더러, 교과내용에 대한 학습능력 면에서도 심각한 실패를 자초했다.

오늘날 대부분 농학생들의 기초학습능력으로서 읽기능력이 고등학교 졸업(12학년)에 이르러서도 일반학생의 3-4학년 수준을 넘어서지 못하는 현실(Moores, 2001)은 그 상당부분의 책임이 공허한 구화중심주의의 이상에 기인한 것으로 평가할 수 있다. 이에 대한 일련의 반성으로 1970년대 이래 '정상화' 원리에 대응하여 농인중심의 독특한 요구를 존중하는 토털커뮤니케이션 접근이 농교육계를 지배해왔고, 또 최근에는 농세계에서 두루 통용되는 '자연수화'와 '농문화'를 긍정적으로 수용하여 농정체성을 정립하고자 하는 소위 2Bi(bilingual/ bicultural) 접근이 강조되고 있다. 하지만, 이런 일련의 새로운 변화에도 불구하고, 농교육 현실은 크게 달라지지 않고 있으며, 더욱이나 문해능력을 비롯한 기초학습능력의 실패는 거의 개선되지 못하고 있다. 물론 장기적으로 볼 때, 농학생들의 문해능력이 과거에 비해 다소 향상되고 있다 할지라도, 전반적으로 지식정보사회에서 요구하는 문해능력의 표준적 기준의 향상에 비추어 볼 때 여전히 심각한 난제로 남아있다.

이런 일련의 문제에 대한 진단으로 Johnson, Liddell, 그리고 Erting(1989)등은 "Unlocking the Curriculum"이라는 유력한 논문에서 당대 농교육이 실패하고 있는 주요 이유를 다음 두 가지로 들고 있다. 즉, 그 하나는 농학생들이 그들의 학년수준에 상응하는 교육과정 내용을 수용할 수 있는 기본적 능력이 결여되어 있기 때문이고, 다른 하나는 농학생들에 대한 교사와 부모의 기대수준이 아예 낮게 설정되기 때문이라고 지적했다. 퍽 설득력 있는 지적이다. Johnson등은 이 논문에서 농학생들이 학습에 실패하는 것은 그들이 속한 학년수준에서 제공되고 있는 교과내용을 수용(이해)할 만한 언어능력(language competency)을 내축하지 못했기 때문이며, 따라서 1차언어로서 농성인 사회에서 두루 통용되는 자연수어(natural sign language)를 튼튼하게 획득하게 하는 것이 가장 확실한 대안이 될 수 있다고 제안하면서, 이를 위한 원칙을 다음과 같이 제시하고 있다.

- 농아동은 그들이 학습하고자 하는 것을 제대로 수용할 수만 있다면 성공적으로 학습을 수행할 수 있다.
- 그렇게 할 수 있게 하기 위해 농아동의 1차언어(first language)는 자연수어(ASL)이어야 한다.
- 자연수어의 획득은 결정적 시기가 미치는 긍정적 효과를 고려하여, 가능하면 조기에 시작되어야 한다.
- 농아동의 자연수어 획득을 비롯해서 자존성의 확립, 사회정체감의 발달을 위해 그(자연수어) 언어를 능숙하게 구사하는 농성인은 최선의 모델이 된다.
- 이런 식으로 획득된 자연수어는 농아동들이 교육내용을 가장 잘 수용할 수 있게 하는 방안을 마련해준다(Johnson, Liddell, and Erting, 1989).

이 논문에서 Johnson등은 구화교육의 한계에 따른 농교육의 실패를 적시하면서 농아동은 그들이 학습할 교과내용을 성공적으로 수용하기 위해 1차언어로서 자연수화를 확실하게 획득하여, 그것을 교육과정 수용의 유력한 도구로 적극 활용할 것을 제안하고 있다. Johnson등의 이 같은 제안은 신통하게도 오늘날 농교육계에서 강조되는 2Bi접근 원리와 일치하고 있다. 그러나 범을 잡기 위해서는 범이 있는 굴을 찾아 들어가야 하듯, 무엇보다 농학생들이 학습해야 할 교과내용을 성공적으로 학습할 수 있도록 하기 위해 우리는 1차적으로 교과내용 그 자체에 비상한 관심을 가질 필요가 있다.

이런 관점에서 농교육의 개혁을 위해 지금까지 우리가 집중해온 어떻게 가르칠 것인가(How to teach)하는 '방법'의 문제에서부터 무엇을 가르칠 것인가(What to teach)하는 '내용'의 문제로 패러다임적 전환이 있어야 한다는 주장(Lytle, Rovins, 1997)은 하나의 신선한 충격이다. 그렇다면 우리가 특수교육 요구학생들로 하여금 그들에게 제공되는 교육내용을 성공적으로 학습할 수 있도록 하기 위해, 교사는 일차적으로 가르치고 배워야 할 교과내용에 능숙해야 하고, 내용에 능숙해지는 만큼 2차적으로 그 내용을 다루는 방법에 능숙해질 수 있다. 바로 이런 이유에서 농교육에서 교과교육론은 재정립되어야 한다.

제2절 농학교 교사와 교과교육

전형적 의미에서 농교육은 특별한 자료와 방법으로 특별히 훈련된 교사에 의해 수행되는 교육이다. 여기서 '전형적'이라는 것은 농교육이 전통적으로 그런 모습으로 행해져왔기 때문에, 농교육은 '특별히 고안된 자료와 방법으로 특별히 훈련된 교사에 의해 행해지는 교육'이라는 식의 조작적 정의가 가능하다. 이때 '특별히' 훈련된 교사라 함은 특수교육 요구학생들을 지도하는데 필요한 전문적 수행능력(competency)을 공인된 교사교육 과정을 통해 두루 갖춘 교사를 지칭한다.

1. 특수교사의 수행능력과 교과교육

교사교육에서 교사가 실제로 현장에서 학생들을 가르치는데 필요한 지식과 기능을 체계적으로 분석하여, 그렇게 분석된 지식과 기능에 토대하여 교사교육과정을 개발하는 것을 강조하는 입장이 있다. 이런 입장에 의거하여 충실하게 개발·운영되는 교사교육을 수행능력중심(competency based) 교사교육이라 한다. 교사양성에서 수행능력중심 교사교육(CBTE)이 강조되는 주된 이유는 종래 코스중심의 교사양성과정을 성공적으로 이수한 결과가, 그가 현장에서 학생들을 잘 가르칠 수 있다는 것을 논리적으로나 실제적으로나 보증해 줄만한 근거나 기준이 퍽 불분명한 채로 배출된다는 것이다. 이런 난점에 대한 하나의 대안으로 교육의 책무성(accountability)을 강화하고, 유능한 교사가 수행하는 전문능력에 비추어 교사의 전문성을 좀 더 엄격하게 관리하기 위해 수행능력중심 교사양성과정의 개발이 한때 크게 호응을 얻기도 했다.[42)]

---

42) 이런 맥락에서 현장 특수학교의 교육과정을 competency-based curriculum 모형으로 개발

그러나 실제로 교사와 학생이 만나서 이루어지는 교육활동(가르치고 배우는 활동)은 양성과정에서 기획한 개개의 지식과 기능을 모아 놓은 것 이상으로 총체적이고 복합적일뿐더러 우리가 쉽사리 예측할 수 없는 신비성까지 내포되어 있다. 그러나 교사교육의 적합성이나 공적 책무성을 좀 더 합리적으로 따지기 위해 수행능력 중심 교사교육 모형은 유용한 기준을 제공해 준다. 바로 이런 이점(利點)을 겨냥하여 특수교육 분야에서 특수교육 요구학생을 지도하는데 필요한 교사의 수행능력을 체계적으로 개발하는데 진작부터 깊은 관심을 표명해 왔다.

그 최초의 용례(用例)로 지금부터 약 반세기전 Mackie 등은 농아동 교사를 비롯해서 특수교사에게 요구되는 수행능력을 10개영역에 걸쳐 다음과 같이 제안하였다. 즉, ① 특수아동의 심리적, 의학적, 사회적, 교육적 특성에 관한 전문지식, ② 아동과 그의 편차에 대한 이해, ③ 교육과정의 운영과 교수방법에 관한 능력, ④ 특수기기 및 자료에 대한 사용능력과 지식, ⑤ 아동 및 양친에 대한 상담, 생활지도의 지식과 능력, ⑥ 각종검사와 기록의 실시와 해석 능력, ⑦ 관계전문가 및 단체와 협력해서 일하는 능력, ⑧ 특수교육 프로그램을 마련하는 것에 관련된 행정적 의무, ⑨ 중복장애아의 이해와 지도 능력, ⑩ 특수교육 교사의 인성적 특성과 태도(Mackie, and Dunn, 1959) 등이다.

그 이래로 미국특수아동협의회(Council for Exceptional Children)에서는 특수교사에게 요구되는 수행능력중심의 교사양성과 자격표준을 제시하는데 깊은 관심을 가지고 1966년에 특수교사의 전문적 표준(professional standards)을 개발한 이래, 1992년에는 초임특수교사에게 필수적으로 요구되는 지식과 기능의 공통중핵 수행능력을 개발하였으며, 이어 1995년에는 이를 국제적 표준으로 제시하는 한편, 그 후 장애영역의 특수성에 따른 수행능력을 지속적으로 개발해 왔다. 최근 CEC(2003)는 수행능력 중심의 특수교사 전문적 표준을 청각장애아교사, 유아특수교사, 정서행동장애아교사, 학습장애아교사, 정신지체/발달장애아교사, 신체 및 건강장애아교사, 시각장애아교사, 특수교육진단가, 특수교육행정가, 특수교육공학

한 좋은 예로 대구보명학교에서 개발한「정신박약아 개별화교육/ 훈련을 위한 능력본위 교육과정」(1981)이 있다. 이 교육과정은 그 후 특수학교 교육과정 편성과 운영에 많은 시사점을 제공해주었다.

전문가, 특수교육전환전문가, 우수아 교사 등에 걸쳐 제안하고 있다. 이상의 장애영역별 교사와 전문영역별 교사에게 요구되는 수행능력의 표준적 카테고리는 동일하게 다음의 10개 영역으로 대별된다.

1. 기초(철학, 역사, 법적 기초)
2. 학습자의 발달과 특성
3. 개인별 학습차
4. 수업전략
5. 학습환경과 사회적 상호작용
6. 언어
7. 수업계획
8. 평가
9. 전문적 및 윤리적 실천
10. 협동

이상의 10개 카테고리에 대한 수행능력 진술목록의 수를 "청각장애아 교사에게 요구되는 수행능력" 표준을 중심으로 지식과 기능, 그리고 공통중핵과 장애영역의 특수성 등으로 대별하여 분석해 보면 다음과 같이 분포되어 있다(CEC, 2003).

<표 11.1> 청각장애아 교사에게 요구되는 수행능력의 영역별 분석

	지식	기능	공통	특수
기초(철학, 역사, 법적기초)	15	2	11	6
학습자의 발달과 특성	9	0	7	2
개인별 학습차	9	0	5	4
수업전략	3	10	9	4
학습환경과 사회적 상호작용	12	21	26	7
언어	12	5	6	11
수업계획	6	17	19	4
평가	8	12	15	5
전문적 및 윤리적 실천	7	14	16	5
협동	6	13	15	4

이상에서 보면, 전체 수행능력 목록 191개 가운데 알아야 할 '지식'에 해당되

는 목록이 87개 목록으로 전체의 45.5%를 차지하고 있으며, 수행해야 할 '기능'에 해당되는 목록이 전체의 54.5%로 다소 높은 비중을 차지하고 있다. 즉, 이것은 특수교사에게 요구되는 수행능력 가운데 알아야 할 '지식'보다 교직수행에 필요한 '기능' 쪽에 좀 더 무게를 두고 있는 것으로 볼 수 있는 하나의 기준이 된다. 다음에 전체 수행능력 목록 가운데 공통중핵 영역의 목록이 129개로 이는 전체의 67.5%를 차지하고 있으며, 청각장애아교사에게 장애특성(specialized)에 따라 요구되는 수행능력은 32.5%로 전체의 약 3분의 1에 해당된다. 이처럼 청각장애아교사에게 요구되는 수행능력 가운데 특수교사로서 공통중핵에 해당되는 수행능력이 훨씬 높은 비중을 차지하는 반면에, 상대적으로 청각장애의 특수성에 따른 전문적 수행능력들이 차지하는 비중은 낮게 반영되어 있다. 특수교육분야에서 교사수행능력을 논의함에 있어, 한때 (1976년의 CEC 특수교사 양성 가이드라인)는 특수교육 공통 영역보다 장애별 특수성에 따른 수행능력에 더 높은 비중을 둔적이 있었으나, 최근에 와서는 특수교사에게 요구되는 수행능력 가운데 '공통중핵'에 해당되는 수행능력을 훨씬 강조하면서, 그 위에 장애별 전문성에 따른 특수성을 설정함으로서 삼각형의 밑변이 길어지면서 꼭지점 부위의 면적이 상대적으로 줄어드는 이치와 같은 것으로 설명할 수 있다.

한편, 특수교사에게 요구되는 수행능력의 분포를 위의 10개 카테고리별 수행능력 목록수를 기준으로 상위 3순위 영역 순으로 보면,

1순위: 학습환경과 사회적 상호작용(33개 목록)
2순위: 수업계획(23개 목록)
3순위: 전문적 및 윤리적 실천(21개 목록) 등으로 나타난다.

위의 세 개 영역이 특수교사에게 요구되는 수행능력 가운데, 다른 수행능력 카테고리에 비해 높은 비중을 차지하고 있다는 것은 그만큼 중요하다는 것을 의미한다. 이상의 수행능력 가운데 특수교사의 교과교육 능력과 직결되는 쪽은 '수업계획' 영역이다. 수업계획에 해당되는 전체 23개 수행능력 목록 가운데, 특수교사의 교과교육에 깊이 연관되는 목록만 따로 뽑아 보면 다음과 같다(CEC, 2003).

· 교육과정개발과 수업실제의 기초가 되는 이론과 연구 성과에 대한 지식
· 일반교육과정과 특수교육과정의 범위와 계열에 대한 지식
· 국가수준에서 지역수준에 이르는 교육과정 기준에 대한 지식
· 과제분석을 수행하는 능력
· 아동수준에 맞는 목표를 설정하고 평가하는 능력
· 학습자 특성에 상응하는 수업내용, 자료, 교수전략을 개발하는 능력

이상에서 제시한 수행능력 카테고리 설정과 또 구체적인 수행능력 진술의 내용을 특수교사에게 요구되는 '교과교육'의 수행능력 측면에서 엄밀히 따져보면, 의외로 교과내용에 대한 수행능력이 소홀히 취급되고 있거나 아예 직접적인 관심을 표명하고 있지 않음을 볼 수 있다. 우선 전체 수행능력 카테고리 설정에서 직접적으로 '교육과정 개발과 운영' 이라든지 교과내용을 직접 다루는 영역이 설정되어 있지 않을 뿐만 아니라, 이런 내용을 다루는데 깊이 연관되는 '수업계획' 영역에서도 교과내용에 대한 지식과 기능을 직접 언급한 수행능력 목록은 발견되지 않는다. 다만, 위에서 제시한 수행능력 목록에서 보는 것처럼 포괄적으로 교육과정 개발과 운영에 관한 지식과 기능을 일반교육과 관련지어 제시하고 있을 뿐이다. 또한 실제로 교과교육 운영에 필요한 과제분석이나 목표설정, 수업내용 개발 등이 언급되고 있으나, 가르칠 교과내용에 대한 직접적인 수행능력 진술은 전혀 발견되지 않는다. 그러면서 교육과정 운영 방식은 철저히 Tyler의 모형에 따르는 것을 강조하고 있다.

2. 농학교 교사의 수행능력과 교과교육

이상에서 논의한 것과 같은 맥락에서 Lytle과 Rovins(1997)는 농교육분야를 중심으로 교사수행능력 진술에서 교과교육에 대한 직접적 진술이 거의 전무하거나 소홀한 문제점을 지적한 적이 있다. 이 논문에서 그들은 교사가 잘 가르치기 위해서는 교과내용에 대한 지식을 튼튼히 확립해야 함에도 농교육에서 지금까지 의사소통 기술과 방법에 지나치게 치우쳐온 나머지 교과내용 부분은 소홀히 다루어져 왔음을 적시하고 있다. 따라서 일반학교 교사에 비해 농학교 교사들이 가르쳐야 할 교과내용에 대한 수행능력이 부족한 것이 사실이라면, 일반학교에 비해 교

과내용을 잘 가르치지 못하는 교사에게 교과내용을 지도받은 농학생들이 일반학생들에 비해 교과내용 수용능력이 뒤떨어지는 것은 당연한 귀결이 아니냐고 반문한다. Lytle과 Rovins(1997)가 실제로 농교육분야 행정가들(농학교 교장 등)을 중심으로 농교육 교사들에게 요구되는 수행능력을 평가해본 결과, 행정가들은 "농학생을 지도하는 교사들도 일반학교 교사와 대등한 교과지도 수행능력을 갖추어야 함"이 마땅하다(95% 수준에서)고 요구하고 있으나, 농교육 교사들은 교과내용을 다루는 수행능력에 있어 일반 초·중등학교 교사에 비해 여전히 차이를 타나내고 있는 현실을 문제 삼고 있다. 또한 농학교에서 학생들에게 제공되는 교과내용은 그 깊이와 폭에 있어 이미 일반학교 학생들에게 제공되는 교육내용과 차이를 나타내고 있어, 농학생들이 그들 학년에 상응하는 학업성취를 수행하지 못하고 학년이 올라갈수록 학업능력의 지체가 누적되는 것은 당연하다고 본다.

P. Freire는 그의 교사론에서 교사가 하는 일을 보모가 하는 일로 격하하는 것을 경계하면서, 가르치는 일은 학생들의 편에 선다는 의미에서 특별한 과업이며, 교사의 학생에 대한 사랑은 '무장된 사랑(armed love)'이어야 한다고 했다(Freire, 교육문화연구회옮김, 2000). 교과교육의 관점에서 볼 때, 교사의 학생에 대한 '무장된 사랑'은 곧 교사의 '교과지도'에 대한 열정으로 반영되어야 한다.

특수교육에서 교과교육이 정립되지 못하는 또 하나의 중대한 이유는 교육(educating)을 훈련(training)과 혼동하는데 있다. 교육은 궁극적으로 인간의 심성(mind) 계발에 있지만, 훈련은 인간의 특정 기능(skill)을 반복적으로 단련하는데 일차적 관심을 갖는다. 개념적(본질적)으로 교육과 훈련은 엄격히 구분되어야 함에도, 농교육 현장에서 흔히 훈련을 교육과 같은 맥락으로 착각하는 동안 농교육은 '교육적'인 것으로부터 한참 멀어 진다.[43)]

특수교육에서 교육과 훈련을 혼동하게 하는 데는 상당한 역사성이 있다. 당초

43) 필자가 특수교육과에 다니면서 마지막 교생실습(1968)으로 농학교에서 공개수업을 하면서 농학생들에게 '포도'라는 단어를 발성하는 훈련을 거듭하는 과정으로 한시간 수업을 치른 기억이 있다. 그때 나는 지도교사의 의도에 충실히 따르면서 '포도'라는 그림과 단어를 결합시켜, 농학생들에게 '포-도'를 수없이 되풀이하면서 발성하게 하는 반복훈련으로 대부분의 시간을 때웠다. 당시 그 같은 수업은 농학교 저학년 학생들의 국어시간에 행해지는 발성훈련이었지, 내가 국어시간에 국어교과를 가르친 것은 아니었다.

에 특수교육은 의료적 전달체제 기법에 강한 영향을 받아 전형적으로 '진단-처방적 교정' 절차로 모형화 되었다. 특수교육의 이런 모형을 아직까지도 극단하게 강조하는 입장에서는 "특수교육은 곧 치료교육"이라는 확신에 차있다. 이런 확신의 바탕에는 암암리에 특수아동의 '장애'는 개인의 병리적 문제로서 질병과 같은 것이어서 의료적 치료절차의 모형에 따라 '교정'되어야 한다는 믿음이 깔려있다. 실제로 발달지체아동을 '교육'하는 특수학교의 교실교육 모습을 보면, 교사가 하는 일과 치료사가 하는 일이 명백히 구분되지 않고 혼재(混在)해 있다. 현상적으로 그런 혼란스런 일이 연출되고 있다 할지라도 치료사(치료교사)가 하는 일은 특수교사가 하는 교과활동을 지원하는 보조수단이지 그 자체가 (특수)교육의 궁극 목적일 수는 없다. 특수교육은 '교육'활동이지 '치료'활동이 아니다. 특수교사가 하는 일이 교육활동의 성격을 충실히 반영하기 위해, 무엇보다 특수교사는 교과내용을 전문적으로 지도하는 사람이어야 한다.

특수교사가 교육의 최전선에서 하는 일은 참으로 어렵고 복잡함에도 교사 스스로가 그 일을 일상적인 테크닉 수준으로 쉽게 단순화 하려는데 심각한 문제가 있다. Palmer(1998)는 「가르칠 수 있는 용기」(The Courage to Teach)에서 교사들이 당면하는 교직의 어려움을 다음 세 측면에서 근본적 문제로 제기하고 있다.

첫째, 우리가 가르치는 '교과'가 실제보다 훨씬 복잡하여 우리의 지식이 늘 모자라고 또 부분적이라는 사실이다. 우리가 아무리 책읽기와 연구를 많이 한다고 하더라도 교직은 우리가 알 수 있는 범위 이상의 것을 요구한다.

둘째, 우리가 가르치는 학생들이 실제보다 더 복잡하다는 것이다. 학생들을 분명하게 이해하고 하나의 전체로 보아주고 매순간 그들에게 현명하게 반응하려면, 프로이드와 솔로몬을 합쳐 놓은 것 같은 사람이 되어야 하는데, 우리들 중에는 이런 사람이 흔치 않다. 만약 학생과 교과가 교직의 어려움을 설명하는 모두라면, 우리는 해당 교과를 열심히 공부하고 또 학생심리를 미리 파악하는 기술을 습득하기만 하면 될 것이다. 그러나 교직의 어려움을 더욱 복잡하게 만드는 요인이 있으니, 그것은 우리가 우리 자신을 가르쳐야 하기 때문이라는 것이다(Palmer, 이종인 역, 2000, 16-17).

이처럼 Palmer는 교직의 어려움 가운데 그 첫 번째로 '교과'의 어려움과 학생

심리의 복잡성을 들면서, 이 두 가지 보다 근본적으로 교직을 더 어렵게 하는 것은 교사가 바로 자기 자신을 가르치는 일이라고 했다. 그에 의하면 가르치는 일은 모든 진정한 인간 활동이 그러하듯이 인간의 내면세계(inwardness)로부터 출현하는 것이어야 한다. 만일 우리가 자신의 영혼이 투영된 거울을 들여다보면서 거기에 나타난 자신의 모습을 보고도 회피하지 않는다면, 그 속에서 자기지식(self-knowledge)을 얻어낼 기회를 가지게 된다(Palmer, 1998). 이때 교사가 자기를 가르치는 '자기지식'을 얻어낼 수 있는 확실한 방안은 그가 가르칠 교과내용에 대한 공부를 게을리 하지 않고 지속하는 경우에만 가능하다.

이홍우(2000)는 21세기 학교교육의 과제는 한마디로 "교과를 그 원래의 의미로 되돌려 놓는데 있다"고 하면서, 오늘의 학교교육에서 "교과의 의미라는 주제는 사람들이 모르면서도 그 모른다는 사실을 모르기 쉬운 그런 주제"라고 경고하고 있다. 이런 문제의식에서 그는 성리학의 이론(이홍우, 2000)을 본보기로 하여, 교과공부가 자기를 가르치는 '심성함양'의 확실한 방법이 된다는 것을 제기하고 있다. 바로 이런 확신에 따라 특수교육에서 교과교육론이 정립되어야 한다.

제3절 농교육에서 교과교육론의 정립

전통적으로 특수교육은 장애영역별 특성에 따라 그 전문성을 강조해왔다. 그래서 한 때는 특수교육이 장애영역별로 분화된 정도에 따라 한 나라의 특수교육 발전지표로 삼기도 했다. 그러나 최근 통합교육이 강조됨에 따라 탈범주화(noncategorzing)의 관점에서 개별아동의 특수한 요구(individual with special needs)를 기능적으로 문제 삼는 경향이 강조되고 있다. 이처럼 특수교육의 전문성 정립을 위해 장애영역별 '범주화'와 장애영역을 가로지르는 '탈범주화'가 동시에 중층적(重層的)으로 강조될 수밖에 없다.

같은 맥락에서 특수아동을 위한 교과교육의 문제를 짚어봐야 한다. 즉, 특수교육 요구학생들을 위한 교과교육은 장애영역별 특수성에 따른 전문성이 강조되어야 하는 반면에, 장애영역을 가로질러 특수교육 요구를 지닌 모든 장애아동을 위한 교과교육의 공통적 특성에도 깊은 관심을 보여야 한다.

1. 특수교육에서 교과교육론의 정립

T. Skrtic은 「장애와 민주주의」(Disability and Democracy, 1995)의 대표편저자로서, 이 책의 부제를 "탈근대성에 따른 (특수)교육의 재건"(Reconstructing [special] Educating for Postmodernity)으로 달아놓고, (특수)교육에서 '특수'를 괄호 안에 넣어 표기한 특별한 이유를 이렇게 설명하고 있다. 통합교육(inclusion)의 시대에 특수교육이 특별히 따로 존재해야 할 이유가 없다고 할지 모르겠으나, 일반 공립학교에서 특수아동이 불편함 없이 통합교육을 받을 수 있을 정도로 전반적으로 학교교육의 질이 재편되어 있지 않는 상황에서, (특수)교육에서 '특수'는 여전히 특별히 존립해 있어야할 당위성이 인정된다는 것이다. 그가 '특수'를 괄호로 묶어 표기한 또 하나의 이유는 '정치적 정략' 으로서 당대 사회에서 특수교육자가 가장 역량 있는 집단이라는 것을 드러내기 위함이라고 했다. 하나의 정치적 의도에서, Skrtic 교수는 특수교육이 일반교육의 변두리에서 특수하게 존재하는 것을 경계하면서, 특수교육자는 당대 교육계에서 가장 역량 있는 집단으로 교육개혁을 앞장서 리드하는 선두주자가 되어야 한다는 것을 강조하고자 했던 것이다.

특수교육이 교육의 주변부가 아니라 중심부에서, 교육개혁의 후발대가 아니라 선발대에 서서 그 역량을 발휘할 수 있게 하기 위해, 특수교육에서 지금까지 자리 잡아 온 교과교육론은 당연히 재정립되어야 한다. 전술한 것처럼 특수교육은 장애의 특수성에 따른 지도방법의 문제에 일차적인 관심을 쏟은 결과, 그들에게 가르칠 교과내용에 대한 관심은 부차적으로 밀려났다. 특수교육에서 교과교육은 기껏해야 일반학교의 교육과정에 '준하는 것'을 원칙으로 하면서, 장애영역별 특수성에 따라 그 교과내용을 어떻게 폭과 수준에서 하향조정할 것인가 하는 부분에 관심을 갖는 정도였다. 그나마 특수교육에서 교과교육은 내용과 방법이 이원적으로 따로 떨어져 있는 가운데, 특수교육 요구아동의 발달특성에 기반을 둔 특수한 방법이 강조되어 온 반면에, 내용은 그냥 가져오거나 깊이와 폭을 단지 하향조정하는 것으로 취급되어 왔다.

일찍이 Dewey가 지적했듯이 교육에서 (교과)내용이 (교수)방법을 규정하지, 방법이 내용을 규정하지는 않는다. 즉, 수학이라는 교과내용의 특성에 따라 수리문제를 다루는 방법이 규정되고, 물리학이라는 교과내용의 특성에 따라 물리현상을 다루는 방법이 결정될 수밖에 없다. 일차적으로 특수교육에서 특수교사가 교육과정 활동을 정상적으로 '교육답게' 수행하고자 한다면, 그가 가르치고자 하는 교과내용에 정통해야 한다.

중용(中庸)에서 지육(知育)의 단계별 과정을 논의하면서, 박학(博學), 심문(審問), 신사(愼思)의 과정을 거쳐 지식이 확실히 자기 것으로 내면화되었다는 것은 명변(明辯)으로 입증되어야 한다고 했다. 즉, (교과)지식이 확실히 자기 것이 되었다는 것은 말로서 그것을 확실히 설명할 수 있을 때 입증된다는 것이다. 교사가 자신이 가르칠 교과내용에 정통하다는 것은 그가 그 교과내용을 학생들에게 쉽게(명쾌하게) 설명할 수 있을 때 비로소 입증된다. 따라서 교사가 '잘 가르친다'는 것은 학생들이 이해할 수 있도록 '쉽게 가르친다'는 것이다. 스푸트닉 쇼크 이후 교과전문가(학자)들이 중심이 되어 모인 우즈호올 회의 보고서로 정리된「교육의 과정」(The Process of Education, 1960, 1977)에서, Bruner는 교사가 교과를 가르칠 때 그 교과에 담겨있는 핵심적이고 기본적인 아이디어로 짜여있는 '지식의 구조'를 가르칠 수 있어야 한다고 하면서 이렇게 예를 들고 있다. 고등학교 상급학년에서 가르치는 미적분의 원리를 초등학교 고학년 학생들에게도 그 원리를 훼손하지 않고 이해 가능한 언어로 풀어서 가르칠 수 있어야 한다고 했다. 만약 초등학교 고학년 담임교사가 그렇게 가르치기 위해서는 미적분의 원리를 정통하게 이해하고 있어야 하며, 그런 이해의 기반 위에서 그가 지도하는 학생의 수준과 특성에 맞추어 이해할 수 있도록(적절한 방법으로) 설명해야 한다. 따라서, 특수교사로서 농학생을 가르치든, 심지어 정신지체학생을 가르치든 교사는 기본적으로 일반 초·중등학교 교사가 교과내용에 대한 지식을 습득해 있는 정도로(혹은 그 이상으로) 교과내용에 대한 지식의 구조가 내면화되어 있어야 한다.

2. 농학교에서 교과교육의 정립

교사들이 교과내용에 정통하지 못한 상태에서 교육과정 운영의 실패를 '교과서' 탓으로 돌리고자 하는 예를 농학교 교육에서 볼 수 있다. 농학교에서 교과교육은 일반학교에 '준하는 것'을 고수해 오고 있지만, 막상 농학생들에게 맞는 교과서가 없다고 교사들은 한탄하고 있다. 이에 부응하기 위해 6차 특수학교 교육과정 개정시에는 '농학교용 교과서'를 농학교 교사들이 중심이 되어 별도로 개발하여 농학교에 적용하도록 하였다. 특수교육(특히 농교육)에서 일종의 숙원사업이 이루어진 셈이었다. 그러나 막상 7차 특수학교 교육과정 개정시에 농학교용 교과서가 실제로 현장에서 얼마나 유용하게 활용되고 있는가를 알아 본 결과, 대부분 교사들은 "없는 것에 비해 좀 나을는지는 몰라도 별로 도움되지 않는 것"으로 응답하였다(대구대학교 특수학교교육과정연구위원회, 1996). 그 이유를 따로 물어본즉, "교과서 편성에서 내용이 다소 줄어들었지만, 내용의 연계성이 퍽 문제였다"고 털어놓았다. 이것은 단적으로 농학교 교사 손에 의해 농학교용 교과내용이 정교하게 조정되지 못했음을 의미한다. 그래서 7차 교육과정에서는 일반학교의 국민공통 기본교육과정에 의거한 교과서를 그대로 사용하게 했더니, 지금은 내용이 너무 어려워 농학생에게 적용하는데 많은 무리가 있다고 호소하고 있다. 필자가 보기에 어떤 경우에나 개인별 편차가 심한 농학생들에게 적합한 교과서 개발은 애당초 불가능하다고 본다(다만, 그들의 특수한 학습요구를 도와줄 풍부한 교육과정 자료개발이 후속 조치로 강구되어야 한다). Bruner는 「교육의 과정」 개정판(1977) 서문에서 "교육과정은 학생을 위한 것이라기보다 훨씬 교사를 위한 것"이라고 하면서, 교육과정과 함께 교사가 새롭게 달라지는 정도에 따라 학생들도 달라진다고 했다.

특수교육에서 교과교육의 실패는 특수교육자들이 학생을 진단하면서 "흔히 장애만보고 사람을 놓쳐버리는" 동안에 반복되는지도 모른다. 병리적 관점에서 개인의 장애(disability)를 규정하는 전통적 입장에서 장애는 곧 "결함"의 모형이며, 장애인은 곧 무능한 사람으로 규정된다. 국제적으로 농인 특성화 대학으로 두루 알려져 있는 Gallaudet 대학의 총장인 K. Jordan은 그 자신이 농인으로서 "농(deafness)은 듣지 못하는 것 외에는 아무런 문제가 없다"고 하면서, 이를 입증이라도 하듯 그는 약 19년 동안 Gallaudet 대학 총장 역할을 훌륭히 수행해 왔다(Jordan 후임에 Gallaudet 대학의 제 9대 총장으로 농인 최초의 여성총장인 Jane

Kelleher Fernandes가 2007년 1월에 취임한다).

Freire는 "재배되는 것은 식물이며, 길들여지는 것은 동물인 반면, 인간은 스스로를 교육하는 존재"(Freire, 교육문화연구회 옮김, 2003)라고 규정하면서, 그는 교육만이 희망일 수 있는 근거를 "모든 인간은 스스로를 교육하는 존재" 라는 데서 찾고 있다. 프레이리의 '희망의 교육론'이 함축하는 형이상학적 뿌리는 당연히 농교육을 포함한 특수교육에도 관통하는 명제이어야 한다.

참고문헌

교육문화연구회(2000). **프레이리 교사론**. 서울: 아침이슬.

교육문화연구회(2003). **망고나무 그늘아래서**. 서울: 아침이슬.

김병하(1973). 18, 19세기 구미청각장애아 학교교육의 성립과정과 방법논쟁에 관한 사적 연구. **한국사회사업대학논문집** 제4집.

김병하(1999). **특수교육교사론**. 경북: 대구대학교출판부.

김병하(2005). 장애인 당사자주의의 특수교육(학)적 함의. **특수교육학연구**. 40(1), 1-22.

김정권, 이유훈(2002). **특수교육과정운영론**. 서울: 도서출판 특수교육.

대구대학교 특수학교 교육과정 개정연구위원회(1996). **특수학교 교육과정 총론시안 개발**. 1996년도 교육부 위탁연구과제 답신보고서.

대구보명학교 편역(1981). **능력본위교육과정**. 대구: 대구보명학교.

박승제(2006). "모든 이를 위한 과학교육과 특수과학교육". 한국과학교육학회 추계 학술 세미나, 97-110.

이종인 역(2000). **가르칠수 있는 용기**. 서울: 한문화.

이해명 역(1987). **교육과정과 학습지도의 기본원리**. 서울: 교육과학사.

이홍우(1977, 2004). **교육과정 탐구**. 서울: 박영사

이홍우(1997). **지식의 구조와 교과**. 서울: 교육과학사.

이홍우, 이기환, 김광민 편(2002). **마음과 교과**. 서울: 성경재.

이홍우(2003). **성리학의 교육이론**. 성경재 교육총서1. 서울: 성경재.

임재원, 강석우, 박병량(1980). **특수교육 현황분석 연구.** 한국교육개발원.

정대영, 이유훈, 정동영(1994). **한국 특수학교 교육과정 변천사 연구**. 국립특수교육원연구 94-R-1.

Bruner, J.(1960, 1977). The Process of Education. Cambridge: Harvard University Press.

Council for the Exceptional Children(2003). What every special educator must know. 5th Ed. Reston, VA: The Council for Exceptional Children.

Jonson, R.E., Liddell, S.K., and Erting, C.L.(1989). Unlocking the Curriculum : Principles for achieving access in deaf education. Gallaudet Research Institute Working Paper 89-3. Gallaudet University.

Lytle, R.R., and Rovins, M.R.(1997). Reforming Deaf Education: A Paradigm shift from how to teach to what to teach. American Annals of the Deaf. 142(1), 7-15.

Mackie, R. P., & Dunn, L. M.(1959). College and university programs for the preparation of teachers of exceptional children. Washington, DC: U.S. Government Printing Office.

Moores, D.(2001). Education the Deaf(5th ed). Boston, M A: Houghton Mifflin.

Norwick, B.(2000). “Inclusion in Education : From concepts, values, and critique to practice”. In H. Daniels(Ed.). Special Education Reformed : Beyond rhetoric? London, and New York : Falmer Press.

Palmer, P.J.(1998). The Courage to Teach : Exploring the Inner Landscape of a Teacher Life. San Francisco : Jossey-Bass Publishers.

Skrtic, T.M.(1995). Disability & Democracy : Reconstructing [Special] Education for Postmodernity. New York: Teachers College, Columbia University.

Skrtic, T.M., Harris, K.R., and Shriner, J.G.(2006). Special Education Policy and Practice. Denver, Colorado: Love Publishing Company.

제12장 청각장애아 교사의 전문성

이 책의 첫 장에서 청각장애교육은 특수교육의 어느 분야보다도 어렵고 힘든 교육이지만 "한번 해 볼만한" 도전성이 엿보이는 교육이라고 했다. 이 말은 청각장애교육은 철저히 교육의 전문성이 뒷받침 될 때만이 그 효과를 볼 수 있는 반면, 그렇지 않고는 가장 성과 없고 골치 아픈 교육이 될 수 있다는 뜻이기도 하다. 본 장에서는 청각장애교육에 있어 전문성 신장을 위한 전략적 거점을 바로 유능한 교사를 양성·확보하는 일에 두고, 청각장애 교사의 양성제도와 양성과정의 개발을 논의한 다음, 마지막으로 청각장애교육 교사에게 요구되는 전문적 수행능력을 종합적으로 검토해 보고자 한다.

제1절 청각장애아 교육의 전문성

앞에서 지적했듯이 청각장애아동은 그가 지닌 지적 능력은 정상임에도 불구하고, 실제로 학교에서 나타내 보이는 학업성취 수준은 일반학생들에 비해 크게 뒤지고 있다. 이것은 그들이 농이기 때문에 잘못 자랐거나 잘못 배우는데 그 원인이 있다고 쉽게 단정할 것이 아니라, 오히려 그 대부분의 책임은 청각장애아동은 가정에서 잘못 길러졌고, 학교에서 잘못 가르쳐왔기 때문이라고 설명하는 것이 옳을 것이다.

학교에서 청각장애 학생들이 어떻게 잘못 가르쳐지고 있느냐 하는데 특히 주목하면서, 청각장애학생들을 잘 가르치기 위해서는 무엇을 어떻게 해야 할 것인가를 논의하고자 한다. 곰곰이 따져보면 청각장애아동에게 바른 인간성과 도덕적 판단력을 길러 주는 일차적 책임은 그 부모에게 있는 듯 하고, 그들에게 지적 능력과 왕성한 탐구동기를 길러주는 주된 책임은 바로 교사에게 있다고 할 수밖에 없다. 특히 농아동이 일단 학교(취학 전 교육프로그램까지 포함한)에 취학하고 나면 부모들에게 적절한 상담서비스를 해주는 것도 교사의 책임인 만큼, 청각장애학생의 바른 성장과 발달을 위해 교사는 가장 막중한 책임을 지게 된다. 따라서 청각장애학교 현장에서 일어나고 있는 교육적 실패에 대한 대부분의 책임은 바로 이들 청각장애학생을 직접 가르치는 교사 자신에게 있다고 할 수 있다.

때문에 우리는 청각장애교육에 있어 전문성 신장을 위한 전략적 거점을 어디에다 두어야 하는가를 명백히 생각해 둘 필요가 있다. 오늘날 학교교육은 만 가지의 이유로 해서 만 가지의 측면에서 온갖 비판을 받고 있는 것이 사실이다. 그러나 만 가지의 비판을 받고 있다고 해서 만 가지 이유가 모두 타당한 이유가 될 수는 없다. 오히려 좀 달리 생각해 보면 오늘날 학교교육은 한 가지의 결정적 결함 때문에 만 가지의 비판을 받고 있는지도 모른다. 아무리 학교의 교육조건이 개선되어 있고, 좋은 교육이론과 방법이 개발되어 있더라도 이것을 실제로 적용하는 교사가 적절히 실천하지 못하면 아무런 소용이 없다.

이런 경우 교사가 해내는 희귀한 '역연금술(逆鍊金術)'을 Beeby(1966)는 매우 적절히 지적해주고 있다.

> 자기가 가르치는 교과에 관한 얕은 상투적 지식 밖에 가지고 있지 않은 채, 자기가 이해할 수도 없고, 진정으로 믿지도 않는 교육방법을 강제로 또는 권유에 의해 사용해야 하는 교사는 가장 찬란한 아이디어를 납으로 만드는 기이한 역연금술(逆鍊金術)에 귀신 들려 있다고 볼 수 있다. 교과서는 바뀔지 모르나, 교사는 늘 자기가 해오던 일을 다른 이름 밑에서 해 갈 뿐이다.

사실상 교사에 의한 이런 기이한 '역연금술'이 오늘날 바로 우리나라 청각장애교육 현장에서 일어나고 있는지도 모른다. 때문에 청각장애교육의 전문성 제고를 위해 우리에게 가장 중요한 일은 훌륭한 교사를 갖는 일이다. 왜 훌륭한 교사를 갖는다는 것이 그처럼 중요한 일인가를 확인하기 위해 우리는 교사가 가르치는 일이 얼마나 중요하고 고귀한 일에 속하는 것인가를 밝혀볼 필요가 있다.

1. 가르치는 일은 생(生)과 사(死)에 직결되는 것

교사가 학교에서 학생들을 가르치는 일은 바로 生과 死의 본질로 인식되어야 한다. 학교에서 이루어지는 교사-학생간 상호작용의 매 순간은 학습자로 하여금 인생에 있어 주요한 결정을 내리게 해주는 삶의 주요 단면이다. 교사의 영향 하에 학습자가 매 순간마다 내리는 적절한 결정들은 학습자들을 쓸데없는 공허한 경험으로 가득 차 있는 무능력자로 만들어 결국 방황의 계곡 내지는 죽음의 계곡으로 자라나는 세대를 빠져들게 할 것이다. 인간의 생명을 직접 다루는 의사가 하는 일이 교사가 하는 일 이상으로 인간의 생과 사, 그리고 자유에 깊이 관여하지는 않을 것이다. 따라서 교사가 가르치는 일은 이 세상의 일 가운데 가장 고귀한 일의 하나라는 것을 우선 교사 자신부터 철저히 인식할 필요가 있다. 이런 관점에서 미국의 어느 농학교 현장 교사가 고백한 「농교사의 철학(1983)」라는 제하에 기술한 다음의 글은 음미할 만하다.

> 5년 동안의 교수 경험에 비춰, 나는 모름지기 교사는 항상 희망을 가지고 학생들에 대해야 하며, 그들에게 늘 깊은 관심을 놓치지 말아야 한다는 철학을 가지게 되었다. 가르치는 일은 단순히 돈을 벌기 위한 직업적 수단이 아니라 바로 피를 뽑아내는 일이 되어야 한다. 교사가 냉담한 태도로 학생들을 대할 때, 학생들은 재빨리 그것을 알아차린다.
>
> 가르치는 일을 자신의 피를 뽑아내는 것으로 생각하는 교사는 학생들에게 지적 자극을 주는 과제를 끊임없이 제시하고, 그들이 스스로 과제를 풀어 낼 수 있는 자발적 동기를 부여해 준다.

이처럼 가르치는 일은 바로 생과 사에 직결되는 문제이기 때문에 이 일은 가장 완벽하게 교육된 전문교사들에게만 위임되어야 한다. 이것은 오늘날 사회적 내지 국가적 기업으로서, 혹은 도덕적 기업으로서 학교교육이 수행해야 할 가장 기본적이고도 최종적인 과제이다.

흔히 교육의 질은 교사의 질을 능가할 수 없다고 한다. 바로 이 교사의 질이란 것도 결국 따지고 보면 그가 받아온 교육의 질에 의해 결정될 수밖에 없다. 사실 엄격히 볼 때, 교사 질의 상당부분은 이미 그가 교사교육을 받기 이전에 그가 받아온 교육에 의해 결정되어 있는지도 모른다. 이런 측면에서 볼 때, 사범대학의 특수교육과에 우수한 입학지원자를 유치·확보하는 것은 대단히 중요한 일이 된다.

그러나 훌륭한 교사를 길러내기 위한 우리의 대안적 전략은 일단 좋은 양성제도 하에 좋은 교사교육 프로그램을 구성하고 운영하는 일에 초점을 맞추지 않을 수 없다. 왜냐하면 교사교육에 대한 우리의 기본 신념은 교사는 탄생되는 것이 아니라, 길러지는 것이라고 믿고 있기 때문이다. 즉 훌륭한 교사의 질은 원칙적으로 그가 어느 정도로 훌륭한 교사교육 프로그램에 참여하여 그 교육을 성공적으로 받았느냐에 의해 판단되지 않을 수 없다.

제2절 청각장애아 교육에 있어 교사의 전문성

앞에서 우리는 청각장애아 교육에 있어 전문성 신장은 바로 훌륭한 교사를 갖는 일에 있다는 것을 강조하였다. 이하에서는 청각장애교육 교사 양성제도와 양성과정에 대해 좀더 구체적으로 살펴보고자 한다.

1. 청각장애아 교육 교사의 양성제도

앞에서 교사는 탄생되는 것이 아니라 길러지는 것이라고 했듯이, 청각장애교육 교사에게 전문성이 신장될 수 있도록 하기 위해서는 훌륭한 양성제도를 마련하는 것이 무엇보다 중요하다. 일반적으로 교사양성이라는 단일 목적성에 입각하여 교사 양성기관을 분리하여 특설하기를 주장하는 분리 특설주의적 목적을 강조하는 입장이 있다. 우리나라의 교사 양성기관 가운데 한국교원대학교, 교육대학 같은 것은 그 대표적 예가 된다. 다른 하나는 교사양성을 위한 별도의 독립된 교육기관을 인정치 않고 대학교육의 전체 조직 속에서 자유로이 교사를 양성할 수 있게 하는 개방제이다. 소위 '사범형(師範型)'에 맞춰 철저히 목적 지향적인 교사를 양성해 내기 위해서는 목적제가 충분한 이점을 가진다고 하겠으나, 너무 획일적이고 편협한 교사양성에 그칠 수 있다는 약점이 있다. 그에 반해 개방제에서는 교사로서의 품위와 잘 가르치는 전문성이 저하되는 교사를 자칫 양산해낼 수 있다는 우려가 많이 지적되고 있다.

이상의 원칙 위에서 농아동을 위한 교사양성 제도의 유형을 다시 대별해보면, 대학교육의 일환으로 농아동 교사를 양성해 내는 기초형(基礎型)과 일반학교 교사

자격증을 취득한 자를 대상으로 현직교육의 형태로 농아동 교사를 양성해 내는 현직형(現職型)으로 나누어 볼 수 있다. 전자의 기초형에는 미국을 비롯해서 소련, 일본, 우리나라가 해당되며, 현직형은 독일, 영국, 프랑스 등 유럽의 전통적인 농교육 교사양성 제도의 유형이다. 그러나 엄격히 보면, 독일은 전통적으로 현직형을 위주로 해왔으나 최근에 와서 기초형을 과감히 병용하고 있으며, 미국이나 일본은 기초형이 위주가 되지만 필요에 따라 현직형을 활용하고 있다(김병하, 1984).

국가적 기업으로 특수교육을 경영하는 현대국가는 청각장애교육을 담당할 교사의 전문성을 보증하기 위해 "자격증을 소지한 자만이 교사가 될 수 있다"는 소위 교사 자격증제도의 원칙을 세워 놓고 있다. 그러나 이 교사 자격증제도의 원칙적용에 따른 방법적 절차는 나라에 따라 다소 다르다. 청각장애교육을 포함한 특수교육 교사 자격증 제도에 있어 미국은 4년제 대학 혹은 대학원수준에서 교양, 교직, 특수교육 전공 등 소정의 교사교육 과정을 성공적으로 이수한 자에게 최초의 자격증으로 임시(provisional) 자격증을 인정하고, 5년 정도의 유효기간을 설정하여 대학원 과정에서 소정의 학점을 취득하는 갱신요건을 만족한 자에게 비로소 정규(standard) 자격증이 인정되고, 이 위에 계속 효력을 발생하는 종신(permanent) 자격증이 인정되고 있다. 때문에 미국은 부단한 현직교육을 통해 계속해서 장치해 놓고 있다. 이에 비해 영국, 독일, 프랑스 등의 유럽권에서는 일반학교 교사 자격증을 취득한 자를 대상으로 1년(영국) 내지 2년(독일, 프랑스)간 특수교육 전공과정을 마치고 소정기간 동안의 시보(試補)근무와 국가시험에 합격한 자에게만 특수교육 교사 자격증을 인정하고, 이 경우 자격증 취득은 곧 임용과 같은 의미를 지닌다. 그리고 이들 나라들은 특수교육 교사지망생에게도 급료를 지급해 주고 있다.

한편 이웃 일본은 4년제 대학과정에서 일반학교의 교사 자격증 취득에 필요한 기초과정과 특수교육 전공과정을 이수한 자에게 일반학교 교원 면허증과 특수학교 교원 면허증을 동시에 인정하는 "2매 면허증제도"를 취하고 있으며, 필요에 따라 일반학교 교사를 대상으로 1년 간의 특수교육 특별 전공과를 이수한 자에게 특수학교 교사 자격증을 인정해 주기도 한다. 최근 일본에는 4년제 대학과정을 5~6년제 과정으로 연장하여 특수학교 교사를 양성하는 안이 활발히 논의되고 있다.

현재 우리나라는 미국이나 일본과 같이 4년제 대학과정에서 기초형 위주로 특수교육 교사를 양성하고 있는데, 이같은 기초형 외에 특수교육 교사양성 과정을 설치한 대학의 교육대학원에서 일반 초·중등학교 교사 자격증을 소지한 자를 대상으로 특수교육 전공과정 이수를 통해 자격을 인정하는 현직형 제도를 적절히 활용하는 것이 바람직하다.

2. 청각장애아 교육 교사의 양성과정

교사교육은 훌륭한 교사를 길러내기 위한 목적 실현을 위해 일련의 프로그램으로 구성·운영되는 것이기 때문에 여기에는 그 프로그램을 의미 있게 구성·운영케 하는 일종의 준거 혹은 납득할 만한 기준이 명백히 서 있지 않으면 안 된다. 교사교육 과정의 개발을 위한 기본가정 혹은 준거는 교사가 현장에서 실제로 하는 일이 무엇인가를 의미 있게 분석해 냄으로써 찾아질 수 있다. 가령 우리가 길러내고자 하는 청각장애교육 교사 지망생이 실제로 현장교사가 되었을 때 그가 하는 일이 어떤 종류의 것인지를 정확히 파악해야 가장 필요하고도 가치 있는 것을 골라 교육할 수 있다는 것은 극히 당연한 논리이다.

이를 위해 청각장애학교 등에서 교사가 실제로 수행하는 직능상의 역할 분석이나 과업분석을 조직적으로 시도해 보아야 할 것이다. 그러나 교사가 현장에서 실제로 수행하는 일(competencies)이란 모두가 객관적 분석의 대상이 되는 것도 아니다. 가령 교사로서 가져야 할 인품이나 품위, 교사에게 존중되어야 할 삶의 양식 같은 것은 훌륭한 교사가 보여야 할 주요한 자질의 단면이지만, 이런 것들은 일정한 잣대나 기준으로 한결같이 말해줄 수 있는 성질의 범위를 넘어서는 규범적 문제에 속하는 것이다.

교사양성 교육과정을 위한 이상의 기본 가정에 입각해서 볼 때, 가령 사범대학에서 교과전공 과정을 개발함에 있어 단순히 전공영역의 학적(學的) 구조에 따라 교직과목을 구성하는데 멈추지 않고, “가르칠 학습자는 누구이며, 어떤 특성을 가지고 있는가? 가르칠 내용은 무엇인가? 학습자는 어떻게 학습을 수행하는가?” 하는 물음들에 끈질기게 파고드는 것이 중요하다.

이런 점에서 Ysseldyke(1982)의 다음과 같은 지적은 매우 적절하다.

과거 50년 간 교사교육에서 일어난 변화의 대부분은 코스를 재조정하는 것, 프로그램을 재구성하는 것, 혹은 우리들의 선조들이 고안한 교육궤도를 재설계하는 것에 주로 의존해 왔다. …교사교육의 본질을 바꾸기 위해 전문가들은 '가르치는 행위' 자체에 관련된 문제에 깊은 관심을 가지지 않으면 안 된다. 교사들이 실제로 행하는 것에 대한 지식 없이 교사교육의 코스내용을 확정하려는 것은 잘못이다. 즉 교사들이 그들의 시간을 어떤 방법으로 보내는가에 대한 구체적 정보 없이, 그들의 전문적 수행능력에 대한 개념을 끌어내는 것은 무용한 일이다(J. E. Ysseldyke, 1982, p. 95).

일반적으로 청각장애 교사에게 요구되는 "전문적 수행능력(competencies)"은 다음 [그림 12.1]과 같이 세 측면으로 구조화에서 볼 수 있다.

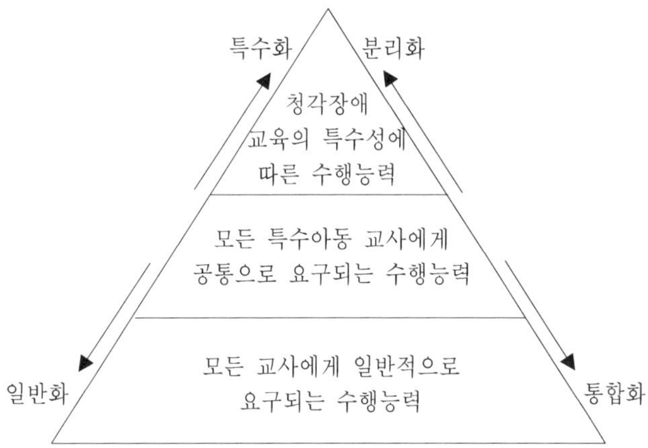

[그림 12.1] 청각장애교사에게 요구되는 수행능력의 구조

[그림 12.1]에서 보는 바와 같이 청각장애교육 교사양성 교육과정의 개발에 있어, ① 모든 교사에게 기본적으로 요구되는 일반적 수행능력의 습득을 위해 교사양성 대학의 교양과정과 일반교육 교직과정은 적극 기여할 수 있어야 하고, ② 장애영역에 관계없이 모든 특수아동을 지도하기 위해 공통으로 요구되는 수행능력의 습득을 위해 특수교육 공통과정이 설정되어야 하며, ③ 청각장애교육의 특수성에 따른 전문적 수행능력의 습득을 위해 청각장애 영역의 전공과정이 설정되어야 한다. 이와 같이 청각장애교육 교사를 길러 내는 양성과정은 이상의 세 층

으로 위계화되어 있으면서도 각 층간에 줄기 있는 연계성이 유지되어야 한다.

이상의 청각장애교육 교사양성 과정의 구조에서 우리는 다음 두 측면에 특히 유의할 필요가 있다. 즉 그 하나는 이상의 수행능력에 관한 세 층 가운데 특수교육 공통영역과 장애별(청각장애영역) 전공영역 간의 상호관계와 그 구성비를 어떻게 조정할 것인가 하는 문제이다. 일찍이 Hardy(1971)는 특수교육 교사에게 요구되는 이상 세 층의 수행능력 가운데, "모든 특수교육 교사에게 공통으로 요구되는 수행능력"을 중핵과정(中核課程)으로 할 것을 제안하였다. 미국의 경우 CEC(Council for Exceptional Children)에서 1966년에 제안한 특수아동 교사의 전문적 표준에서는 철저히 장애영역을 본위로 한 교사양성 프로그램의 표준을 제시하고 있으나, 10년 후에 개정된 지침(1976)에 의하면 적어도 특수교육 공통영역은 장애별 전공과정의 절반정도는 되어야 한다고 제안하고 있다.

다음에는 장애별 전공과정을 어느 정도로, 어떻게 구성할 것인가 하는 것이 문제가 된다. 이상의 수행능력 구조에서 우리나라 특수교육 교사양성 교육과정이 지니고 있는 가장 큰 취약성은 장애별 전공과정을 제대로 개발·운영하고 있지 못하다는 점이다. 미국의 경우 농교육 분야에서 졸업에 필요한 120학점 가운데 30학점 이상을 청각장애교육 전공과정으로 구성하도록 미국 농교육협회(Council on Education of the Deaf, 1972)에서 전국적 표준으로 제안하고 있는데, 그 구체적 내용을 보면 다음 [그림 12.2]와 같다.

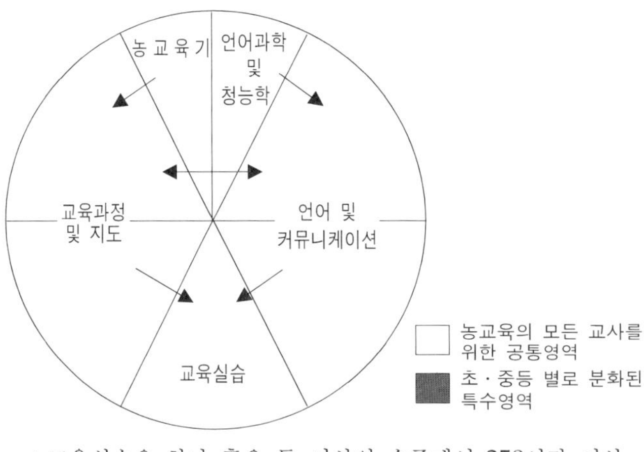

* 교육실습은 하나 혹은 둘 이상의 수준에서 250시간 이상.

[그림 12.2] 청각장애교육 교사 자격증 취득을 위한 학점 구성(최저 30학점 이상)

이상의 양성과정 영역에 포함되어야 할 주요 내용은 다음과 같다.

(1) 청각장애아 교육의 기초

① 청각장애아 교육의 철학적 기초

② 농과 난청아의 심리적 특성

③ 청각장애아의 사회적 적응

④ 청각장애아 교육의 역사적 배경

⑤ 청각장애아 교육의 최근 동향, 문제, 이슈 등

⑥ 이중문화 및 이중언어 청각장애아의 특성과 요구

⑦ 청각장애아 부모의 교육과 상담에 있어 교사의 역할과 책임

(2) 언어과학 및 청능학

· 언어 및 청각기관의 물리적 특징, 음의 물리적 측면, 소리의 심리 음향적 측면에 대한 연구, 그리고 이들 영역간의 상호관계에 대한 연구

· 보청기의 활용과 착용에 따른 실제적 유의점과 정보들

(3) 언어 및 커뮤니케이션

· 1983년에 새로 추가하도록 제안된 안임

정상아동의 언어 습득에 대한 연구에 기초한 청각장애아의 수용언어와 표현언어 및 커뮤니케이션 기능의 개발, 평가, 개선에 대한 이론적 및 실제적 측면

(4) 교육과정 및 지도

① 청각장애아의 특수교육적 요구에 맞는 매체와 교수공학의 활용을 포함한 교육과정 자료 및 교수방법의 개발과 적용

② 청각장애아의 요구를 측정하고 진단하는 것

③ 행동수정의 실제적 적용에 필요한 이론적 기초를 이해하는 것

(5) 교육실습

실습지도 교사의 감독 하에 250시간 이상의 임상적 지도 경험을 쌓는다. 실습

에는 직접관찰, 참여, 교단실습 등을 포함한다. 단 교단실습은 취학 전, 초등, 중등의 각 단계 중 한 단계에서 집중적으로 실시한다.

이상은 청각장애 교사로서 임시자격증(provisional certification)을 취득키 위한 최소한의 표준이다. 이 위에 다시 정규자격증(professional certification)을 취득키 위해서는 임시자격증을 취득한 이상의 수준(즉 대학원)에서 최소한 20학점을 이수해야 하며, 이 가운데 최저 9학점 이상은 농교육에 직접 관련되는 것이어야 한다. 정규자격증 취득을 위한 단위 학점의 구성은 다음 [그림 12.3]과 같다.

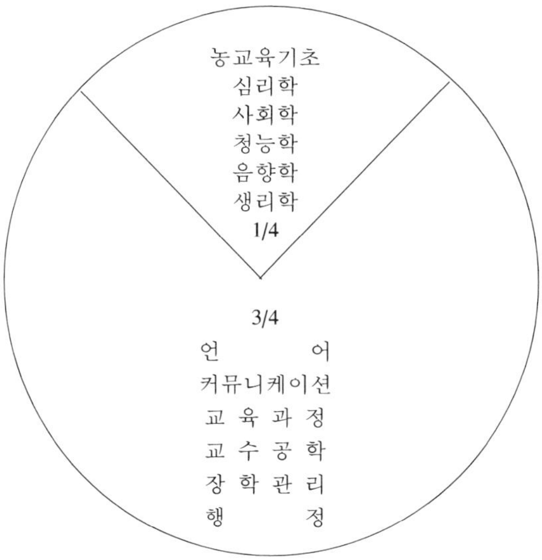

[그림 12.3] 청각장애교사로서 정규자격증 취득을 위한 학점 구성(최저 20학점 이상)

(6) 청각장애 교사양성 교육과정의 개념적 모형

여기서는 실제로 청각장애교육에서 교사양성 교육과정을 개발함에 있어 그것이 어떤 모형으로 개념화 될 수 있는가를 논의하고자 한다. 청각장애교육에 있어 교사양성을 위한 개념적 모델을 위해 [그림 12.4]와 같은 3차원의 변인들이 고려되어야 할 것이다.

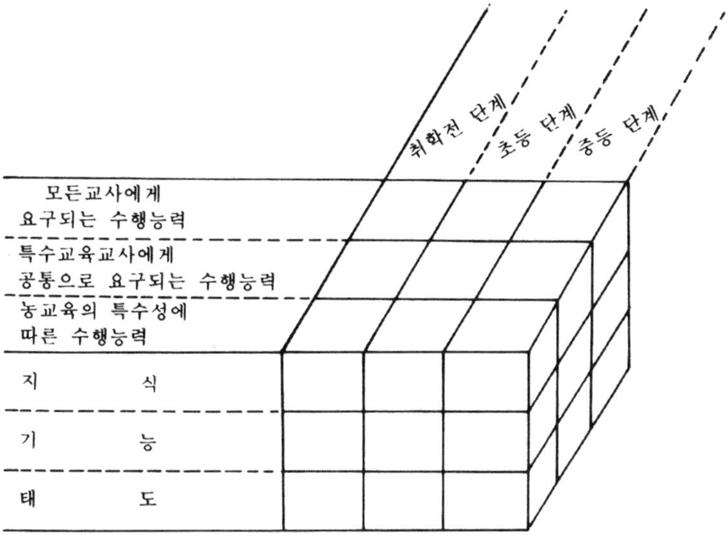

[그림 12.4] 청각장애교육에 있어 교사양성 교육과정의 개념적 모형

위의 모형에서 볼 때, 가령 청각장애교육의 특수성에 따른 수행능력은 취학 전 · 초등 · 중등의 각 단계에 따라 지식 · 기능 · 태도 등으로 나누어 구체화되어야 할 것이다. 앞의 [그림 12.2]에서 제시된 "청각장애교육 교사자격증(임시자격증) 취득을 위한 학점 구성"에서 일정 부분은 바로 취학 전 · 초등 · 중등에 따른 단계별 특성을 반영하도록 하는 부분이다. 따라서 전체 30학점 가운데 절반(15학점)은 단계별 구분(취학 전 · 초등 · 중등)에 관계없이 모든 청각장애교육 교사가 공통으로 이수하도록 하고, 나머지 절반(즉 교육과정 및 지도의 50%, 언어 및 커뮤니케이션의 50%, 교육실습의 모두)은 단계별로 분화되어 운영되도록 하고 있다.

제3절 청각장애아 교육 교사에게 요구되는 수행능력

최근 교육에 있어 투입에 대한 산출의 공적 보증을 강조하는 책무성(accountability)의 개념이 도입되면서, 교사교육에 있어서도 전통적 코스 중심의 교사 교육을 탈피하여 교사로서 나타내 보여야 할 전문적 수행능력에 기초(competency-besed)한 교사교육 프로그램의 개발이 크게 강조되고 있다. 소위 "전문적 수행능력에 기초한 교사교육(CBTE)"에 있어 '수행능력(competencies)'은 하나의 과업을 성공적으로 수행하는데 요구되는 지식 · 기능 · 태도 혹은 행동을 의미하는 것으로, 원래 이 'competency'란 말은 "지식을 입증하는 능력"에 대한 전통적 강조점 보다 "실제로 수행하여 나타내 보여야 할 기능적 행동"에 더 역점을 두는 경향이 있다고도 하지만(Kelly, 1974), 적어도 교사교육에 있어 'competency'란 말은 기술자가 나타내 보이는 'performance'라는 개념의 수준 이상이어야 한다. 왜냐하면 교사교육은 단지 기능의 '훈련'이 아니라 '교육'의 과정이어야 하며, 동시에 그 자체가 분명한 이론적 분석의 대상이 될 수 있기 때문이다. 이런 관점에서 Peter(1975)는 교사교육에 있어 '전문적 수행능력'은 이론 · 방법 · 실천을 통합한 것으로 이는 곧 책무성의 한 체제라고 규정하였다.

그러면 교사에게 요구되는 전문적 수행능력은 무엇에 기초하여 어떤 방법으로 설정될 수 있는가? 일반적으로 지금까지 교사에게 요구되는 전문적 수행능력을 확정하는 방안으로 ① 기존의 코스나 프로그램의 번안, ② 과제 분석의 방법, ③ 학습자의 요구분석, ④ 이론적 기초로부터의 일반화, ⑤ 군집(群集,cluster)분석 등이 있으나, 이 중 어느 것도 완벽한 방안이라 할 수는 없다. 교사에게 요구되는 전문적 수행능력을 설정함에 있어 대부분은 전문가 집단의 판정에 주로 의존해 왔으나, 최근에는 교사행동에 대한 직접 관찰로부터 얻어지는 경험적 정보를 대단히 중시하고 있다.

여기서는 농교육 분야에서 교사에게 요구되는 전문적 수행능력을 설정해 놓은 몇몇 주요 연구 결과들을 소개함으로써, 실제로 청각장애교육에 있어 교사에게 요구되는 중요한 전문적 수행능력에는 어떤 것들이 있는가를 밝히고자 한다.

1. 청각장애유아(3세이하)를 지도하는 교사에게 요구되는 수행능력: Northcott의 안(1971)

청각장애교육은 특수교육의 다른 영역에 비해 특히 조기교육의 효과가 중요한 의미를 지니고 있어, Northcott(1971)여사는 3세 이하의 청각장애유아와 그 양친의 지도를 위해 교사에게 요구되는 전문적 수행능력을 개발하였다. 본 연구에서 그녀는 관련 선행연구들(Mackie, 1956, CED의 청각장애교육 교사의 전문성 기준과 자격, 1969)과 자신의 경험에 기초하여 미네소타 대학교 특수교육과 교수들의 판정을 거쳐 ① 커뮤니케이션 기술의 개발, ② 생리학, 청능학, 음향학, ③ 교육과정 개발, ④ 가정-학교-지역사회의 유대관계, ⑤ 심리적 · 사회적 측면 ⑥ 교사의 인성적 특성 등 6개 영역에 걸쳐 77개의 전문적 수행능력의 목록을 확정하여 다음과 같이 제안하였다.

1) W. H. Northcott 안(1971) : 청각장애아와 그들 부모를 위한 교사에게 요구되는 수행능력

1. 0 커뮤니케이션 기술의 개발

1. 1 정상아동의 언어습득 발달단계에 대한 지식

1. 2 양친과 유아교육에 있어 청력 손실 시기의 중요성에 대한 지식

1. 3 유아에게 말읽기를 촉진하는데 유용한 자료와 경험에 대한 지식

1. 4 농유아의 커뮤니케이션 기술을 증진시키기 위한 기술과 절차에 대한 지식

1. 5 언어이해 및 표현의 발달에 필요한 적합한 청력 · 언어 · 성취 · 동작 · 기술을 촉진시키기 위한 활동을 설계하는 능력

1. 6 청각장애의 성질과 잔존청력을 가정지도에 활용할 수 있도록 부모에게 정보를 마련해 주는 능력

1. 7 일상 환경음과 활동의 활용을 통해 청각집중력, 식별력, 청각적 기억 등을 지도하는 능력

1. 8 의미 있는 언어에 앞서 예시, 의문, 명령 등을 통한 언어학적 접근을 통해 유아에게 발성패턴의 첫 활용을 촉진하는 능력

1. 9 언어발달과 음성개선을 위한 "자연적 언어"를 사용하는 능력

1.10 언어발달과 음성개선을 위한 "조직적 접근"을 활용하는 능력

1.11 장면을 분석하고 다른 사람과의 커뮤니케이션에 있어 시각적 단서를 활용하도록 청각장애 유아를 돕는 능력

1.12 유아지도에 있어 구어적(口語的) 접근을 활용하는 능력

1.13 유아지도에 있어 지화(指話)를 활용하는 능력

1.14 인지적 · 언어적 발달을 위한 자극적 가정환경의 개발에 관해 부모에게 정보를 마련해 주는 능력

2. 0 생리학 · 청각학 · 음향학

2. 1 농의 원인과 그 처지에 대한 지식

2. 2 청력의 측정에 대한 지식

2. 3 음향학의 기초에 대한 지식

2. 4 전기시설을 통한 음의 전달에 대한 지식

2. 5 과학으로서 청능훈련에 대한 지식

2. 6 음향학에 대한 지식과 그것을 청능훈련의 다양한 프로그램에 응용하는 능력

2. 7 증폭기에 적용된 전기이론에 대한 지식

2. 8 교육적 해설을 위한 잔존청력의 중요성에 대한 지식

2. 9 개인 및 집단 보청기의 기능과 활용에 대한 지식

2.10 언어 · 청각기관의 해부 · 생리 및 그 이상에 대한 지식

2.11 적합한 보청기의 착용에 필요한 제반 요인들에 대한 지식

2.12 청각장애의 상이한 정도와 유형에 따른 음의 지각에 대한 지식

2.13 유아에게 적절한 청각적 및 언어적 자극을 마련해주는 능력

2.14 집단 및 개인용 보청기를 조작하는 능력

2.15 이과적 · 청각학적 · 기타 의학적 보고서에 대한 교육적 해설을 가하는 능력

2.16 보청기에 대한 "최초의 도움"을 주는 능력

2.17 청각장애아에게 순음청력검사를 실시하는 능력

3. 0 교육과정

3. 1 일반유아 교육에 있어 유용한 방법 · 기술 · 자료 등에 대한 지식

3. 2 중복장애 유아의 요구에 맞는 교육과정의 적용을 위한 방법과 기술에 대한 지식

3. 3 언어학과 언어발달에 관한 최근연구에 관한 지식

3. 4 교수유형과 교육과정계획(발달적 교육과정 : 행동주의적 교육과정 : 부모훈련 교육과정)의 모형에 관한 지식

3. 5 아동발달의 이론과 실제에 대한 지식

3. 6 청각 및 시각적 언어체계를 개발하기 위하여 아동에게 요구되는 상황적·경험적·언어학적 단서에 대한 지식

3. 7 청각장애 유아에 관한 기본과학, 전문서적 및 영구에 대한 지식

3. 8 종점행동에 영향을 미치도록 설계된 행동목표를 진술하는 능력

3. 9 사회사업가, 청능학자, 심리학자 등의 보고서에 대한 교육적 해설을 하는 능력

3.10 중복장애아를 지도하는 능력

3.11 청각장애유아의 요구와 능력에 적합한 개별지도 프로그램을 설계하는 팀의 일원으로 일하는 능력

3.12 일반 유치원에 청각장애유아를 통합시키고, 관계 스텝들에게 지원서비스를 제공하는 능력

3.13 가정이나 학교에서 경험적 활동을 통해 학습 분위기를 촉진하는 기회를 제공하는 능력

3.14 유아의 문제행동에 대해 행동수정의 기법을 활용하는 능력

3.15 청각장애유아를 위한 특수교육자료, 장난감, 기재 등을 선정하는 능력

3.16 일반유아를 위한 자료, 장난감, 기재 등을 선정하는 능력

3.17 3세까지의 성장과 발달에 있어 개인차를 확인하는 능력

4. 0 가정-학교-지역사회의 유대관계

4. 1 청각장애유아를 위한 부모지도 및 상담의 본질과 내용에 관한 지식

4. 2 청각장애유아와 부모를 위한 종합적인 가정지도 프로그램의 요소에 대한 지식

4. 3 지시적·비지시적 상담기술에 대한 지식

4. 4 잔존청력의 활용과 커뮤니케이션 기술의 개발에 있어 부모의 역할에 대한 지식

4. 5 유아의 사회적·정서적·지적 발달에 있어 가정의 사회-경제적 상태 및 정

서적 분위기가 미치는 영향에 대한 지식

4. 6 청각장애아 복지와 교육에 관련된 국가적 조직, 서비스, 현황 등에 대한 지식
4. 7 일반 아동의 교사에게 청각장애유아를 위해 필요한 편의를 해설해 주는 능력
4. 8 청각장애유아를 위한 교육 프로그램을 확립함에 있어 지역사회 인사를 활용하는 능력
4. 9 보조교사 등 비전문적 학교직원들에게 청각장애에 따른 문제와 그들을 위한 교육 프로그램 등을 해설해 주는 능력
4.10 잘 조성된 부모교육 프로그램을 설계·적용함에 있어 전문팀의 일원으로 참여하는 능력
4.11 아동의 장애에 대한 합리적 수용태세를 촉진하기 위한 정보를 부모에게 마련해 주는 것과 교육조처에 그것을 활용하도록 하는 능력
4.12 유아의 농자부모와 효율적으로 관계를 유지하는 능력
4.13 유아의 커뮤니케이션 기술의 개발을 위해 부모교육 프로그램을 적용하는 능력
4.14 3세 유아의 신체적·사회적·정서적·지적 특성에 관한 정보를 부모에게 제공해 주는 능력

5. 0 심리적, 사회적 측면
5. 1 청각장애아의 교육적·심리적·사회적 특성을 밝힌 연구결과에 대한 지식
5. 2 청각장애아의 진단과 교육조치에 관한 이론과 논쟁의 최근동향에 대한 지식
5. 3 아동의 사회적·시각적·운동기능·인지능력 등에 대한 진단적 프로파일을 마련하기 위해 적절한 검사도구를 선정하는 능력
5. 4 청각장애아를 위한 개인용 동작성 지능검사를 실시·해설하는 능력
5. 5 청각-음성, 시각-운동기능의 진단적 측정을 실시·해설하는 능력
5. 6 개인 지능검사에 관한 검사자료를 해설하는 능력
5. 7 발달단계에 따른 동작기능을 체계적으로 이용하는 능력
5. 8 특수과업의 이행을 위해 유아에게 요구되는 기능을 측정하는 능력
5. 9 인지적·정의적·사회적 영역에 있어 발달상태를 측정하기 위한 수단으로 비형식적 행동관찰을 체계적으로 이용하는 능력

6. 0 교사의 인성적 특성
6. 1 명백히 표현하고, 흥미 있는 억양패턴을 사용하는 능력
6. 2 관계전문가들, 부모, 유아와의 관계유지에 있어 확신과 전문능력
6. 3 비형식적 채널을 통해 아동과 깊은 인간관계를 유지하는 능력

2. CED에서 제안한 「청각장애아 교사의 자격표준」에 제시된 수행능력

미국 CED(Council on Education of Deaf)에서는 1972년에 "청각장애아 교사의 자격표준"을 제안하여 1974년부터 대학의 청각장애아 교사교육 프로그램에서 적용토록 하였다. 이 자격표준은 종래와는 달리 청각장애아 교사에게 요구되는 전문적 수행능력에 기초하여 제안되고 있는데, ① 청각장애아 교육기초, ② 언어·청각학, ③ 언어와 커뮤니케이션 기술, ④ 교육과정 및 지도, ⑤ 교육실습 등 5개 영역에 걸쳐 모두 55개의 수행능력 목록으로 다음과 같이 제시되고 있다.

1) 1974년 CED의 청각장애아 교사 자격 표준안

1. 0 청각장애아 교육기초
1. 1 청각장애아 교육의 역사와 최근 발달에 대한 지식
1. 2. 청각장애아 교육의 최근 동향에 미치는 역사적 발달의 영향
1. 3 청각장애아 교육에 영향을 미치는 국가적·지역적 이슈, 동향, 문제 등에 대한 지식
1. 4 청각장애아 교육에 관한 국가·주·지방조직의 목적과 활동 및 그 기관들에 대한 지식
1. 5 청각장애아를 위한 국가·주·지방 교육프로그램에 대한 지식
1. 6 청각장애아 교육 관련영역의 주요 문제와 이슈·동향에 대한 지식
1. 7 청각장애아의 심리적·사회적·직업적·교육적 발달에 대한 지식
1. 8 청각장애아와 그들의 부모를 위한 교육계획과 상담에 있어 교육적·사회학적·청각학적·심리학적 정보를 활용하는 능력
1. 9 청각장애아 교육과 그 관련영역에 관한 자료·기자재·전문서적 등을 입수

하고 활용하는 능력

2. 0 언어 · 청각학

2. 1 인간의 언어 · 청각 · 시각기관 그리고 이들에 관련된 뇌와 중추신경계통의 조직에 대한 지식 : 이들 기관들의 생리, 그들 상호간의 관계, 이들 기관에 영향을 미치는 공통적 병리, 커뮤니케이션에 있어 이들 기관들의 기능 및 이들 기관의 완전과 불완전에 따른 행동유형 등에 대한 지식

2. 2 어음과 기타 음의 발성 · 전달 · 수용에 대한 지식 : 음의 물리적 · 심리 물리적 특성에 대한 지식

2. 3 어음과 음의 수용 및 표현에 있어 청각장애의 영향에 대한 지식

2. 4 청력검사의 제반방법과 검사결과의 해설에 대한 지식

2. 5 보청기의 제반유형에 따른 특징과 기능, 교수-학습과정에 있어 이들의 활용에 대한 지식

3. 0 언어 · 커뮤니케이션 기술

3. 1 영어의 구조에 대한 지식

3. 2 언어의 습득과 사용에 대한 지식

3. 3 청각장애 유아 · 아동 · 성인을 위한 언어학과 심리언어학의 적용에 대한 지식

3. 4 청각장애의 언어에 관한 연구와 관계문헌에 대한 지식

3. 5 일반유아와 청각장애유아의 언어기술의 습득과 발달에 대한 지식

3. 6 언어발달의 장애에 대한 지식

3. 7 청각장애아의 언어지도에 사용되는 일반적 방법 및 절차에 대한 지식

3. 8 청각장애아의 언어학습에 영향을 미치는 적절한 교수절차를 활용하는 능력

3. 9 청각장애아의 언어발달을 진단 · 교정 · 개선하는 능력

3.10 커뮤니케이션 과정에 대한 지식과 커뮤니케이션에 있어 청각장애가 미치는 영향에 대한 지식

3.11 청각장애아의 커뮤니케이션에 관한 연구와 관계문헌에 대한 지식

3.12 청각장애아 개인에게 적용되는 커뮤니케이션의 다양한 방안과 그들 방안의 결함에 대한 이해

3.13 청각장애아의 읽기 지도에 사용되는 방법 · 절차 · 자료에 대한 지식

3.14 청각장애아의 문어(written communication)지도에 사용되는 방법 · 절차 · 자료에 대한 지식

3.15 청각장애아의 독화지도에 사용되는 방법 · 절차 · 자료에 대한 지식

3.16 청각장애아의 청능기술 지도에 사용되는 방법 · 절차 · 자료에 대한 지식

3.17 청각장애아의 발어지도에 사용되는 방법 · 절차 · 자료에 대한 지식

3.18 청각장애아의 지화지도(指話指導)에 사용되는 방법 · 절차 · 자료에 대한 지식

3.19 청각장애아의 수화지도에 사용되는 방법 · 절차 · 자료에 대한 지식

3.20 청각장애아를 위한 커뮤니케이션 기술의 한 방안으로 읽기 지도에 필요한 기술과 자료를 활용하는 능력

3.21 청각장애아를 위한 커뮤니케이션 기술의 한 방안으로 문어지도(文語指導)에 필요한 기술과 자료를 활용하는 능력

3.22 청각장애아를 위한 커뮤니케이션 기술의 한 방안으로 독화지도(讀話指導)에 필요한 기술과 자료를 활용하는 능력

3.23 청각장애아를 위한 커뮤니케이션 기술의 한 방안으로 발어지도에 필요한 기술과 자료를 활용하는 능력

3.24 청각장애아를 위한 커뮤니케이션 기술의 한 방안으로 청능훈련에 필요한 기술과 자료를 활용하는 능력

3.25 청각장애아를 위한 커뮤니케이션 기술의 한 방안으로 지화지도에 필요한 기술과 자료를 활용하는 능력

3.26 청각장애아를 위한 커뮤니케이션 기술의 한 방안으로 수화지도에 필요한 기술과 자료를 활용하는 능력

4. 0 교육과정 및 지도

4. 1 교육과정의 목적과 성질에 대한 지식

4. 2 학습 및 교수과정에 대한 지식

4. 3 청각장애 교육과 일반교육에 공통적인 교육과정과 교수절차에 대한 지식

4. 4 청각장애아를 위한 정규교육과정과 교수의 적용에 대한 지식

4. 5 청각장애아 교육에 독특한 교육과정 및 교수에 대한 지식

4. 6 개인과 집단을 위한 학습경험을 계획 · 적용 · 평가하는 능력
4. 7 학습자의 출발점을 확인하는 능력
4. 8 행동적 용어로 교수목표를 진술 · 설정하는 능력
4. 9 측정 가능한 목표에 기초하여 평가방안을 설계하고, 자료수집 방안을 활용하는 능력
4.10 학습행동과 교과목표에 적합한 자료와 매체를 선정 · 설계 · 제작 · 활용하는 능력
4.11 적합한 교수방안을 적용하는 능력
4.12 학습자의 반응을 평가하고, 적절하게 교수를 수정하는 능력

5. 0 교육실습
5. 1 청각장애아의 교육과 상담을 위한 다양한 시설 · 서비스 · 프로그램에 대한 지식
5. 2 청각장애아의 효율적인 학습을 위해 특수영역에 있어 교육과정의 내용을 계획하고, 조직하는 능력

이상과 같이 CED에서 제안한 청각장애아 교사에게 요구되는 전문직 수행능력 목록에 대해 Casella(1977)는 교사 · 행정가 · 교수들로부터 현장사정(fieldtest)을 실시해본 결과, CED의 자격표준은「소정의 학점과 코스를 설정하는 등, 전통적 교사교육 프로그램의 요소를 유지함과 동시에 교사에게 요구되는 수행능력에 기초한 교사교육의 새로운 특징을 잘 반영하고 있을 뿐만 아니라, 그 수행능력 목록의 진술들이 성공적인 교수 수행을 위해 확실히 필요한 것으로 평가되고 있다.」고 보고하고 있다.

3. 델파이 기법에 의한「농교육 교사에게 요구되는 수행능력」의 제안

델파이(Delphi) 기법에 의한 농교육 교사에게 요구되는 수행능력을 밝히기 위해 Piccolino(1977)는 현재(향후 10년 이내)와 미래(2000년대)에 요구되는 농교사의 수행능력을 교사, 행정가, 교수, 학부모 등을 대상으로 현장사정을 실시하였

다. 이와 같이 델파이 기법에 의한 Piccolino가 제안한 수행능력의 진술은 ① 교육과정 개발, ② 학습이론, ③ 경영기술, ④ 언어기능, ⑤ 매체 및 테크놀러지, ⑥ 커뮤니케이션 기술, ⑦ 생리학, ⑧ 프로그램의 확충 등 8개 영역에 걸쳐 현재 요구되는 수행능력 목록 50개, 미래에 요구되는 수행능력 목록을 55개로 각각 확정하였다.

이하에서는 이들 수행능력 목록 가운데 그 중요성이 높이 평가된(즉 10품 등에서 8품 등 이상의 평점을 얻은 것) 수행능력 목록만 뽑아 제시한다.

1) 농교육의 언어습득과 향후 10년 안에 요구되는 수행능력 목록

① 농아동의 언어습득 수준과 그 지도 프로그램을 적절히 평가하는 능력
② 토털 커뮤니케이션을 능숙하게 활용하는 능력
③ 농아동과 난청아동을 위해 언어와 청능영역에서 적절한 프로그램을 개발하는 것
④ 시청각적 환경을 구성하고 개발하는 능력
⑤ 인지발달의 성질과 그 과정을 이해하는 것
⑥ 통합장면에서 청각장애아를 지도하는 일반학급 교사들에게 언어발달의 개념에 대해 오리엔테이션 해 주는 능력
⑦ 교수-학습과정에 인간학적 접근을 활용하는 능력
⑧ 정규 교과내용을 가르치는데 유능하게 되는 것
⑨ 동기와 강화기법을 활용하는 능력
⑩ 청각장애아에게 말 읽기 기법을 지도하는 능력
⑪ 청각장애아에게 듣기 전략을 개발하는 능력
⑫ 보청기와 확성 시스템을 조작하는 지식
⑬ 일반아동의 언어발달에 대한 지식
⑭ 교육과정의 개발과 구성에 따라 교수전략을 계획하는 능력
⑮ 농유아 지도프로그램을 개발하는 능력
⑯ 직업 내지 진로교육에 관한 프로그램을 개발하는 능력
⑰ 국어의 언어학적 구조를 아는 것

⑱ 아동의 사회적 기능을 개발하는 능력
⑲ 우수한 농학생이 계속 교육받을 수 있는 프로그램을 개발하는 능력
⑳ 농중복장애아동을 지도하는 능력
㉑ 농교육에 필요한 자료들을 활용하는 능력
㉒ 우수한 농학생이 계속 교육받을 수 있는 프로그램을 개발하는 능력
㉓ 아동의 감정을 이해하고 정서적 특징을 확인함으로써 아동을 돕는 능력
㉔ 행동수정 기법을 적용하는 능력
㉕ 농아동의 개념형성 과정을 아는 것
㉖ 일상생활에 관한 교육적 경험을 활용하는 능력
㉗ 교사-학생 상호작용을 평가하는 능력
㉘ 부모-아동 간의 유대관계를 촉진시키는 능력
㉙ 부모들에게 연수활동을 제공하는 능력
㉚ 청각장애아에게 적용되는 전략들을 일반학급 교사들에게 안내해 주는 능력

2) 2000년대의 농교육 교사에게 요구되는 수행능력

① 농아동을 지도하고 상담하는 능력
② 농아동의 중복장애 조건에 대한 지식을 가지는 것
③ 3세 이하의 농유아를 교육하는 능력
④ 팀 성원의 일원으로 일하는 능력
⑤ 개인별 교육목표를 설계하는 능력
⑥ 농아동의 학습과정에 대한 보다 풍부한 이해를 가지는 것
⑦ 청각장애아 부모들이 당면하는 문제들에 대한 지식을 가지는 것
⑧ 농자와 더불어 커뮤니케이션의 모든 양식을 활용하는 능력
⑨ 언어학적 오리엔테이션을 가지는 것
⑩ 정의적 영역에 더욱 비중을 두는 교수 능력
⑪ 개인의 자아상을 개발하도록 돕는 능력
⑫ 통합된 아동의 교사에게 지원인사로서 기능을 수행하는 것
⑬ 읽기 교사로서의 기능을 가지는 것

⑭ 구체적 행동목표를 진술하는 능력
⑮ 교육의 과정에서 지역사회 자원을 활용하는 능력
⑯ 책임질 수 있는 교수전략을 세우는 것
⑰ 문화적 차이에 대처하는 능력
⑱ 교육에 있어 부모의 권리와 아동의 권리에 대한 지식

4. 우리나라에서 개발한 「청각장애아교육 교사에게 요구되는 수행능력」(김병하, 1981)

필자(1981)는 우리나라에서 청각장애교육 교사에게 요구되는 전문적 수행능력을 제안하기 위해 전술한 Northcott여사의 안과 CED의 농교육 교사 자격 표준, 그리고 우리나라 농교학교 중견교사들을 대상으로 직접 얻은 자료 등을 기초로 하여 농교육 전문가 집단의 판정을 거쳐, ① 교육기초, ② 심리적 측면, ③ 언어·청각학적 측면 ④ 교육과정 및 교수-학습지도, ⑤ 상담 및 생활지도, ⑥ 언어 및 커뮤니케이션의 기술, ⑦ 매체와 특수기기, ⑧ 행정적 책임 등 8개 영역에 걸쳐 모두 65개의 수행능력 목록을 개발하였다.

1. 0 교육기초
1. 1 청력 손실의 정도, 시기 및 그 원인의 교육적 의미에 대한 지식
1. 2 청각장애아의 통합교육에 대한 지식
1. 3 청각장애아를 위한 조기교육의 중요성과 그 효과에 대한 지식
1. 4 국내외 청각장애아 교육의 역사·최근동향 및 발전전망에 대한 지식
1. 5 청각장애아와 성인농자를 위한 직업 및 진로지도에 대한 지식
1. 6 농중복장애아의 실태와 그들의 독특한 요구에 대한 지식
1. 7 청각장애아와 그들 교사를 위한 국내외의 전문단체의 조직과 활동에 대한 지식
1. 8 청각장애아 교육과 그 관련 영역의 전문자료·문헌 등을 입수하고, 활용하는 능력

2. 0 심리적 측면
2. 1 청각장애아의 진단과 측정의 최근 이론에 대한 지식
2. 2 청각장애아의 신체적 운동기능의 발달에 대한 지식
2. 3 청각장애아의 인지적 발달 특성에 대한 지식
2. 4 청각장애아의 행동 · 정서적 문제와 그 적용에 대한 지식
2. 5 청각장애아의 발달 수준을 측정하기 위한 중요 측정도구에 대한 지식
2. 6 청각장애아를 위한 개인용 동작성 지능검사를 실시 · 해설하는 능력
2. 7 청각장애아의 발달상태를 측정하기 위한 보조수단으로 행동관찰을 활용하는 능력
2. 8 청각장애아의 심리적 측면의 연구와 관계문헌에 대한 지식

3. 0 언어 · 청각학적 측면
3. 1 언어 · 청각기관의 해부 및 생리에 대한 지식
3. 2 청각장애의 주요원인과 예방 및 치료가능성에 대한 지식
3. 3 음의 물리적 특성에 대한 지식
3. 4 어음과 음의 수용 및 언어표현에 있어 청각장애가 미치는 영향에 대한 지식
3. 5 음향음성학에 대한 기초지식을 청능훈련의 다양한 프로그램에 적용하는 능력
3. 6 청력검사의 실시방법과 검사결과의 해석 능력
3. 7 의학적 · 청각학적 보고서로부터 교육적 단서를 찾아내는 능력
3. 8 언어 · 청각학적 측면의 연구와 관계문헌에 대한 지식

4. 0 교육과정 및 교수-학습지도
4. 1 일반교육과 청각장애아 교육에 공통적인 교육과정과 지도방법에 대한 지식
4. 2 청각장애아의 여러 유형에 따른 상이한 교육과정과 지도
4. 3 청각장애아를 위한 생활지도 프로그램을 작성하는 것에 대한 지식
4. 4 청각장애아 학습자의 출발점행동을 확인하는 능력
4. 5 행동적 용어로 청각장애 학습자의 학습목표를 진술하는 능력
4. 6 설정된 목표에 따라 학습과제를 위계적(位階的)으로 분석 · 선정하는 능력
4. 7 학습과제의 전개에 따라 적합한 자료를 선정 · 설계 · 제작 · 활용하는 능력

4. 8 학습목표에 따라 청각장애 학습자에게 적합한 교수방법을 적용하는 능력
4. 9 청각장애 학습자의 학습결과를 평가하고, 그 결과에 따라 수업설계를 수정하는 능력
4.10 학습장면에서 교수목표의 달성을 위해 청각장애 학습자와 교사 간에 효율적으로 상호작용하는 능력
4.11 음악 · 미술 · 체육 중 어느 한 영역에 대한 전문지식과 그 지도 능력
4.12 농중복장애아에 대한 개별지도 능력

5. 0 상담 및 생활지도
5. 1 지시적 · 비지시적 상담기술에 대한 지식
5. 2 잔존청력의 활용과 커뮤니케이션 개발에 관해 부모와 상담하는 능력
5. 3 청각장애에 대한 부모의 바른 이해를 촉진하기 위해 필요한 정보를 제공해주는 능력
5. 4 청각장애아의 행동 · 정서적 문제에 대해 행동수정의 기법을 활용하는 능력
5. 5 청각장애 학생의 진로지도에 대하여 상담하는 능력

6. 0 언어 · 커뮤니케이션 기술
6. 1 한국어의 구조에 대한 지식
6. 2 청각장애아의 교육에 있어 언어학의 적용에 대한 지식
6. 3 유아의 언어습득과 발달에 대한 지식
6. 4 언어발달의 이상에 대한 지식
6. 5 커뮤니케이션의 과정과 커뮤니케이션에 있어 청력손실의 영향에 대한 지식
6. 6 청각장애아의 읽기지도에 사용되는 방법 · 절차 · 자료에 대한 지식과 그 활용능력
6. 7 청각장애아의 쓰기지도에 사용되는 방법 · 절차 · 자료에 대한 지식과 그 활용능력
6. 8 청각장애아의 독화지도에 사용되는 방법 · 절차 · 자료에 대한 지식과 그 활용능력
6. 9 청각장애아의 청능훈련에 사용되는 방법 · 절차 · 자료에 대한 지식과 그 활용

능력

6.10 청각장애아의 발어지도에 사용되는 방법 · 절차 · 자료에 대한 지식과 그 활용 능력

6.11 청각장애아의 지문자지도(指文字指導)에 사용되는 방법 · 절차 · 자료에 대한 지식과 그 활용 능력

6.12 청각장애아의 수화지도에 사용되는 방법 · 절차 · 자료에 대한 지식과 그 활용 능력

6.13 개개아동의 독특한 요구에 따른 언어지도의 여러 방법을 적절히 결합하여 활용하는 능력

7. 0 매체와 특수기기

7. 1 최근 테크놀러지 발달이 청각장애아 교육에 미치는 영향에 대한 지식

7. 2 보청기의 구조와 종류 및 그 특성에 대한 지식

7. 3 집단 및 개인용 보청기를 조작하는 능력

7. 4 적합한 보청기의 선택에 필요한 정보를 제공해 주는 능력

7. 5 시청각기기를 조작 · 활용하는 능력

7. 6 청각장애아를 위한 특수기기를 조작 · 활용하는 능력

8. 0 행정적 책임

8. 1 청각장애아의 교육개선을 위해 관계 전문인들과 상호 협력하여 효율적으로 업무를 수행하는 능력

8. 2 지역사회인사, 일반학교의 교사, 교장, 학부모 등에게 청각장애아의 문제를 해설 · 자문해주는 능력

8. 3 청각장애아를 위한 효율적인 학급운영 및 관리 능력

8. 4 전문직자로서 청각장애아의 교육과 복지증진을 위한 윤리적 책임의 자각과 이를 실천하는 능력

이상에서 제안된 청각장애교육 교사에게 요구되는 전문적 수행능력목록들을 지식 · 기능 · 태도로 나누어 대별해 보면, 지식위주의 수행능력 목록이 약 45%, 기

능 위주의 수행능력 목록이 52%, 태도에 해당하는 수행능력 목록은 겨우 3%(2개 목록)에 불과하다. 이상의 수행능력 목록들에 대해 현장교사들을 대상으로 중요도와 자기 성취수준에 대한 사정(査定)을 실시한 결과, 청각장애아의 조기교육과 듣기 및 말하기지도, 개별지도 능력 등이 아주 강조되고 있으며, 자기 성취수준에 있어서는 농중복장애의 문제, 의학적, 청각학적 보고서에 대한 지식, 심리측정 검사도구에 대한 지식이 크게 부족한 것으로 나타났다.

한편, CEC(1995, 2003)에서는 일종의 국제표준으로 특수교사에게 요구되는 '공통중핵'에 해당되는 수행능력과 더불어 청각장애아 교사에게 특별히 요구되는 수행능력을 따로 개발하였다. 김병하, 윤병천(2000)은 CEC 국제표준(1995)에 의한 청각장애아 교사의 수행능력을 우리나라 농학교 교사들에게 그 '중요도'와 자신의 '수행정도'를 5품등 평정측에 의해 평가하게 하여, 다음과 같은 결과를 얻었다.

1. 철학적, 역사적, 법적 기초

중요도	지 식	수행정도
3.89	1. 청각장애 학생들의 판별기준, 명칭 붙임의 문제, 그리고 현재의 출현율을 포함하여 청각장애의 최근 교육적 정의를 알고 있다.	3.55
4.20	2. 일관성 있는 프로그램 철학으로 청각장애 학생들을 위한 교육 실천의 기초를 제공하는 모델, 이론, 철학(예, 이중언어-이중문화, 토털커뮤니케이션, 청각/구화에 의한 것)을 알고 있다.	3.68
4.14	3. 청각장애 아동, 가족, 학교간의 상호관계가 미치는 영향과 사회 내에서 신념, 전통, 문화적 가치가 청각장애 아동에게 미치는 영향을 알고 있다.	4.76
3.78	4. 청각장애 아동을 위한 진단 절차와 정의의 쟁점들(예, 문화적 관점대 의학적 관점)을 알고 있다.	3.43
3.90	5. 부모, 학생, 교사, 학교가 청각장애 학생들에 대해 가지게 되는 권리와 책임(예, 청각장애 아동들의 권리장전)을 알고 있다.	3.20
3.97	6. 문화적 정체성과 언어 및 학업성취, 사회성 및 정서 발달과 관련이 있는 다양한 교육적 배치 선택의 영향(일관성 있는 프로그램 철학으로 청각장애 아동들의 요구를 확인하는 것)을 알고 있다.	3.34
중요도	기 능	수행정도
3.86	1. 청각장애 학생들의 교육에 대한 실천의 모델과 이론 및 철학에 대한 이해를 응용할 수 있다.	3.24

3.79	2. 청각장애 아동의 교육과 특수교육의 동향 및 최근 쟁점들에 대한 찬성과 반대 입장을 밝힐 수 있다.	3.35
3.22	3. 청각장애 아동의 교육분야에서 지식과 실천의 발전 및 개선에 크게 기여한 사람들을 확인할 수 있다.	2.83
3.86	평 균	3.49

2. 학습자의 특성

중요도	지 식	수행정도
4.35	1. 청각장애 학습자의 인지적 발달, 정서 및 사회성 발달을 향상시키는데 필수적인 의사소통의 특징들(시각적, 공간적, 촉각적, 청각적)을 알고 있다.	3.66
3.80	2. 청각장애 아동의 인지능력에 대한 연구 성과를 알고 있다.	3.10
3.98	3. 청각장애 아동들의 삶에 도움을 주는 청각장애의 문화적 특성을 알고 있다.	3.35
3.92	4. 청각장애 학생들의 감각, 운동, 학업성취에 차이를 가져오게 할 수 있는 청력손실의 다양한 원인들을 알고 있다.	3.51
4.08	5. 청각장애 아동의 전반적인 발달에 미치는 가족들의 영향을 알고 있다.	3.54
4.15	6. 청력손실의 발생 시기, 판별 시기와 여러가지 서비스의 제공이 청각장애 아동의 발달에 미치는 영향을 알고 있다.	3.60
4.26	7. 청각장애 아동의 발달 초기 단계에서 이해 할 수 있는 의사소통이 주는 영향을 알고 있다.	3.47
3.69	8. 청각장애가 정상적인 학업성취와 인지발달 또는 의사소통 능력에 반드시 방해가 되지 않는다는 점을 인식하고 있다.	3.25
3.71	9. 청각장애 아동들이 경험할 수 있는 우발적 언어/학습 경험의 질과 양의 차이를 알고 있다.	3.15
3.86	10. 청각장애 아동들의 언어와 인지발달에 미치는 감각자극 투입의 영향을 알고 있다.	3.19
중요도	기 능	수행정도
3.96	1. 특수한 학습요구를 지닌 청각장애 개인의 다양한 인지적, 의사소통적, 신체적, 문화적, 사회적 및 정서적 조건에 대한 정보를 수집할 수 있다.	3.26
3.98	평 균	3.37

3. 측정, 진단, 평가

중요도	지 식	수행정도
3.60	1. 청각장애 아동의 측정에 사용된 특수한 전문 용어를 알고 있다.	3.12
3.60	2. 청각장애 학생들에 대한 적절한 배치와 프로그램 계획(예, 통역사, 특별시험)을 결정하기 위한 적합한 진단평가의 구성 요소들을 알고 있다.	2.83
3.56	3. 청각장애 학생의 교육적 측정도구 사용과 합당한 진단 평가에 관한 법적 지침을 알고 있다.	2.78
3.82	4. 청각장애 학생들을 위한 교육배치 절차와 특수한 지원정책을 알고 있다.	3.07
중요도	기 능	수행정도
3.85	1. 청각장애 학생들이 선호하는 자연스럽고 모어적인 언어를 활용하여 적절한 진단도구를 적용할 수 있다.	2.95
3.81	2. 청각장애 학생들로부터 언어적 행동뿐만 아니라 비언어적 행동을 포함한 의사소통 표집을 수집하고 분석할 수 있다.	2.66
3.80	3. 청각장애 학생들에게 적합한 특수 진단 도구들을 적용할 수 있다.	3.95
3.72	평 균	3.05

4. 수업의 내용과 실천

중요도	지 식	수행정도
4.24	1. 청각장애 학생들을 위한 특수한 수업 자료들을 알고 있다.	3.52
4.00	2. 청각장애 학생들이 사용하는 비언어적 의사소통과 언어적 의사소통의 구성요소들을 알고 있다.	3.44
3.82	3. 청각장애 학생들에게 하나 또는 그 이상의 현존하는 모델과 철학(일관성 있는 프로그램 철학)으로 교육하는데 필요한 절차와 기술들을 알고 있다.	3.15
3.82	4. 청각장애 학생들이 사용하고 있는 의사소통의 양식과 농성인들이 사용하는 자연수화에 대한 정보를 알고 있다.	3.27
3.82	5. 청각장애 아동과 건청아동의 언어 발달에 관한 최근 이론들을 알고 있다.	3.15
3.96	6. 일반학교 교육과정과 지도에서 사용되는 교재와 실천을 알고 있다.	3.44

3.90	7. 학교교육 프로그램 철학과 일치되는 청각장애 학생들의 인지와 의사소통 기능을 촉진하는 방법(예, 시각적인 특징)을 알고 있다.	3.36
4.05	8. 학교교육 프로그램 철학과 상응하는 청각장애 학생들의 잔존청력을 자극하고 활용하는 기법을 알고 있다.	3.36
4.11	9. 청각장애 학생들을 가르치기 위해 연구된 수업 전략과 실제를 알고 있다.	3.38

중요도	기 능	수행정도
4.37	1. 교사가 청각장애 학생을 지도하는데 사용해야 할 언어를 능숙하게 수행할 수 있다.	3.49
3.91	2. 청각장애 학생들이 사용하는 현존하는 다양한 의사소통 양식들의 기본적인 특징들을 수행해 보일 수 있다.	3.29
4.11	3. 하나 또는 몇 가지의 현존하는 모델과 철학(예, 이중언어-이중문화, 토털커뮤니케이션, 청각/구화)으로 청각장애 학생들을 교육하기 위해 요구되는 매체, 자료, 자원 등을 선택하고 설계하며, 활용할 수 있다.	3.24
3.95	4. 청각장애 학생의 능력을 제시된 철학이나 언어 양식과 대응시킴으로써, 교과내용 속으로 말하기 기술을 연관 지을 수 있다.	3.20
4.07	5. 청각장애 아동의 신체적, 인지적, 문화적 및 의사소통 요구(예, 교사의 태도, 청각 환경, 지원 서비스의 이용, 적절한 기술공학들의 이용)를 충족시켜주기 위하여 수업과정과 학습환경을 수정할 수 있다.	3.35
3.91	6. 청각장애 아동의 독립적인 의사소통 행동을 촉진시킬 수 있다.	3.25
3.88	7. 청각장애 학생들의 독특한 요구에 맞는 일관성 있는 프로그램 철학을 가지고 1차 · 2차 언어의 교수전략들을 적절하게 적용할 수 있다.	3.10
3.96	8. 청각장애 아동의 시각 및 여타 감각적 요구에 맞도록 일상의 언어 경험을 수정하는 능력을 수행해 보일 수 있다.	3.22
4.15	9. 청각장애 학생들에게 한글을 읽고 쓰는 능력을 증진시키기 위한 적절한 수업활동을 마련할 수 있다.	3.58
4.00	평 균	3.32

5. 교수 및 학습환경의 계획과 운영

중요도	지 식	수행정도
3.93	1. 청각장애 학생들의 학급경영에 영향을 줄 수 있는 농문화적 요소들을 알고 있다.	3.22
3.93	2. 청각장애 학생들에게 효과적인 생애/직업 및 전환교육을 포함한 모델 프로그램을 알고 있다.	2.90
중요도	기 능	수행정도
4.06	1. 학습환경에서 청각장애 학생들에게 적절한 기기를 다룰 수 있다.	3.37
3.86	2. 기본적으로 적절한 농문화를 포함하여 개개 청각장애 아동의 문화적 요구에 대한 이해를 반영하는 학급운영 전략을 선택, 적용, 운영할 수 있다.	3.20
4.06	3. 청각장애 학생들의 시각적, 청각적 학습을 위한 기회를 극대화하는 학급환경을 설계할 수 있다.	3.31
4.03	4. 특별한 요구와 중복장애를 가진 청각장애 학생들을 위해 수업을 계획하고 적용할 수 있다.	3.42
3.98	평 균	3.24

6. 학생 행동과 사회적 상호기능의 관리

중요도	지 식	수행정도
3.82	1. 청각장애 학생들과 그들의 역할모델이 되는 친구들 사이에 생기는 상호작용을 확립시키기 위한 절차를 알고 있다.	3.09
3.69	2. 청각장애인들의 단체와 지방 및 국가 수준에서 서로 교섭할 수 있는 정보를 알고 있다.	2.81
중요도	기 능	수행정도
3.70	1. 청각장애 학생들에게 통역사를 적절하게 활용하는 기회를 마련해 줄 수 있다.	2.83
3.74	평 균	2.91

7. 의사소통과 협동적 동반자 관계

중요도	지 식	수행정도
4.00	1. 청각장애 아동의 부모에게 그들의 자녀에 대한 교육적 선택권과 의사소통 양식과 철학에 관한 그들의 관심사를 충족시켜 주는데 필요한 다양한 자원들을 알고 있다.	3.05

3.74	2. 청각장애 학생들을 위한 교육실천에서 교사와 지원인사(예, 수화통역사, 가정교사, 대필가)들의 역할과 책임을 알고 있다.	3.32
3.90	3. 가족 상호관계의 개발을 위해 청각장애 가족들과 의사소통을 촉진하는데 사용되는 전략을 알고 있다.	3.02
3.82	4. 청각장애 아동을 지원하기 위해 정부와 민간 단체나 개인들에 의해 제공된 서비스를 알고 있다.	2.94
중요도	기 능	수행정도
3.76	1. 청각장애 학생들이 지원인사(예, 수화통역사, 가정교사, 대필가)를 효과적으로 활용할 수 있게 지도할 수 있다.	2.91
4.04	2. 청각장애 아동들과 가족간의 의사소통을 촉진시킬 수 있다.	3.09
3.86	3. 청각장애 학생들이 주위의 사람들과 다양한 의사소통을 하려는 요구들을 충족시키기 위해 지원인사(예,통역사)들의 협조를 얻어낼 수 있다.	2.95
3.87	평 균	3.04

8. 전문성과 윤리적 실천

중요도	지 식	수행정도
4.13	1. 청각장애 아동 교육의 모형/철학에서 연구되는 새로운 기술을 습득하고자 노력한다.	3.42
3.99	2. 청각장애 학생의 교육분야에 관련되는 전문단체, 출판물, 전문잡지 등에 관심을 갖는다.	3.41
중요도	기 능	수행정도
3.86	1. 일관성 있는 프로그램 철학으로 자연수화, 한글 지문자를 유지/개선하기 위해 농인 사회에서 농성인들과 적극적으로 상호접촉을 유지할 수 있다.	3.05
4.35	2. 청각장애 개인과 다양하게 접촉하는 능력을 나타내 보일 수 있다.	3.22
4.55	3. 청각장애 아동의 발달 및 직업능력을 향상시키는데 적절한 선택을 하도록 필요한 지식과 기술을 가족들에게 제공해 줄 수 있다.	3.16
3.91	4. 청각장애 학생들의 교육과 관련된 전문 단체의 활동에 참여할 수 있다.	3.15
4.13	평 균	3.25

위에 나타난 결과에서 영역별 '중요도' 순위를 보면 다음과 같다.

1.0 전문성과 윤리적 실천(4.13)
2.0 수업의 내용과 실제(4.00)
3.5 학습자의 특성(3.98)
3.5 교수-학습계획과 운영(3.98)
5.5 의사소통과 협동적 동반자 관계(3.86)
5.5 농교육의 철학 · 역사 · 법적 기초(3.86)
6.5 측정 · 진단 · 평가(3.72)
6.5 학생행동과 사회적 상호기능의 관리(3.72)

이상에서 보면, "교사로서의 전문성과 윤리적 실천"영역(4.13/5.00)이 가장 중요한 것으로 평가되고 있으며, 그 다음이 "수업의 내용과 실제"(4.00)에 필요한 수행능력이 중요한 것으로 평가되고 있는 반면에, 상대적으로(그 '중요도'가 긍정적이긴 하지만) 중요도가 다소 낮게 평가된 영역은 "측정 · 진단 · 평가"와 "학생행동과 사회적 상호기능의 관리 "에 필요한 수행능력으로 나타났다.

다음에 전체 65개의 개별 수행능력 목록 진술 가운데 그 '중요도'가 가장 높게 평가된 수행능력 목록을 그 순위별로(최상위 5순위까지) 보면 다음과 같다.

1.0 [전문성과 윤리적 실천] 청각장애 아동의 발달 및 직업능력을 향상시키는데 적절한 선택을 하도록 필요한 지식과 기술을 가족들에게 제공해줄 수 있다(4.55).
2.0 [수업의 내용과 실천] 교사가 청각장애 학생을 지도하는데 사용해야 할 언어를 능숙하게 수행할 수 있다(4.37).
3.5 [학습자의 특성] 청각장애 학습자의 인지적 발달, 정서 및 사회성 발달을 향상시키는데 필수적인 의사소통의 특징들(시각적, 공간적, 촉각적, 청각적)을 알고 있다(4.35).
3.5 [전문성과 윤리적 실천] 청각장애 개인과 다양하게 접촉하는 능력을 나타내 보일 수 있다(4.35).
5.0 [학습자의 특성] 청각장애 아동의 발달 초기 단계에서 이해할 수 있는 의사소통이 주는 영향을 알고 있다(4.26).

이상에서 보면, 개별 수행능력 가운데 "청각장애 아동의 발달 및 직업 능력을 향상시키는데 적절한 선택을 할 수 있도록 필요한 지식과 기능을 가족들에게 제공해 주는 기능"(4.55)이 가장 중요한 것으로 평가되고 있으며, 또한 "교사가 청각장애 학생을 지도하는데 사용해야 할 언어를 능숙하게 수행할 수 있는 기능"도 퍽 중요시되고 있다. '중요도'에 대한 평가에서 최상위 2개 수행능력 목록이 모두 '지식'이 아니고 '기능'에 해당되고 있어, 현장교사들이 '알아야 할 지식'보다 '수행에 직접 필요한 기능'을 더 중시하고 있음을 알 수 있다.

한편, 교사들의 '수행정도'(자기성취 기준)에 따른 영역별 순위를 보면 다음과 같이 나타나고 있다.

1.0 특수교육의 철학적 · 역사적 · 법적 기초(3.49)
2.0 교수 및 학습환경의 계획과 운영(3.42)
3.0 학습자의 특성(3.37)
4.0 수업의 내용과 실천(3.32)
5.0 전문성과 윤리적 실천(3.25)
6.0 측정 · 진단 · 평가(3.05)
7.0 의사소통과 협동적 동반자 관계(3.04)
8.0 학생행동과 사회적 상호기능의 관리(2.91)

이상에 의하면, 우리나라 농학교 교사들은 CEC 표준에 의한 교사 수행능력의 '수행정도'에서 전반적으로 "보통수준에서 다소 낮은 수행정도"를 보이고 있음을 알 수 있고, 특히 "학생행동과 사회적 상호기능의 관리"영역에서 비교적 낮은 수행정도(2.91/5.00)를 나타내고 있다. 특히, 개별 수행능력 항목 가운데도 "청각장애인들의 단체와 지방 및 국가수준에서 서로 교섭할 수 있는 정보를 아는 것"(2.81)에 대해 자기 성취 수준이 낮은 것으로 평가하고 있으며, 역시 같은 영역의 수행능력인 "청각장애 학생들이 통역사를 적절하게 활용하는 기회를 만들어 주는 것"(2.83)에도 많은 어려움을 가지는 것으로 나타났다.

개별 수행능력 목록 가운데 교사들의 '수행정도'가 가장 낮게 평가된 수행능력은 "청각장애 학생들로부터 언어적 행동뿐만 아니라 비언어적 행동을 포함한 의사소통 표집을 수집하고 분석하는 것"(2.66)으로 나타났는데, 이것은 현장 농학교 교사의 대부분이 개개 농학생과의 개별 접촉 및 관찰의 기회를 충분히 갖고 있지 않음을 의미하는 것으로 볼 수 있다. 또한, 측정 · 진단 · 평가영역에서 "청각장애 학생을 위한 교육적 측정 도구 사용과 합당한 진단 · 평가에 관한 법적 지침을 아는 것"(2.78)에 대해 낮은 수행정도를 나타냈는데, 이것은 우리나라의 현실에서 청각장애 아동의 합당한 진단에 관한 법적 지침이 명시적으로 확실히 나타나있지 않기 때문인 것으로 볼 수 있다.

끝으로, 수행능력의 '중요도'와 '수행정도'간에 가장 큰 격차를 보이고 있는 영역과 개별 목록을 보면, 영역별로는 "전문성과 윤리적 실천"에서 가장 큰 격차(중요도: 4.13, 수행정도: 3.25)를 보이고 있으며, 개별 수행능력에서도 같은 영역에서 "청각장애 아동의 발달과 직업능력을 향상시키는데 적절한 선택을 하도록 필요한 지식과 기술을 가족들에게 제공해 줄 수 있는 것"(중요도: 4.55, 수행정도: 3.16)에 대해 가장 큰 격차를 나타내고 있다. 우리나라 농학교 교사들은 교사의 수행능력으로서 "전문성과 윤리적 실천"문제를 가장 중요시하고 있으나, 실제로 자신의 성취기준면에서 볼 때는 그것의 수행정도가 미흡한 것으로 지각하고 있음을 알 수 있다.

이상을 종합하여 논의해 보면, 청각장애아 교사에게 요구되는 수행능력으로 그 '중요도'가 높이 평가된 것으로 Silverman과 Brill(1956)등의 연구에서는 "다양한 방법에 의한 언어(language)지도 능력"과 "아동의 개인차를 인식하고 이에 대처하는 능력"등이 크게 중시된 반면, 1970년대(김병하, 1974)에 우리나라 농학교 교사들은 "농아동의 음성언어 능력을 증진시키는 구어(speech)지도 능력"과 "청능훈련 지도능력"이 특별히 중요한 것으로 평가하였다.

이상의 선행 연구결과에서 볼 때 미국의 농교육계는 일찍부터 다양한 기법에 의한 종합적 언어지도능력을 중시한 반면에, 우리나라는 특정의 지도접근에 의한 구화지도 방법에 그 중요성의 초점을 두고 있음을 볼 수 있다. 그후 1980년대에 와서도 우리나라 농학교 교사들은 그들에게 요구되는 수행능력으로서 "청각장애 유아의 조기교육과 유아의 언어습득에 대한 지식"과 "청능훈련 및 발어지도에 사용되는 방법 · 절차 · 자료에 대한 지식과 그 활용능력"을 가장 중요한 수행능력으로 인식하고 있었다(김병하,1980).

그러나 본 연구에 나타난 평가결과에 의하면, 청각장애아 교사에게 요구되는 수행능력에 대한 우리나라 농학교 교사들의 '중요도' 지각에 있어 '70년대와 '80년대의 결과와 비교해 볼 때, 최근에 상당한 변화가 있음을 알 수 있다. 즉 지금까지(1980년대까지)는 주로 구어지도와 청능훈련 쪽에 수행능력의 중요성이 집중되어 왔으나, 여기서는 청각장애 아동을 위한 의사소통의 종합적 접근에 깊은 관심을 보이고 있다. 최근 우리나라 농학교 교사들은 "적합한 의사소통능력을 길러주는데 필요한 지식과 기술을 가족들과 농학생에게 제공해주는 능력"을 중요시하고 있을뿐더러, 수행능력의 영역가운데 '전문성과 윤리적 실천' 그리고 '수업내용과 실천'영역에 전반적으로 높은 중요성을 부여하고 있다. 이와 같은 결과는 종래의 농교육의 패러다임이 최근에 와서 폭넓은(새로운) 패러다임 이동을 하고 있음을 반영하고 있다.

이런 측면에서 Lytle과 Rovins(1997)가 "어떻게 가르칠 것인가에서 무엇을 가르칠 것인가로의 패러다임 이동"을 통해 농교육의 전환(reforming)을 논의한 연구는 중요한 시사를 주고 있다. 즉, Lytle과 Rovins(1997)은 농학생들을 위한 학교교육의 질적 개혁을 위해 농교육 교사들에게 교과내용을 가르치는데 필요한 수행능력이 보다 중시될 필요가 있으며, 지금까지 언어지도 방법문제를 중심으로 '가르치는 방법' 문제에 지나치게 강조를 두어온 것에 대한 반성을 제기하고 있다.

참고문헌

김병하(1981). 청각장애아 교사의 전문능력 연구. **특수교육연구**, 제9집. 1981, 1-60.

김병하(1983). 특수교육에 있어 교사양성 교육과정의 개선모형, **대한특수교육학회지**, 제4집, 189-205.

김병하(1984). 특수교육에 있어 교사양성제도의 개선방안, **한국 특수교육의 과제와 개선방향 세미나,** 19-33.

김병하, 윤병천(2000). 농교육 교사의 수행능력(CEC 국제표준)에 대한 우리나라 농학교 교사들의 평가. **특수교육학연구,** 34(3), 139-162.

김정권, 김병하(1988). 특수교육 교사양성 제도와 과정의 개선방안. **특수교육연구**, 제15집, 1-48

정재철 외(1983). **교사교육 혁신을 위한 통합연구**. 서울 : 문교부.

Barnes, N(1983). A Deaf Teacher's Philosophy. Perspectives for Teacher of the Hearing Impaired, 1(5).

Beeby, C E(1983). The Vuality of Education in Developing Countries(1966), 李烘雨, **教育課程探究**. 서울 : 박영사.

Casella, V. J(1977). An Assessment of the Certification Standards for Teachers of the Hearing Impaired by Teachers, Administrators, and Teacher Training Personnel. Doctoral Dissertation of the Unirersity of Alabama.

Council on Education of Deaf(1972). Standards for the Certication of Teacher of the Hearing Impaired. Rochester, New York : Council on Education of the Deaf.

Northcott, W. N(1971). Competencies Needed by Teachers of Hearing Impaired Infants-Birth to Three Year and Their Parents. Doctoral Dissertation of Uiversity of Minne-sota.

Peter, L. J(1975). Competency for Teaching : Teacher Education. Belmont, CA : Wadswoth Publishing Company, Inc.

Picclino, J. R(1977). The Use of Delphi Technique to Determine Competency Needs of Teachers of the Deaf. Doctral Dissertation of the State University of New York at Buffalo.

Ysseldyhe, J. E(1982). Critical Issues in Special and Remidial Education. Boston : Houghton Mifflin Co.

찾아보기

저 자 소 개

· **김병하** - 대구대학교 사범대학 특수교육과 교수

· **석동일** - 대구대학교 재활과학대학 언어치료학과 교수

· **원영조** - 대구대학교 사범대학 특수교육과 명예교수

· **이규식** - 대구대학교 사범대학 치료특수교육과 명예교수

청각장애아 교육(개정판)

1판1쇄발행 — 1990년 10월 1일
2판1쇄발행 — 2003년 2월 27일
3판1쇄발행 — 2007년 7월 31일
3판2쇄발행 — 2008년 9월 30일
저　　자 — 김병하 · 석동일 · 원영조 · 이규식 공저
발 행 인 — 이 용 두
발 행 처 — 대구대학교출판부
주소 — 경북 경산시 진량읍 내리리 15번지
전화 — (053)850-5661～4 팩스 — (053)850-5669
인 쇄 처 — 남경기획
등　　록 — 경산 제11호

정가 18,000 원
ISBN 978-89-7794-433-6-94370

이 책은 대구대학교출판부 홈페이지에서도 구매할 수 있습니다.
http://dubookstore.daegu.ac.kr/